시 장 경 제 문 화 론

사유재산의 존중과 신뢰, 책임부담과 자립정신,
차별없는 거래와 열린 자세의 경제문화사상

시장경제문화론

유동운 편저

선학사

"

서유럽시장경제가성공을 거두었다고 하여
그 경제적 · 정치적 룰을 그대로
제3세계의 국가에 이식한다고 해서
훌륭한 경제적 성과를 얻는 것은 아니다.

"

더글러스 노스

헌팅턴(Samuel Huntington) 하버드대 교수는 『문화가 중요하다
(*Culture Matters*)』(2000)라는 저서를 통해 국가경쟁력은 그 나라의 문화
에서 나온다고 주장하였다. 지금까지 국가의 경쟁력은 생산요소 비교우위
론을 바탕으로 각국이 선조로부터 물려받은 풍부한 자원을 이용할 수 있는
산업에 특화, 생산하여 다른 나라와 상품을 교역함으로써 얻어지는 국부
에서 찾았다. 그에 따라 한국의 수출경쟁력은 1960년대 노동이나 자원집
약적인 수산물에서부터 시작하여 섬유, 신발, 전기전자제품을 거쳐 최근
에는 반도체산업에서 찾았다. 그러나 노동력과 자본이동이 자유로운 글로
벌시대를 맞이하면서 생산요소 비교우위론은 더 이상 국가경쟁력을 지탱
시켜 주는 이론적 지위를 계속 유지할 수 없는 처지가 되어 버렸다.

그 대신 국가 간의 이동이 자유스럽지 못한, 이른바 사회집단의 행동규
범이나 관행 내지 문화가 국가경쟁력을 유지시켜주는 요소로 들어서게
되었다. 여기서 말하는 문화는 경쟁하면서 살아가는 사회인이 탄생시킨
집단 내의 게임룰을 뜻한다. 축구경기만 하더라도 게임의 룰이 관람객에
게 흥미를 좌우하듯이 한 나라의 문화는 사회구성원에게 경제를 성공적
으로 발전시키기도 하지만 반대로 퇴보시키기도 한다.

경제를 성공시키는 나라의 문화를 살펴보면 공통적인 요소를 발견할
수 있는데, 첫째 자신의 재산은 물론 타인의 재산을 철저히 보호하는 소
유권존중의 문화, 둘째 거래과정에서 상대방의 이익을 존중하는 상호신
뢰의 문화, 셋째 상대방에게 책임을 떠넘기지 않고 자기자신이 책임을

부담하려는 정신문화, 넷째 거래상대방을 차별하지 않고 누구와도 거래하려는 교환문화, 다섯째 집단에 의지하지 않는 자립정신의 문화, 여섯째 시장모럴을 받아들이는 개방자세의 문화 등이 자리잡고 있다.

이런 측면에서 정권이 바뀔 때마다 보호받지 못하는 사유재산의 불안한 공유문화는 성공적인 경제가 소중히 여기는 사유재산존중의 문화는 아니다. 정부지원금이 없으면 벤처기업이 출현하지 않는 창업문화나, 공적자금이 투입되지 않으면 사회질서가 유지되지 않는 금융문화나, 노동력과 부실기업의 퇴출이 자유스럽지 못한 시장문화나, 남이야 어떠하든 자기자신의 잇속만을 챙기는 아전문화 등은 아무래도 책임을 부담하려는 경제문화와는 거리가 먼 것 같다. 마찬가지로 잘 알지 못하는 사람과 거래하기보다 혈연, 지연, 학연에 얽매여 자신이 속한 집단구성원과의 거래에만 만족하는 배타적 문화도 성공적인 경제에 정착한 거래문화는 아닌 것 같다. 실패한 경영자가 실패의 경험을 성공으로 열매를 맺지 못하도록 낙인찍어 차별하는 편견문화도 성공적인 경제의 편견 없는 문화도 아닌 것 같다. 건설경기가 붐을 이루면 부동산투자에 휩쓸리고, 증권시장이 과열되면 주식투자에 휩쓸리고, 벤처열풍이 불면 코스닥시장에 휩쓸리는 집단주의 문화도, 비록 경쟁적 선택에 의해 이끌렸다 손치더라도, 개인주의 경제가 보여 주는 계약자유의 성공하는 경제문화의 모습은 아닌 것 같다. 자녀를 위험의 시련에 빠지지 않도록 사사건건 과보호하고 학비와 결혼자금까지 부모가 챙겨 주어야만 하는 가부장적 문화도 성공적인 경제에 뿌리내린 자립정신을 소중히 여기는 경제문화의 모습은 아닌 것 같다.

우리의 경제가 불확실한 까닭은 일상화된 문화에서 탈피하지 못하는 사회적·정치적·경제적·문화적 유전형질이 우리 경제에 짙게 드리워져 있기 때문이다. 경제란 기계로 된 덩어리가 아니고, 과거로부터 이어져 내려온 생명체로서 다양하게 적응·혁신하면서 진화하는 유기체이다.

그 동안 경제를 로봇과 같은 물리적 존재로 인식하여, 전압을 올리거나 부품을 갈아끼우면 경제가 제대로 작동할 것으로 착각하여, 재량적 선심성의 경제정책을 마구 남용하여 왔다.

IMF를 맞이하면서 부실한 금융시스템을 개선하고자 공적 자금을 투입하고, 벤처기업을 육성하고자 재정자금을 보조하고, 투명하지 못한 기업경영을 맑게 하고자 사외이사제를 도입하고, 기업의 지배구조를 개선시키기 위해 소액주주의 집단소송제를 도입하고, 부실금융기관이나 기업을 합병하거나, 사업을 맞교환(빅딜)했다. 이와 같은 경제정책은 로봇으로 운용되는 공장에나 적합한 반시장경제문화 정책이다.

이런 측면에서 로봇이 아닌 인간이 살아가는 사회에서 경제적으로 성공하는 문화를 소개하고자 『시장경제문화론』을 펴놓게 되었다. 따라서 이 책은 이미 잘 아려진 사상가와 학자의 글을 그대로 옮겨 이해하기 쉽도록 편집해 보았다. 부디 한국경제문화의 진화를 방해하는 장애물이 걷혀지기를 바랄 뿐이다.

끝으로 어려운 출판여건에서도 이 책의 출판을 쾌히 승낙해주고 발간되기까지 많은 성원과 협조를 해 주신 선학사 이찬규 사장님께 무한한 감사를 드리고, 편집부 공홍 부장님의 노고에 감사드린다.

2005년 2월
부경대학교 8216호에서

9

제 I 부

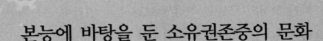

본능에 바탕을 둔 소유권존중의 문화

대지와 인간 이외의 모든 피조물은 모든 사람의 공유물이지만, 모든 인간에게는 자기자신의 신체에 대한 소유권이 있다. …… 그리하여 자연이 준비하고 그대로 방치하여 둔 상태로부터 인간이 가지고 가는 것은 무엇이건, …… 자기의 소유물로 만든다. …… 공유물로서 다른 사람에게도 충분히 그리고 똑같게 많이 남겨져 있을 경우에는, 한번 노동이 첨가된 것에 대해서는 그 사람 이외의 어느 누구도 권리를 가질 수 없다.   존 로크

경제문화란 사람이 자신의 본능에 따라 다른 사람과 경쟁·거래하면서 자연발생적으로 탄생시킨 제도를 말한다. 시장, 기업, 화폐, 사유재산, 수직적 통합, 심지어 지급보증에 이르기까지 자생적으로 태어난 경제문화가 형성된 근원을 추적해 보면 결국 인간이 본능에 이끌려 이기적으로 행동한다는 데에서 출발하여야 할 것 같다.

제 I 부에서는 인간의 이기적 본능이 어떻게 사유재산권의 문화를 낳는가를 살펴보고자 한다. 소유문화를 탄생시킨 자본주의 민간자유기업제도는 사회적 진화의 산물이다. 자유기업문화가 물질적 부를 보다 많이 낳게 한다고 하여 사람이 이를 받아들이는 것이 아니고, 인간본성에 부합하기 때문에 자연발생적으로 진화한 산물이다. 자본주의가 한정된 자원을 가치 있는 생산물로 변환시키는 데 사회주의보다 효율적인 제도라고 장담할 수는 없지만, 여전히 민간자유기업제도를 지지할 수밖에 없는 객관적인 증거가 많다. 인간의 자유는 꼭 필요해서가 아니고, 재산을 사회가 소유하는 사회주의보다 재산을 개인이 소유하는 분권화된 경제체제 아래서 보다 보장을 받을 수 있는 까닭으로 지지될 수밖에 없다.

제1장에서 한 나라의 경제를 발전시키는 원동력은 우리가 그 동안 믿어 왔던 물적 자본 또는 인적 자본이나 인적 기술이 아니고, 사회의 정신문화라고 인식하는 1993년 노벨상 수상자 노스(Douglas North)의 주장을 실었다.

제2장에서 홉스(Thomas Hobbes)는 만인이 만인을 상대로 하는 자연상태의 투쟁에서 신뢰와 소유권 및 국가가 탄생할 수밖에 없다는 사실을 지적하고, 제3장에서 로크(John Locke)는 인간이 자연상태에서 생명,

자유, 소유의 자연법에 따라 공유물을 사유화하는 문화를 낳는다고 주장한다. 제4장에서 맬서스(Thomas Malthus)는 『인구론』(1798)을 통해 희소성이 지배하는 사회에서 인구의 원리(종족보존의 성향)가 생존경쟁을 불가피하게 잉태한다는 법칙을 지적한다.

제5장에서 가트니(James Gwartney)는 서유럽문명에서 자유와 번영을 신장시키는 데에 사유재산이 중요한 역할을 차지하였다는 사실을 강조한다.

제6장에서 미제스(Ludwig Mises)는 사유재산이 중요한 의미를 갖는 까닭이 개인에게 자신의 목적을 효율적으로 추구할 수 있도록 자유를 보장하는데 있다고 주장한다. 사유재산권의 가치를 평가할 수 있는 경제계산이 불가능한 사회주의 경제의 한계를 거론한다. 그는 합리적·이성적이고 박애주의자인 사회주의 경제계획가가 수많은 개인정보를 획득하는 일이 불가능하기 때문에 사회주의는 실패한다고 지적 했다.

끝으로 제7장에서 인간의 이기적 본능에 대한 사례를 살펴본다.

제1장
경제의 역사적 성과

더글러스 노스

서유럽시장경제가 성공을 거두었다고 하여 그 경제적 · 정치적 룰을 그대로 제3세
계의 국가에 이식한다고 해서 훌륭한 경제적 성과를 얻는 것은 아니다. **노스**

노스(Douglas North)는 미국 캘리포아대학(버클리)에서 석사학위
(1942)와 박사학위(1952)를 취득하고 워싱턴대학(시애틀)에서 강의하였
다. 미국의 스탠퍼드대학과 영국의 케임브리지대학 등 여러 나라의 대학
에서 연구 및 강의하였다. 그 밖에 1986년까지 20년간 미국 국립경제조
사원(NBER)의 이사회 일원으로 활약하였다.

그는 정치 및 경제제도가 형성되는 과정에 관심을 기울였고, 이러한
제도가 경제성과에 미치는 영향을 연구하였다. 특히 그는 *Institutions,
Institutional Change and Economic Performance*(1990)로 1993년에 노
벨경제학상을 수상받았다.

이 글은 노스의 "Economic Performance Through Time"(*American
Economic Review*, 1994)에서 발췌한 내용이다.

제1절 | 서 론

경제역사는 과거에 일어난 경제성과를 연구하는 분야이다. 연구목적은 지난 과거의 경제를 새롭게 조명하여 우리가 경제변화를 이해할 수 있도록 분석틀을 제공함으로써 경제이론을 수립하도록 기여하는 데 있다. 그러나 단순히 과거의 경제적 성격을 기술하고 경제성과를 조사하여 서로 비교·분석하지만 경제가 시간을 거치면서 진화하는 방법을 분석하는 데까지 이르지는 못하고 있다.

경제동학은 경제발전의 분야에서 중요하지만 제2차 세계대전 이후 50년 간 경제발전에 관한 연구에 성과가 없었다. 그 이유는 경제발전을 이끄는 정책을 분석·처방하는 데에 신고전학파 경제학이 적합하지 못하였기 때문이다. 신고전학파 경제학은 시장이 어떻게 운영되는가에는 관심을 가졌지만, 시장이 어떻게 발달하는지에는 관심이 없었다. 한 나라의 경제가 어떻게 발전하는지를 이해하지 않고 어떻게 정책적인 처방을 내릴 수 있겠는가? 경제사와 경제발전에 신고전학파 경제학의 분석도구를 적용하여 기술적인 발전이나 인적 자본에 대해 관심을 가지고 분석하였으나, 이러한 생산요소에 사회가 투자하는 정도를 결정짓도록 하는 제도에 내재된 인센티브구조에 대해서는 도외시하였다. 시간이 흐르면서 경제성과가 어떻게 되는가를 분석하는 데 ① 경제제도(경제문화)는 전혀 문제가 되지 않고, ② 시간도 문제가 되지 않는다는 잘못된 가정에서 출발하였다.

여기서는 경제의 역사적 진화의 이해를 향상시켜 각국 경제의 경제적 성과를 개선시키는 정책을 세우는 데 안내역할을 할 수 있는 분석의 디딤

돌을 놓고자 한다. 그러기 위해 신고전학파 경제학이 기본적으로 가정하고 있는 희소성의 원칙, 경제주체 간의 경쟁원칙을 받아들이고, 미시경제학의 분석기법도 받아들인다. 단지 차이가 있다면 그 동안 신념으로 받아들였던 합리성의 가정을 수정하고, 여기에 시간을 추가했을 뿐이다.

각종 경제문화는 사회에 인센티브의 구조를 형성시킨다. 이에 따라 경제적·정치적 제도는 경제성과를 결정하는 데 주요한 역할을 담당한다. 시간은 경제변화와 사회변화에 인간이 학습하는 공간을 만들어 주고 인간학습과정은 제도가 진화하는 방향을 그려 준다. 즉 개인, 단체 및 사회의 선택을 지배하는 신념은 시간이 흐르면서 배운 결과에 지나지 않는다. 그렇다고 신념이 한 개인의 한 생애나 사회를 통해 학습한 것은 아니고 세대에 걸쳐 계승되어 온 사회문화를 통해 축적한 학습의 산물이다.

제2절 | 제도의 본질과 경제성과에 미치는 영향

제도(문화)란 인간 사이의 상호작용(거래)을 구조화하는, 인간이 고안한, 제약이다(institutions are the humanly devised constraints that structure human interaction). 여기에는 공식적인 제약(예를들어 헌법, 법률, 규칙)과 비공식적인 제약(예를들어 행동규범, 관습, 자율적 행동규칙) 및 그 이행을 강제하는 내용(실효력)으로 구성된다. 이것들이 함께 모여 경제의 인센티브구조를 결정짓는다.

여기서 제도와 이용되는 기술에 의해 거래비용과 전환비용이 결정되어 사회 전체의 생산비용을 결정한다. 신고전학파 경제학에서는 거래하는 데 비용이 하나도 들지 않을 때에 이루어지는 시장균형이 가장 효율적이라고 믿는다. 그러나 거래하는 데에 비용이 들면 제도가 문제로 등장하고,

실제 거래하려면 비용이 들게 마련이다. 가령 1970년대에 미국에서 GNP의 45%가 거래부문에서 생성되었다고(Wallis and North, 1986) 한다. 신고전학파 경제학에 따르면 거래비용이 하나도 들지 않는 효율적인 시장에서는 거래에 참여하는 개인은 교환에서 오는 이득을 충분히 실현할 수 있다. 그러나 신고전학파 경제학이 이야기하는 효율적인 시장을 달성하는 데 필요로 하는 제도적 요건이 너무 엄격하고 현실과 동떨어져 있다. 거래비용이 하나도 들지 않으면 시장이 효율적인 결과를 얻는 데 별다른 문제가 없으나 거래비용이 들면 그럴 수가 없다.

현실적으로 효율적인 시장에 필요로 하는 조건에 근접하는 경제시장은 극히 예외적이다. 마찬가지로 효율적인 정치적 시장을 찾는 것도 극히 예외적인 일이다. 그것은 거래비용 속에는 무엇이 교환된다는 것을 규정하는 비용과 합의된 계약을 이행시키는 비용을 포함하고 있는데, 정치적 시장은 항상 불완전하기 때문이다. 경제시장에서 규정(측정)하는 대상은 물리적 및 재산상으로 가치 있는 재화와 서비스의 속성이나 거래자의 성과를 말한다. 측정에는 왕왕 비용이 들어가지만, 표준적인 기준이 있다. 예를들어 물리적 속성은 크기, 중량, 색깔 등과 같은 객관적 성질을 갖고 있다. 그러나 재산권의 성질은 법적 조건으로 기준을 따진다. 이 과정에 경쟁이 계약이행비용을 줄이는 데 많은 역할을 수행하지만, 과거와 현재의 경제적 시장은 여전히 불완전하고 높은 거래비용으로 신음한다. 그것은 정치적 시장에서 협약을 측정하고 이행시키는 데에는 더 많은 어려움이 뒤따르기 때문이다.

시민과 입법가 사이에 서로 교환되는 것은 투표를 두고 공약하는 내용이다. 그런데 투표자는 투표하는 데 인센티브가 없다. 이것은 자신의 한 표가 선거결과에 미치는 영향은 아주 미미하다고 생각하고, 복잡한 공약으로 자신에게 불확실한 전망만이 머리에 가득 차 있기 때문에 관심을 가질 수 없다. 게다가 정치적 협약을 이행하기는 더 한층 어렵다. 그것은 정치시장에서는 경제시장에서보다 경쟁이 효력을 발휘하지 못하기 때문이다. 이처럼 정치시장이 경제시장보다 불완전한 데에도 불구하고 재산권을 정의하고 이행하도록 만드는 것은 정치기구이기 때문에, 결국 불완전한 정치시장이 효율적인 경제시장을 만들어 낸다는 것은 극히 예외적이란 사실에 놀랄 것도 없다.

제3절 | 제도변화의 본질

한 나라의 경제제도와 조직이 상호작용하면서 제도적 진화를 만들어 낸다. 제도가 '게임의 룰(rule of game)'이라면 조직과 그 담당자는 '경기 참여자(player)'이다. 조직은 어떤 목표를 달성하기 위한 공동목적으로 개인이 모인 집단을 말한다. 조직에는 정치적·경제적·사회적 기구가 있다. 조직이 존재하는 것은 제도가 기회를 제공하기 때문이다. 즉 제도적인 구조의 틀이 해적행위를 하는 데 이득이 따르도록 되어 있으면 해적단이 생겨난다. 마찬가지로 제도적인 구조의 틀이 생산적인 활동에 보답이 따르도록 되어 있으면 경제조직인 기업이 생산적인 활동을 하려고 생겨난다.

경제변화란 개인이나 조직의 기업가가 매일 선택한 결과로 항상 일어나고 계속 진화하는 과정이다. 비록 방대한 의사결정이 일상적으로 일어나지만 그 중에는 개인과 조직 사이의 계약을 변경시키는 내용도 있다. 그와 같은 계약이 때로는 기존의 재산권에 대한 구조나 정치적 룰 내에서 이루어지기도 하지만, 때로는 새로운 계약이 기존의 룰에 변경을 요구하는 경우도 있다. 마찬가지로 교환을 지도하는 행동규범이 점차적으로 수정되거나 사라지기도 한다. 이러한 경우 제도는 변화한다.

　게임의 룰이나 행동규범이 변경되는 것은 그렇게 함으로써 개인이 정치적·경제적 교환을 더 잘 할 수 있다고 인식하기 때문이다. 인식에 변화가 일어난 요소는 한 경제에 외생적일 수 있다. 예를들어 한 곳의 경쟁시장에서 외부적이 요인으로 가격이나 수량이 변하면, 다른 시장의 기업가는 이윤의 기회를 달리 인식하게 된다. 그뿐만이 아니다. 개인의 학습진도는 조직 내에 경쟁강도가 얼마나 높은가에 의존한다. 경쟁은 희소성이 도처에 깔려 있기 때문에 일어나는데, 조직에게 생존하고 학습하도록 만든다. 경쟁의 정도는 변할 수 있고 또한 변한다. 그렇지만 독점력이 높을수록 학습하려는 인센티브가 적다는 사실에는 이의가 있을 수 없다.

　경제변화의 속도는 학습강도에 의존하는데, 그 변화의 방향은 서로 다른 종류의 지식을 획득했을 때 돌아오는 이득에 의존한다. 경기참여자가 발전시키는 정신적 모형이 이득을 인식하도록 만든다.

제4절 | 경제사의 제도적 접근

　그렇다고 시간이 흐르면서 진화하는 신념과 제도가 경제를 성장시킨다는 보장은 없다. 각 종족이 서로 다른 물리적 환경에서 진화하자 다른 언어를 만들고, 다른 경험을 쌓고, 세상을 설명하는 데도 다른 정신적 모형을 세웠다. 언어와 정신적 모형이 비공식적인 제약을 설정하게 되었는데, 이 제약이 바로 종족의 제도적 틀을 정의하게 되었고, 세대를 거듭하여 문화적 연속성을 제공하는 관습이나 금기신앙 그리고 신화로 이어졌다(Heiner, 1983).

　분업과 전문화가 진전되자 종족은 정치조직과 경제조직을 만들어 내게 되었다. 그런데 경험과 학습내용이 다양하다 보니 서로 다른 사회와 문명을 만들게 되었는데, 희소성이라는 근본적인 문제를 해결하는 데 어떤 사회는 성공을 거두고, 어떤 사회는 성공을 거두지 못하게 되었다. 그 이유는 어디에 있을까? 인간 사이에 상호의존관계가 늘어나자 환경이 점점 복잡해지면서 교역에서 오는 이득을 포착하기 위해서는 보다 복잡한 제도적 구조를 필요로 하게 되었다. 그러한 진전으로 사회는 시간과 공간 상으로 차별없는(impersonal) 교환이 이루어질 수 있는 제도를 필요로 하게 되었다. 각 사회가 문화적·지역적으로 겪는 경험이 달라 교역에서 오는 이득과 관련하여 다양한 제도와 신념체계를 만들어 냈는데, 보다 복잡한 계약을 바탕으로 하는 교역에서 오는 이득을 포착할 수 있는 제도를 만들 가능성은 사회마다 달랐다. 대부분의 나라가 국가의 부를 쌓을 수 있는 분업과 전문화에서 오는 생산성의 이득을 포착하는 데 필요로 하는 차별없는 교환을 발전시키는 제도를 만들어 내지 못하였다.

따라서 시간이 흐르면서 개인이 사회에서 획득하는 학습의 종류가 어떠한가에 따라 궁극적으로 경제가 발전하는 사회를 만들기도 하였고, 그렇지 못한 사회를 만들기도 하였다. 현재는 물론, 시간은 과거세대의 경험과 학습이 문화로 내려오는 것을 통해 중요한 의미를 갖는다. 그런데 문화는 경로를 의존하게 하는 열쇠를 제공한다. 여기서 경로의존이란 과거가 현재와 미래에 미치는 강력한 영향을 설명하는 용어이다. 집단적 학습(collective learning)은 하이에크(Hayek)가 사용한 용어로 사회의 언어, 기술, 제도, 일하는 방식 등에 체화되어 있는 경험으로 오랫동안 서서히 형성된 경험을 말한다. 하이에크는 이를 축적된 지식의 저장고가 시간상으로 전달되는 전달매체라고 하였다(Hayek, 1960). 어느 세대의 현재학습도 집단적 학습에서 도출되는 인식의 맥락 내에서 이루어진다. 이런 의미에서 학습이란 사회의 문화에 의해 걸러지는 점적인 과정으로서, 인지되는 이득도 점진적인 과정에 의해 결정된다. 그러나 축적한 과거경험이 사회가 새로 부닥치는 문제에 반드시 적합하다고는 볼 수 없다. 고정관념에 빠져 있는 사회는 새로 일어나는 사회의 복잡한 문제를 해결하지 못하는 제도와 신념체계로 경제발전을 이룰 수 없다.

여기서 사회가 학습을 축적하는 과정을 살펴볼 필요가 있다. 학습과정은 ① 경험에서 오는 정보를 주어진 신념구조가 걸러 내는 방향, ② 사회와 사람이 서로 다른 시기에 각각 다르게 겪는 경험, 이 두 가지에 의존한다. 가령 중세유럽에서는 군사기술이 개인에게 커다란 이득을 줄 것이라고 인식되었고, 로마시대에는 종교적인 독선을 추구하는 것이 커다란 이득을 주는 것으로 인식되었고, 신대륙발견 이후에는 해상에서의 위치를 확인할 수 있는 기기(器機)가 커다란 이득을 준다고 인식하였다.

순수한 지식을 얻으려는 인센티브는 현대 경제성장의 가장 중요한 요소인데 금전으로 보답하거나 벌을 통해 영향을 받는다. 또한, 갈릴레오에서부터 다윈에 이르기까지의 창의적인 개인이 잘 입증하듯이, 사회가 창조적인 발전을 얼마나 잘 수용하는가에 의해서도 크게 영향을 받는다. 과학의 시작과 발전에 관한 논문은 무수히 많으나 제도적 구조, 신념체계, 순수지식을 획득하려는 인센티브와 디스인센티브체계 사이의 관계를 설명한 논문은 없다. 그러나 역사적으로 서유럽을 발전시킨 주요한 요소는 순수과학에 대한 기술에서부터 얻어지는 효용을 점진적으로 인식하였기 때문이라고 할 수 있다.

경제적 성과를 어떻게 정의하든, 신념체계 속에 내재하는 인센티브제도가 경제적 성과를 결정짓게 하였다. 경제적 변화가 일어난 속도와 방향은 역사를 통해 수수께끼로 남아 있다. 가령 인간의 경험을 24시간짜리 시계로 비유해 보자. 인류가 아프리카에서 400~500만 년 전에 출현하였는데, 사람이 농업을 시작하고 영구적인 거주를 시작하게 된 것은 지중해 부근의 비옥한 초승달 지역에서 살던 B.C. 8,000년경이었다. 하루의 시계로 따지면 마지막 3~4분을 남겨둔 시간인 셈이다. 나머지 23시간 57~56분 동안 인류는 수렵으로 생활을 해왔다.

인류문명이 시작되고 이룩한 농업발전이 성공한 1만 년을 가리키는 새로운 하루의 시계를 보면, 처음에는 인구의 증가가 느렸다. 그리스도시대에는 지구의 인구가 3억 명이었으나 1750년에 8억 명으로 늘어나 증가율이 빨랐는데 마지막 250년 동안은 하루의 시계로 보면 마지막 35분에 불과하다. 이 마지막 35분 동안 인류의 경제는 크게 성장하였고, 그에 따라 인구도 50억 명이 되었다.

250년 동안의 경제성장은 주로 서유럽에 한정되어 있고, 그것도 영국이 200년 간 해외로 확대하는 과정에서 이루어졌다. 시대마다 속도도 달랐고 변화의 방향도 일방적이지 않고 또한 달랐다.

제5절 | 과거의 의미

제도와 인식을 통한 접근방법이 과거의 경제적 성과를 이해하는 데 보탬이 되었는가? 무엇보다 먼저 제도적 접근방법은 경제적 성과가 역사적·지리적으로 다를 수밖에 없는 사실을 설명할 수 있다. 생산적인 경제에 필수적인 차별없는 시장에서 낮은 비용으로 거래할 수 있도록 하는 조건은 저절로 만들어진 것이 아니다. 게임이론에서 이 문제를 설명한다. 즉 개인은 다른 사람의 과거성과를 완전하게 알고, 게임하는 사람수가 적은 경우에 게임이 반복되면 그와 교환하는 데에 협력하는 것이 이득이 됨을 느낀다. 게임이 반복되지 않거나, 다른 사람의 성과를 알지 못한다거나, 또 참여자의 수가 많으면 협력은 이루어지지 않는다. 차별없는 교환에서 협력을 선호하도록 하는 제도를 만드는 일은 복잡한 과정이다. 이것은 경제적 제도를 만들어야 할 뿐만 아니라, 적절한 정치적 제도의 뒷받침을 받아야 하기 때문이다.

역사적 과정을 통해 어떠한 제도가 경제적 성과를 가져오게 하였는가를 살펴보자. 첫째, 서유럽이 10세기부터 시작하여 18세기에는 괄목할 만한 경제적 성과를 이룬 것은 신념체계가 점진적으로 진화하였기 때문이다. 즉 정치적·경제적으로 분권화된 조직 사이에 이루어진 경쟁이 현대의 경제발전을 가져오게 하는 경제제도와 정치구조를 생성시켰다. 그런 측면에서 영국과 네덜란드의 성공과 스페인과 포르투갈의 실패는 외부환경을 다르게 경험한 결과에서 비롯된다고 할 수 있다.

둘째, 제도적 접근을 통해 경로의존을 설명할 수 있다. 왜 일단 성장이나 정체의 경로에 들어선 경제가 그대로 지속하는가? 이 문제에 대해서는 많은 사람(Arthur, 1989; David, 1985)이 연구하였다. 그러나 아직 우리가 모르는 사실이 많다. 합리적인 가정을 바탕으로 하는 신고전학파의 경제이론은 정체에 빠진 경제를 지휘하는 정치적 기업가가 아주 간단하게 게임의 룰을 바꾸어 실패한 경제방향을 교정하기만 하면 된다고 가르친다. 경제성과가 나쁜 것은 위정자가 몰라서가 아니다. 오히려 경제방향을 획 돌리기 어려운 까닭은 정치적 시장의 성질 때문인데, 정치적 시장의 배경에는 경기참여자의 신념체계가 자리잡고 있다. 예를들어 스페인이 16세기의 합스부르크 가의 영광에서부터 오랫동안 쇠퇴의 길을 걷게 된 것은 끊임없는 자발적인 평가와 왕립위원회의 잦은 제도개혁 때문이었다.

셋째, 제도적 접근방법은 경제변화의 전체과정에서 제도, 기술, 인구 사이에 복잡하게 상호작용하는 모습을 이해하는 데 도움을 준다. 경제성과에 관한 완전한 이론은 경제사를 접근하는 데 통합된 체계를 제공한다.

그러나 인구가 제도와 어떤 관련을 맺고 기술이 제도와 어떻게 상호작용하는가는 여전히 연구과제로 남아 있다.

제6절 | 경제발전정책

신고전학파 경제학의 이론으로서는 소비에트와 공산주의 몰락을 설명할 길이 없다. 그러나 제도적인 접근방법으로 현대 경제발전의 문제를 설명할 수 있다. 그렇게 하기 위해, 경제변화를 이해하는 분석틀로서 다음과 같은 제도적 접근방법이 갖는 의미를 유의해 둘 필요가 있다.

① 경제적 성과를 형성시키는 것은 공식적 룰과 비공식적 룰, 그리고 계약의 이행정도가 함께 어우러진 것이다. 공식적인 룰이란 하룻밤 사이에도 바뀔 수가 있으나 비공식적인 룰은 단지 서서히 변한다. 공식적인 룰에 정당성을 부여하는 것은 비공식적인 룰이므로 혁명적인 변화가, 지지자가 갈망하는 대로, 결코 혁명적으로 될 수가 없고, 아울러 성과가 기대한 대로 이루어지지도 않는다. 다른 나라의 공식적인 룰을 채택한 경제가 원래의 경제와는 전혀 다른 내용의 경제적 성과를 나타낼 수도 있다. 이것은 채택하는 비공식적인 룰과 계약이행의 정도가 다르기 때문이다. 그러므로 서유럽시장경제가 성공을 거두었다고 하여 그 경제적·정치적 룰을 그대로 제3세계의 국가에 이식한다고 해서 훌륭한 경제적 성과를 얻는 것은 아니다. 가령 모든 것을 사유재산화한다고 하여 그 동안 열악하였던 경제성과를 치유할 수 있는 것은 아니다.

② 정치기구는 경제적 룰을 정의하고 이행시키도록 하므로 경제적 성과를 그려내는 데 중요한 역할을 차지한다. 따라서 경제발전정책의 가장 중요한 부분은 효율적인 재산권을 창출·이행시키는 정치기구를 만드는

일이다. 그러나 그러한 정치기구를 어떻게 만들어야 하는지는 알 수 없다. 이것은 신정치경제(제도학파의 경제학을 정치에 응용한 것)가 주로 미국과 발전한 정치기구에 초점을 두고 있기 때문이다. 따라서 앞으로 제3세계나 동유럽의 정치기구를 모형화하는 연구가 필요하다. 그러나 지금까지 설명한 것에서 어떤 연구방향의 단서를 찾을 수 있다.

㉠ 정치적 제도는 이해관계가 있는 영속적인 조직으로 뒷받침되기만 하면, 안정을 유지할 것이다.

㉡ 선택을 결정하는 것은 경기참여자의 정신적 모형이므로 제도적 체계와 신념체계는 모두 성공적인 개혁이 이루어지는 방향으로 변화되어야 한다.

㉢ 새로운 공식적인 룰을 지탱시켜 주고 정당성을 부여할 행동규범을 발전시키는 데에는 오랜 과정을 필요로 하는데, 이러한 과정을 강화시켜 주는 메커니즘이 없으면 정치기구는 불안정해질 것이다.

㉣ 경제성장은 독재정치체계에 의해 단기적으로 이루어지기는 하겠지만, 장기적인 경제성장은 공식적인 룰(법률)에 의해서만이 가능하다.

㉤ 경제성장에 바람직한 비공식적인 제약은 때때로 불안정하고 상반되는 공식적인 룰이 지배하더라도 경제를 성장시키는 데 기여한다. 문제는 비공식적인 룰이 공식적인 룰을 얼마나 강제로 이행시키느냐 하는 정도에 달려 있다.

③ 장기적으로 경제성장을 가져오게 하는 것은 자원배분의 효율성에 있는 것이 아니라 적응적 효율성에 있다. 성공적인 정치적·경제적 체계는 충격을 견뎌 낼 수 있는 탄력적인 제도구조를 발전시켜 왔고, 성공적인 발전의 한 부분을 차지한 변화를 이끌어 왔다. 그러나 이러한 체계는 장기간의 소화를 거친 산물이라는 점을 명심하여야 한다.

제2장
자연권

토마스 홉스

> 정의의 본질은 유효한 신약을 지키는 데 존재한다. 그러나 신약의 유효성은 인간에
> 게 그것을 지키도록 강제하는 데 충분한 사회권력의 수립에 의해서만 가능하며,
> 그 때 소유권도 시작된다.   홉스

홉스(Thomas Hobbes, 1603~1679)는 1588년 영국의 웨스트포트(Westport)에서 태어나 1603년 옥스퍼드대학에 들어가 철학을 배운 후 베븐셔(Devanshire)백작의 가정교사로 들어가 여유 있는 지적 탐구생활을 하고, 프랑스, 이탈리아 등 유럽을 여행하면서 견문을 넓혀 『리바이어던(*Leviathan: The Matter, Forme & Power of Commonwealth Ecclesiastical and Civil*)』(1651)을 발간하였다. 그는 이탈리아에서 갈릴레오를 만나 깊은 감명을 받고, 인문과학에서도 갈릴레오의 업적에 버금가는 업적을 남기려고 『리바이어던』을 저술하게 되었다. 봉건제도를 합리화시키는 허위적인 스콜라철학과 기만적인 승려중심의 사상을 철저히 부정하고, 경험과 추론에 바탕을 둔 그의 자연법사상은 종교와 윤리로부터 분리시켜,

개인의 해방과 국민국가의 구성에 크게 기여하였다.

이 글은 홉스의 『리바이어던』(한승조 역, 世界思想全集, 삼성출판사, 1976)에서 발췌한 내용이다.

제1절 | 인류의 행·불행의 자연상태 (제13장)

1. 인간은 나면서부터 평등하다

자연은 인간을 신체와 정신의 능력면에서 평등하게 창조했다. 예컨대 어떤 사람이 다른 사람보다 신체적으로 분명히 강하거나 보다 정신이 기민한 것처럼 보일지라도, 모든 것을 합쳐 평가하면, 인간과 인간 사이의 차이는, 타인이 주장할 수 없을 만큼의 어떤 이익이 자신에게 주어진 것이라고 주장할 수 있을 만큼 큰 것은 아니다. 이것은 신체가 강하다는 면에서 보면 가장 약한 사람도 은밀한 음모나 그와 같은 위험에 빠져 있는 타인과 공모하여 강한 자를 죽이기에 충분할 정도의 힘이 있기 때문이다.

그리고 정신능력면에서 보면 신체의 힘에서보다 인간 사이에 더 평등함이 존재한다는 사실을 발견할 수 있다. …… 이와 같은 평등성을 불신하게 만드는 것은 인간이 갖고 있는 헛된 자만심에 지나지 않는다. 거의 모든 사람은 자신이 다른 일반인보다 지식이 많다고 생각한다. 즉 그들은 자신이 명성이 있다고 여기거나, 그의 의견에 동조하는 사람이 있다고 하여, 일부의 사람을 제외한 대다수의 사람보다, 자신의 지식이 많다는 것처럼 생각한다. 비록 다른 사람의 지력이 풍부하고, 보다 유창하게 말하고, 보다 많이 배웠다는 사실을 인정할지라도, 자신만큼 현명한 사람이 많다는 사실을 거의 믿으려고 하지 않는 것이 인간의 본성이다. 이것은 인간은 자신의 지력을 가까이에서 보고 타인의 지력을 멀리서 보기 때문이다. 그러나 이것은 차라리 인간이 그러한 점에서 불평등하기보다 평등하다는 것을 반증하는 것이기도 하다. 그런 의미에서 모든 사람이 자신의 몫에 만족하고 있다는 점 이외에 평등하게 분배된 무엇인가는 존재하지 않는다.

2. 평등에서 불신이 발생한다

이러한 능력면의 평등에서부터 우리의 목적을 달성하는 데에 희망의 평등이 생긴다. 그러므로 만일 어떤 두 사람이 같은 것을 원하고, 게다가 두 사람이 함께 향유할 수 없다면, 그들은 적으로 변한다. 그리고 그들의 목표(이 목표란 대개 자신의 보존이고 때로는 자신을 위한 환락이다)를 달성하는 과정에서 서로를 멸망시키거나 굴복시키려고 노력한다. 그리고 여기서 다음과 같은 일이 생겨난다. 침입자가 타인 단독의 힘 이외에 두려울 것이 없는 곳에서는, 만일 상대가 밭을 갈아 씨를 뿌리고 쾌적한 거처를 만들거나 소유한다면, 침입자는 결속된 폭력을 가지고 상대방의 노동성과뿐만 아니라 그의 자유와 생명을 박탈·약탈하려고 할 것이다. 그리고 침입자 자신도 다른 상대자로부터 다시 그와 같은 동일한 위험에 부닥칠 것이다.

3. 불신에서 투쟁이 발생한다

그리고 이 상호불신으로부터 어떤 사람이든지 자신을 지키는 데에 선수를 치는 일 이외에 적절한 방법이 없음을 알게 된다. 즉 자신을 위태롭게 하는 다른 힘을 만날 때까지, 폭력이나 간계에 의해 될 수 있는 한 많은 사람을 지배하고자 한다. 그리고 이것은 오로지 자신을 보존하기 위해 필요로 하는 것에 지나지 않으며, 또한 사람들에 의해 일반적으로 허용된다. 또 자신의 안전이 필요로 하는 것 이상으로 정복행위를 추구하는 데도 자신의 힘을 관조하면서 기쁨을 느끼는 자이기도 하다. 그 때문에 안락을 즐기려는 사람은, 수세를 취하고 있는 다른 사람을 침략하는 데 필요로 하는 힘을 기르지 않으면, 자신의 생존을 오래 유지할 수 없다. 따라서 인간의 지배를 증대시키려는 행위는 인간의 보존에 필요로 하는 까닭에 허용되어야 한다.

또한 인간은 다른 사람을 위압할 수 있는 힘이 없는 곳에서는 사람을 사귀는 기쁨이 없다(대신 비애가 있다). 이것은 모든 사람은 자기자신에게 하는 것처럼 그의 친구도 자신을 평가해 주기를 바라기 때문이다. 그리고 경멸이나 과소평가를 당하게 되면 경멸자에게 손해를 끼치거나 타인에게 모범을 보여줌으로써 다른 사람으로부터 더 높은 평가를 얻으려고 노력할 것이다.

그러므로 우리는 인간본성에는 세 가지 주요한 분쟁의 원인을 발견한다. 첫째는 인간에게 목표물을 얻기 위하여 침략하게 만드는 경쟁이고, 둘째는 안전을 위한 불신이고, 셋째는 명성을 위한 명예이다. 첫째는 자신이 타인의 인격·부인·어린이·가축의 지배자가 되기 위하여 폭력을 사용한다. 둘째는 자신을 방위하기 위하여, 셋째는 대화나 웃음이나 상이한 의견 등과 같은 사소한 것 때문에 그렇게 한다. 이러한 경우 그러한 것이란 자신에 관한 것이나 간접적으로 자기의 친구·국민·직업·가문에 관한 것이다.

4. 사회상태 밖에서는 만인에 대한 만인의 투쟁이 항상 존재한다

이로써 다음의 사실이 분명해진다. 즉 인간은 자신을 두렵게 하는 공통의 힘이 없이 살아가는 시기에는 항상 투쟁이라는 상태에 놓이며, 그러한 투쟁은 만인에 대한 만인의 투쟁이다. 이것은 투쟁이란 전투나 싸우는 행동에만 국한된 것이 아니고, 전투에 의해 싸우고자 하는 의지가 충분히 알려진 동안에도 존재하기 때문이다.

제2절 | **자연법과 계약**(제14장)

1. 자연권이란

자연의 권리는 모든 사람이 그 자신의 본성, 즉 자신의 생명보존을 위해 스스로 원하는 대로 그 자신의 힘을 사용하기 위해 갖는 자유이다. 따라서 자기자신의 판단과 이성에 따라 목표를 위해(자신의 생명보존을 위해) 가장 적합한 수단이라고 생각하는 어떤 일을 하는 자유이다.

2. 자유란

자유란 정당한 의미에 따르면 외부적인 방해의 원인이 존재하지 않음을 의미한다. 이러한 방해의 원인은 그가 바라는 것을 할 수 있는 힘의 일부를 취할 수는 있으나, 사람의 판단과 이성이 지시하는 바를 좇아갈 수 없을 정도로까지 그의 힘을 사용하는 것까지 방해할 수는 없다.

3. 자연법이란

자연법(Lex Natutalis)이란 이성에 의해 발견된 규율 또는 일반적 법칙이다. 인간은 이를 통해 자신의 생명과 생존수단을 취할 수 있고, 또 이를 통해 가장 잘 보존될 수 있을 것이라고 생각되는 것을 굳이 회피할 필요가 없도록 만든다. 권리와 법은 구분되어야 하는데, 권리는 행사하거나 행사하지 않는 자유에 존재하는 반면, 법은 이 중에서 하나를 결정하여 구속하는 것이다. 그러므로 법과 권리는 의무와 자유가 다르듯이 다르며, 동일한 일에 대해서도 일치하는 것이 아니다.

4. 자연적으로 만인은 모든 일에 권리를 가진다

그리고 인간의 상태는 만인에 대한 만인의 투쟁상태이기 때문에 인간은 자신의 이성에 의해 지배되며, 적의 생명이 보존되지 못하도록 하는데 자신이 사용할 수 없는 일이란 아무 것도 없다. 따라서 그러한 상태에서는 만인은 모든 것에 심지어 서로의 신체에까지, 권리를 갖는다. 그러므로 모든 것에 대한 만인의 자연권이 지속되는 한, 어떤 사람(강하거나 현명할지라도)도 자신의 허용된 생애 동안을 살아갈 수 있도록 보장받지 못한다. 그 결과 다음과 같은 이성의 규율이나 일반법칙이 있다. "만인은 평화를 획득하려는 희망을 가지는 한, 이를 얻기 위해 노력해야만 한다. 그리고 이를 획득할 수 없을 때 투쟁을 통한 이득을 취할 수 있다." 여기서 "평화를 추구하고 이를 따르라"는 제1의 자연법이 탄생한다. 결국 자연권은 "우리가 할 수 있는 모든 수단을 동원하여 자신을 방어하라"는 것이다.

5. 제2의 자연법

인간에게 평화를 획득하기 위해 노력하라는 기본적 자연법으로부터 다음과 같은 제2의 법이 도출된다. "인간은 평화와 자신의 방어를 위해 자신이 필요하다고 생각하는 한, 타인도 그러할 때에는, 모든 것에 대한 이러한 권리를 포기하여야만 한다. 그리고 그가 타인에게 허락한 자신에 대한 정도의 자유를 타인도 갖는 것으로 만족해야만 한다. 이것은 만인이 자신이 좋아하는 대로 모든 일을 할 수 있는 권리를 보유하면 그만큼 투쟁상태에 놓이기 때문이다. 물론 타인이 권리를 포기하지 않으면 자신도 권리를 포기할 하등의 이유가 없다. 만약 권리를 포기하면 이는 자신이 먹이로 내던져지는 것이나 다름없다." 이는 복음서에도 기록된 규율이다. "타인이 너에게 해야만 한다고 네가 요구하는 것을 너도 그들에게 하라." 그리고 이것은 만인의 규율이며 "네가 너를 위하여 바라지 않는 것을 타인에게도 하도록 하지 말라"이다.

6. 계약이란

권리의 상호양도를 계약이라고 한다. 사물에 대한 권리양도와 사물 자체의 양도나 교부, 즉 인도와는 차이가 있다. 사물은 현찰거래, 재화나 토지교환처럼 권리이전과 함께 인도될 수도 있고, 이후에 인도될 수도 있다.

7. 신약이란

또한 계약자의 한쪽은 계약물품을 인도하고, 상대방은 일정기간 후에

인도하도록 하여 일정기간 신뢰될 수 있는데, 이 때 계약은 상대방에게 약속 또는 신약(信約)이라고 한다. 또 쌍방이 다음에 이행할 것을 현재 계약할 수 있다. 이런 경우 장래 이행하게 되어 있는 사람은 신뢰되어 있기 때문에 그 이행은 약속의 준수 또는 성실, 불이행은 (자발적이면) 성실의 파기라고 한다.

권리양도가 상호적이지 않은 경우로, 친구나 다른 사람으로부터 우정이나 도움을 받거나, 자선이나 아량의 명성을 얻거나, 동정의 상처를 구제받거나, 천국에서 보상받고자 하는 등의 희망에서 양도하는 경우, 이것은 계약이 아니고 '증여', '무상증여', '은혜'이고 의미 또한 동일하다.

제3절 | 기타 자연법 (제15장)

1. 제3의 자연법

인류의 평화를 저해하는 것과 같은 권리를 제3자에게 부득이 양도하도록 만드는 제3의 자연법이 생겨난다. 그것은 "인간은 그들이 맺은 신약을 이행하여야 한다"라는 것이며, 이것이 없으면 신약은 헛된 것이 되고, 공허한 것일 뿐이다. 신약이 헛된 것이 되면 모든 것에 만인의 권리가 남아 있기 때문에 만인은 투쟁상태에 놓이게 된다.

2. 정의 · 부정의란

정의(正義)의 원천은 이러한 자연법에 존재한다. 그것은 신약이 선행되지 않는 곳에서는 어떤 권리도 양도될 수 없으며, 만인은 모든 것에 대한 권리를 가지고 있는 이러한 상태에서는, 인간의 어떤 행동도 부정의 (不正義)가 될 수 없다. 그러나 신약이 맺어지고 나면 이를 깨뜨리는 것은 부정의이다. 그러므로 부정의란 바로 '신약의 불이행'이다. 따라서 부정 의가 아닌 것(즉 신약의 이행)은 모두 정의로운 것이다.

3. 정의와 소유권은 국가의 설립과 더불어 비롯된다

그러나 정의의 근원을 신약이라고 정의를 내릴지라도 상호신뢰의 신약 은 어느 쪽에인가에 불이행의 두려움이 있는 곳에서는 존재할 수 없다. 그러한 두려움은 만인이 투쟁하는 자연상태에서는 제거되지 않는다. 그 러므로 정의와 부정의란 단어가 존재할 수 있기 이전에, 인간에게 자신의 신약을 깨뜨려서 기대되는 이익보다 더 큰 어떤 처벌의 공포를 통해 신약 을 이행할 것을 평등하게 강제화하고, 자신이 포기한 보편적 권리에 대한 보상으로 상호계약에 의해 소유를 확보할 수 있도록 하는 강제적인 힘이 존재하여야만 한다. 그러한 힘은 국가가 수립하기 이전에는 존재하지 않 는다. 그리고 이것은 스콜라학파의 정의에 관한 일반적인 정의로부터도 추론될 수 있다. 그들은 "정의는 만인에게 자신의 것을 부여하는 불변의 의지이다"라고 한다. 그러므로 각자의 것, 즉 소유권이 없는 곳에는 당초 부터 부정의가 없으며, 강제적 힘이 수립되지 않은 곳, 즉 국가가 없는 곳에는 만인이 모든 것에 대해 권리를 가지고 있기 때문에 소유권이 존재 하지 않는다. 그러므로 국가가 없는 곳에서는 어떤 것도 부정의한 것이 아니다. 따라서 정의의 본질은 유효한 신약을 지키는 데 존재한다. 그러 나 신약의 유효성은 인간에게 그것을 지키도록 강제하는 데 충분한 사회 권력의 수립에 의해서만 가능하며, 그 때 소유권도 시작된다.

제3장
소유권

존 로크

> 인간이 자연의 자유를 버리고 시민사회의 규칙에 얽매이게 되는 단 하나의 길은
> 자기재산을 확고히 향유하고 …… 풍부하고 안전한 평화생활을 보내기 위해 하나
> 의 공동사회에 참가하기를 동의할 것을 다른 사람과 합의하는 것이다.　로크

　로크(John Locke, 1632~1704)는 청교도 가정에서 자라나 옥스퍼드대
학에서 정치, 철학, 의학을 공부하였다. 청교도 혁명 이후 크롬웰(Crom-
well)의 독재정치에 반발하여 찰스 2세를 국왕으로 하는 왕정복고의 움
직임이 일어나자, 그는 정치의 입헌주의와 경제의 자유주의를 주장하면
서 왕당파의 반대파인 휘그당을 지지하였다. 1687년 명예혁명으로 의회
파가 승리하자 네덜란드에 망명하고 있던 로크도 귀국하여 소원국장(訴
願局長)과 통상판무관(通商辦務官) 등의 공직을 맡기도 하였다. 이전까지
인간의 정신이 천부적으로 가지고 태어난다는 데카르트(Descartes)의
생득관념설이나 라이프니츠(Leibniz)의 생득원리설을 비판하고(신의 관
념을 가지고 태어난다는 기존사상에 반대하고) 인간정신은 백지에 불과하고

이 백지에 내용을 부과하는 것은 경험이라고 주장하면서『인간지성론』(1689)을 발간하였다.

『인간지성론』보다 앞서 발표된『통치론(*Two Treatise of Government*, 1679)』에서 그는 인간이 만인에 대한 만인의 투쟁상태인 자연상태에서 생명, 자유, 소유의 자연법지배를 받는다고 주장하였다. 국가는 자연권 즉 천부인권을 보다 유효하게 보장하기 위해 인간이 만든(사회계약으로서의) 제도이다. 따라서 국가권력의 자연권 파괴행위는 저항(혁명)의 대상이 된다는 그의 주장은 영국의 명예혁명, 미국의 독립선언, 프랑스의 대혁명 등에 이론적 뒷받침을 제공하였다.

이 글은 로크(John Locke)의『통치론』(한상범, 정윤무·이순용 역, 世界思想垈全集, 대양서적, 1972)에서 발췌한 내용이다.

제1절 | **자연상태**(제2장)

정치적 권력을 올바르게 이해하고, 그 근거를 찾기 위해서는 모든 사람이 자연의 모습으로 어떤 상태에 있는가를 고찰하지 않으면 안 된다. 즉 사람은 각자가 다른 사람의 허가를 구한다든지, 다른 사람의 의지에 의존한다든지 하지 않고, 자연법의 범위 내에서 자신의 행동을 규정하고, 자기가 적당하다고 생각하는 대로 자신의 소유물과 신체를 처리하는 것과 같은 완전한 자유로운 상태로 돌아가야 한다.

그것은 또한 평등상태이기도 하며, 그 곳에서는 권력과 지배권이 모두 호혜적이어서 다른 사람보다 많이 갖는 자가 한 사람도 없다. 같은 씨, 같은 등급의 피조물은 차별을 두지 않고 삶을 향유하며, 자연혜택을 똑같이 향수하며, 똑같은 능력을 행사할 수 있기 때문에 모든 피조물의 주인이며 지배자이신 신이 자신의 의지를 분명히 표명하여 누군가를 다른 사람 위에 놓고 명쾌한 명령에 의해 의심의 여지없는 지배권과 주권을 부여하지 않는 한, 모든 사람은 상호평등하며, 종속이나 복종이 있을 수 없다는 것은 무엇보다도 명료하다.

현명한 후커(Richard Hooker, 1554?~1600. 사회계약설을 주장한 영국의 신학자. 로크의 사상에 영향을 끼침)는 인간의 이러한 평등한 모습을 완전히 명백하고 의심할 여지없는 것이라고 간주하고, 이를 사람이 서로 애정을 교환하는 의무의 기초로 삼고, 그 위에 사람이 서로 짊어지고 있는 의무를 쌓아올리고, 거기서 정의와 자애라는 위대한 원리를 이끌어 냈던 것이다.

제2절 | **소유권**(제5장)

신은 사람에게 세계를 공유물로 주었으나, 동시에 생활상 그것을 가장 유리하게 이용하기 위한 이성과 편의까지 주었다. 대지와 그 위에 있는 것은 사람에게 생존을 유지하고 쾌적하게 하기 위해 주어진 것이다. 그리고 대지가 자연히 생산하는 과실이나 기르는 동물은 모두 자연의 손에 의하여 생산된 것이므로 공유물로서 인간에게 속한다. 그리고 그것이 자연상태에 있는 동안에는 다른 사람을 배제하여 그 중 일부를 개인적으로 지배하는 권리는 원래 아무에게도 허용되지 않았다. 그러나 이것은 사람이 이용하기 위해서 주어진 것이므로 이를 점유하는 수단이 반드시 있어야만 한다. 미개한 인디언은 울타리를 모르고, 아직도 공유지의 임차인이지만, 기르는 과수의 과실이나 기르는 노루고기는 우선 그의 것이다. 따라서 다른 사람은 그것에 아무런 권리를 가질 수 없다. 즉 그것은 그의 일부로 되어 그의 생명을 유지하기 위하여 도움이 될 수 있게 한다.

　대지와 인간 이외의 모든 피조물은 모든 사람의 공유물이지만, 모든 인간은 자기자신의 신체에 소유권을 가지고 있다. 이에 대해서는 본인 이외의 어느 누구도 어떠한 권리를 가지고 있지 않다. 자기신체의 노동과 손의 움직임은 틀림없이 그의 것이라고 말해도 좋다. 그리하여 자연이 준비하고 그대로 방치하여 둔 상태로부터 그가 가지고 가는 것은 무엇이건, 그는 이것에 자기노동을 혼합하고, 또한 이것에 무엇인가 자기자신의 것을 첨가하여 그것을 자기의 소유물로 만든다. 그것은 자연에 의해 놓인 공유상태에서 그가 가지고 간 것이므로 이 노동에 의하여 다른 사람의 공유권을 배제하는 무엇인가가 그것에 첨가된 셈이 된다. 이 노동은 노동한 사람의 틀림없는 소유물이므로, 적어도 (자연의 혜택이) 공유물로서 다른 사람에게도 충분히 그리고 똑같게 많이 남아 있을 경우에는, 한 번 노동이 첨가된 것은 그 사람 이외의 어느 누구에게도 권리가 없기 때문이다.

　떡갈나무 밑에서 주운 도토리나, 숲속에서 주운 사과를 먹고 사는 사람은 확실히 그것을 자신의 것으로 점유한 것이다. 그러한 먹거리가 그의 것임을 아무도 부정할 수 없다. 그렇다면 그것이 처음으로 그의 것으로 된 것은 언제일까라는 의문이 제기된다. 그것을 소화하였을 때일까, 아니면 먹었을 때일까, 또는 삶았을 때일까, 그렇지 않으면 주웠을 때일까, 그것을 집으로 가지고 갔을 때일까? 만약 처음에 주웠을 때 그것이 그의 것으로 된 것이 아니면, 그것 이외의 무엇에 의해서도 그의 것으로 될 수 없음은 명백하다. 그 주운다는 노동이 그것과 공유물을 구별하였던 것이다. 그의 노동이 만물의 공통적인 어머니인 자연이 만든 무엇인가에 첨가하여 그것이 만들어진 것이다. 이렇게 하여 그것은 개인의 권리가 되었다. 그가 그것을 자기의 것으로 만들기 위해 전인류의 동의를 얻지 않았다고 하여, 그가 이렇게 점유한 도토리나 사과에 아무런 권리가 없다고 할 사람은 없다. 공유물로서 만인의 것이었던 것을 이렇게 해서 그의 것으로 만드는 것을 도둑질이라고 할 수 있을까? 만약 그러한 동의가 필요하였다면, 신이 인간에게 준 풍부한 혜택에도 불구하고 인간은 이미 굶어죽었을 것이다. 자연이 방치한 대로의 상태로부터 가지고 감으로써 공유한 것의 일부로부터 소유권이 생긴다는 것은 계약에 의해 공유인 채로 남아 있는 공유지를 보면 알 수 있으며, 그것이 없으면 공유지는 아무런 소용이 없다. 그리고 어느 부분을 가진다고 하더라도, 그것에 모든 공유권자의 명백한 동의를 필요로 하는 것은 아니다. 이렇게 하여 내가 다른 사람과 공유권을 가지고 있는 어떤 장소에서, 내 말이 먹은 풀, 내 하인이 벤 잔디, 내가 채굴한 광석은 누구의 지시나 동의없이 내 소유물이 된다. 내 것인 노동이 그런 것을 원래의 공유상태로부터 가지고 감으로써 그것에 대한 내 소유권은 확정된다.

공유물로 주어져 있는 것의 일부를 누군가가 점유하기 위해 모든 공유권자의 동의를 필요로 하면, 아버지나 아이나 하인에게 공유물로 고기를 공급하더라도, 각자에게 각각 자신의 몫을 나누어 준 뒤가 아니면 그것을 가질 수 없을 것이다. 우물 속의 물은 만인의 것이지만, 물그릇 속의 물은 그것을 퍼 낸 사람의 것임은 누구도 의심하지 않는다. 물은 자연에서 공유이며, 자연의 모든 아이에게 평등하게 속하고 있었으나, 그의 노동이 그것을 자연의 손으로부터 끌어 내고, 그렇게 함으로써 그것을 그의 점유물로 만들었던 것이다.

이렇게 하여 이 이성의 법에 의하여 노루는 그것을 죽인 인디언의 것이 된다. 이전에는 노루가 모든 사람의 공유물이었지만, 이제는 노동을 투하한 사람의 재산임이 인정된다. 그리고 인류 중에서 문명의 혜택을 입은 부분에 속하는 사람, 즉 소유권을 결정하기 위해 실정법을 만들고, 그것을 증가시켜 온 사람 사이에서도, 이전에 공유물에 속했던 것으로부터 생기는 소유권의 시초에 대한 이 본원적인 자연법이 여전히 살아 있다. 그리고 그 효력에 의하여 지금까지도 남아 있는 인류에 대한 공유물인 바다로부터 어떤 물고기를 잡더라도, 고래기름을 얻더라도, 그것은 자연이 방치한 채로의 공유상태로부터 그것을 노동에 의하여 가져가, 그 때문에 수고를 한 사람의 소유물이 되는 것이다. 그리고 사냥에서 발견한 산토끼는 사냥하는 동안은 그것을 추적하는 사람의 것이라고 생각된다. 산토끼는 지금까지도 공유물로 간주되는 동물이며, 누구의 사유물도 아니지만, 그것을 발견하고 쫓아간다는 노력은 그 노력에 의하여 그것을 공유물이었던 자연의 상태로부터 하나의 소유권을 낳게 하였기 때문이다. (중략)

100부셸의 도토리나 사과를 주운 자는 그렇게 함으로써 그것의 소유권을 획득하였다. 즉 그것은 줍자마자 그의 재산이 되었다. 그는 다만 그것이 부패하기 전에 소비하도록 주의만 하면 되었다. 그렇게 하지 않으면 그는 자기몫 이상을 차지한 셈이 되며, 다른 사람의 몫을 훔친 것이 된다. 그리고 실제로 자기가 이용할 수 있는 것 이상으로 저축한다든가 하는 것은 부정일 뿐만 아니라 졸렬한 짓이다. 만약 그가 자기수중에 있는 동안에 헛되게 썩어 버리지 않도록 일부를 다른 사람에게 양도하면, 그는 그 몫 역시 이용한 셈이 된다. 또 만약 그가 1주일 동안에 썩어 버리는 자두를 1년 동안이나 썩지 않고 먹을 수 있는 호도와 교환하면 그는 아무것도 침해한 것이 없다. 즉 그는 공동자산을 낭비하지 않았으며, 그의 수중에서 헛되게 썩어 버리도록 한 것이 없는 한, 남의 재산을 조금도 침해하지 않은 것이다. 또다시 그가 그 호도를, 한 조각의 금속빛이 마음에 들어, 그것과 교환한다든가, 양모를 번쩍번쩍 빛나는 조그만 돌이나 다이아몬드와 교환하고 이런 것을 일생 동안 보존한다고 하더라도, 그는 남의 권리를 침해한 것이 아니다. 그는 이러한 내구성 있는 물건을 마음대로 많이 축적해도 좋았던 것이다. 그의 정당한 소유권의 한계를 넘는 것은, 그의 소유물이 클 때가 아니라, 그의 수중에서 무엇인가가 헛되게 썩어 버릴 때이기 때문이다.

이렇게 해서 화폐의 사용이 시작되었다. 그것은 손상되지 않고 사람이 보존할 수 있도록 내구성이 있으며, 사람이 서로 동의함으로써 비로소 소용이 되지만, 부패하기 쉬운 생활필수품과 교환된다. (중략)

금, 은 등은 식량, 의복이나 탈것에 비교하면 인간생활에서 거의 소용이 없으며, 다만 사람의 동의에 의해서만 가치를 가지므로(물론 이 경우에도 노동이 대체적으로 그 가치척도가 되는 것이지만), 사람이 대지의 불균형 때문에 불평등한 소유에도 동의하였다는 것은 분명하다. 이것은 금이나 은 등은 소유자의 수중에서 손상되거나 부패되지 않는 까닭에 누구에게도 해를 주지 않고 저장될 수 있고, 그래서 토지생산물의 과잉분과 교환으로 그것을 받아들임으로써, 사람은 자기 혼자서는 거기서부터의 생산물을 다 이용할 수 없을 정도의 토지를 정당하게 소유하는 방법을 묵시적·자발적인 동의에 의하여 발견하였기 때문이다. 사유재산의 불평등이라고 하는 이러한 물건의 분배방법은, 사회의 테두리 밖에서 계약없이, 다만 금이나 은 등에 가치를 두고 은연중에 화폐사용에 동의함으로써만 실행가능하게 된 것이다. 통치권이 존재하는 곳에서는 법이 소유권을 규제하고 토지소유는 명문화된 법령에 의해 규정된다.

이런 까닭으로 어떻게 해서 노동이 자연공유물 중에 처음으로 소유권을 만들어 낼 수 있었는가, 또 어떻게 해서 그 소유물의 소비한계가 우리의 이용을 근거로 하여 정해졌는가는 별 어려움없이 극히 용이하게 향유될 수 있을 것으로 생각된다. 따라서 당시는 소유권에 말다툼이 일어날 이유가 있을 수 없으며, 또한 그 소유권이 주는 소유의 크기에 아무런 의혹도 생길 수 없었다.

제4장
인구의 원리

맬서스

인구의 힘이란 인간을 위한 생활자료를 생산하는 지구의 힘보다는 한없이 크다.

맬서스

맬서스(Thomas Malthus)는 1766년 영국 서리(Surry)주 루커리
(Rookery)에서 태어났다. 1784년 영국 케임브리지대학의 지저스 컬리
지(Jesus College)에 입학하여 수학과를 우등생으로 졸업하였다. 이어서
케임브리지대학에서 석사학위를 받고 1793년에는 지저스 칼리지의 교
수가 되었다. 이후 목사직으로 나가 가급적이면 사색하는 시간과 연구하
는 자유를 가지려고 하였다. 맬서스는 프랑스혁명이후 프랑스에 출현한
진보사상(대표자 윌리엄 고드윈(William Godwin))이 무정부적인 평등사회
의 실현을 내세우는 데 이의를 제기하였다.

그는 자신의 『인구론(*An Essay on the Principle of Population*)』을 익명으
로 1798년에 발표하였는데, 사람이 낙관적으로 바로보고 있는 전망에
대해 그가 비관적인 전망을 제시하자 상당한 반응을 일으켰다. 이후 그는

여러 나라를 돌며 관계자료를 수집하였다. 그리하여 1803년에 자신의 이름으로『인구론』2판을 내놓았다. 1804년에 39세의 나이에 결혼한 그는『인구론』에 부합하려고 자녀를 1남2녀 낳았다. 1805년에 동인도회사가 런던 가까운 헤일리버리(Haileybury)에 세운 동인도대학(East India College)에서 돌아가는 날까지 경제학을 30년 동안 가르쳤다.

이 글은 맬서스의『인구론』(김석환·김일곤 역, 세계사상대전집, 대양서적, 1972)에서 발췌한 내용이다.

제1절 | 서 론(제1~2장)

나는 두 가지 공준(公準)을 두어도 괜찮으리라 생각한다. 첫째, 식량은 인간의 생존에 필요로 하고, 둘째 이성 간의 정념은 필연적이며 거의 현재상태대로 존속한다. 우리가 인류에 어떤 지식을 갖게 된 이후, 이 두 가지 법칙은 우리 본성에 대한 불변의 법칙이었던 것같이 생각된다.

그래서 내 공준이 승인된 것으로 생각하고 나는 다음과 같이 말한다. 인구의 힘이란 인간을 위한 생활자료를 생산하는 지구의 힘보다는 한없이 크다. 인구는 제한받지 않으면 등비수열적(等比數列的)으로 증대한다. 생활자료는 등차수열적(等差數列的)으로밖에 증대하지 않는다. 수학을 조금이라도 알면 첫 번째 힘이 두 번째 힘에 비하여 거대함을 알 수 있을 것이다. 식량을 인간생명에 필요한 것으로 여기는 우리 본성의 법칙에 의하여 이 두 가지의 똑같지 않은 힘의 결과가 똑같은 것으로 유지되지 않으면 안 된다.

이로 인해 생존을 곤란하게 만드는 인구에 대한 강력하고도 부단히 작용하는 제한이 일어난다. 이 곤란성은 어딘가 있는 곳에 퍼부어지지 않으면 안 되며, 또한 필연적으로 인류의 커다란 부분에 의하여 냉엄(冷嚴)하게 느껴지지 않으면 안 된다. (중략)

식물과 동물은 그 위대한 제한적 법칙 아래서 위축되고 있다. 그리고 인류는 이성의 어떤 노력에 의해서도 그것으로부터 벗어날 수가 없다. 식물과 동물 사이에는 그 결과 종자의 낭비, 질병과 요절로 나타나며 인류에게는 불행(不幸)과 악덕(惡德)을 일으킨다. 불행은 절대적으로 필연적인 결과이고, 악덕은 일어날 확률이 매우 높은 결과이다. 따라서 우리는 그것이 매우 많이 퍼져 있음을 보고 있다. 그러나 그것이 필연적인 결과로 나타날 수는 없을 것이다. 이것은 덕성(德性)이란 악에 대한 유혹에 저항하는 시련이기 때문이다.

제2절 | 미개상태의 고찰 (제3장)

수렵이 주된 직업이고 또한 식량획득이 유일한 삶의 목표인 인류에게 인구는 생존수단이 광대한 영역에 산재하고 있더라도, 필연적으로 비교적 희박하지 않으면 안 된다. 북아메리카 인디언의 이성 간 정념은 그 밖의 어떤 인류보다도 강하지 않다고 한다. 그러나 이성 간의 정념이 냉담한 데에도 불구하고 인구증가에 대한 노력은 이들을 부양하는 수단보다 항상 큰 것처럼 생각된다. 그 까닭은 여러 종족 중의 누군가가 우연히 어떤 풍요한 땅에 정주하여 수렵하는 것보다 더 수입이 많은 원천에서 영양을 끌어낼 때에는 언제나 비교적 급속히 인구가 증가했다는 사실로부터 알 수 있기 때문이다. 미개상태에서는 일가족에서 한두 명이 성인까지 살아남기가 극히 드문 일인 데에도 불구하고, 어느 인디언가족이 유럽인 정주지 근처에 주거를 정하여 보다 안락한 문명생활양식을 채택하였을 경우, 한 부인이 5~6명 또는 그 이상의 아이들을 키웠다는 것은 주목할 만한 사실이다. 그와 똑같은 관찰이 희망봉(希望峰) 근처의 호텔톳족에서도 이루어지고 있다. 이는 사실 수렵국민의 생존수단에 대한 인구의 우월한 힘을 증명하고 있으며, 또한 이 힘은 항상 자유로이 작용하는 대로 방치되어 있을 때는 스스로 나타나는 것임을 증명하고 있다. (중략)

수렵국민에 대해 참조할 수 있는 설명에서 다음과 같은 것을 추론하여 설명하여도 무방할 것 같다. 즉 그들의 인구는 식량이 희소한 까닭에 희박하다는 것, 식량이 더 풍부하여지면 그것은 당장 증대하리라는 것, 또한 미개인의 악덕을 문제시하지 않는다면 불행이란 곧 인구의 우월한 힘을 억제하여 그 결과 인구를 생존수단과 똑같도록 유지시키는 제한이 뒤따른다는 것 등이다. 실제의 관찰과 경험을 통해 보건대 이 제한이, 소수의 지방에서 그리고 일시적으로 예외는 있지만, 지금도 모든 미개국민에 대해 항상 작용하고 있음을 우리에게 말해 주고 있으며, 또한 이 이론은 아마도 1,000년 전에도 같은 강도로 작용하고 있었으며, 1,000년 후에도 그다지 크게 변하지는 않을 것이다.

인류의 다음 단계, 즉 유목민을 지배하고 있는 생활양식과 습관은 미개상태의 것 이상으로 잘 알지 못한다. 그러나 여러 국민이 생활자료의 부족에서 생기는 불행이라는 일반적 운명을 면할 수는 없었다는 사실은 유럽 및 세계의 가장 문명화한 모든 나라가 풍부하게 입증하고 있다. 먹이를 찾아 헤매는 수많은 굶주린 이리떼처럼 스키타이의 유목민에게 그들의 출생지를 버리도록 몰아세운 원인은 바로 결핍이었다. (중략)

유목국가가 농경의 나라만큼 많은 주민을 부양할 수 없음은 잘 알려져 있지만, 유목민을 매우 무서운 국민으로 만든 것은 모든 것을 한꺼번에 이동시킬 수 있는 그들의 힘과 그들의 가축을 위하여 새로운 목초지를 찾아 이 힘을 발휘하지 않으면 안 된다고 느끼는 필요성이다. 가축이 풍부한 종족은 당장 먹을 수 있는 식량이 많았다. 극단적으로 궁핍할 경우에는 부모의 가축까지도 먹어 치우는 일이 있었다. 여성은 수렵국민들 사이에서보다도 안락하게 생활하고 있었다. 단결된 힘 속에서 용감하며, 거주지의 이동에 의하여 가축을 위한 목초지를 획득할 힘에 자신이 있던 남성은, 아마도 가족을 부양하는 데에 대한 위협을 아주 조금밖에 느끼지 않았다. 이러한 원인이 결합되어 그 자연적이고도 불변의 결과, 즉 인구 증대를 낳았다. 그렇기 때문에 더욱 빈번하고 급속한 주거지의 이동이 필요하게 되었다. 점점 더 넓고 큰 영역이 점유되었다. 더욱이 광대한 황무지가 그들 주위에 퍼졌다. 결핍은 사회의 불행한 구성원을 괴롭히고, 마침내 이들을 함께 부양하기가 불가능하다는 것이 말할 여지도 없이, 너무나 분명해졌다. 그리하여 나이 젊은이들은 부모의 무리로부터 떨어져나와 새로운 지방을 탐색하고 스스로의 칼로써 자신의 더 행복한 장소를 찾는 것을 배웠다. "세계는 그들 앞에 있으며, 그들이 마음대로 골라잡을 수 있었다." 현재의 곤궁에 채찍질당하고 아름다운 미래의 희망에 빛나며, 또한 용감한 모험심의 충동을 받은 적극적인 모험가들은 저항하는 모든 것에 대하여 무서운 적이 되기 쉬웠다. 그들이 밀고 들어간 나라의 평화로운 주민은 이런 강력한 행동동기에 의하여 활동하는 남성의 힘에 오래 견딜 수 없었다. 그리고 그들이 자기와 같은 어떤 종족과 부딪쳤을 때도 싸움은 생존을 위한 투쟁이었으며, 그들의 죽음은 패배를 의미하는 형벌이었고, 삶은 승리의 상금이라는 생각에 고무되어 결사적인 용기로 싸웠다.

이 야만적인 싸움에서 많은 종족이 아주 사멸하였음에 틀림없다. 일부 종족은 아마도 기아로 말미암아 멸망했을 것이다. 지도자가 좀더 적절한 지도력을 발휘한 다른 종족은 위대하고 강력한 종족이 되어 더욱더 비옥한 장소를 찾는 새로운 모험가를 배출하였다. (중략)

아라아리크와 같은 사람, 아틸라와 같은 사람, 또는 칭기즈칸과 같은 사람 및 그 주변의 여러 추장은, 영광을 위하여 광대한 정복자라는 명성 때문에 싸웠을지도 모르지만, 북쪽으로부터 큰 조류가 움직이듯, 여러 시기에 중국, 페르시아, 이탈리아 및 이집트까지 석권하기까지 계속 싸웠던 진짜 원인은 식량부족, 즉 부양수단을 초과하여 증가한 인구이었다.

제5장
사유재산, 자유와 서유럽사회

제임스 가트니

> 정치적 과정을 통한 배분은 개인과 집단에게 생산보다는 분배와 보호활동에 매달
> 리도록 유도한다. 정부가 사유재산을 보호하는 일을 넘어 소득과 재산을 적극적으
> 로 배분하는 일에 매달리면 보다 많은 자원이, 경제학자들이 말하는, 지대를 추구하
> 는 곳으로 흘러들어가게 된다.   가트니

　가트니(James Gwartney)는 현재 미국 플로리다 주립대학에서 경제정
책을 가르치고 있고, 과거 미국의회의 경제위원회 멤버로도 활동하였다.
　이 글은 가트니의 "Private Property, Freedom, and the West"(*The
Intercollegiat*, 1985 봄/여름호)에서 발췌한 내용이다.

제1절 | 서 론

　서양문명에서 사유재산권에 대한 보호가 개인의 자유를 보존하는 데

중요한 역할을 수행하였다. 개인에게 자신의 재산에 대한 안전한 소유권이 없었다면 생명을 보존하기 위해 왕, 군주 그리고 정부에 의지하는 일이 불가피하였을 것이다.

최근 20년 간 서양에서 사유재산권의 중요성이 줄어들고 있다. 과도한 세금, 복지이전수당, 각종 규제, 관료주의적 명령 등이 소유권을 좀먹어 들고 있다. 대신 정치적 과정, 즉 정부소유와 통제가 사유재산권과 소유권의 자연적 성장으로 태어난 시장을 대체하면서 계속 늘어가고 있다.

사유재산권의 중요성이 줄어드는 시기가 이론적 발전과 경제적 결과, 사유재산권이 중요하고 이를 강화시켜야 한다는 시기에 이루어지고 있다는 사실이 역설적이다. 사유재산권은 선조가 확인하였듯이 자유를 보호할 뿐만 아니라 보다 나은 경제적 성과를 제공한다는 증거가 쌓여 가고 있다. 이에 반해 정부소유는 인센티브구조를 왜곡시켜 사람들로 하여금 정치적 다툼을 초래하여 값진 자원을 낭비하도록 이끈다.

제2절 | 소유권의 세 종류

소유권이란 누구에게 통제할 권한이 있고 그로부터 누가 이득을 얻을 지를 지정한다. 소유권에는 세 가지가 있는데, ① 공유, ② 사유, ③ 국유이다.

공유재산권은 누구나 자신이 원하는 대로 자원을 사용할 수 있는 권리가 있는 제도이다. 어느 누구도 배타적 권리(권한이 없는 타인의 사용을 금지시키는 권리)가 없다. 자원을 이용하는 각자가 자원사용에 따라 수반되는 비용을 거의 부담하지 않기 때문에 각자는 다른 사람이 사용하기 이전에 이를 사용하려는 강한 욕망을 갖는다. 그에 따라 과도한 이용과 미래세대를 위한 보존이 결여된다는 것이 공유재산제가 갖는 한계이다.

일찍이 서양에서 들소의 역사는 공동소유권이 어떤 결과를 낳는가를 잘 보여 준다. 사냥꾼은 오늘 내가 잡지 못한 들소가 내일 다른 사냥꾼이 잡을 것이라는 사실을 안다. 배타적 소유권이 없는 까닭에 동물의 미래번영을 위하는 방향으로 들소를 사냥하려는 인센티브도 결여되어 있다. 그결과 들소 가죽을 위한 대량사냥과 종의 실질적 멸종으로 이어졌다. 공유재산권이 유토피아를 지향하는 사람에게 매력적으로 들릴지 모르나, 개인에게 자신이 취한 행동에 대한 책임을 느끼지 못하도록 한다. 경제적 낭비와 파괴적인 행동이 제도의 결과로만 남을 뿐이다.

공유재산권에 비해 사유재산권은 개인이나 개인집단이 다른 사람의 소유권을 침해하지 않는 한, 자원을 이용하여 이로부터 이득을 취할 수 있는 배타적 권리가 부여된 것을 말한다. 각자는 자신의 소유권을 가지고, 다른 사람의 소유권에 반하지 않는 한, 자신이 원하는 대로 자유롭게 이용할 수 있다. 때때로 소유자의 이기적인 속성과 연관시켜 사유재산권은 다른 사람의 이기적 속성으로부터 소유자가 보호받는 것으로 비춰지기도 한다. 사유재산권은 자신의 소유물이 절도나 폭력(또는 폭력의 위협) 또는 다른 사람의 사기에 의해 절취되는 것을 법적으로 보호받는다.

끝으로 정부가 재산권을 소유할 수 있다. 정부소유권은 재산의 권리를 정부가 직접 가지거나 조세부과나 사유재산권에 규제하는 간접적인 방식으로 이루어진다. 국유는 기술적으로 모든 국민이 소유하는 것처럼 보이지만 그렇다고 모든 사람이 이를 이용할 수 있는 권리가 있음을 의미하지는 않는다. 공유재산권과 비교하면 국유는 특정된 집단만이 배타적으로 이용할 수 있도록 하는 제도이다. 누가, 어떻게 그리고 어떤 조건으로 국유재산권을 이용할 것인지는 정치적 과정을 통해 이루어진다. 근본적으로 국유는 개인 대신에 정부의 공무원과 정치적 과정이 의사를 결정하는 제도이다.

제3절 | 개인의 자유, 사유재산권, 서양문명의 지적 원천

16세기에 유럽의 인구가 늘어나자 토지가 상대적으로 희소해지게 되었다. 방목지를 공유재산으로 하여 과도하게 방목시킨 결과 종획운동(enclosure movement)으로 이어지게 되었다. 동시에 군사적 기술발달로 말미암아 잠재적인 침입자로부터 보호할 수 있는 영역의 적정규모도 확대하기에 이르렀다. 그 결과 개인을 보호하는 기관으로서 봉건적 질서를 대신하여 국가가 대두하게 되었다(North, 1981). 동시에 종교개혁의 영향을 받아 17세기에 개인은 다른 사람이 침해할 수 없는 권리가 신에 의해 주어졌다는 생각이 널리 퍼지게 되었다.

로크(John Locke)나 흄(David Hume)과 같은 사람이 인간의 자유와 사유재산권 그리고 정부역할에 대해 심각하게 생각한 것도 이러한 배경에서이다. 이들은 단지 고상한 신분으로 태어난 사람뿐만 아니라 모든 사람이 노동의 과실을 소유할 권리가 있고, 자산을 이용하여 즐길 수 있다는 견해를 전파하였다. 그러나 개인의 재산은 로크가 언급하였듯이 다른 사람으로부터의 침해위협을 항상 받았다. 그래서 로크는 『통치론』(1690)에서 "모든 개인은 상호의 생명과 자유, 내가 재산권(property)이라는 자산(estate)을 보존하려고, 이미 뭉쳐 있거나 뭉치려고 하는 타인과 사회에 함께 하기를 추구하고, 서로 어울리기를 바란다." 라고 하였다. 흄도 정부의 주요기능이 개인의 소유물을 보호하고, 자유와 질서를 제공하는 데 있는 것으로 인식하였다. 그가 1740년에 쓴 『인간본성론(*Treatise of Human Nature*)』에서 "재산을 구분하고 소유권을 확립하는 관습은 어떤 상황이 벌어지더라도, 인간사회를 구축하는 데 가장 필요로 하는 것이라는 데에 의심의 여지가 없다. 이러한 원칙을 고착시켜 준수하도록 하는 합의가 있은 이후에는 완전한 조화나 화합이 이루어지는 방향으로 나아가기 위해 할 수 있는 다른 일이란 거의 없다'라고 주장하여 사유재산권이 주어지면 사회는 안정과 조화를 이룩한다고 주장하였다.

이러한 영국의 초기 철학자의 사고는 제퍼슨(Thomas Jefferson), 애덤스(John Adams), 매디슨(James Madison) 그리고 다른 초기 미국정치 지도자에게 영향을 미쳤다. 미국의 정치체제도 사유재산권이야말로 인간의 자유를 구축하는 터전이 되고, 정부의 기능이란 외국(국가방위)이나 국내의 침입자로부터 개인의 소유권을 보호해 주는 데 있다고 믿었다. 애덤스도 "소유권이야말로 자유와 마찬가지로 확실히 인류의 권리이다. …… 소유권이 신의 법률과 같이 신성하지 않고 또한 이를 보호해 줄 집행법률과 공공의 정의가 없다는 생각이 사회에 수용되는 순간, 무정부와 독재가 시작될 것이다'라고 지적하였듯이 사유재산권은 독재로 나아가지 않는 사회체제를 만들 것으로 확신하였다.

초기 미국의 지식인은 개인의 자유와 재산을 소유할 수 있는 권리 사이에 상호의존관계가 있다는 사실을 인식하고 있었다. 물적 소유물을 형성하기 위한 기초는 노동과 저축이다. 물적 소유물이 없으면 개인은 자신의 노동에서 나온 과실을 비축할 수 없고, 가족이나 사랑하는 사람에게 선물로 줄수도 없을 것이다. 정당하게 획득한 소유물(법률위반, 폭력, 절도에 의하지 않고)에 대한 권리를 부인한다는 것은 노동의 과실(생계를 유지에 필요한)을 부정하는 것이나 다름없다.

따라서 개인소유권이 보호되지 않고서는 다른 권리는 의미가 없다. 이러한 점을 인식하여 매디슨은 개인소유권의 보호란 다른 개인적 자유를 보호하는 일과 서로 얽혀 있다고 주장하였다.

제4절 | 선조의 지혜

지난 200년 동안의 역사적 이득이 있었음에도 불구하고 신중한 학자는 사유재산권을 지지하는 초기의 주창자가 가졌던 혜안에 감명을 받았다. 비록 이들이 사유재산권을 바탕으로 하는 경제체제가 어떻게 작동하는가를 완전히 이해하지는 못했지만 사회갈등을 최소화시키고 개인의 자유를 보호한다고 인식하였다.

사유재산권과 시장기구는 개인에게 다른 사람의 자유를 간섭하지 않고, 그들도 마찬가지로 할 수 있도록, 다양한 직업과 소비재 및 삶의 스타일을 선택하도록 허용한다. 사유재산권을 토대로 하는 시장조직은 평등을 실현한다. 각자는 그의 돈을 자신이 원하는 소비재를 구입하는데 지출한다. 마찬가지로 각자는 왕이나 군주 또는 정치적 다수의 허락이 없이, 자신이 원하는 사람에게 자신의 노동서비스를 판매할 자유가 있다. 그 결과 여러 소수집단이 시장가격에 이끌려 여러 가지 종류의 재화를 선택하고, 여러 가지 생산적 용역을 공급함으로써 자유와 다양성을 낳는다.

이를 국유체제나 정치적 배분이 이루어지는 체제와 한번 대비시켜 보자. 정치영역에서 다수가 모든 사람을 위해 결정한다. 예를들어 교육, 퇴직연금, 주거, 토지관리가 정치적 과정을 통해 제공되면 사회를 지배하는 정치적 제휴자가 선호하는 사업이나 서비스에 대한 대가를 사회가 치르는 것이 되어 버린다. 개인의사는 다수의사에 양보하여야 한다. 그에 따라 소수의견이 묵살되기 때문에 사회적 갈등이 필연적으로 일어난다.

동시에 사유재산권은 경제적 힘을 분산시키게 하여 개인의 자유를 보호한다. 물론 힘은 소유를 동반한다. 토지소유자는 자신의 토지를 주택지나, 밀 농지나, 주차장이나 다른 용도로 사용할 것인지를 결정할 수 있다.

석유채광권을 소유한 자는 석유를 지금 채굴할 할 것인가 아니면 미래에 채굴할 것인가를 결정할 수 있다. 사유재산권이 주어지면 그 힘이 수백만 명의 사람에게 분산되어 어떤 사람도 다른 사람에 대해 힘을 행사할 수 없다. 아주 부유한 재산가도 유사한 제품과 서비스를 기꺼이 제공하겠다고 하는 다른 재산가의 존재로 인해 자신의 힘을 사용하는 데 제한을 받는다.

연방정부가 최근 조사한 바에 따르면 미국인 전체의 2%에 해당하는 재산가가 미국 재산의 28%를 소유하고 있는 것으로 밝혀졌다. 언뜻 이 수치는 소수의 손에 엄청난 힘이 주어진 것처럼 보인다. 그러나 다시 한 번 생각하면 이런 의문이 제기된다. 재산이 엄청난 것처럼 보이는 이 재산이 미국 내 160만 가구의 손에 주어져 있으나 이 가구는 정치적 견해, 종교, 인종, 개인적 이해관계가 다양하다. 이들이 소득을 얻기 위해 다른 사람과 서비스를 교환하지 않으면 자신의 재산은 줄어들 것이다. 이 부유한 가구의 힘과 536명의 선출된 연방공무원의 힘과 비교해 보라. 후자가 비록 전체 인구의 0.0000025%에 지나지 않지만 이들이 미국 국민생산고의 1/4을 어떻게 할당할 것인가를 좌우한다. 이들이 소득이 있는 자로부터 소득의 1/5을 거두어 이를 소득이 없는 자에게 배분한다. 이들이 3,600명의 사회보장대상자가 받을 연금을 결정한다. 536명 수중에 있는 규제하는 힘이 수백만 명 사업가의 경제적 건강에 대한 생사여탈권을 쥐고 있다. 민간재산소유자가 아닌 국회의원은 당신의 동의도 받지 않고 당신의 재산이나 소득의 일부를 탈취할 수 있는 힘을 가지고 있다. 이런 이야기를 계속 하면 끝이 없을 것이다. 그러나 결론은 명확하다. 즉 사유재산제도 대신에 국유제도가 채택되면 다른 사람의 생명에 대해 영향을 미치는 엄청난 힘이 소수의 정치가 수중에 들어갈 것이다. 사유재산권이 갖는 중요한 미덕은 경제적 힘이 소수의 몇 사람에게 집중되는 것을 견제할 수 있는 능력을 가진다는 데 있다. 재산을 여러 사람이 분산하여 소유하면 독재를 막을 수 있고, 힘의 남용을 막을 수 있다.

제5절 | 경제적 진보와 사유재산권

초기 사유재산권을 지지하였던 사상가는 이것이 개인의 자유를 확보하는 데 중요한 역할을 차지한다는 사실을 강조하였으나, 경제이론은 사유재산제도가 동시에 자원을 효율적으로 배분하고 경제를 급속하게 성장시킨다는 사실을 보여 주었다. 생산이란 그냥 일어나는 것이 아니다. 인간의 의사결정이 생산적 활동에 제공되고 자원이 현명하게 이용되어 보다 나은 방법(비용을 절약하는)을 발견할 수 있도록 동기가 부여되어야 한다. 잘 정의되고 안정된 재산권이 경제를 발전시키는 주요 요인으로 다섯 가지를 들고 있다.

1. 사유재산권은 현명한 진로를 유도한다

2300년 전에 아리스토텔레스(Aristoteles)는 "다수에게 공통적인 것이 사람으로부터 가장 관심을 덜 받는다. 이것은 사람이란 다른 사람과 공유하는 재산에서보다 자신이 소유하는 재산에 관심을 보다 많이 가진다"라고 하면서 사유재산의 중요성을 이야기하였다. 다른 부문에서도 그의 혜안이 적중되었지만 사유재산에 대한 그의 지혜는 오랜 시간을 거치면서 검증받았다. 재산소유자는 자신의 재산이 어떻게 사용되어야 하는가에 유별난 관심을 갖는다. 이것은 재산이 손상을 입거나 남용되거나 오용되면 소유자가 비용을 부담하기 때문이다. 마찬가지로 비용보다 많은 가치가 재산에 부가되면 자연히 그의 부도 늘어난다. 따라서 사유재산의 소유자는 재산을 비용효과적으로 개선할 수 있는 방법에 대해 강한 인센티브를 가진다.

흔히 공공주택보다 개인주택이 보다 잘 유지되고, 공설운동장보다 사설운동장이 보다 잘 관리되고, 공유지보다 사유지가 보다 효율적으로 이용되는 현실을 관찰할 수 있다. 이는 놀랄 일이 아니다. 개인소유자는 사물을 보다 잘 보살피게 된다. 이것은 무책임한 사용에서 오는 비용을 자신이 부담하여야 할 뿐만 아니라, 동시에 현명한 사용에서 오는 이득을 자신이 거두어들일 수 있기 때문이다.

2. 사유재산제도는 사람에게 자신의 행동에 책임을 지게 하고 전체 경제복지를 촉진시킨다

잘 정의되고 안정된 사유재산제도는 개인에게 다른 사람에게 제공한 이득을 거두들이게 하고, 다른 사람에게 끼친 비용에 책임을 부담하도록 만든다. 사유재산제도가 있으므로 생산자는 자원을 사용함에 따라 비용을 발생시키고, 동시에 다른 사람에게 부여한 이득(재화와 용역을 판매함으로써)을 포착할 수 있는 위치에 놓인다. 어떤 활동이 비용보다 이득을 보다 많이 낳으면 이윤을 찾는 기업가는 이를 발견하여 창업하려는 인센티브를 갖는다. 다른 한편으로 비용이 이득을 상회하는 반생산적인 활동을 회피하려는 인센티브를 갖는다. 사유재산제도는 의사결정자에게 책임을 부담하게 한다. 애덤 스미스가 오래 전에 이야기하였듯이 이 책임성이야말로 사유재산제도가 갖는 천재적 능력이다. 이것으로 인해 개인적 이기심과 사회복지가 조화를 이루기 때문이다.

3. 사유재산제도는 개인에게 유리한 방향으로 자원이 사용될 수 있도록 권장한다

사유재산권이 보호를 받으면 사람은 소득을 얻으려고 자신의 생산적 서비스를 팔려고 한다. 이러한 교환과정으로 전문화, 분업, 대량생산방식이 창출되어 상호에게 이득이 되도록 이끌어 준다. 전체적으로 긍정적인 경제활동(거래하는 당사자 상호간에 이득을 주는 활동)이 권장된다. 사회적 협동과 경제적 파이의 크기가 확대되는 결과를 낳는다.

개인은 ① 다른 사람이 강하게 수요하는 기술을 개발하려고 하고, ② 다른 사람에게 가장 이득이 되는 방식으로 자원을 사용하려는 인센티브를 가지고 있다. 이것은 그렇게 사용하여야 보다 많은 소득을 얻을 수 있기 때문이다. 사유재산제도에서는 다른 사람에게 이득을 주는 서비스와 자신의 소득 사이에 밀접한 관계가 존재한다. 다른 사람에게 가장 많은 생산적 서비스를 제공하는 사람이 가장 많은 소득을 얻는다. 이에 반해 다른 사람에게 적은 양의 서비스를 제공하는 사람은 적은 소득을 얻는다. 실질적인 의미에서 어떤 한 사람의 소득이란 다른 사람의 복지를 향상시키는 서비스를 제공하는 능력과 직접 관련이 있다.

4. 사유재산제도는 희소성 문제를 해결할 수 있는 다양한 지식을 가능한 한 폭넓게 제공한다

개선된 지식과 혁신이야말로 경제진보를 가져오게 하는 핵심적인 촉진제이다. 사실 현대인과 원시인 사이의 차이란 자원을 소망하는 재화로 변형시킬 수 있는 지식의 양에 있다. 우리 조상은 현재 이용할 수 있는 자원을 우리와 똑같이 가지고 있었다. 그러나 오늘 우리가 가진 우수한 지식으로 말미암아 이용할 수 있는 자원으로부터 1인당 생산고를 보다 많이 만들어냈다.

어떤 개인도 어떤 엘리트도 모든 것을 아는 것은 아니다. 천재는 예기하지 않은 원천으로부터 나오기도 한다. 사유재산권과 경제적 자유는 다양한 개인에게, 각자의 다양한 창조적 재능과 아이디어 및 시장인식을 반영하여, 생산과정에 지식을 제공하여 이바지하도록 허용하였다. 자유경제의 이러한 속성이 간과되기도 하였지만, 생산을 다이내믹하게 성장시키는 데 기여한 것은 바로 이 사유재산제도였다.

5. 사유재산제도는 현재의 자원소유자에게 미래를 위해 자원을 보존하도록 권장한다

재산의 현시장가치는 미래의 예상가치를 반영하고 있기 때문에 사유재산제도는 재산을 현명하게 보존하도록 권장한다. 미래에 자원을 사용하여 생기는 현재가치가 현재 당장 사용하는 가치보다 높으면 그 자원은 미래를 위해 보존될 것이다. 예를들어 1배럴의 석유(어떤 자원이라도 마찬가지이다)의 가격이 매년 10%씩 상승할 것으로 기대한다고 하자. 가격의 예상상승률이 이자율보다 높으면 자원소유자(자원가격이 이자율보다 높은 폭으로 상승할 것으로 예상하는 석유구입의 가능성이 있는 자도 마찬가지이다)는 미래를 위해 석유를 보존하는 것이 자신에게 이득이 된다.

사유재산이 이전가능하기만 하면, 자산을 미래에 수확할 것으로 예상되지 않는 현재의 의사결정자는 미래세대의 선호를 고려하려는 강한 인센티브를 갖는다. 가령 60살이 된 산림가가 모피나무가 성장하여 최적 벌목기간이 아직 50년이나 남은 경우에 이를 벌목할까 말까 하는 기로에 있다고 하자. 소유권이 이전될 수 있으면, 산림가가 소유한 토지의 시장가격은 나무가 성장함에 따라 수확할 수 있는 예상기간이 가까워질수록 미래의 수확을 기대하여 상승할 것이다. 따라서 산림가는 비록 자신이 사망한 이후까지 벌목이 이루어지지 않더라도, 자신이 기여한 분을 언제든지 거두어들일 수가 있다.

미래의 전망을 비관적으로 바라본 사람(자원경제학자)은 주요광물을 소진시키고, 모든 나무를 벌목해 버리고, 황야를 제거해 버릴 것이라고 우려하였는데, 시장이 자원을 보존시키는 윤리를 잘 이해하지 못하였다. 미래에 위에서 말한 것이 보다 희소해질수록, 자원을 개인이 소유하고 있기만 하면, 그 가격은 이자율보다 높은 값으로 상승할 것이다. 가격상 승으로 사람은 현재 사용하는 것보다 미래를 위해 보존하고 보다 많은 자원공급원을 부지런히 찾으려고 할 것이다. 드와이트 리(Dwight Lee) 조지아대학 경제학교수는 "Patience is a Market Value"(1985)라는 논문에서 "현재의 의사결정자가 미래를 보살피게 행동하도록 동기를 제 공하는 어떤 사회제도도 사유재산제도보다 더 낮게 동기를 제공할 수는 없다"라고 언급하였다.

제6절 | 사유재산제도의 경제기록

여러 방면을 통해 사유재산제도와 경제진보 사이의 상관관계를 보여 줄 수 있다. 무엇보다 먼저 지난 250년 동안 유럽문명의 기적과 같은 경제발전이 있었다. 미국인은 역사에 대한 감각이 부족하여 유럽문명의 정치경제가 어떻게 잘 작용하였는가를 확신하지 못하고 있다. 개선된 삶의 수준은 그것 없이 이루어졌다고는 볼 수 없다. 물론 5000년 전에 발명된 수레바퀴는 예외로 하자. 과거의 역사는 생존과 기아가 서로 입과 턱처럼 서로 붙어다닌 인류의 역사였다. 경제성장을 이룩하였던 기간은 드물었다. 우리 조상도 이러한 사실을 잘 알고 있었다. 가령 영국의 전형적인 상인의 소득은 1215~1798년의 근 6세기 동안 거의 변하지 않았다고 한다. 6000년 가까이 최저생계수준으로 살아온 인류와 마찬가지로 250년 전의 우리 조상도 마찬가지였다.

이제 사유재산권에 대한 아이디어가 생겨나고 정부의 역할이 공공정책으로 변형되는 시기에 들어오게 되자 삶이 과거처럼 어려웠던 시기는 지나갔다. 인간의 창조성은 사람이 살고 일하는 방식을 변형시켰다. 개선된 농업기술(윤작형 수확, 비료, 기적과 같은 곡류)로 말미암아 우리 조상은 토지로부터 더 많은 생산고를 올릴 수 있게 되었다. 농작물을 생산하는 능력을 개선시킨 기계가 개발되고, 자원을 제조품으로 변형시키는 기술도 함께 발견되었다. 석유, 전기 이후의 원자력은 인간의 주요 에너지원으로서 동물의 힘을 대체하였다. 급기야 기계에 동력을 전달하고 사람과 물자를 이동시키는 엔진을 발명하게 되었다. 이러한 일을 성취한 것뿐만 아니라 동시에 많은 사람이 예산범위 내에서 사용할 수 있는 품질좋은 식품, 따뜻한 의복, 안락한 주택, 다양한 놀이도 도입되었다. 역사상 처음으로 수억만 명의 사람이 생존수준을 넘는 생활수준을 획득하게 되었다. 유럽의 경제역사는 우리 선조의 상상을 초월하는 진보의 역사이다.

사유재산제도에 바탕을 둔 사회가 과거의 경제진보를 이끌었듯이 현재의 경제적 성과를 보더라도 당분간 이러한 추세가 계속될 것으로 보인다. 가령 1960~1981년에 오직 4개국만이 1인당 국민소득 성장률이 6%를 넘었는데 이 나라들은 일본, 홍콩, 싱가포르, 한국으로 모두 사유재산제도를 채택하고 있다. 북한과 남한, 동독과 서독, 케냐와 에티오피아, 타이완 및 홍콩과 중국본토의 경제기록을 비교해 보면 각각의 경우 그려지는 그림의 모습은 똑같다. 사유재산에 의존하는 경제가 보다 빠르게 성장하였음은 물론이다.

소련에서조차 사유재산은 높은 생산성과 관련이 있다. 집단농장의 소비에트 가족은 개인소유의 토지를 경작할 수 있도록 허용되었는데, 그 면적은 1에이커를 넘을 수 없었다. 비록 사유지의 경작면적이 전체 경작면적의 1%에 지나지 않았지만 이 토지에서 전체 생산물의 1/4를 산출하였다고 소련의 신문이 보고한다.

제7절 | 국유-사유의 대안

국유와 같은 다른 대안에 대한 검토 없이 사유재산제도만이 좋다고 할 수는 없다. 국유란 시장할당 대신에 정치적 과정이 들어서는 것을 의미한다. 최근까지 전통적인 경제학자와 정치학자는 자혜로운 독재자(bene-volent despot)라는 정부모형을 견지하였다. 이 견해의 따르면 정부의 의사결정자는 항상 사회를 위해 가장 최선의 대안을 선택한다고 이해하였다. 따라서 정치적 과정이란 잘못된 것을 교정하는 것으로 인식되었다.

이러한 순진한 생각을 가진 경제학자(이제는 공공선택 경제학자라고 하지만)은 정치적 과정이 어떻게 잘 작동하는가를 사람들에게 이해시켜 주려고 노력하였다. 그 작업이 일반인의 주목을 받지는 못하였지만, 이차대전 이후 경제분석에서 가장 혁신적인 작업으로 이해되기도 하였다. 공공선택이론은 민주주의의 집단적 의사결정과정으로부터 무엇을 기대할 수 있는가를 규명하려고 하였다. 분석의 편의상 여기서는 세가지 주목할 만한 것을 들고자 한다.

첫째, 정치가는 잘 조직되고 쉽게 확인할 수 있는 특수이익집단이 선호하는 주장을 지지하는 경향이 있다. 특수이익집단이 바라는 법령으로 인해 사회가 부담하는 비용은 수많은 국민에게 분산되어 버리기 때문에 대다수의 국민은 당해 문제를 무시하는 경향이 있다. 사실 국민은 그 문제가 어떻게 자신에게 미칠 것인지에 관한 정보가 없다. 이에 비해 특수이익집단은 투표에 적극적이다. 이들은 후보자(입법가)에게 자신이 이 문제를 얼마만큼 심각하게 느끼고 있는지를 알도록 재촉한다. 이들은 해당 문제에 정치인이 어떤 견해를 가지고 있는가에 따라 정치인에게 찬성표를 던지거나 반대표를 던진다. 특수이익집단은 선거에 집요하고 다른 투표자는 선거에 냉담하기 때문에 정치인은 마치 보이지 않는 손에 이끌리듯이 특수이익집단의 지위를 향상시키는 방향으로 이들을 지지한다.

둘째, 정치적 과정은 단견의 정책을 채택하거나, 비용이 다음 선거 때까지 쉽사리 관찰되지 않지만, 앞으로 있을 선거에 유리한 행동을 채택하는 쪽으로 치우진다. 정치인은 이득 또한 비용을 부담하지 않기 때문에 비록 장기적으로서는 전혀 다르게 아주 비효율적이지만 단기에 우선 매력적인 대안을 선택하려는 강한 인센티브를 가진다.

끝으로 정치적 과정을 통한 배분은 개인과 집단에게 생산보다는 분배와 보호활동에 매달리도록 유도한다. 정부가 사유재산을 보호하는 일을 넘어 소득과 재산을 적극적으로 배분하는 일에 매달리면 보다 많은 자원이, 경제학자가 말하는, 지대를 추구하는 곳으로 흘러들어가게 된다. 개인이나 사업가 그리고 이익집단이 자신의 개인적 이익을 향상시키는 방향으로 정부가 행동하도록 정치적 과정에 보다 많이 자신의 자원(로비나 기부 등)을 투자한다. 시장을 통해 소득과 교환하여 다른 사람을 도와 준다는 사회풍조 대신에 표와 정치적 자원과 교환하여 다른 사람의 관심을 끄는 정치풍조가 들어선다. 그러나 양의 털을 깎는 시간에는 양이 바로 서 있을 수 없듯이 개인도 자신의 소유물을 빼앗기지 않으려고 한다. 시민은 높아진 세금에 대응하여 세금을 회피하는 방향의 활동을 늘린다. 게다가 추가된 규제는 추가적인 보호활동을 요구한다. 사회가 세금, 이전소득, 소득을 분배하는 규제기관 등에 의지할수록 사회는 홉스가 지적한 정치적 갈등이 난무하고 경제가 정체하는 세상에 가까워진다. 개인과 이익집단은 서로 싸우거나 경제과실을 보다 많이 차지하려는 노력에 보다 많은 자원을 배분하여 결과적으로 전체의 경제적 파이는 줄어든다. 세금과 이전소득이 많은 미국의 경험은 이러한 견해와 부합하지 않는 것이 아니다.

제8절 | 의미없는 비난–사유재산제도는 부자를 선호한다

사유재산제도의 많은 긍정적인 속성을 인정할 수 있지만, 그것이 불평등을 초래하고 부자에게 유리한 방향으로 작용한다는 비난이 지적된다. 흔히 '부익부빈익빈'이란 말이 있다. 이 견해가 올바른지를 분석하는 데에는 몇 가지 사실에 유념할 필요가 있다. 첫째, 물리적 재산을 소유하는 권리, 특히 상속받은 재산이 소득불평등을 일으킨 주요원천은 아니다. 미국 국민소득의 81~83%가 노동자에게 배분되고, 이 수치가 지난 50년 동안 거의 변함이 없었다. 노동을 제공하여 발생하는 소득격차가 미국에서 불평등을 일으키는 원천이다. 이자나 지대 및 기업이윤의 형태로 물적 자본에게 돌아가는 몫이 전체의 국민소득에서 차지하는 비중은 전체의 17~19%에 지나지 않는다. 물적 재산에서 생기는 소득이 차지하는 부분은 적을 뿐만 아니라, 물적 재산을 소유하는 대부분의 사람은 이를 상속보다 소득에서 저축하여 마련한 것이다. 상속재산에서 생기는 소득이 차지하는 지분은 전체 소득의 2%로 추정되고 있다. 따라서 재산상속을 제거하더라도 소득의 평준화를 촉진시키는 데 기여하지 못한다고 (Blinder, 1974) 한다. 부를 물려 준다는 정신이 생산적인 노력을 하도록 자극하는 데 기여하고, 대신 상속재산은 불평등을 줄이는 데 하등 기여하지 못한다는 사실을 이해하면 구태여 상속을 금지할 필요는 없다.

둘째, 우리는 경제적 위치가 오르 내리는 다이내믹한 세상에 살고 있다. 한 연구(Duncan, 1984)에 의하면 1971년에 상위 20%의 소득자 중에서 절반이 7년 이후 경제적 신분이 추락하였다고 한다. 마찬가지로 1971년에 하위 1/4을 차지하는 소득자의 절반이 1978년에는 경제적 지위가 향상된 것으로 나타났다고 한다. 세대 간의 소득자료를 연구한 바에 의하면 아버지와 자식 사이의 경제적 지위를 비교한 결과, 상호기복이 아주 심한 현상을 보여 주고 있다. 사유재산은 모든 사회경제적 배경으로부터 획득한 자에게 상을 준다. 자신의 노동에서 얻은 소득을 저축하여 마련한 재산을 포함하여 모든 재산이 억압적인 세금으로부터 보호받으면, 모든 경제적 배경을 통해 지위가 상승된 사람은 자신의 부를 창출·확대하여 상층계층에 올라갈 수 있는 기회를 가지게 된다.

셋째, 사유재산권이 부자에게 유리하게 작용한다고 비난하는 사람은 시장과정이 인구 대부분의 경제적 지위를 상승시키는 강력한 힘이라는 사실을 인정하지 않는다. 이들은 마르크스처럼 정태적인 세상의 환상에 사로잡혀 경제성장과 소득창출의 동태적인 움직임을 이해하지 못하고 있다. 앞에서 말한 바와 같이 현대사회인의 생활수준과 수백 년 전 선조의 생활수준 차이는 자원을 이용하여 갈망하는 재화로 변형시킬 수 있는 보유지식의 차이에 있다. 혁신에 따른 권리가 보호받으면, 시장경제는 기업가에게 혁신이 일어나도록 강한 인센티브를 제공할 뿐만 아니라, 많은 대중의 생활수준을 향상시킨 혁신에 대한 대가로 추가상금을 제공한다. 성공적인 기업가은 어떻게 하면 소비자의 손에 잡힐 수 있는 제품과 서비스를 만들어 낼 수 있을 것인가를 궁리한 사람이다.

대부부의 제품은 두 가지 다른 단계를 밟는다. 먼저, 하나는 비싸게 값을 설정하여 부자가 구입하게 만든다. 이 단계에서는 생산자는 다른 대안의 디자인과 생산방법을 실험한다. 최초에 매겨진 비싼 가격은 주로 부자들이 지불하지만 생산비용을 회수하는데 기여한다. 두 번째 단계에 들어서는 많은 소비자에게 보다 매력적이고 이용될 수 있는 방향으로 생산방법을 도입하고 제품을 개조한다. 이 단계에서는 대량생산과 시장침투가 성공으로 가는 핵심열쇠이다. 물론 처음부터 대량생산에 들어간 기업가가 운이 따라 성공할 가능성도 있다. 그러나 그렇게 하는 과정에서 수많은 사람의 생활수준을 향상시킨다.

다수의 소비자를 상대로 하는 경제적 제품없이 대량생산이 되는 것이 아니다. 이런 이치를 처음으로 이해한 사람이 하버드대학의 경제학자 슘페터(Joseph Schumpeter)였다. 이 문제에 관해 그는 다음과 같이 말하였다.

…… 자본가의 엔진이 먼저이고 대량생산(물론 다수를 위한 생산을 의미한다)의 엔진이 마지막이다. ～ 자본주의 생산이 달성한 전형적인 성과는 부자가 보다 많이 차지하도록 한 개선이 아니고 오히려 값싼 의류, 값싼 목화와 나일론 섬유, 부츠신발, 오토바이 등으로 나타난다. 엘리자베스 여왕은 비단 스타킹을 소유하였다. 자본가가 달성한 성과는 여왕을 위해 보다 많은 비단 스타킹을 제공하는 데 있었던 것이 아니라, 공장의 여공이 점점 근로시간을 줄이더라도 이들의 손에 스타킹이 들어갈 수 있게 하였다는 데 있다(슘페터, Capitalism, Socialism, Democracy, 1962).

기업가가 단지 부자에게 물건을 팔았다고 하여 재산을 모은 것은 아니다. 대규모 기업가는 대량시장의 예산제약 범위 내에서 제품을 출하하여야 한다. 그렇게 하는 과정에서 대중소비자의 생활수준을 향상시킨다.

이것이야말로 마르크스와 평등주의자가 인식하지 못한 아주 중요한 사실이다.

끝으로, 사유재산제도에서 경제적 평등을 완전한 평등처럼 달성할 수 없는 기준과 비교해서는 이치에 맞지 않는다. 관련 있는 비교를 하려면 정치적 과정에서나 기대할 수 있을 것이다. 일부 사람에게는 놀라운 일이지만, 정치적 과정을 통한 배분이 평등을 촉진한다고 믿을 이유는 거의 없다. 이것은 정치인들이 광범위하게 분산된 비조직화된 집단(가령 납세자와 소비자)으로부터 쉽사리 확인, 집중된 이익집단(가령 노동자, 기업가, 농부, 노령자)에게 평등주의자가 요구하는 소득을 이전보다 더 매력적으로 재배분하려는 해법을 찾으려고 애쓰기 때문이다. 마찬가지로 관찰되지 않는 비용을 희생하면서 대신 바로 확인할 수 있는 현재의 편익을 제공하는 소득이전에 매력을 느낀다. 이것이야말로 정치적 의사결정과정에서 일어나는 자리바꿈에 지나지 않아 결국 평등주의를 지향하는 대안이라고 볼 수는 없다.

자원이 정치적 과정을 통해 배분되면, 개인적으로 설득하는 기술(로비, 대중연설, PR, 대중매체 출연), 조직 능력, 재정능력, 정치적 기술을 개발하는 사람이 상당한 소득, 지위 및 힘을 보상받을 것이다. 가난한 사람이 이러한 성격을 더 많이 소유한다고 믿을 이유는 없다. 사실 정치가 지배하는 사회에서의 기업가와 경영자는 시장이 지배하는 사회에서 우수한 일을 벌이는 사람과 거의 같은 사람일 것이다. 보다 나은 아이디어, 창조적 정신 및 에너지를 가진 사람이 사회주의 관료사회에서 상위계층에 올라가는데, 이는 경제계에서도 마찬가지로 이러한 사람이 상위계층으로 상승하는 것과 마찬가지이다. 시장기구에서 성과가 없는 사람이 사회주의 사회에서 더 나은 성과를 낼 것으로는 기대하지 않는다.

실증적 자료(Charles Murray, 1980)는 이러한 견해를 뒷받침하고 있다. 가령 미국에서 소득을 이전하여 보조받는 영역이 엄청나게 늘어났지만 소득분배는 제2차 세계대전 이후 변하지 않았다. 마찬가지로 소득을 이전시켜 가난을 물리쳤다는 증거도 없다. 실제 가난한 자에게 이전소득을 제공함으로써 오히려 비뚤어진 인센티브구조만을 심어 주고, 그에 따라 가난을 벗어나 번영하려는 기회를 더 늦추고 말았다.

제9절 | 결 론

현재상황은 모순으로 가득 차 있다. 20세기는 정부가 성장하고 사유재산권은 약화된 시대라고 특징지을 수 있다. 정부지출이 전체 국민소득의 거의 40%에 이른다. 소득자의 소득 5달러 가운데 1달러를 세금으로 빼앗아 현금이나 현금 아닌 편익의 형태로 다른 사람에게 이전하고 있다. 정부는 서유럽사회를 건설한 정치철학자가 마음속에 그렸던 사유재산의 보호라는 이상으로부터 동떨어지게, 사유재산권을 오히려 약화시키는 원천이 되어 버렸다.

그럼에도 사유재산권을 지지하는 견해가 과거 어느 때보다 강하다. 초기 사유재산제도를 지지한 사람이 인식한 것과 마찬가지로 사유재산권은 사회적 갈등을 최소화시키고, 대중을 억압하는 힘이 집중되지 않도록 보호하는 역할을 담당할 것이다. 사유재산이 존중받는 곳에서야말로, 개인의 자유가 가장 안전하게 지켜지고, 국민을 지배하는 국가체제가 나타나지 않을 것이다. 게다가 사유재산권과 경제성장 사이에 상관관계가 있다는 사실은 마음속에 강한 인상을 남긴다. 인간의 생존경쟁을 위한 오랜 투쟁의 역사에 비해, 서유럽사회는 사유재산권이 발달한 까닭에 경제적 기적을 이루었다. 오늘날 자본주의 경제체제의 생활수준이 사회주의 경제체제에 비해 계속 상승함에 따라 사유재산권의 우수한 성과가 계속 진행되고 있다. 공공선택에 관한 최근의 연구결과는 민주적 정치과정에 결함이 있다는 점을 인식하도록 만들었다. 즉 정치적으로 자원을 배분하면 당초 의도한 경제적 평등을 촉진시키지도 못하고 오히려 경제를 정체시키기만 한다. 오직 순진한 사람만이 정치적 과정은 평범한 대중의 친구라는 관념에 사로잡혀 있다.

"사회는 고기와 같다. 항상 머리부터 먼저 썩기 시작한다."라는 중국속담이 있다. 역사는 사유재산제도의 지혜를 보여 주었다. 이러한 점을 이해하지 못하면 중국속담처럼 머리부터 먼저 썩기 시작하는 것이 아닐까?

제6장
사유재산, 정부, 사회주의의 비현실성

루트비히 에들러 폰 미제스

순수 사회주의 사회는 사업을 경영하는 데 생산하고자 하는 모든 이질적인 재화의
생산비용을 공통척도로 환원할 수 있는 수단이 없다. 미제스

루트비히 에들러 폰 미제스(Ludwig Edler von Mises, 1881~1973)는 1881년 오스트리아 램버그에서 태어나 1906년 빈대학에서 법학박사(당시 경제학은 법학의 한 분과) 학위를 취득하였다. 그러나 그는 유대인이라는 이유로 교수가 되지 못해 1909~1934년에 오스트리아 상무부 공무원으로 일하였다. 그는 1940년 나치 독일을 피해 미국으로 망명한 후 뉴욕대학에서 초빙교수를 역임하였다. 그는 사회주의가 관료주의와 민족주의와 결합하여 나치즘이 등장하였다고 지적하였다. 인류가 비극에서 벗어나는 유일한 대안은 자유주의(자본주의)뿐이라고 주장하였다. 그의 제자였던 뢰프케와 에르하르트는 라인강의 기적을 이룩했다. 그는 경제학자로서의 업적이 많은데, 오스트리아 경제학파(이것은 오스트리아 경제학자에게서 나왔기 때문에 이렇게 부른다)를 탄생시키는 데에 크게 기여하였다.

이 글은 미제스의 "Private Property and the Government and the Impracticability of Socialism"(*The Free and Prosperous Common-wealth*, 1960)에서 발췌한 내용이다.

제1절 | 사유재산과 정부

　모든 정치권력에 있는 사람, 모든 정부, 모든 왕, 모든 공화주의 권력은 항상 사유재산을 비난해 왔다. 정부의 권력자는 사유재산이 작동하는 데 제한을 가하고, 또한 가능하면 그 영역이 확대되지 않도록 유도하려는 고유한 경향이 있다. 자신의 권위가 방해받지 않고 모든 것을 통제하여, 모든 일이 저절로 일어날 여지를 남기지 않도록 하는 것이야말로, 모든 지배자가 은밀하게 달성해 보려고 한 목표이다. 사유재산만이 지배자가 바라는 목표에 동참하지 않았다. 사유재산은 개인에게 국가로부터 자유로워지는 상황을 만든다. 그것은 권위주의적인 의지에 제한을 가한다. 사유재산은 다른 세력과 함께 정치권력에 대항한다. 그래서 사유재산은 국가가 취하는 폭력적인 간섭으로부터 자유로운 모든 행동의 바탕이 된다. 그것은 자유의 씨가 성장하는 토양이며, 개인의 자율과 궁극적으로 모든 지적·물적 진보가 뿌리를 내리는 토양이다. 이러한 의미에서 사유재산은 개인의 발전을 위해 기본적으로 필요로 하는 전제조건이라고 간주해 왔다.

　지금까지 생산수단에 대한 사유재산제도가 자유롭게 발전·작동하도록 자발적으로 지원한 정치세력은 없었다. 정부가 그렇게 할 수밖에 없을 때에는 사유재산제도를 너그럽게 인정해 주었다. 그러나 이를 자발적으로 필요로 한다고 인정하지는 않았다. 심지어 자유주의 정치가조차 권력을 잡고 나면 그들의 자유주의 원리를 뒷전에 물러나게 하였다. 사유재산에 대해 억압적인 제한을 부과하고, 정치적 힘을 남용하고, (정부주권을 넘어선) 외부에서의 자유로운 부문을 인정하기를 거부하는 경향은 정부에 대항하여 자발적으로 저항하는 세력을 대상으로 강제와 강요를 수단으로 갖는 정부기구를 통제하는 사람의 사고방식에 너무 깊이 뿌리내렸다. 자유주의 정부는 용어와는 달리 모순이다. 정부는 사람의 만장일치에 의해 자유주의를 채택하도록 하여야 한다. 이것은 정부가 자발적으로 자유주의적으로 되기를 기대할 수는 없기 때문이다.

모두 동등하게 부유한 농부로만 구성되어 있는 사회에서 무엇이 통치자에게 백성의 재산권을 인정하도록 강요하는지는 이해하기 쉽다. 그러한 사회질서에서는 재산권을 빼앗기 위한 모든 시도는 즉시 정부에 반대하는 모든 주체(국민, 백성)의 공동전선의 저항에 부닥칠 것이고 그래서 나중에 실패하게 될 것이다. 그러나 그 상황은 농업생산뿐만 아니라 산업생산이 이루어지고 있는 사회에서는 본질적으로 다르다. 특히 산업, 광업, 무역에 대규모로 투자하는 대기업이 있는 사회에서는 그러하다. 그러한 사회에서는 정부를 장악 하고 있는 사람이 사유재산을 반대하는 행동을 취할 가능성이 대단히 높다. 사실 재산권을 공격하는 것만큼 정부에 정치적으로 이점이 있는 것은 없다. 이것은 항상 토지와 자본소유자를 반대하도록 대중을 선동시키기란 쉬운 일이기 때문이다. 그래서 옛날부터 모든 절대군주, 독재자 및 압제자는 자본계층에 반대하는 사람과 동맹하는 것이 그들의 생각이었다.

나폴레옹 2세가 전제정치에 기반을 둔 유일한 정치제도는 아니었다. 호엔 촐레른가(Hohenzollerns)가 이끄는 프러시아 권위국가 역시 프러시아인의 입헌투쟁시기는 라살레(Lassalle)가 이 생각을 독일정치에 도입하여 사회주의적·간섭주의적 정치수단으로 자유주의적 자본가계층에 맞서 투쟁하는 노동자계층을 승리로 이끌었다. 이것은 슈몰러(Sch-moller)와 그의 학파가 매우 격찬한 사회군주제의 기본원리였다.

그러나 모든 학대에도 불구하고 사유재산제도는 살아남았다. 정부의 엄한 시련, 저술가나 도덕주의자 및 교회와 종교가 선동한 악의적인 투쟁캠페인, 그리고 대중의 분노(그 자체도 질시하는 본능에 깊이 뿌리박혀 있다)도 사유재산제도를 무너뜨리지 못하였다. 생산과 분배를 구성하는 다른 방법으로 그것을 대체하려는 모든 시도는 즉시 어리석은 짓이라고 지적되어 채택하기 불가능한 것으로 증명되었다. 사람은 사유재산제도가 필요불가결한 것이고, 그것을 좋아하든 아니하든 간에, 그것으로 돌아가야만 한다고 인정해야만 했다.

모든 사실이 이러함에도 불구하고 그들은 생산수단을 사유재산제도로 회귀하는 이유가 사회에서 인간생활의 목적과 필요를 제공하는 경제구조가 원리적으로 사유재산을 바탕으로 하지 않고서는 실행할 수 없다는 사실에 기초를 두고 있다는 점을 인정하기를 여전히 거부하고 있다. 사람은 그들이 속해 있는 이데올로기, 즉 사람이 당분간 충분하게 윤리적으로 진화하지 않는 이상, 사유재산이 악(惡)이더라도, 함께 살아가야만 한다는 믿음을 자신으로부터 제거시킬 수가 없었다. 정부는 그들의 의도와는 반대로 그리고 권력을 가진 모든 조직이 갖는 본원적 성향과는 반대로, 사유재산의 존재와 화해하는 한편, 그들은 여전히 사유재산에 적대적인 이데올로기를 외부적으로나 그들의 생각 내에 계속 완고하게 고수하고 있다. 정말로 그들은 사유재산을 반대하는 것이 원칙적으로 옳다고 생각하고, 이로부터 자신이 벗어나는 것은 그 자신이 약하거나 힘 있는 집단의 이해를 고려했기 때문이라고 생각한다.

제2절 | 실행할 수 없는 사회주의

　사람은 사회주의가 비현실적이라고 생각하기를 꺼려 하는데, 그 이유는 사회주의 사회가 필요로 하는 도덕성의 양이 결핍되어 있다고 생각하기 때문이다. 사회주의에서 대부분의 사람은 생산수단이 사유재산을 바탕으로 하여 이루어지는 사회질서에서와 같이 하루에 작업량만큼 그들에게 할당된 의무와 과제의 성과에 대해 똑같은 열의를 드러내지 않는 현실을 우려한다. 자본주의 사회의 모든 개인은 그의 노동의 열매는 즐겨야 할 그 자신의 몫이고, 자신의 노동이 크고 작음에 따라 수입이 증가하고 감소한다고 생각한다. 사회주의 사회에서는 모든 개인은 자신의 노동효율에 의존하지 않는다. 이것은 어떤 상황에서이든 총산출량에서 자신에게 돌아갈 몫이 일정하게 주어져 있고, 그 몫이 누군가 한 사람이 게으름을 피운다고 하여 상당히 줄어들 것이라고 생각하지 않을 것이기 때문이다. 우려하는 바이지만, 만약 그러한 믿음이 사회 전반에 퍼진다면, 사회주의 사회에서의 생산성은 상당히 떨어질 것이다.

　이와 같은 결함으로 사회주의가 완벽하다는 이야기에 대한 반대가 증가하고 있지만, 문제의 핵심에 도달한 것은 아니다. 사회주의 사회에서도, 자본주의 시스템에서처럼 작업장에서 동료와 똑같이, 경제적 계산에 의한 노동자 각자의 일을 완수하는 것이 확인가능하면 실행가능한 사회주의가 되기 위해 모든 개인의 선의에 의존할 필요는 없을 것이다. 사회는 적어도 개인이 생산에 기여한 정도에 따라 할당되어야 할 몫을 결정하는 제한된 지위에 머물 것이다. 사회주의에서는 이런 종류의 계산이 불가능하다는 사실이 사회주의의 실현을 불가능하게 만든다.

　자본주의 체제에서 경제적 타당성에 대한 계산은 그가 경영하고 있는 기업이 부여받은 환경에서 가장 효율적인 방법으로, 다시 말해 생산요소를 최소비용으로 기업을 운영하는가 아니하는가를 알려 주는 지표로 구성된다. 만약 사업이 이윤을 내지 못하면, 이는 사업에 필요로 하는 원자재와 반제품 및 노동이 결국 다른 기업에 의해 고용되고, 소비자의 입장에서 보면 보다 시급하고 중요하게 경제적인 방법(자본과 노동에 적게 지출한다)으로 이용됨을 의미한다. 예를들면 방적이 수익성이 없다면, 이것은 자본과 노동의 산출고가 결과적으로 동일한 투입물이 (다른 부문에서) 생산하여 만들어 낸 산출고보다 작다는 것을 의미한다.

만약 새로운 사업을 계획하면, 이윤이 날지, 어떤 방식으로 생산할지를 미리 계산할 수 있다. 예를들어 철도를 부설하면, 기대되는 교통량과 하물수수료율의 지불능력을 추정하여, 사업에 투자한 노동과 자본이 수지를 맞추는지를 계산할 수 있다. 만약 수지를 계산한 결과 철도부설에 따른 수익성이 없다고 판단되면, 이는 철도부설에 투하할 자본과 노동을 고용하려는 보다 더 긴박한 다른 부문이 있고, 철도부설에 지출할 수 있을 만큼 아직 성숙하지 않았음을 의미한다. 그러나 문제는 남는다. 수익이 결정적으로 나야만 철도를 부설하여야 하는가이다. 기업가가 사업을 수행함에 경제적 계산은 모든 단계를 통제하는 첫 단계이다.

합리적인 생산을 가능하게 만드는 자본가의 경제적 계산은 모두 화폐로 표시되는 계산에 기초를 둔다. 시장에서의 모든 재화와 서비스가격은 화폐로 표시될 수 있는 까닭에 사람은 재화와 서비스가 이질적인 데에도 동질의 측정단위로 계산에 들어갈 수 있다. 모든 생산수단을 사회가 소유하는 사회주의 사회에서는 시장이 없고, 재화와 서비스의 교환이 없고, 재화와 서비스의 가격도 없다. 그러한 사회주의 조직에서는 당연히 사업을 합리적으로 경영하는 수단이 결여되어 있고, 마찬가지로 경제적 계산이 결여되어 있다. 이것은 이질의 재화와 서비스를 공통으로 측정하는 단위가 존재하지 않아 경제적 계산이 불가능하기 때문이다.

함께 간단한 예를 생각해 보자. 철도건설에서 A와 B 등 여러 가지 루트를 생각할 수 있다. 철도는 산을 넘어서도, 산을 돌아서도, 또 산에 터널을 뚫어서도 부설할 수 있다. 자본가사회에서는 어느 노선이 이윤이 가장 높은가를 계산하기란 쉽다. 세 개의 철도를 각각 건설하는 데 소요되는 건설비를 확인하고, 각 철도로부터 예상되는 운영비용을 확인한다. 이러한 방법으로 가장 이윤을 남기는 철도를 결정하는 일은 어렵지 않다. 사회주의 사회에서는 이러한 계산을 할 수 없다. 모든 이질적인 재화와 서비스의 양과 질을 자본주의 사회처럼 고려할 수 있는 표준적인 공통척도단위로 환산할 수 있는 방법이 없다. 일반적으로 매일 발생하는 경영문제에 대해 사회주의 사회는 속수무책이다. 이것은 계산할 수 있는 방법이 없기 때문이다.

오늘날 자본주의 이전의 세상보다 더 많은 사람이 거주하도록 지구를 번성하게 만든 것은 자본가의 긴 우회생산덕분이고, 그렇게 하려면 화폐적 계산을 필요로 하였다. 사회주의 사회에서는 이것이 불가능하다. 사회주의를 주장하는 사람은 여전히 가격 및 화폐적 계산을 하지 않고서도 경영할 수 있는가를 보여 주고자 노력하였으나 그들의 모든 노력은 실패하였다.

그 뿐만 아니라 사회주의 사회의 지도자는 해결이 불가능한 문제에 부닥치게 되었다. 무수히 많은 가능한 방법 중 가장 이상적인 방법이 어떤 것인지를 아직 결정하지 못했다. 그에 따른 경제적 혼돈의 결과, 국가 전체가 어쩔 수 없는 가장 궁핍한 경제로 치달았고, 선조가 살았던 원시조건으로 회귀하고 말았다.

사회주의의 이상은 논리상 모든 생산수단을 모든 사람이 소유하는 사회질서를 맞이한다는 것이다. 이러한 이상을 실현하기 위해 생산은 완전히 사회권력의 중심인 정부의 수중에 놓이게 되었다. 정부가 혼자서 무엇을 어떻게 생산할 것인지를 결정하고 재화가 소비되도록 분배하였다. 이는 우리가 생각하는 사회주의의 미래가 민주적으로 구성될 것이라는 믿음과는 다르다. 민주적 사회주의 국가는 강력한 행정제도의 구성을 필요로 하게 되었고, 고위인사에 의한 낙하산 인사가 만연하고, 이상의 실현을 갈망하였던 일반대중은 중앙정부의 권위적인 지침에 순종하게 되었다.

이런 종류의 사회주의 국가는, 지난 10년 간 유럽 특히 독일과 러시아에서 진전되는 것을 보았던 국영기업의 규모가 거대할지라도, 이와 비교할 수는 없다. 이 국영기업들은 생산수단의 개인소유제도와 나란히 하면서 번창하였다. 국영기업은 자본가가 소유하고 경영하는 기업과 함께 상거래를 하고 자신의 사업을 고무하는 이런 기업으로부터 다양한 자극을 받는다. 예를들면 국영철도는 개인소유의 기관차, 철로, 신호설비 및 운영장비 등의 공급자가 시험에 성공을 거둔 기구를 제공받는다. 그 때부터 국영기업은 기술에서 그리고 그들의 사업경영에서 발달을 지속하기 위하여 기술혁신을 일으키려는 자극을 받는다.

국영기업 및 시영기업이 대체로 실패했다는 것은 상식이다. 그런 기업은 비싸고 비능률적이고 운영하기 위해서 면세를 받아야만 한다. 물론 공기업은 독점적인 자리를 차지한다. 예를들면 일반적으로 시영운송시설과 전선 및 발전소의 경우도 마찬가지이다. 비능률적인 나쁜 결과로 인해 명백한 재정상의 실패로 판명되는 것은 말할 필요도 없다. 그들의 비경제적인 경영에도 불구하고 여전히 이익이 되는 이 기업을 유지하기 위해 재화와 서비스의 가격을 충분히 높게 올리는 기회를 독점자에게 이용하게 함으로써 어떤 경우에는 실패를 숨기는 것이 가능할지 모른다. 사회주의 생산방법의 저생산성은 여기와 다르게 나타나고 다른 방법으로 인식하기가 그렇게 쉽지는 않지만, 본질적으로 사정은 똑같다.

만약 모든 생산수단의 공동소유인 사회주의적 이상을 실현시키려면, 사업을 경영하는 데 그것이 무엇을 의미할 것이라는 판단근거를 제시할 수 있는 실험은 하나도 없다. 국가통제를 받는 기업이나 자유로운 사기업 경영이 들어설 자리가 없는 미래의 사회주의 사회에서 중앙기획원이 시장과 시장가격에 의해 전체 경제의 기준을 제공하기에는 전적으로 부족할 것이다. 모든 재화와 서비스가 거래되고 화폐가치로 교환비율이 결정되는 시장에서 사고파는 모든 것이 결정될지도 모른다. 사유재산에 기반을 둔 사회질서에서 모든 경제적 활동의 결과를 확인함에 화폐를 통한 계산에 의지하는 것이 가능하다. 모든 경제적 거래의 사회적 생산성은 부기와 원가계산의 방법에 의해 분석된다. 그러나 공기업은 사기업이 하는 것과 같은 방법으로 원가계산을 할 수 없다는 한계가 남아 있다. 그럼에도 불구하고 화폐를 통한 계산은 심지어 국영기업과 공영기업에게 경영의 성공 또는 실패를 판단하기 위한 근거를 제공한다. 생산수단의 개인소유의 결핍 때문에 완전한 사회주의적인 경제체제에서 이것은 불가능할 것이다. 시장에서 자본재의 교환이 없을 것이고, 따라서 화폐가치와 화폐재산도 없을 것이다. 그러므로 순수 사회주의 사회는 사업을 경영하는 데 생산하고자 하는 모든 이질적인 재화의 생산비용을 공통척도로 환원할 수 있는 수단이 없다.

　　이것은 절약에 대해 지출을 맞추는 것에 의해 성취될 수도 없다. 만약에 다양한 계급의 노동시간, 철, 석탄, 모든 종류의 건축재료, 기계 그리고 다른 기업의 운영과 경영에 필요한 다른 모든 것의 공통 척도로 환원할 수 있는 수단이 없으면 사람은 계산할 수 없다. 계산은 모든 상품을 화폐용어로 만들 때에만 가능하다. 물론 화폐계산은 결함이 있고 불완전하다. 그러나 우리는 그것을 대신할 더 좋은 것을 아직 찾지 못했고 영원히 찾을 수 없을지도 모른다. 화폐체계가 건전하다면 삶의 실제적 목적은 충족된다. 만약 우리가 화폐계산을 포기하면 모든 경제적 계산은 완전히 불가능할 것이다.

이것이 경제가 사회주의 사회의 가능성에 반대하는 결정적인 이유이다. 모든 기업, 지주, 생산자와 소비자인 노동자가 시장가격을 형성하는 데 협력하는 노동의 지적인 분업이 없이 지내야만 한다. 그러나 그것(가격) 없이는 합리성, 다시 말해 경제적 계산의 가능성은 생각할 수도 없다.

제7장
경제적 본능

유동운

> 자생적 질서에 의해 탄생하는 모든 경제제도는 경쟁시장의 바닥에서 법석대는 기회주의적 성향을 극복하려고 태어난 귀중한 진화의 산물이라는 사실을 헤아려야만 할 것이다.　　　　　　　　　　　　　　　　　　　　유동운

이 글은 유동운의『경제본능론』(북코리아, 2002)에서 발췌한 내용이다.

제1절 | 이익과 비용

1. 배 경

가. 생존을 위한 에너지

인간은 어떤 문화 속에서 살든, 다른 사람과 상호작용(거래)하는 데서 얻는 이득과 부담하는 비용에 대단히 민감하다. 인간은 거래라고 하기에

부적합한 상황에 대해서까지도 사회적 거래를 적용할 정도로 적응되어 있다 예를들면 초자연적인 존재까지도 거래관계를 맺으려고 한다. 제물과 음식을 바치고 기도하여 그 대가로 군사적 승리나 풍년 또는 심지어 내세까지 생존의 기회를 제공받기를 기대한다. 삶의 한가운데에서 일어나는 불운이나 행운을 그대로 받아들이지 않고, 이를 약속을 이행하지 않은 행위에 대한 처벌이나 선행에 대한 보답으로 해석하려고 애쓴다 (Ridley, 1996).

생물은 자신의 생존에 필요로 하는 에너지를 확보하려고 무언가를 선택함으로써 얻어지는 에너지의 양과 그렇게 함으로써 상실하는 에너지의 양을 비교할 수 있도록 적응하였다. 인간은 역사의 대부분의 기간안에 처음에 자신의 힘에 의존하여 에너지를 확보하였다. 그러다가 농업혁명이 일어나면서 인간은 동물의 힘을 이용하게 되었고, 이어서 내연기관의 발명과 더불어 기계의 힘을 이용하게 되었고, 향후 태양열의 힘이나 지하열의 힘을 이용하려고 노력하고 있다.

인간이 이용하는 에너지수단에 변화를 가져오게 하는 힘은 과연 어디서 나올까? 인간이 처음으로 문명을 이루면서 가축과 농노의 힘을 농경에 이용했으나 이후 기계의 힘이 값싸지면서 구태여 비용이 들고 애를 먹이는 가축과 농노의 힘을 이용할 필요성이 사라지게 되었다. 역사학자는 산업혁명이 일어나는 것과 동시에 농사짓는데 노예를 이용하는 관습이 세계적으로 사라지게 된 것은 결코 우연이 아니라고 지적한다. 즉 기계와 내연기관의 출현으로 동물에 의한 에너지는 경제적으로 효율이 낮은 에너지가 되어 버렸다.

나. 생존을 위한 약탈전쟁

수렵·채집인은 원래부터 잉여물 자체가 없었고 초기 농경사회의 농부들도 약간의 잉여만 저축하였을 따름인데, 인간이 잉여를 저축하는 방법을 알게 되면서부터 생존에 커다란 변화가 생기기 시작하였다. 즉 인간의 문화적 본성으로 경작기술과 운송수단 및 저장시설이 발달하게 되자 잉여물을 대량으로 축적할 수 있는 길이 열리게 되었다. 이로 인해 인류역사에는 엄청난 변화가 일어났는데, 그 중에서 가장 두드러진 것 중의 하나가 대규모로 자행된 약탈전쟁이었다.

원래부터 남성은 영토나 여성을 놓고 서로 싸웠으나, 그러한 사소한 분쟁을 지나, 문명사회에 접어들면서 전쟁은 다른 민족을 말살하는 양상으로까지 전개되었다. 가축, 곡식, 귀중품 등은 물론 심지어 다른 민족을 노예로 삼기까지 하였다. 지배계층이 농민을 군대로 조직하여 다른 민족의 농민을 유린해 버린 다음, 그들의 몸과 재물을 차지했던 약탈전쟁의 시대가 인류역사의 오랫동안 계속되었다.

그럼에도 불구하고 전쟁에도 엄연한 경제법칙이 적용되었다. 예를들면 다른 민족의 영토를 빼앗아 노예로 만들거나 식민지로 만든 약탈전쟁은 그리 오래 가지 못하였다고(Niehoff, 1996) 지적한다. 가령 인도의 아리안족이 인도에서, 그리고 미국과 영국이 북아메리카와 오스트레일리아에서 자행하였듯이, 아예 다른 민족의 영토를 빼앗거나 토착인을 멸종시키면 경제적으로 이득을 볼 수 있다. 하지만 그 지역주민을 그대로 두고 정치적으로 지배하는 일은 오히려 경제적으로 엄청난 손실을 가져오게 한다. 점령 이후 처음에는 이미 존재하는 부를 약탈할 수 있게 되어 상당한 이득을 챙기는 것처럼 보이지만, 그 다음부터는 식민지를 지배하는 데 들어가는 막대한 행정비용 때문에 그 때까지 거두어들인 수익을 갉아먹는 사태가 벌어진다.

끝까지 식민지를 쥐려 했던 탁월한 식민국가인 영국은 경제적으로 몰락의 길을 걸었고, 스페인도 남아메리카제국으로부터 약탈이 지속될 때까지는 번영일로를 걸었지만, 그 후 350년 동안 경제적 침체기를 겪었다. 이 기간에도 스페인은 식민지를 계속 유지하려 애썼으나 경제적 힘에 의해 실패로 돌아가고 결국에는 식민지를 모두 잃어버리고 말았다. 거대한 오스만 터키제국도 식민지를 지배하는 데 들어가는 비용이 너무 많아 스스로를 위축시키는 길을 걸었다. 이처럼 경제적 본성의 힘은 개체뿐만 아니라 가장 거대한 집단인 국가의 생존에까지도 영향을 미친다.

다. 자연자원의 사유화

재물에 대한 인간 욕망은 오랜 농경사회에서 겪었던 경험이 관습으로 자리잡아 토지에 대한 소유욕으로 진전하였다. 다시 말해 인간은 주인이 없는 무주물을 가급적이면 자신의 소유물로 만들려는 경제적 본성에 지배당하기 시작하였다. 그에 따라 무주물을 차지하여 얻어지는 이득과 이를 확보하여 지키는 데에 들어가는 비용을 비교하여 이득이 조금이라도 있으면 무주물을 사유재산화하려고 한다.

예를 들어 미국의 인디언이 소가죽을 교역하기 이전에 소사냥은 주로 가족 구성원의 식량이나 의복을 구하려는 목적으로 수행되었다. 그에 따라 사냥은 자유 롭게, 다른 사냥꾼에게 거의 영향을 미치지 않으면서, 이루어질 수 가 있었다. 그런 까닭으로 당시에는 사냥용 토지를 사유재산화하려는 인센티브가 일어날 까닭이 없었다. 그러다가 가죽에 대한 교역이 시작되자 가죽의 상대적 가치가 상승하였고, 그에 따라 사냥활동의 규모가 예전에 비해 급격하게 불어났다. 자유스런 사냥이 커다란 경제적 이득을 가져다 주게되자 그 동안 자유롭게 사냥하였던 토지가 가죽교역이 이루어지는 시장부근을 중심으로, 개인사유지로 변하게 되었다(Demsetz, 1967).

기존의 공유지개념을 바탕으로 하고 있는 제도적 구조가 새로 발생한 상황에 적응하지 못해 사람이 상호작용하는 행위를 수용하지 못하는 일이 벌어진다. 그 결과 욕망을 추구하려는 개인은 새로운 경험을 담을 수 있도록 기존의 토지에 대한 공유재산제도를 점진적으로 사유재산제도로 바꾸어 놓게 된다. 예를 들어 14세기에 유럽에서 인구가 늘어나면서 노동력에 비해 토지의 상대적 가치가 올라가게 되자, 토지를 소유함으로써 생기는 이득이 이를 지키는 비용보다 상대적으로 상승하게 되었다. 이에 따라 토지에 대한 소유권을 행사하려는 인간의 욕망이 분출하면서 봉건주의 체제의 토지소유제도가 무너지고 자본주의 체제의 사유재산제도가 들어서게 되었다.

2. 상호이타성

가. 이타성 대 이기성

혈연선택가설에 따르면, 자신의 유전자를 가진 자식을 살리기 위해 희생할 수 있고, 따라서 자신의 유전자를 부분적으로만 보유한 형제자매를 위해 기꺼이 희생할 수 있다. 유전자 이기성에 따르면 자신을 희생함에 따라 입게 되는 비용(유전자 적합도)보다 친족의 생존에서 오는 포괄적인 이득(유전자 적합도)이 크면 친족에 대한 이타주의가 진화한다. 더 나아가 트리버스(Robert Trivers, 1971)는 혈연관계가 없는 개체에게까지 서로에게 이득이 되는 거래가 진화하는 상호이타주의가설을 제시하였다.

그렇다면 생물체가 수혜자의 촌수를 따지지 않고도 상호협력할 수밖에 없는 상황을 어떻게 설명할 수 있을 것인가? 자신의 유전자를 재생산하고 자신의 후손을 보존하기 위해 안달하는 개체의 이기주의가 발로하지 않고, 이타적으로 행동하는 까닭은 자신에게 돌아오는 어떤 경제적 이득이 존재하기 때문이다. 개체는 자신이 부담하는 비용과 자신에게 돌아오는 이득을 비교하여 이득이 남으면 거꺼이 상대방에게 도움을 주는 행동을 마다하지 않는다. 다시 말해 생존에 도움이 되는 행동양식만을 남기고 나머지 것을 모조리 제거해 버린다면, 협력행위가 모종의 이점을 지닌 또 하나의 행동양식으로 자리잡고 있다는 사실을 발견할 수 있다. 이것은 다른 형태의 행동양식은 자연선택의 전제상 출현할 수 없기 때문이다.

생물학자는 물에 빠진 전혀 알지 못하는 사람을 구조하는 인간의 행위가 혈연선택으로서는 설명될 수 없으므로 상호이타성으로 설명하지만, 자신의 유전자를 전혀 보유하고 있지 않는 자에 베풀어지는 호의는 경제적 계산본성에 의해 설명될 수 있다. 결론적으로 말해, 물에 빠진 사람을 구조함으로써 향후 자신이 물에 빠지는 경우에 상대방으로부터 구조받을 수 있는 확률을 높일 수 있다.

가령 물에 빠져 죽을 확률은 $1/2$이고, 구조하는 시기에 자신도 빠져 죽을 확률을 $1/10$로 간주하자. 상대방을 구조하고 나서 자신도 빠져 죽을 상황에서 상대방이 구조해 주었다고 하면, 자신이 물에 빠져 죽을 확률은 원래 $1/2$이었는데 상호이타적 모듈이 작동한 까닭으로, 자신이 구조해 주었을 경우에 빠져 죽을 $1/10$의 확률과 상대가 자신을 구하면서 빠져 죽을 확률 $1/10$이 독립적으로 일어나기 때문에, 결국 자신이 빠져 죽을 확률은 $1/10 + 1/10 = 1/5$이 된다. 물에 빠진 사람의 구조에 나서는 사람은 자신이 이기적으로 행동하였을 경우에 물에 빠져 죽을 $1/2$의 비싼 비용(확률)을 상호이타적으로 행동함으로써 물에 빠져 죽을 $1/5$의 값싼 비용(확률)과 교환하게 되어, 경제적으로 많은 이득을 보는 셈이다. 결과적으로 상호이타주의는 자신의 생존확률을 높이는 행동이다.

상호이타성은 장기적인 안목으로 보아 인간이 자신의 포괄적 적응도를 높이기 위해 투자하는 비용보다 나중에 얻을 이익이 훨씬 더 클 경우에 나타난다. "주어라, 그러면 받을 것이요", "이보전진을 위한 일보후퇴",

"사기쳐 봐야 득될 것이 없다", "정직이 최선의 정책이다" 라고 하는 따위의 말은 모두 이타주의를 통속적으로 표현한 것에 지나지 않는다. 동물계의 모든 이타주의적 행동 이면에는 '서로 도우려는 성향이 아니라⋯⋯ 오히려 유전자의 이기주의'가 도사리고 있다(Wickler & Seibt, 1981)고 해석한다. 이것은 항상 협력할 준비가 되어 있는 개체만이 영구히 살아남아 자신의 유전자를 퍼뜨릴 기회와 가능성을 높일 수 있기 때문이다. 스미스는『국부론』에서 상호이타성이 궁극적으로 개인의 이기성에서 출발한다는 사례를 보여 주고 있다.

인간은 (다른 동물과 달라) 이웃의 도움을 필요로 하는데, 이들이 자비를 베풀어 이웃에게 도움을 준다고 믿는 것은 어리석은 일이다. 자신에게 이득이 되기 때문에 필요로 하는 도움을 주고 있을 따름이다. 마찬가지로 거래를 제시하는 그 누구도 자신에게 이득이 되기 때문에 그러한 거래를 제시한다. 내가 바라는 것을 나에게 제공하면 당신이 바라는 것도 가질 수 있다고 하는 것이 모든 거래가 뜻하는 바이다. 이러한 거래제시가 있는 바람에 비록 사무실이 없는 사람도 필요로 하는 훌륭한 사무공간을 가질 수 있게 된다.

우리가 정육점 주인이나 주류업자, 빵집주인의 자비 덕택으로 저녁식사를 들고 있는 것이 아니라 그들 자신의 이기심 때문에 저녁식사를 들고 있다. 우리는 그들의 동포애를 호소하는 것이 아니라 그들의 이기심(self-love)을 호소한다. 우리 자신의 필요성을 이야기하는 것이 아니라 그들의 이득(advantage)을 이야기한다(스미스, The Wealth of Nations, 1776).

트리그(Roger Trigg)는 여러 철학자의 작품 속에 담겨진 인간본성의 연구를 통해 사회변혁을 통해서라도 인간본성은 근절되지 않을 것이라고 지적하였다. 만약 그의 주장이 허구로, 다시 말해 인간본성이 바뀌면 그것은 이미 본성이 아니고 문화에 속한다.

마르크스는 사회주의가 이타주의를 낳게 되어 개인은 자신의 이익보다도 공동이익을 추구할 것이라고 전제한다. 아마도 그는 풍요한 세계에서는 그 누구도 탐욕적이어야 할 필요가 없어진다고 생각했는지 모르지만, 이러한 생각은 인간의 이기성이 얼마나 깊숙이 각인되어 있는가에 문제를 제기한다. 충분히 많은 재화를 갖고 있는 사람이라도 더 많은 것을 원하는 수가 있고, 그러한 부자라도 탐욕스럽지 않은 것은 아니다. 마르크스는 이러한 탐욕이 경제체제에서 비롯한다고 비난할지 모르나, 인간의 이기성은 뿌리깊게 각인되어 있어서 어쩌면 우리의 생물학적 유전결과일 수도 있음을 고려하지 않을 수 없다. 사실이 그러하다면 사회변혁을 통해 인간의 이기성은 근절되지 않을 것이다(트리그, Ideas of Human Nature, 1988).

나. 중국인의 인간관

인간의 본성을 둘러싼 동양사회의 논쟁은 맹자(孟子)의 성선설(性善說), 순자(荀子)의 성악설(性惡說) 그리고 공자(孔子)나 왕충(王充)의 성선·성악 혼재설로 구분할 수 있다. 맹자는 전국시대의 성현으로서 공자(孔子)의 인(仁) 사상을 계승하여 인의(仁義)를 기본으로 한 왕도정치(王道政治)를 실현하고자 천하를 주유하였다. 그는 인간은 타고날 때부터 선하다는 성선설에 입각하여 인정(仁政)을 정치의 이상으로 삼았다. 그러나 순자는 성악설에 입각하여 중국을 강력한 중앙집권국가로 만들려는 이상을 가졌다. 이러한 순자와 같은 사상을 가진 사람으로 상앙(商鞅)은 부국강병책(富國强兵策)을 주장하였고, 한비(韓非)와 순자(荀子)는 법치주의(法治主義)를 내세웠다.

한비(韓非, ?-B.C. 223)는 인간의 마음을 움직이게 하는 것은 애정도,

동정심도, 의리도 아니며, 오로지 이익 한 가지만이라고 주장하였다. 한비는 인간을 이익에 의해 움직이는 동물로 보고 법치이론을 제시하여 진(秦)나라 시황제(始皇帝)의 치정에 커다란 영향을 미쳤다. 진시황은 한비의 책을 읽고 진심으로 사모하여 그와 사귀어 세상을 다스리는 지혜를 나눌 수 있다면 죽어도 한이 없겠다고 할 정도로 한비에게 강한 애착을 가졌다. 그리하여 그는 한나라를 치고 한비를 인도할 것을 요구하였는데, 한은 부득이 한비를 사신으로 삼아 진으로 보냈으므로 시황제의 기쁨은 대단하였다.

그런데 이사(李斯, ?-B.C. 208)는 한비의 재학이 자기보다 뛰어났기 때문에 그가 진왕에게 중용된다면 자기의 지위가 위태롭게 될 것을 두려워하였다. 그리하여 그는 한비가 고국 한(韓)을 위하여 반역을 도모하고 있다고 왕에게 참소하여 마침내 하옥시켜 죽이게 하였다(B.C. 233). 비록 한비는 자신의 이론이 입증이나 한듯이 이기적인 경쟁자의 손에 의해 죽고 말았다. 그러나 그의 주장은 진에서 실행되고 진의 통일사업을 위한 유력한 무기가 되었다. 한비는 인간의 이기심을 다음과 같은 예로써 설명한다.

> 뱀장어는 뱀과 닮았고, 누에는 배추벌레와 비슷하다. 사람은 뱀을 보면 누구나 깜짝 놀라고 배추벌레를 보면 누구나 소름끼쳐 한다. 그러나 어부는 손으로 뱀장어를 잡고, 여자는 손으로 누에를 만진다. 그러고 보면 돈을 벌게 되는 일이라면 누구나 맹분(孟賁, 위나라의 장수로 산 채로 소의 뿔을 뽑았다는 장수)과 전제(專諸, 오나라 용사인데 오나라 임금 요를 칼로 찔러 죽인 사람) 같은 용자(勇者)가 되는 것이다(『韓非子』, 說林下篇).

또 인간의 이기적 본성을 장사꾼의 장삿속과 부부의 대담을 통해 꼬집었다.

　　수레를 만드는 사람은 수레를 만들면서 사람이 부귀하기를 바라고, 관(棺)을 만드는 장사꾼은 관을 만들면서 사람이 빨리 죽었으면 좋겠다고 생각한다. 그러나 전자(前者)가 의인(義人)이고 후자(後者)가 악인(惡人)이라고 할 수는 없다. 사람이 부귀하지 못하면 수레가 안 팔리고, 사람이 죽지 않으면 관을 사 주는 사람이 없기 때문이다. 사람이 죽기를 바라는 것은 미워서가 아니고 사람이 죽으면 그만큼 이익을 얻기 때문이다(『韓非子』, 備內篇).

　　위(衛)나라의 어떤 부부가 함께 기도를 드리게 되었는데, 아내가 이렇게 기도를 했다. "바라옵건대 100필의 베를 얻도록 해 주십시오." 남편이 이상한 듯이, "왜 그렇게 적게 바라지?"하고 묻자 아내는 이렇게 대답했다. "그보다 더 많게 되면 당신이 첩을 얻게 될 테니까"(『韓非子』, 內儲說・上篇).

중국 후한(後漢) 사람 왕충(王充, 27~100)은 사람이 천지로부터 성을 품수받고 오상(五常)의 기를 받았으면서도, 인자하기도 하고 의롭기도 한 것은 타고난 본성이 다르기 때문이라고 하였다. 행동이 기민하기도 하고 느리기도 하며, 무겁거나 가벼운 것은 타고난 견식이 다르기 때문이고, 얼굴색이 희고 검거나 키가 크고작은 것은 늙어 죽을 때까지 바뀔 수 없으니 타고난 것이 그러하기 때문인 것으로 보았다. 그는 사람이 물과 흙, 사물의 형태와 성질이 다르다는 것은 알면서도, 정작 부여받은 기로 말미암아 사람의 선악에 차이가 생긴다는 것을 모른다고 한탄하였다. 그리하여 인간본성을 규명하는 일은 다음에 나타난 바와 같이 힘든 작업이라는 점을 강조하였다.

　　나는 맹가(孟家)가 말한 본성이 선한 사람은 보통사람 이상의 재질에 해당하고, 손경(孫卿: 제나라의 손무(孫武))이 말한 인성이 악한 사람이란 보통 사람 이하의 재질을 지닌 자에 해당하며, 양웅(楊雄: 전한말의 학자)이 말한 인성에 선악이 혼재해 있는 사람은 보통사람이라고 생각한다. 이상의 이론들이 경서의 도리와 부합되면 교화를 하기 위한 논거는 될 수 있으나, 성을 규명하는 원리로는 충분하지 못하다(王充, 『論衡』, 本性篇).

여곤(呂坤, 1536~1618)은 인간본성이 평균적으로 이루어지는 세상인심은 결코 변할 수 없는 데에도 불구하고 단지 사람 자신이 처한 환경이 달라진 것을 변하지 않는 것으로 인식하는 데 문제가 있다고 인간성을 비꼬고 있다.

어느 고관(高官)이 관직(官職)에서 물러나 고향으로 돌아가 있었다. 찾아오는 사람도 별로 없고 집안의 모양이 현직(現職)으로 있을 때와는 완전히 달라졌다. 여기서 의기소침(意氣銷沈)해진 구관(舊官)은 "세태인정(世態人情)의 변천이 이렇게도 냉정할 수가 있는가. 도저히 참을 수 없다"라고 하였다. 이 말을 듣고 나는 "당신의 마음 그 자체가 달라지신 것이지 세태인정이 잘못된 것만은 아닙니다. 평상시에 담박(淡泊)하고 검소(儉素)하게 살아가는 것은 우리 본래의 모습이요. 왁자지껄하고 화려하게 사는 것은 우리의 우연한 모습입니다. 그런데 당신께서는 부귀(富貴)에 미련이 남아 그것을 당연한 것이라 생각하시고, 빈천(貧賤)을 싫어하시어 이를 불행한 우연이라고 생각하십니다. 이보다 더한 마음의 변천이 또 어디 있겠습니까. 이렇게 생각하신다면 애초에 세태인정의 변천을 한탄할 겨를이 없을 것입니다"라고 하였다(呂坤, 『呻吟語』).

다. 협력의 겉과 속

한나라의 소득수준이 낮은 단계에서는 모든 사람이 가난하므로 자연발생적으로 공동체사회가 이루어진다. 그러나 생활수준이 나아지면 사람 사이에는 계층분해가 이루어지면서 자본제 사회가 정착하게 되고, 더 나아가 고도의 생활수준에 도달하면 사람 사이에 다시 공동체의식이 자리를 잡는다. 예를들어 미국, 영국, 일본과 같은 나라가 우리나라보다 교통도덕이 발달한 것은 고도의 생활수준에서 나타나는 협력적인 모습으로 이해할 수 있다. 마찬가지로 과거 우리나라의 농사일에서 품앗이하면서 서로 협력적인 질서가 자리잡고 있었던 것도 소득수준이 낮은 단계에서 나타나는 하나의 협력의식의 발로라고 이해할 수 있다.

그런데 미국, 영국과 같은 선진국에서 협동적인 모습이 외형적으로 나타나지만, 그 속을 들여다 보면 자기자신을 위한 철저한 계산이 깔려 있다. 마찬가지로 우리가 과거 농사일에서 협력하여 거들던 질서도 자신의 농사일을 위한 계산에서 비롯되었지 이웃에 대한 무조건적인 이타심에서 나온 것은 아니었다. 트리그(Trigg, 1988)도 이타성이 이기심에서 나온 부수적인 효과라고 인식한다.

> 홉스(Hobbs)는 자비심을 설명하면서, "인간에게 그 자신의 욕구를 성취할 수 있을 뿐만 아니라 타인을 도울 수 있는 능력이 있음을 발견하는 것보다 훌륭한 논증은 없다"라고 한다. 이와 유사하게 그는 동정심을 "타인의 불행을 보면서 자신에게 닥칠지 모르는 미래의 불행에 대한 상상 또는 허구"라고 서술한다. 자기중심적 성향은 분명해지고, 따라서 타인에 대한 관심은 자기자신에 대한 관심의 부산물일 뿐이다(Trigg, Ideas of Human Nature, 1988).

과거 한 사람이 농사일을 도맡아 하기에는 도저히 이득이 생기지 아니하였다. 여러 사람이 농사일을 분업화하여 서로 돕는 것이 구성원 각자에게 이득이 되어 품앗이가 성행하였다. 요즘 기계화된 농업에서 과거처럼 이웃사람의 힘을 빌리고 자신의 힘도 빌려 주는 농사일은 찾아보기 힘들다. 그러므로 따지고 보면 과거의 협력적인 농사일도 자신의 이익을 위한 것이지 타인의 수고를 덜어 주기 위한 봉사심에서 나온 것은 아니다. 이처럼 외형적으로는 협력하는 농사일도 내용적으로는 철저한 경제적 본성이 그 밑바닥에 깔려 있다는 사실을 지적하지 않을 수 없다.

그렇다면 자신의 생존확률을 높이는 행동도 아니고, 그렇다고 유전자 이기주의로도 설명되지 않는 인간의 경제활동을 곳곳에서 목격할 수 있다. 유전자를 퍼뜨릴 더 이상의 생식능력이 없는 개체에게 호혜적 이타주의가 작동하는 까닭은 어디 있을까? 유전자 이기주의가 아니고 경제적 기회주의로 설명될 수 있을 것으로 보인다.

제2절 | 경제본성의 유전자

1. 경쟁적 선택

경제학자는 통계와 수치로 이뤄진 과학적 모델을 선호한다. 경제학은 인간이 최대이익을 추구하고 객관적 가치를 평가할 수 있고, 비용이 수익을 초과하지 않도록 결정을 내리는 데 합리적이라고 가정한다. 그러나 인간은 합리적이지 못한 경우가 더 많다. 어떤 일을 성공적으로 끝마친 뒤에도 다른 목표를 향해 바로 나아가지 못하고 주춤거린다든지, 무엇을 얻기보다는 잃지 않기 위해 애쓴다든지, 그렇다고 매사 부닥치는 일마다 완전하게 수익과 비용을 제대로 따지지도 못한다.

매튜(Mathew, 1984)는 사람이 완전하고 합리적인 예견이 있기 때문에 이것을 선택한다거나, 그렇지 않으면 과거에 직접 내지 간접 경험을 통해 이것이 다른 것보다 나은 성과를 보여 주었기 때문에 이것을 선택하는 것이 아니고, 다른 사람이 이것을 선택하였다는 경쟁적 선택을 바탕으로 하여 이것을 선택하게 된다고 주장한다. 다른 것을 선택한 사람의 성과보다 이것을 선택한 사람의 성과가 나으면 이것을 선택한 사람은 생존경쟁의 원리에 따라 살아남고, 다른 것을 선택한 사람은 사라진다. 이는 마치 유전자가 이를 운반하는 유기체의 상대적 적응도에 의해 선택이 이루어지는 것과 흡사하다.

경제진화론자에 의하면 세상은 합리적으로 예견할 수도 없고, 올바른 결정을 내릴 수 있도록 학습되지도 않기 때문에 올바른 선택은 결국 경쟁적 선택을 통해 이루어진다. 경쟁적 선택은 경제주체가 최적화를 수행할 수 없는 상황에 부닥쳤을 경우에 이루어지는 인간의 행동가정이다. 슘페터(Schumpeter, 1934), 넬슨과 윈터(Nelson & Winter, 1982) 등은 주류 경제학의 최적화선택과는 달리 경쟁적 선택을 통해 경제가 진화하는 모습을 그려 보았다.

자연은 인간이 오랜 원시시대의 불확실한 환경 속에서 살아가면서 생존에 적합한 적응기제를 선택하도록 이끌었다. 인간은 경제적 이익을 위해 불확실한 위험을 한편으로 감수하는가 하면, 또 다른 한편으로 전혀 회피하는 적응기제를 자연선택과정에서 남겨놓았다. 사람이 위험을 기꺼이 감수하고자 하는 까닭은 ① 커다란 이익을 얻을 수 있다거나, ② 실패비용이 그다지 크지 않다고 계산할 수 있는 경제적 계산본성을 가지고 있기 때문이다. 어떠한 경우에는 그러한 경제적 계산본성은 인간에게 일생을 통해 일관된 행동방향을 제시해 준다.

예를들어 일반적으로 나이가 어릴수록 위험을 감수하려는 확률은 높다. 이것은 첫째, 젊은이는 위험을 감수하면 재물, 명성 또는 이성의 관심을 독차지할 수 있고, 둘째 실패하더라도 별로 잃을 것이 없다고 계산할 수 있는 경제적 본성을 지니고 있기 때문이다.

대기업에서 2~3년차 신입사원의 이직률이 가장 높다고 알려져 있는데, 이들이 옮기는 회사의 대부분이 비록 작지만 위험한 벤처업종의 중소기업이라고 한다. 물론 대기업이라는 안정된 환경을 선호하는 신입사원도 있지만 대기업에 일단 자리를 잡은 후에는 퇴사하여 얻는 이득과 잃어버리는 이득을 계산해 본 결과, 얻는 이득이 잃는 이득보다 높으면, 미래에 부닥칠 이득이 불확실한 상황에서도, 기꺼이 다른 곳으로 이동한다.

마찬가지로 사람이 위험을 회피하여 안정을 바라고 가급적이면 변화에 저항하는데, 그 까닭은 ① 얻을 수 있는 이득이 불확실하고, ② 실패에 따른 비용이 크다고 판단할 수 있는 경제적 본성을 지니고 있기 때문이다.

사회학자 호먼스(George Homans, 1974)는 어떤 부류의 장인이 이노베이션을 일으킬 것인가를 파악하고자 아프리카와 라틴아메리카의 목각(木刻)제작자를 대상으로 조사하였다. 그는 발명이 돈을 벌기 위한 목적으로 추구되며, 결과적으로 사회적·경제적 요인이 복합하여 창조적 경향을 저해하거나 촉진시키고 있다는 사실을 발견하였다. 그는 장인을 고위, 중간, 하위 등의 세 가지 부류로 구분하였는데, 이 세 부류 중에서 중간계층이 신기술을 도입할 가능성이 제일 낮았다고 한다. 제일 밑바닥에 처한 장인은 설령 실패한다고 해도 더 이상 잃을 것이 없기 때문으로 적극적으로 창조활동에 나선다. 그리고 가장 높은 위치에 있는 장인은 실험을 해 볼 수 있는 여가, 권위, 경험, 자유 등의 모든 조건을 갖추고 있기 때문에, 자신의 우수한 능력을 입증하여, 지도자로서의 지위를 유지하려고 새로운 것을 만들어 낸다. 중간층의 장인은 새로움을 추구하는 두 계층 사이에서 보수적인 태도를 가지게 되는데, 새로운 시도가 자신의 위치를 위협하게 될지도 모른다고 두려워하면서 현상태에만 안주하려는 경향이 있다고 한다.

위험으로 가득 찬 세상에서 손실을 피하려는 의지는 가장 강력한 생존본능 중의 하나로, 이득을 얻으려는 욕망보다 더 강하게 작용한다. 대부분의 경우 한계효용이 체감하기 때문에 100만 원을 얻는 데서 오는 즐거움보다 100만 원을 잃는 데서 오는 고통이 더 크다. 그래서 도박에서 가장 큰 판돈을 거는 사람은 당시까지 잃은 돈을 만회하려고 악착같이 매달리는 사람이다. 생존문제가 달려 있을수록 인간은 자신이 가지고 있는 것을 잃지 않기 위해 점점 더 필사적으로 매달린다.

2. 기회주의적 성향

인간에게 기회주의적 성향이 있다는 의미는 인간은 "교활하리만큼 이기적이다'라는(Williamson, 1985) 뜻이다. 신제도주의 경제학자는 인간은 자신에게 이득이 되기만 하면 거짓말을 밥먹듯이 하고, 상대방의 재산을 거리낌없이 훔치고, 상대방을 속이는 것은 물론, 사기행각을 벌이고, 상대방과 사전에 합의한 약속을 헌신짝 버리듯한다는 전제에서 사람이 상호작용하는 모습이 어떻게 나타날까를 연구한다.

가령 중고차시장에 자동차를 파는 사람은 자신의 중고자동차에 어떤 부분이 잘못되어 있는가를 상인이나 구매자보다 더 잘 알고 있는 데에도 불구하고 결함을 노출시키지 않으려고 애쓴다. 보험에 가입하는 환자는 자신의 질병을 숨김으로써 낮은 보험료의 혜택을 받으려고 하고, 자동차보험에 가입하는 운전자도 당연히 자신의 운전경력을 속임으로써 낮은 보험료의 혜택을 받으려고 애쓴다. 정치인이 선거에 출마해 당선되면 주민을 위해 열과 성의를 다하겠다고 약속해 놓고서는, 막상 국회에 진출하고 나면 의도적으로 까마득하게 잊어버리곤 한다. 이처럼 상대방에게 있는 그대로를 밝히지 않거나 약속을 지키지 않고 자신의 이익을 취하려는 행동을 기회주의적인 행동이라고 한다.

일반인은 흔히 간신(奸臣)의 심리적 성향이 동물적 본성에 부합하는 자기 이기주의, 친족이기주의, 자기기만, 기회주의적인 성향을 거의 대부분 포괄하고 있는 것으로 받아들인다. 그리고 자신에게 조금이라도 이로울 것이 있으면 체면과 지조를 가리지 않는 사람을 두고 "간에 붙었다 쓸개에 붙었다"라고 비하하는데, 이는 우리 조상이 기회주의적인 성향의 사람을 도덕적으로 탐탁치 않게 생각하였다는 의미이다.

중국 제(齊)나라 선왕(宣王)은 왕을 위하여 피리를 불게 하는데 항상 퉁소꾼 300명을 합주(合奏)시켰다. 성 밖 남쪽에 살고 있는 풍각쟁이가 왕을 위하여 퉁소를 불려고 너도나도 할 것 없이 나서자 선왕은 기뻐하여 양식을 나눠 주며 초청했더니 피리를 불 사람이 수백 명을 넘었다. 그 후 선왕이 죽고 민왕(湣王)이 군주가 되었는데, 그는 독주(獨奏)를 좋아했기 때문에 퉁소꾼들은 모두 도망 가 버리고 말았다고 한다. 그 가운데 어중이떠중이가 대부분이라고 판단한 민왕은 퉁소꾼을 신뢰하지 않고 피리를 부는 자는 많은데 누가 잘 부는지 알 수 없어 한사람 한사람씩 불어 보도록 하여 재주가 있고없음을 알아내려고 하였기 때문이다. 원래는 퉁소꾼이 어중이떠중이가 아니고 천부적 재능을 가진 사람이었는데, 합주라는 제도의 틀 속에 갇혀 아까운 재주를 썩히고 있었음을 의미한다.

그렇다고 도덕적으로 기회주의적인 인간의 성향을 마냥 비난할 것은 못된다. 자기기만의 목적은 오히려 인간이 다른 사람과 상호작용하는 데 일관성 있는 행동을 하도록 설계되어 있음을 의미한다. 아울러 인간이 가지고 있는 기만과 기회주의는 역사를 창조해 낸 주요원동력이었다. 기만과 기회주의 때문에 인간은 불확실성과 위험으로 가득 찬 세상을 지금까지 헤쳐나올 수 있었고 앞으로도 헤쳐나갈 수 있을 것이다.

인간의 경제적 본성은 도킨스(Dawkins, 1976)가 주장하는 냉혹한 이기주의, 즉 기회주의적인 성향을 바탕으로 하여 오히려 효율적인 경제적 교환관계를 만들어 냈다는 사실에 주목하자. 마치 창이 있으면 방패가 자연발생적으로 태어나듯이 경제인으로서의 인간은 상대방의 기회주의적 성향을 방어하고자 신용보증이나 추방이나 경제제도 등과 같은 문화를 만들어 내어 경제적 교환이 원활하게 이루어지도록 하였다. 따라서 다행스럽게도 이러한 기회주의적 성향 덕분으로 인간은 동물 중에서 성공을 거둘 수 있었다는 사실을 간과하여서는 안 된다.

사람은 다른 사람과 상호작용하면서 상대방 못지않게 자신도 기회주의적인 성향을 발동하여 대응한다. 그래서 사람은 상호거래하는 과정에 기회주의적 행동에서 오는 피해를 방지하려고 여러 가지 제도적 안전장치를 만들어 낸다. 가령 검사제도, 보증제도, 인감증명제, 추천제도, 경력증명서, 국민소환제 등도 인간에게 기회주의적인 성향이 없었다면 태어나지 않았을 여러 제도로서 자연발생적으로 탄생한 것들이다.

경제학자는 대기업과 하도급계열 기업 사이에 이루어지는 거래가 다른 중소기업이 진입하지 못하도록 장벽을 쌓는 부당한 상행위라고 비난한다. 그러나 기회주의자가 득실거리는 시장에서 상당한 시설을 투자한 대기업이 누구를 믿고 거래할 수 있겠는가? 기업은 기회주의적인 성향의 집단으로부터 피해를 보지 않기 위해 대기업은 대기업 나름으로 그리고 하도급계열기업은 하도급계열기업 나름으로 서로 장기적이고도 긴밀한 거래관계를 유지하게 되는데, 그러한 거래관계를 수직적 통합(vertical integration)이라고 한다.

경제학자가 금과옥조처럼 떠받드는 완전경쟁시장이란 모르는 사람일지라도 차별하지 않고 서로 거래가 이루어지도록 하는 이상향의 시장을 말한다. 그러나 기회주의적 성향의 거래자가 참여하는 현실의 시장세계에서는 프랜차이징, 기업 간 전략적 제휴, 네트워크 조직망 등과 같이 시장장벽을 쌓는 일이 벌어진다. 자생적 질서에 의해 탄생하는 모든 경제제도는 경쟁의 시장바닥에서 법석대는 기회주의적 성향을 극복하려고 태어난 귀중한 진화의 산물이라는 사실을 헤아려야만 할 것이다.

중국 상앙(商鞅)은 이렇게 말하였다.

"정책과 법령은 백성의 생명이자 나라의 근본입니다. 100여 명이 한 마리의 토끼를 쫓는 것은 토끼 한 마리가 100마리로 변할 수 있어서가 아니라, 토끼의 소유권이 아직 확정되지 않았기 때문입니다. 토끼를 파는 사람은 시장 곳곳에 있지만 도둑이 제멋대로 가져가지 못하는 것은 소유권이 이미 명확하기 때문입니다. 따라서 명분을 확정(소유권의 해결)하는 것은 나라를 다스리는 기본원칙임을 알 수 있습니다. 명분이 확정되지 않고 소유권이 명확하지 않으면 반드시 혼란이 일어나게 됩니다. 만일 체제가 다스림의 체제라면 혼란을 일으키려고 하여도 혼란해지지 않습니다. 혼란의 체제라면 다스릴수록 더 혼란해지게 되고, 다스림의 체제라면 다스림이 매우 쉽습니다.

이 때문에 성인은 다스림의 체제를 갖춘 나라를 다스렸으며 그 체제가 동란의 근원인 나라를 다스리지 않았습니다. 성인은 법률을 제정할 때 백성이 법률을 잘 알고 쉽게 이해할 수 있게 함으로써 사람마다 지킬 수 있도록 하였습니다. 그래서 성인이 세운 나라에서는 법을 범하여 처형되는 일이 없었습니다. 그렇다고 해서 처형해야 할 것을 처형하지 않은 것이 아닙니다. 사람마다 법을 지키고, 사람마다 화를 피해서 복을 찾고, 사람마다 스스로 교육했기 때문입니다. 현명한 군주는 근본체제를 기초로 나라를 다스리기 때문에 천하태평의 성세가 나타나게 됩니다."

그러므로 나라를 잘 다스리는 자는 나라의 체제를 개조하는 데 노력을 기울이지, 어느한 사람에게 의존하지 않는다. 현명한 국가지도자는 법률과 제도를 반복적으로 연구하고살핀 후에야 명령을 내리는데, 천하는 이로 인해 태평하게 된다.

신도(愼到)가 말하였다.

토끼 한 마리가 앞에서 뛰면 그 뒤를 100명이 쫓을 수 있는데, 이는 토끼 한 마리를 100인분으로 나눌 수 있어서가 아니라, 이 토끼가 누구의 소유인지 확정되지 않아서누구나 토끼를 자기 것으로 만들 수 있기 때문이다. 토끼를 파는 사람은 거리에 가득하지만 도둑은 감히 갖지 못하는데, 이는 토끼가 누구의 명분에 속하는지 이미 정해져 있기때문이다.

그러므로 명분이 정해지지 않으면 요, 순, 우, 탕도 뒤쫓을 수 있으며, 명분이 정해지면아무리 가난한 도둑이라도 함부로 가져가지 못한다. 성인이 법령을 제정하고 관리를두는 것은 실제로는 명분을 정하는 것이다(趙蕤, 『反經』).

제Ⅱ부

이기심으로부터 진화한 상호협력의 문화

일반적으로 사람은 의도적으로 공공이익을 촉진하려고 하지도 않고, 또한 이를 얼마나 촉진하고 있는지도 모른다. 외국산업보다 국내산업을 지지하더라도 이는 자신의 안전을 의도해서이다. 생산물의 가치가 최대로 되는 방향으로 당해 국내산업을 유도하더라도 이는 자신의 이득을 의도해서이다. 다른 많은 경우에서와 마찬가지로, 보이지 않는 손(an invisible hand)에 이끌려 자신이 당초 의도하지 않았던 목적을 촉진하게 된다.

애덤 스미스

『국부론(*The Wealth of Nations*, 1776)』에서 개인의 이기적 속성이 공공의 선을 낳게 한다는 스미스(Adam Smith)의 보이지 않는 손은 경제학을 탄생시킨 괄목할 만한 발견이었다.

비록 기존의 중상주의 경제관념, 즉 한 사람의 이득은 필연적으로 다른 사람에게 그 만한 양의 손실을 끼친다는 사상을 스미스가 처음으로 반박한 사람은 아니지만, 그의 반박과 주장은 아주 완전한 논리에 바탕을 두고 있다. 그는 사회에 조화로운 질서가 존재하는데, 그 배경을 들여다보면 개인의 자연적이고 거의 본능에 속한 이기적 욕망이 사회에 이득으로 흘러가도록 작용하는 원천이라고 보았다. 그와 함께 자유시장경제를 지지하는 사람은 이 흐름이 사회의 법이나 명령에 의해서라기보다 경쟁의 힘에 의해 훌륭하게 작동한다고 믿었다.

자원이 희소한 세상에서 사람들은 가급적이면 자신이 이용할 수 있는 양보다 더 많은 양을 원한다. 그러나 누구나 자신이 원하는 만큼 소유할 수는 없다. 또한 모든 사람은 자신이라면 현명하게 사용할 수 있을 것으로 생각하는 자원을 다른 사람이 경박하게 사용하는 것을 보면 좌절을 느낀다. 그에 따라 모든 경제체제 내에서 사회적 갈등이 일어날 가능성은 높다. 이처럼 희소성이 사회적 갈등을 일으킬 여지가 있으나 동시에 사회적으로 협력할 필요성을 창출하기도 한다.

경쟁은 대개 갈등과 동의어로 쓰이고 협력의 반대어로 생각한다. 그러나 다행스럽게도 그렇지 않다. 경쟁은 희소성의 세계에서는 불가피하다. 그러나 적절한 원칙이 세워지고 이러한 원칙을 존중하면 경쟁은 사회적 협력을 가져오게 하는 힘이 될 수 있다. 협력이란 경제를 생산적으로 만드는 데 필요불가결한 요소이고 이러한 형태의 가장 효과적인 협력이란 민간자유기업체제의 원칙에서 이루어지는 경쟁으로부터 탄생한다.

제Ⅱ부에서는 사회적 갈등이 일어날 경쟁의 터전에서 사유재산을 바탕으로 하는 교환을 통해 사회적 협력이 이루어지는 과정을 살펴보고자 한다. 사유재산제도에서 시장가격은 시장참여자가 재화와 서비스에 부여하는 상대적 가치와 이를 제공하는 데에 소요되는 비용에 대한 정보를 알려 준다. 시장가격에 포함된 정보에 반응하여 협력(교환)함으로써 개인은 자신의 이기심을 충족시킨다. 시장을 통해 협력하여야 한다는 압력이 너무 강해, 정부가 가격에 대한 규제를 가해 특정교환을 불법으로 간주하더라도, 사람 사이의 협력은 지속한다.

제8장 스미스(Adam Smith)의 『국부론』은 시장경제와 고전적 자유주의의 지적 이정표로서 경제학을 학문분야로 창설하는 데 기여하였다. 그는 핀공장의 사례를 들어 분업과 전문화로 얻을 수 있는 이득을 설명하였고, 보이지 않는 손이 어떻게 개인적 악이 사회적 자비를 낳는가를 보여준다.

제9장에서 사회주의가 실패하고 자본주의 시장경제가 성공할 수밖에 없는 근본적인 배경이 사회가 지식을 활용하는 방법의 차이에 있다고 주장하는 노벨수상자 하이에크(Friedrich August Hayek)의 글을 실었다. 이어서 하이에크는 제10장에서 우리가 자본주의 시장경제에서 깨닫고 있는 자유보다 더 많은 자유를 깨달을 수 있는 까닭은 사람이 자유로부터 얻는 편익이, 전혀 사용하지 않았던 자신의 자유보다, 주로 다른 사람이 자유를 사용한 결과로부터 유래되기 때문이라고 지적한다.

제11장에서 후쿠야마(Francis Fukuyama)는 일본과 미국의 자생적 고신뢰의 사회와 중국과 한국의 저신뢰의 사회가 나타나게 된 배경은 각각 역사적 환경에서 탄생된 문화에서 찾고 있다. 끝으로 제12장에서 협력이 이기적인 본능에서 출발하여 이타적으로 진전하여 진화상 안정된 전략의 경제문화가 자리잡는 과정을 설명한다.

제8장
분업의 원리

애덤 스미스

> 자기자신의 이익을 추구함으로써 종종 그 자신이 진실로 사회의 이익을 증진시키
> 려고 의도하는 경우보다 더욱 효과적으로 그것을 증진시킨다. 나는 공공복지를
> 위해 사업한다고 떠드는 사람이 좋은 일을 많이 하는 것을 본 적이 없다.
>
> 애덤 스미스

스코틀랜드 에든버그(Edinburg) 근처에 있는 작은 어촌 겸 광산촌인 커캘디(Kirkcaldy)에서 태어난 스미스(Adam Smith)는 글래스고대학 (University of Glasgow)에서 석사학위를 받고 그 곳에서 도덕철학 교수 (1752~1763)를 역임하였다. 이후 1778~1790년에 스코틀랜드 관세청장을 지낸 바 있다. 과부가 된 어머니와 함께 선생과 학자로서 명상의 생활을 영위하면서 바클로이치(Baccleuch)공작의 선생자격으로 프랑스를 여행하면서 국부론에 포함되어 있는 주제를 구축하기 시작하였다. 『국부론』은 대학을 떠난 이후에 저술했는데 바클로이치공작의 금전적 지원으로 현장관찰과 조사를 통해 발간할 수 있었다.

이 글은 스미스의 『국부론(*The Inquiry into the Nature and Causes of the Wealth of Nations*)』(1776, 김석환·김일곤 역, 世界思想大全集, 대양서적, 1972)에서 발췌한 내용이다.

제1절 | 분 업(제1편 제1장)

1. 분업은 노동생산력을 증대시키는 최대원인이다

노동생산력의 급진적인 향상과 어떤 방향으로든 노동을 이끌게 하거나 적용시키는 기술, 솜씨, 필요한 판단의 대부분은 분업의 결과였던 것으로 생각된다.

일반산업에서의 분업효과는 어떤 특정 제조업체에서 나타나는 방법을 생각하면 쉽게 이해할 수 있다. 분업은 심지어 하찮은 공정에서도 대개 수행되고 있었는데, 중요한 분야에서는 실제로 더 활발하게 이용되었다. 영세한 제조업체는 소수의 사람이 원하는 물건을 만듦으로써 전체 근로자의 수도 당연히 적다. 그리고 모든 분야의 작업이 동일한 작업장에 감독자의 감시하에 이루어진다. 이와 반대로 대규모 제조업체에서는 다수의 사람의 욕구를 충족시켜야 하므로 서로 다른 작업이 많은 작업자의 손을 필요로 하는데, 한 작업장에 이들을 모으기란 불가능하다. 우리는 한꺼번에 한 분야에 많은 사람이 고용되어 있는 현장을 찾아보기가 어렵다. 그러한 제조업체는 영세한 제조업체보다 작업을 여러 부분으로 나누어 수행하는데, 작업분할이 명확하지 않으므로 따라서 관찰되지도 않는다.

가. 핀제조의 경우

아주 영세한 소규모 제조업체이지만 분업이 목격되는 핀제조업체의 사업모습을 예로 들어 보자. 분업을 하지 않을 경우, 이 작업에 교육을 받지도 않고 기계를 사용하는 방법도 전혀 모르는 작업자는 하루에 겨우 한 개의 핀을 제조할 수 있고, 20개는 아예 생각할 엄두도 못 낸다. 그러나 이 작업을 현재 수행하고 있는 것과 같이 한다면 전체 작업은 기이한 사업일 뿐만 아니라 여러 개의 분야로 나뉘는데, 이 중에서 대부분의 작업도 마찬가지로 기이한 작업이다. 한 사람은 철사를 뽑아 내고, 다른 사람은 이를 곧게 펴고, 세 번째 사람은 이를 자르고, 네 번째 사람은 끝을 뾰족하게 만들고, 다섯 번째 사람은 머리를 붙일 수 있도록 윗부분을 그라인드로 간다. 머리를 만드는 데에는 두 세 가지의 다른 작업을 필요로 하는데, 머리를 붙이는 것도 기이한 작업이며, 이를 하얗게 만드는 것 또한 하나의 기이한 작업이다. 만든 핀을 종이에 붙이는 것은 그 자체가 사업인데, 이렇게 하여 핀을 만드는 중요한 사업은 18가지의 활동으로 나뉜다.

어떤 제조업체에서는 모든 작업을 각자가 수행하는데, 다른 제조업체에서는 이 중에서 두 세 가지의 작업을 동일한 사람이 수행한다. 이러한 종류의 작업이 이루어지는 소규모 제조업체에서 10사람의 작업자가, 이 중에서 어떤 작업자는 두 세가지의 작업을 계속 수행하는 것을 목격하였다. 비록 가난하여 필요한 기계를 공유하지만 각자 노력하여 하루에 12 파운드의 핀을 제조할 수 있었다. 한 파운드에 중간 크기의 핀이 4,000천 개나 있다. 따라서 이 10사람이 하루에 4만 8,000개의 핀을 만든다. 각자가 4만 8,000개의 10분의 1을 생산하므로 개인당 4,800개의 핀을 만드는 결과가 된다. 그러나 이들이 개별적으로 독립하여 작업하고, 이 작업에 교육을 받지 않았다고 하면 1인이 하루에 20개, 아니 한 개도 만들지 못하였을 것이다. 즉 현재 적절한 분업과 다른 작업을 결합하여 만들 수 있는 양의 240분의 1은 말할 것도 없고, 4,800분의 1도 수행하지 못하였을 것이다.

나. 분업의 일반적 효과

다른 기술적 작업이나 제조업에서도 노동의 분업효과는 비록 그 중의 많은 것이 분할되어 단순한 작업으로 이루어지지 않는다고 하더라도, 이처럼 영세한 것에서 이루어지는 것과 유사하게 나타난다. 지금 소개한 노동의 분업효과는 모든 작업에서 노동생산력을 크게 끌어올렸다. 다른 사업과 고용도 이러한 이점의 결과로 분리되어 일어날 것이다. 이러한 분리가 전반적으로 수행되는 곳은 산업이 고도의 수준에 이르고 개선된 국가에서 나타난다. 원시적인 사회에서는 한 사람이 수행하였던 모든 일이 여기서는 보통 개선된 형태로 여러 곳에서 수행된다.

2. 분업에 의한 생산력의 증진은 세 가지 사정에 기인한다

노동분업의 결과 동일한 사람의 수만큼 수행하여야 가능했던 작업량이 상당히 늘어난 것은 세 가지가 가능하게 되었기 때문이다. 첫째, 모든 작업자의 숙련도가 증가하였고, 둘째 한 가지 작업을 다른 작업으로 이동하는 데 소비하는 시간을 절약할 수 있게 되었고, 셋째 많은 양의 기계를 발명하여 노동을 용이하게 하고 절약시켜 한 사람이 많은 작업을 할 수 있도록 하였기 때문이다.

첫째, 기능의 개선

분업으로 각자의 일을 한 가지의 단순작업으로 축소시켜 이 작업을 생애의 유일한 고용으로 만듦으로써 작업자의 숙련을 증대시키고, 작업자의 숙련이 향상됨으로써 그가 수행할 수 있는 작업량을 증대시킬 수 있게 되었다. 비록 망치밖에 다룰 줄 모르는 스미스도 못은 결코 만들어 보지 아니하였으나 특별한 상황이 주어지면 그도 어쩔 수 없이 작업을 시도하여 하루에 2,000~3,000개의 못을 만들 수 있고, 작업이 서툰 자도 마찬가지로 만들 수 있음을 확신한다. 나는 못 이외에는 다른 작업은 하지 않았던 20세 이하의 청소년이 스스로 노력하여 각각 2,300개의 못을 만드는 것을 보았다.

못을 만드는 일이 결코 단순한 작업은 아니다. 똑같은 사람이 풀무를 불고, 이따금씩 꺼져 가는 불을 휘저어 되살리고, 철을 달구어 못의 각 부분을 주물로 만든다. 머리를 만들려면 하는 수 없이 연장을 바꾼다. 핀 또는 금속 단추를 만드는 데 필요한 작업을 서로 다른 공정으로 나누는 일은 간단하고, 자신의 전생애에 걸쳐 유일하게 수행하는 작업에 전념하는 작업자의 숙련은 크게 향상된다. 제조업자의 작업이 신속하게 수행되어 작업을 전혀 보지도 못하였던 인간의 손이 획득할 수 있다고 생각되는 것보다 더 신속하게 움직인다.

둘째, 시간 절약

한 가지 종류의 작업을 다른 종류의 작업으로 이동하면서 상실하는 시간을 절약하여 얻는 이득은 우리가 처음 상상할 수 있는 것보다 훨씬 크다. 한 가지 종류의 작업을 다른 장소에서나 다른 도구를 가지고 수행되는 다른 작업으로 재빨리 넘기는 것은 불가능하다. 시골에서 조그마한 농장을 경영하는 직조공이 베틀에서 밭으로 그리고 밭에서 베틀로 작업을 이동함으로써 상당량의 시간을 상실한다. 그러나 두 가지 작업이 동일한 작업장에서 수행되면 상실하는 시간은 그다지 크지 않다.

그러나 이러한 때에도 생각할 점이 많다. 대개 사람은 한 가지 작업에서 다른 작업으로 이동하는 경우에 다소 빈둥거리는 일이 흔하다. 게다가 작업자가 처음으로 새 작업을 시작하면 신중하지도 않고 또한 열정도 없다. 그의 마음은 일에 있는 것이 아니며, 때로는 빈둥거린다. 빈둥거리거나 주의를 기울이지 않고 작업에 임하는 일은 시골사람에게 흔히 나타나는 법인데, 그는 작업도구를 반 시간마다 바꾸어야 하고 평생 매일 20가지의 다른 작업에 손을 대야 하므로 게을러지며, 심지어 급박한 상황에서도 작업을 열심히 수행하지 않는다. 독립적이지만 숙련의 능력이 뒤떨어지므로 그가 수행할 수 있는 작업의 양은 상당히 뒤떨어진다.

셋째, 기계발명

작업자는 기계를 이용하면 작업이 편리해져 얼마만큼의 작업량이 절약되는지도 잘 알게 된다. 예를 들 필요도 없을 것 같다. 작업을 훨씬 편리하게 하고 작업량도 줄이는 기계의 발명도 따지고 보면 분업 때문에 나타났다고 보인다. 사람은 정신이 여러 가지 일에 산만하게 분산되는 것보다 한 가지 목표에만 집중하는 때에 이를 간편하고 쉽게 획득하는 방법을 고안하려고 한다. 분업의 결과 사람의 모든 관심이 자연히 아주 간단한 한 가지 사물에만 지향하게 되었다. 따라서 작업의 각 부분을 담당하는 노동자는 자신의 특별한 작업을, 개선할 필요가 있다면, 이내 쉽고 간편하게 수행하는 방법을 터득하게 된다. 분할된 작업으로 운영되는 제조업에서 사용하는 기계를 처음으로 발명한 사람은 대개 보통의 작업자이었는데, 이들은 아주 단순한 작업에 고용되어 있으면서 자신이 수행하는 작업을 보다 간편하고 쉬운 방향으로 찾고자 생각을 돌렸다.

이러한 제조업체를 방문하는 사람이라면 매우 아름다운 기계를 볼 수 있는데, 이 모든 것은 작업자가 자신의 작업을 간편하고 빠르게 수행하려고 발명한 것이다. 첫 번째 화력기관에서는 한 소년이 보일러와 실린더 사이의 신호장치를, 축을 올리고 내림에 따라 교대로, 계속 여닫고 한다. 그런데 친구와 놀기를 좋아하는 한 녀석이 신호장치를 여닫는 밸브의 손잡이로부터 기계의 다른 부위까지 줄을 매달자 밸브는 사람의 도움없이 여닫히고 하여 그 녀석은 다른 친구와 놀 수 있게 되었다. 이와 같은 방식으로 이 기계에서 이루어진 개선은 자신의 노동을 절약하려고 바랐던 소년의 발명이었다.

3. 직업의 분화에 따라 창의와 연구가 생겨나고 사회발전에 따라 전문가의 과학적 지식이 진보한다

그렇다고 기계의 모든 개선이 그 기계를 사용하는 작업자가 발명한 것은 아니다. 기계제조자가 자신의 사업에 이득이 되기 때문에 창의성을 발휘하여 많은 기계를 개선하였다. 이 중에서는 어떤 사람은 철학자나 투기자라는 사람도 있었는데, 이들은 단지 사물을 바라보는 일 이외에는 아무 일도 하지 않는 사람이었다. 그런 까닭으로 전혀 동떨어지거나 닮은 데도 없는 것을 결합할 수 있었다. 사회 속에는 철학과 투기가 다른 직업과 마찬가지로 시민의 특정부류 사람에게 유일한 직업이 되었다. 다른 직업과 마찬가지로 이것도 여러 갈래로 세분화되어 각 분야가 특정철학자의 직업이 되고, 이러한 직업이 다른 사업처럼 숙련을 향상시키고 시간을 절약하였다. 각자는 자신의 분야에서 전문가가 되었다. 전체의 작업을 위해 많은 작업이 이루어졌고 그로 인해 과학적 지식도 상당량 증가하였다.

잘 움직이는 사회에서는 분업의 덕택으로 서로 다른 기술이 생산하는 것이 배증하여 하층부류의 사람에게 풍요로움도 가져다 주었다. 작업자는 자신이 과거 수행하여 오던 일보다 더 많은 양의 일을 처리할 수 있게 되었다. 다른 작업자도 똑같은 상황에 처했기 때문에 자신이 만든 상품을 다른 많은 상품과 교환할 수 있게 되었고, 동일한 이야기이지만, 다른 사람이 수행한 많은 양의 상품과 교환할 수 있게 되었다. 그는 다른 사람이 과거 바랐던 상품을 풍족하게 제공하게 되었고, 그들도 과거 그가 바랐던 상품을 충분히 흡수할 수 있기에 이르렀다. 그 결과 전반적인 풍요로움이 사회의 모든 계층으로 확산되었다.

4. 생활용품은 수많은 노동의 생산물이다

개화되고 번성하는 나라에서 가장 평범한 작업자나 농촌의 품팔이하는 작업자의 생활용품을 관찰해 보자. 비록 적은 부분을 차지하는 산업에 종사하는 사람이지만 이들이 차지하는 숫자는 엄청나다. 예를 들면 농촌의 날품팔이 하는 작업자가 입는 양모외투도 비록 조잡하고 거칠어 보이지만 수많은 작업자의 작업이 결합하여 만들어진 상품이다. 양치는 사람, 양털을 깎는 사람, 양털을 빗질하거나 보풀하는 사람, 염색하는 사람, 스크리블러(양모를 얼레빗질하는 작업자), 방적공, 직조공, 축융공(양모를 조밀하게 만드는 작업자), 재단사 기타의 작업자가 그들의 서로 다른 작업을 결합하여 이처럼 하찮은 생산물을 완성시킨다. 얼마나 많은 상인과 수송인, 이외에 많은 사람이 그 재료를 그 작업자들로부터 먼 외국에 사는 사람에게까지 수송하는 데 고용되어 있는가! 특히 얼마나 많은 상업과 항행, 얼마나 많은 조선업자, 선원, 항해사, 밧줄제조자들이 염료업자가 만든 다양한 염료를 한 군데로 모으고자 종사하고 있는가 하면, 심지어 어떤 것은 지구의 끝에서 온 것이다. 이 작업자들이 사용하는 보잘 것 없는 도구를 만들고자 얼마나 다양한 노동을 많이 필요로 하는가!

항해에 쓰이는 복잡한 선박, 축융기계를 만드는 선반, 직조기의 베틀이야 말할 것도 없고, 아주 간단한 기계, 예컨대 양치기의 양털깎는 가위를 만들고자 얼마나 다양한 노동을 필요로 하는지 살펴보자. 광부, 원광석을 녹이는 화로를 만드는 사람, 벌목하는 사람, 용광로에 사용하는 갈탄을 때는 풍로를 만드는 사람, 벽돌제조자, 벽돌 쌓는 자, 화롯불을 보는 사람, 기계조립공, 주물을 붙는 자, 그리고 대장장이는 가위를 만들기 위해 이 모든 사람의 수공작업을 결합한다.

똑같이 양복이나 집난로의 각 부분을 조사해 보자. 피부를 감싸 주고 있는 옷감, 발에 신는 신발, 들어눕는 침대, 이것을 구성하는 모든 부품, 음식을 장만하는 부엌난로, 음식을 만드는 데 사용하는 갈탄은 토양덩어리로부터 나오거나 아니면 심지어 긴 항해를 거쳐 오거나 육상 수송수단을 통해 운반되었다. 부엌에 사용하는 다른 도구들, 식탁의 가구, 나이프와 포크, 음식을 대접하고 나누는 데 사용하는 질그릇이나 법랑접시, 빵과 맥주를 마련하고자 고용된 일손, 열과 빛을 받아들이고 바람과 비를 막아 주는 유리창, 아름답고 행복한 발명을 준비한 지식과 솜씨, 이러한 것이 없었다면 북반부는 매우 안락한 거주생활을, 각각 편리한 물품을 만들고자 고용된 다른 작업자의 도구와 함께, 마련하지 못하였을 것이다.

감히 말하건대, 우리가 이러한 모든 것을 조사하여 각각 다양한 노동이 고용된 것을 생각하면, 수천 명의 도움과 협력이 없었다면, 문명국가의 하찮은 사람도 우리가 간편하고 단순하여 평상시에 잊고 있는 물품을 가질 수 없었을 것이다. 위대한 사람의 사치품과 비교해 물품이 아주 간편하고 간단해 보이지만, 유럽의 왕자가 가진 물건도 부지런하고 근검절약하는 농부가 가진 것보다 항상 많은 것은 아니다. 농부들이 가진 물건은 수천 명의 벌거벗은 야만인의 생명과 자유를 손에 쥐고 있는 아프리카의 임금이 가진 것에 못지않다.

제2절 | **분업의 원리** (제1편 제2장)

1. 분업은 교환하려는 인간성향의 산물이다

수많은 이익을 가져오는 분업은 원래 (그것이 낳는 일반적 풍족을 예상하여 의도한) 인간지혜의 결과는 아니다. 분업은 (그와 같은 폭넓은 효용을 예상하지 못한) 인간성의 어떤 성향으로부터 ─ 비록 매우 천천히 그리고 점진적이기는 하지만 ─ 필연적으로 생긴 결과이다. 그 성향이란 하나의 물건을 다른 물건과 거래하고 교환하는 성향이다. 이 성향이 인간성에 있는 (더 이상 설명할 수 없는) 본능 중의 하나인지, 또는 이성과 언어의 속성에서 나오는 필연적인 결과인지(이것이 보다 그럴 듯하다)는 지금의 연구주제는 아니다. 이 성향은 모든 인간에게 공통적인 것이며, 다른 동물에게서는 발견되지 않는다. 다른 동물은 이 성향을 가지고 있지 않으며, 또한 어떤 종류의 계약도 알지 못하는 것 같다. 두 마리의 개가 동일한 토끼를 좇아갈 때 때때로 어떤 종류의 협력에서 행동하는 것처럼 보인다. 한 마리가 토끼를 자기의 상대방 쪽으로 몰거나, 상대방이 자기에게로 토끼를 몰 때, 그 개는 그 토끼를 잡으려고 달려든다. 그러나 이것은 어떤 계약의 결과가 아니라, 특정시점에서 동일한 대상에 대해 두 마리 개의 감정이 우연히 일치한 결과이다. 어느 개가 다른 개와 뼈다귀를 공정하게 의도적으로 교환하는 것을 본 사람은 아무도 없다. 어느 동물이 다른 동물에게 "이것은 내 것이고 저것은 네 것이며, 나는 이것을 저것과 교환하고 싶다"는 것을 몸짓과 자연적인 울음에 의해 표현하는 것을 본 사람은 아무도 없다. 동물이 인간이나 다른 동물로부터 어떤 물건을 얻으려고 하면, 그 사람 또는 그 동물의 호의를 얻는 방법 이외에는 다른 어떤 설득방법이 없다. 강아지는 어미에게 꼬리를 치며 아양을 떨고, 애완용 개는 먹을 것을 원할 때 온갖 아양을 떨어 식사 중인 주인의 주의를 끌려고 한다. 사람도 자기의 동료에게 이와 같은 수법을 때때로 사용한다. 남에게 자기 기분에 맞게 행동하도록 할 수 있는 수단이 전혀 없을 때, 사람은 남의 호의를 얻기 위해 온갖 아첨을 떨게 된다.

그러나 인간에게는 언제나 이렇게 할 만큼의 시간여유가 없다. 문명사회에서 인간은 항상 무수한 사람의 협력과 원조를 필요로 하지만, 그는 평생에 몇 사람의 친구를 만들 수 있을 뿐이다. 거의 모든 다른 동물의 경우 각자가 성숙하면 완전히 독립하며, 자연상태에서 다른 동물의 원조를 필요로 하지도 않는다. 그러나 인간은 항상 동료의 도움을 필요로 하는데, 이것을 오직 동료의 자비로부터 기대하는 것은 불가능하다. 이렇게 하는 것보다는 오히려 자기이익을 위해 동료의 이기심을 자극하고 자기의 요망사항을 들어 주는 것이 그 자신에게도 이익이 된다는 것을 보여주는 것이 훨씬 낫다. 타인에게 어떤 종류의 거래를 제의하는 사람은 누구든지 그렇게 하려고 한다. 내가 원하는 것을 나에게 주면, 너는 네가 원하는 것을 가지게 될 것임이 이러한 모든 제의가 의미하는 바이다. 그리고 이러한 방법으로 우리는 우리가 필요로 하는 호의의 대부분을 상호간에 얻어낸다.

우리가 저녁을 기대할 수 있는 것은 정육점, 양조장 및 제과점 주인의 자비심 때문이 아니라, 그 자신들의 이기심에 대한 그들의 관심 때문이다. 우리는 그들의 인간성에 호소하지 않고 그들의 이기심에 호소하며, 그들에게 우리 자신의 필요를 이야기하지 않고 그들의 이익을 이야기한다. 거지 이외에는 아무도 동료의 자비에 전적으로 의지하려고 하지 않는다. 거지조차도 자비에 전적으로 의지하지는 않는다. 부자(富者)의 자선은 사실상 거지에게 생활필수품 전부를 공급한다. 그러나 이 방법은 거지가 필요로 하는 생활필수품 모두를 궁극적으로 공급해 주기는 하지만,

거지가 필요로 할 때마다 필요한 것을 주지도 않으며 줄 수도 없다. 그때 그때 필요한 것의 대부분은 교섭, 교환, 구매 등 다른 사람과 같은 방법으로 조달된다. 어떤 사람이 그에게 주는 화폐로 음식을 구입하며, 다른 사람이 주는 낡은 옷으로 (자기에게 보다 잘 맞는) 다른 낡은 옷과 교환하거나, 숙박, 음식, 화폐(이것으로 그는 필요할 때마다 음식, 의복, 숙박에 대한 값을 치를 수 있다)와 교환한다.

2. 교환성향은 이기심에 의해 촉진되어 분업을 유도한다

우리가 필요로 하는 상호간 호의의 대부분을 획득하는 방법이 교섭, 교환, 구매인 것과 마찬가지로, 분업이 최초로 시작되는 것은 이러한 교환성향 때문이다. 수렵민족이나 유목민족에서 어떤 사람은 다른 사람보다 더 쉽고 훌륭하게 활과 화살을 만들며, 그것과 교환으로 동료로부터 가축이나 사슴고기를 얻는데, 그는 이러한 방법에 의해 얻는 가축과 사슴고기가 직접 들에서 자기 스스로 잡는 것보다 많다는 것을 곧 알게 된다. 그러므로 자기자신의 이익에 대한 관심으로부터 활과 화살의 제조가 그의 주된 업무로 되며 그는 일종의 무기제조자로 되어 버린다.

다른 사람은 작은 움막을 짓거나 운반하기 편리한 집의 골격과 덮개를 만드는 데 우수하다. 그는 이 점에서 이웃사람에게 유용하며, 이웃은 그에게 가축과 사슴고기로 보상하는데, 그는 이 업무에 전적으로 몰두해 일종의 목수가 되는 것이 자기에게 이익이 된다는 것을 곧 알게 된다. 이와 같이 셋째 사람은 대장장이나 놋갓장이가 되고, 넷째 사람은 야만인 의복의 주요 부분인 가죽을 무두질하거나 끝손질하는 사람이 된다. 그리고 자기자신의 노동생산물 중에서 자기자신의 소비를 초과하는 잉여분 모두를 타인의 노동생산물 중 자기가 필요로 하는 부분과 교환할 수 있다는 확실성 때문에, 각자는 특정직업에 몰두해 그 전문직업을 위해 자기가 가지고 있는 모든 재능과 자질을 개발하고 완벽하게 달성한다.

3. 재능이나 직업도 분업의 산물이다

사람의 천부적 재능차이는 우리가 생각하는 것보다는 사실상 훨씬 적다. 상이한 직업을 가진 사람이 성년이 되었을 때 발휘하는 매우 상이한 재능은 대부분의 경우 분업의 원인이라기보다는 분업의 결과이다. 가장 차이가 나는 인물(예를들어 철학자와 거리의 평범한 짐꾼) 사이의 차이도 천성으로부터 유래하기보다는 후천적인 버릇, 습관, 교육으로부터 유래하는 것 같다. 그 두 사람이 출생하여 6~8살까지는 너무나 똑같아 부모나 친구도 어떤 현저한 차이를 발견하지 못할 것이다. 그 뒤에 그들은 매우 상이한 직업에 종사하게 된다. 그러면 재능의 차이가 눈에 띄게 되고 점점 커져 철학자는 허영심 때문에 짐꾼과의 어떠한 유사성도 인정하지 않으려는 단계에까지 도달한다. 거래·교환하려는 성향이 없었다면 모든 사람은 자기자신이 필요로 하는 모든 필수품과 편의품을 스스로 공급해야 했을 것이다. 모든 사람은 동일한 의무와 동일한 작업을 수행해야 했을 것이고, (재능의 큰 차이를 야기한) 직업의 차이는 존재할 수 없었을 것이다.

상이한 직업을 가진 사람 사이에 현저히 나타나는 재능차이를 만드는 것이 교환성향이라면, 이 차이를 유용하게 만드는 것도 바로 이 교환성향이다. 동일한 유(類)에 속하는 동물은 (습관과 교육의 영향을 받기 이전에 인간 사이에서 나타나는) 재능차이보다 훨씬 현저한 차이를 천성으로부터 얻는다. 철학자가 선천적으로 재능과 성향에서 거리의 짐꾼과 차이가 나는 것은, 맹견과 사냥개 사이, 사냥개와 애완용 개 사이, 그리고 애완용 개와 양 지키는 개 사이의 차이의 절반도 되지 않는다. 그러나 이렇게 상이한 동물은 비록 동일한 유에 속하지만 서로서로에게 거의 도움을 주지 못한다. 맹견의 힘은 사냥개의 민첩함이나 애완용 개의 총명함이나 양 지키는 개의 유순함에 의해 조금도 보완되지 않는다. 이러한 상이한 자질과 재능의 성과는 교환하는 힘(또는 성향)이 없기 때문에 공동재산으로 될 수 없으며, 생존조건을 향상시키는 데에 조금도 기여하지 않는다. 각각의 동물은 각각 독립적으로 자기자신을 지탱·보호해야만 하며, 자연이 그들에게 제공한 각종 재능으로부터 어떤 이익도 얻지 못하고 있다. 이와 반대로, 인간 사이에서는 가장 차이가 나는 재능이 상호간에 유용하며, 각자의 재능에 의해 만들어진 상이한 생산물은 거래 내지 교환하는 일반적인 인간성향에 의해 공동재산이 되며, 이 공동재산으로부터 각자는 타인재능의 생산물 중 자기가 필요로 하는 부분을 구매할 수 있다.

제3절 │ 분업은 시장크기에 의해 제한된다(제1편 제3장)

도시와 농촌의 분업, 수상수송의 이점

노동분업을 가져오게 하는 것은 교환의 힘이므로 이 분업의 한계도 그 힘의 한계, 다시 말해 시장크기에 좌우된다. 시장규모가 매우 작을 때에는 어떤 사람이라도 자신의 노동력으로 만든 생산물의 잉여부분(자신이 소비하고 남은 부분)을 교환할 수 있는 힘(시장)이 부족하여 가끔 사용할지도 모르는 다른 노동자의 잉여생산물을 구할 목적으로, 전적으로 한 가지 직업에만 종사하려는 의욕이 생기지 않는다.

어떤 산업 내에서는 비록 낮은 수준이지만 대도시 이외에서는 수행될 수 없는 것이 있다. 예를들어 짐꾼은 (대도시 이외) 다른 지역에서는 직장을 찾거나 생계를 유지할 수 없다. 그에게 마을은 너무 좁은 지역이다. 심지어 일반적인 마을시장도 그에게 항구적인 직장을 마련해 줄 수는 없다. 스코틀랜드의 고원지대처럼 집이 띄엄띄엄 떨어져 있는 시골이나 조그마한 마을에서는 모든 농부가 자신의 가족을 위해 동시에 고기를 다루어야 하고 빵을 구워야 하며, 술도 담글 줄 알아야 한다. 그러한 경우 20마일 이내 떨어진 곳에서 동일한 직업을 가진 대장장이, 목수, 벽돌공을 찾아볼 수 없다. 가까운 이웃과 8~10마일 떨어진 곳에 뚝 떨어져 있는 가족은 사람이 많이 모여 사는 곳이라면, 다른 작업자의 도움을 받을 수 있는 자질구레한 모든 일을 스스로 할 수 있도록 배워야 한다. 시골의 작업자는 동일한 재료를 가지고 서로 비슷한 산업이 필요로 하는 모든 다양한 작업에 적응하여야 한다. 시골의 목수라면 나무로 만드는 작업이면 모두 다 다루고, 시골의 대장장이라면 철로 만드는 작업이면 모두 다 만든다. 시골의 목수는 목수일 뿐만 아니라 용접공이고, 캐비닛 제조자이고, 심지어 바퀴, 쟁기, 마차조립은 물론, 나무조각까지 해야 한다. 시골 대장장이의 직업은 더욱 다양하다. 외진 지역이나 스코틀랜드의 고원지대에 못 제조자와 같은 사업은 들어서지 않는다. 그러한 작업자는 하루에 1000개를 만듦으로써 1년이면 30만 개의 못을 생산한다. 그러한 지역에서는 1000개의 못 즉, 하루의 생산량도 처리할 수 없다.

육상의 운반수단에 의지하기보다 수상의 운송수단 덕분으로 각종 산업의 생산물을 취급하는 시장이 해안이나 강둑을 따라 확대되어 가자 모든 종류의 산업은 자연적으로 분할되고 스스로 개선하여 이윽고 개선된 작업이 시골의 내륙에까지 뻗어 나갔다.

제4절 | 교 육(제5편 제1장)

노동의 분업이 이루어지는 과정에서 노동력으로 거의 대부분 살아가는 사람(대부분의 사람이 이에 해당한다)은 한두 가지의 아주 단순한 작업에만 얽매인다. 대부분의 사람은 자신의 작업을 이해하는 것도 일상적인 작업을 통해 얻는다. 아주 단순한 작업을 하면서 생애를 살아가는 사람은 작업의 효과가 똑같거나 거의 동일하게 나타나므로, 발견을 하려고 애를 쓰거나 결코 발생하지도 않는 난관을 신속히 처리하려고도 하지 않는다. 따라서 그는 노력하는 습관도 자연히 상실해 버리고 인간이 흔히 되기 쉬운 바보나 무지한 사람이 되어 버린다. 마음이 무심하여 대화를 합리적으로 이끌려고도 하지 않고, 관대하고 고상하고 부드러운 감정도 느끼지 못하고, 그 결과 일상적인 개인생활을 둘러싼 많은 의무도 제대로 판단할 수도 없는 사람이 되어 버린다. 자신의 나라와 관련된 수많은 이해도 판단을 거의 내릴 수 없고, 자신에게 특별한 고통을 주는 문제가 아니라면 전쟁에 처한 자신의 나라를 지킬 수도 없다. 그의 판에 박힌 반복되는 일상생활은 자연히 그의 마음을 타락시켜 그 결과 비정규적이고 불확실하며 모험적인 군인생활을 적의의 눈초리로 바라본다. 그의 일상생활은 자신의 신체활동까지 병들게 하여 그가 길들여진 직업 이외에는 활기와 인내로써 해결하고자 노력을 기울이지 않는다. 이렇게 하여 그의 숙련은 결국 그의 지능과 사회성 그리고 결혼생활을 희생하여 얻은 것이 된다. 모든 문명사회에서 대부분의 사람이 속하고 있는 가난한노동자 계층은, 국가가 이를 방지하려고 고통을 부담하지 않는 한, 이러한 상태에 빠진다.

그러나 그렇지 않은 미개한 사회에서는 노동자을 제조업이나 외국무역을 하기 이전의 사냥꾼, 양치기, 조잡한 단계에 있는 양축업자라고 한다.

이러한 사회에서는 모든 사람의 다양한 직업이 그의 능력을 최대한 발휘하게 하고, 끊임없이 발생하는 난관을 제거하고자 신속하게 머리를 써서 궁리하게 한다. 발명은 살아 있고 마음이 흐리멍텅한 구덩이(문명사회에서 대부분의 하위계층이 이해하는 데 무감각해진 상태) 속으로 떨어지는 고통에서도 벗어난다. 그러한 미개사회(그렇게 불리어지고 있는)에서는 이미 관찰하였지만 모든 사람이 무사이다. 이들은 어느 면에서 모두 정치가이고 사회의 이익이나 사회를 다스리는 사람의 행동과 관련된 문제에 대해 고통스런 판단을 감당한다. 그들의 지도자가 평시에 얼마나 올바른 판단을 내리고 전시에 얼마나 훌륭한 지도력을 발휘하는지를 누가 보아도 분명하다. 그러한 사회에서는 보다 문명된 사회의 사람이 작업을 개선시키거나 보다 구체적으로 이해하는 수준에까지 도달하지는 못한다. 미개한 사회에서는 각자가 수많은 다양한 직업을 갖지만, 사회 전체적으로는 많은 직업이 있는 것이 아니다. 모든 사람이 어떠한 일도 할 수 있으나 마찬가지로 다른 사람도 그 일을 할 수 있다. 모든 사람이 상당한 정도의 지식, 독창성 및 발명심을 가지고 있으나 충분히 많은 정도는 아니다. 그러나 보통 보유하는 정도만으로도 사회에서 필요로 하는 단순한 업무의 전부를 충분히 수행할 수 있다.

문명사회에서는 대부분의 개인이 직업에 다양성이 없지만 사회 전체적으로는 무한한 종류의 직업이 있다. 이러한 다양한 직업으로 인하여 특별한 직업에 대한 적성이 없는 사람도 여유롭게 다른 사람의 직업을 살펴볼 수 있는 대상을 제공한다. 대상이 많다 보니 그들의 마음도 상당한 정도로 끊임없이 비교하거나 예리하고 종합적으로 묶어서 이해하게 만든다. 이러한 사람이 특별한 위치에 있으나 그들의 능력은 자신을 명예롭게 느낄지 모르나, 훌륭한 정부를 만들고 사회를 행복하게 만드는 데 조금씩 기여하였다. 이러한 사람의 능력이 큰 데에도 불구하고 대부분의 사람의 고상한 인간성은 망각되거나 사라져 버린다.

　문명사회와 상업사회에서는 부유한 상류계층의 사람보다 보통사람을 교육시키기 위한 사회의 관심을 필요로 한다. 부유한 상류계층의 사람은 자신을 부각시키려고 하는 특별한 작업, 직업 또는 사업에 뛰어들기 전에는 대개 18~19세의 사람이다. 그들은 그런 일을 하기 이전부터 향후 대중이 존경하고 스스로도 가치가 있다고 여기는 직업에 익숙해지려 하고, 또한 적어도 적응할 수 있는 충분한 시간을 가지고 있다. (중략)

　그러나 보통사람은 그러하지 못하다. 그들은 교육을 위해 보낼 수 있는 시간이 거의 없다. 그들의 부모는 자식이 어렸을 때부터 교육을 시킬 여유가 없다. 그들은 일할 수 있는 나이만 되면 생계를 꾸려가기 위해 직업에 적응하여야 한다. 직업이 너무 단순해서 어려서부터 이러한 교육을 받는다. 사회는 아주 적은 비용으로 대부분의 사람에게 교육의 기본적인 부분을 획득할 필요성을 권장하고 또한 스스로에게도 부과시킨다.

제5절 | 국내에서 생산될 수 있는 재화를 외국에서 수입할 경우에 대한 제한(제4편 제2장)

1. 개인의 사익추구는 안전을 목표로 될 수 있는 한 눈에 잘 띄는 가까운 곳에 투자처를 구한다

　사회의 총노동은 그 사회의 자본이 고용할 수 있는 것을 초과할 수 없다. 개인이 고용하는 노동자의 수가 그의 자본과 일정한 비율을 유지하는 것처럼, 한 거대한 사회의 모든 구성원에 의해 계속 고용될 수 있는 노동자의 수는 그 사회의 총자본과 일정한 비율을 유지하며 그 비율을 넘어설 수는 없다. 무역에 대한 어떠한 규제도 자본이 유지할 수 있는 것을 초과해 그 사회의 노동량을 증대시킬 수는 없다. 규제는 (규제가 없었을 경우와는) 다른 방향으로 노동의 일부를 전환시킬 수 있을 뿐이며, 이러한 인위적인 방향설정이 노동이 스스로 향했을 방향보다 사회에 더욱 유익할 것인가는 결코 확실하지 않다.

개인은 그가 지휘할 수 있는 자본을 가장 유리한 방법으로 사용하려고 힘쓴다. 그의 관심사는 사실 자기자신의 이익이지 사회의 이익은 아니다. 그러나 자기 자신의 이익을 추구하는 것이 자연스럽게 또는 오히려 필연적으로 그에게 (사회에 가장 유익한) 투자를 선호하게 한다.

첫째, 개인은 (자본의 보통이윤 또는 보통이윤보다 훨씬 적지 않은 이윤을 얻을 수 있다면) 가능한 한 가까운 곳에, 따라서 될 수 있는 한 국내산업을 지원하도록 자기자본을 투자하려고 노력한다.

따라서 이윤이 같거나 거의 같으면 모든 도매상은 자연히 국내소비용 외국무역보다는 국내상업을 선호하며 중개무역보다는 국내소비용 외국무역을 선호한다. 국내상업에서는 자기자본이 국내소비용 외국무역에서처럼 그렇게 오랫동안 자기의 감시를 벗어나지는 않는다. (국내상업에서) 그는 자기가 신용하는 사람의 성격과 상황을 더욱 잘 알 수 있고, 그가 속았을 경우에도 구제를 청구해야 하는 법률을 보다 잘 알고 있다. 중계무역에서 상인의 자본은 말하자면 두 외국에 분할되어 있고, 자본의 일부라도 반드시 본국으로 들어오는 것은 아니며, 또한 그 자신의 직접적인 감시·지휘를 받고 있는 것도 아니다. 암스테르담 상인이 쾨니히스베르크(동프로이센의 수도)에서 리스본으로 곡물을 수송하고 리스본에서 쾨니히스베르크로 과일과 포도주를 수송하는 데에 투자한 자본은 일반적으로 반은 쾨니히스베르크에, 나머지 반은 리스본에 있어야 한다. 이러한 상인의 자연적인 거주지는 쾨니히스베르크나 리스본이어야 하며, 그가 암스테르담에 사는 것을 선호하는 것은 어떤 특수한 사정 때문이다. 그러나 자신의 자본으로부터 멀리 떨어져 있는 데서 느끼는 불안감 때문에, 그는 리스본 시장으로 향하는 쾨니히스베르크 상품과 쾨니히스베르크 시장으로 향하는 리스본 상품의 일부를 암스테르담으로 가져오도록 한다. 이것은 조세와 관세의 지불뿐만 아니라 집하비와 하역비를 이중부담하게 할 것이지만 자기자본의 일부를 자기자신의 감시·지휘하에 두기 위해 그는 기꺼이 이런 추가부담을 진다. 이 때문에 중계무역의 상당 부분을 차지하는 모든 나라는 항상 (무역을 하는 모든 다양한 나라의) 상품을 위한 무역중심지 또는 일반적인 시장이 된다.

상인은 두 번째의 집하·하역을 생략하기 위해 다른 나라의 상품을 될 수 있는 한, 많이 국내시장에서 판매하려고 힘쓰며 따라서 될 수 있는 한, 그의 중계무역을 국내소비용 외국무역으로 전환시키려고 힘쓴다. 마찬가지로 국내 소비용 외국무역에 종사하는 상인도, (해외시장을 위해 그가 재화를 수집할 때와) 같거나 거의 같은 이윤이라면, 국내에서 될 수 있는 한, 많이 팔기를 원할 것이다. 이리하여 그가 국내소비용 외국무역을 될 수 있는 한 국내상업으로 전환시킬 때 수출의 위험과 수고를 덜게 된다. 이러한 방식으로 본국은 국민의 자본이 그 주위를 계속 순환하는 중심이며 또한 그 자본이 항상 지향하는 중심이다. 물론 특수한 이유 때문에 자본이 때때로 이 중심으로부터 떨어져 나와 먼 곳에 투자되는 수도 있다. 그런데 국내상업에 투하된 자본은 이미 본 바와 같이 국내소비용 외국무역에 투하된 동액의 자본보다 더욱 큰 양의 국내노동을 필연적으로 가동시키고 본국의 더욱 많은 주민에게 소득과 고용을 제공한다. 그리고 국내소비용 해외무역에 투하된 자본은 중계무역에 투하된 동액의 자본보다 마찬가지로 유리하다. 따라서 이윤이 같거나 거의 같으면, 개인은 자연히 그의 자본이 국내산업에 가장 큰 지원을 줄 수 있고, 자기나라의 더 많은 사람에게 소득·고용을 줄 수 있는 방식으로 그의 자본을 이용하기를 원한다.

둘째, 국내산업의 지원에 자기자본을 사용하는 개인은 노동생산물이 가능한 최대의 가치를 갖도록 노동을 반드시 지휘하려고 애쓴다. 노동생산물이란 노동대상과 재료에 노동이 첨가된 것이다. 이 생산물가치의 대소에 비례하여 고용주의 이윤이 크거나 작을 것이다. 산업을 지원하기 위해 자본을 사용하는 사람은 누구나 이윤을 얻으려고 한다. 따라서 그는 (노동생산물이 가장 큰 가치를 가질 수 있는 산업. 즉 화폐나 다른 재화의 가장 큰 양과 교환될 수 있는) 산업에 자본을 투하하려고 힘쓸 것이다.

2. 개인의 사익을 목표로 하는 투자는 보이지 않는 손에 인도되어 사회의 이익을 촉진한다

그러나 한 사회의 연간수입(revenue)은 그 사회의 노동의 연간 총생산물의 교환가치와 정확히 일치한다. 또는 오히려 그것의 교환가치와 정확히 동일하다. 따라서 개인이 최선을 다해 자기자본을 국내산업의 지원에 사용하고 노동생산물이 최대의 가치를 갖도록 노동을 이끌면, 개인은 필연적으로 사회의 연간수익을 그가 할 수 있는 최대값이 되게 하려고 노력하는 것이 된다. 일반적으로 사람은 의도적으로 공공의 이익을 촉진하려고 하지도 않고 또한 이를 얼마나 촉진하고 있는지도 모른다. 외국산업보다 국내산업을 지지하더라도 이는 자신의 안전을 의도해서이다. 생산물의 가치가 최대로 되는 방향으로 당해 국내산업을 유도하더라도 이는 자신의 이득을 의도해서이다. 그는 이렇게 함으로써 다른 대부분의 경우에서와 마찬가지로, 보이지 않는 손(an invisible hand)에 이끌려 자신이 당초 의도하지 않았던 목적을 촉진하게 된다.

그가 의도하지 않았다고 하여 반드시 (의도했을 경우에 비해) 사회에 보다 적게 기여하는 것은 아니다. 그는 자기자신의 이익을 추구함으로써 종종 그 자신이 진실로 사회의 이익을 증진시키려고 의도하는 경우보다 더욱 효과적으로 그것을 증진시킨다. 나는 공공복지를 위해 사업한다고 떠드는 사람이 좋은 일을 많이 하는 것을 본 적이 없다. 사실 상인 사이에 이러한 허풍은 일반적인 것도 아니며, 그것을 단념시키는 데는 많은 말을 필요로 하지 않는다.

제9장
사회에서 지식의 이용

프리드리히 아우구스트 하이에크

> 사회의 경제문제가 당시의 그 곳에서 부닥치는 상황변화에 신속히 적응하고자 하
> 는 것이라는 데에 동의하면 궁극적인 의사결정은 이러한 상황에 가장 친숙한 사람
> (이들은 관련된 변화를 바로 알고 또한 이러한 변화에 바로 이용가능한 지식자원을
> 잘 아는 사람이다)에게 맡겨져야 한다.
>
> 하이에크

하이에크(Friedrich August Hayek, 1899~1992)는 1899년 오스트리아 수도 빈의 학구적인 집안에서 출생하였다. 어린 시절 부친을 따라 알프스를 여행하면서 생물에 대한 흥미를 가지면서 이후 문화론적 진화론자가 되는 데 영향을 받았다.

1921년 빈대학에 들어간 하이에크는 미제스의 영향(1922년 미제스는 『사회주의』를 출간했다)으로 사회주의자에서 자유주의자가 되었는데 입학후 3년만에 법학박사, 2년 후 경제학박사 학위를 취득하였다. 이 논문을 발표할 당시에 그는 런던경제대학(London School of Economics)에서 투

크 교수(Tooke Professor)로 재직하고 있었다. 이후 시카고대학과 프라이부르크대학(University of Freiburg)에서 교편을 잡았으며, 1974년에 노벨경제학상을 받았다.

이 글은 하이에크의 논문, "The Use of Knowledge in Society"(*American Economic Review*, 1945)에서 발췌한 내용이다.

제1절 │ 경제문제 성격의 잘못된 인식

우리가 합리적인 경제질서를 만들어 보려고 할 때에 풀고 싶은 문제는 무엇인가? 이미 친숙한 가정을 내세워 간단하게 대답한다. 만약 우리가 필요로 하는 모든 정보를 갖고 있고, 기호에 맞는 체계에서 출발하고, 이용가능한 지식수단을 완전하게 구사하면, 나머지 문제는 오로지 논리뿐이다. 즉 이용 가능한 수단을 어떻게 가장 잘 활용할 것인가라는 질문에 대한 대답은 이미 우리의 가정에 내포되어 있다. 이러한 최적해가 충족시켜야 하는 조건을 이미 충분히 다루어 왔고, 수학적 형식으로 잘 나타낼 수 있다. 아주 간단한 형태로 두 가지 상품이나 생산요소 사이의 한계대체율이 모든 다른 용도에 대해 동일하여야 한다고 표시한다.

그러나 사회가 당면하는 경제문제는 이러한 것이 아니라는 점을 강조하고 싶다. 이 논리적 문제를 풀기 위해 개발된 경제계산방법이 사회의 경제문제를 풀어나가는 데 중요한 절차이기는 하지만 경제문제에 대한 해답을 제공하지는 못한다. 그것은 경제계산방법이 취급하는 '자료'가 이를 가지고 사회를 위해 작업할 사람에게 결코 주어진 것이 아니고, 결코 주어질 수도 없기 때문이다.

우리가 활용하여야 하는 상황에 대한 지식이 결코 압축되어 통합된 형태로 존재하지는 않고, 대신 불완전하고 때로는 모든 개인이 개별적으로 가진 모순된 내용인 데도 불구하고, 이를 가지고 합리적인 경제질서의 문제가 갖는 성격을 결정하고 있다. 사회가 당면한 경제문제는 '주어진' (여기서 이 단어는 '자료'를 가지고 문제를 푸는 한 사람에게만 주어진 것을 의미) 자원을 어떻게 배분하는가라는 단순한 문제가 아니다. 오히려 사회의 모든 구성원에게 알려진 자원을 각자가 갖는 상대적 중요도에 따라 어떻게 확보하느냐이다. 또는 간략하게, 사람에게 그 내용이 전체적으로 알려지지 않은 지식을 활용하는 문제이다.

　문제가 근본적으로 이러한 성질을 갖고 있는 데에도 불구하고 최근에 개선된 경제이론, 특히 수학을 사용하는 이론은 이를 밝히기보다는 오히려 덮어 버리고 있다고 생각한다. 이 논문에서 먼저 다루고자 하는 문제는 합리적인 경제조직(rational economic organization)에 관한 문제인데, 이를 다루어가는 과정에서 계속 방법론상의 의문과 깊게 관련된 사항에 부닥치게 되었다. 지적하고 싶은 점은 다양한 방법으로 사고를 추적해 나가는 경로가 기대한 것과는 달리 하나의 결론으로 수렴해 간다는 사실이다.

　그런데 이제 이 문제를 다루어 본 결과 그러한 현상은 당연히 발생하는 것으로 이해하게 되었다. 경제이론과 경제정책을 둘러싼 현재 논쟁의 대부분이 사회가 안고 있는 경제문제의 성격을 공통적으로 잘못 인식하고 있는 데에서 출발한 것처럼 보인다. 이러한 잘못된 인식은 사회현상의 문제성격을 다루고자 개발한 사고습성을 잘못 이전시켰기 때문에 일어난다.

제2절 | 중앙계획과 개인의 경쟁

일반적인 용어로 '계획'이라하면 이용가능한 자원과 관련된 의사결정을 모아놓은 것을 의미한다. 모든 경제활동은 이러한 의미에서 계획이다. 여러 사람이 함께 일하는 어떤 사회에서도 누가 계획하든 간에 계획은 무엇보다 먼저 계획자에게 주어진 것이 아니고 다른 사람에게 주어진 지식(어떻든 계획자에게 전달되겠지만)을 토대로 하고 있다. 사람이 계획을 수립하는 데 토대로 삼고 있는 지식이 사람에게 전달되는 여러 가지 방법이야말로 경제의 진행과정을 설명하는 이론에 가장 심각한 문제로 등장한다. 모든 사람에게 분산된 지식을 어떻게 활용하는 것이 가장 최선의 방법인가라는 문제는 경제정책 내지 효율적인 경제체계를 수립하는 데 중요한 문제 중의 하나이다.

이러한 문제의 해답은 여기서 제기하는 다른 문제, 즉 누가 계획을 세우는가와도 깊은 관련이 있다. 이 문제와 관련하여 '경제계획'을 둘러싼 모든 논쟁이 집중된다. 계획이 수립되느냐 아니냐를 둘러싼 논쟁이 아니다. 문제는 계획이 전체 경제체계를 위해 하나의 권한 있는 당국에 의해 중앙집중적으로 수립되어야 하느냐, 아니면 많은 개인으로 나뉘어 수립되어야 하는가를 둘러싼 논쟁이다. 현재의 논쟁에서 사용하고 있는 용어를 빌리면 계획이란 중앙계획(전체 경제체계의 방향을 하나로 통일시키는 계획)을 의미한다. 이와 반대로 경쟁이란 많은 개별적으로 분리된 개인이 분산하여 만든 계획을 의미한다. 이 양자의 중간단계로 많은 사람이 이야기하기를 좋아하는 것으로 계획을 조직된 산업체, 다시 말해 독점기업에게 위양하는 형태가 있다.

이 중에서 어떤 체계가 보다 효율적인가는 어떤 체계가 기존의 지식을 충분히 사용하리라고 기대할 수 있는가라는 의문에 달려 있다. 그리고 다시 이 의문은 처음에 많은 사람에게 분산되어 있으나 사용하여야만 하는 모든 지식을 한 사람의 중앙당국이 마음대로 다룰 수 있도록 하는 데 우리가 성공하거나 개인이 추가로 필요로 하는 지식을 각자에게 전달하여 다른 사람의 계획에 적합하도록 만드느냐에 달려 있다.

제3절 | 분산과 지식을 통합시키는 가격기구의 역할

1. 변화에 의한 조정

경제문제는 항상 그리고 오로지 변화의 결과로 일어난다는 점을 강조할 필요가 있다. 예전과 같이 모든 것이 일정하게 또는 기대한 대로 이루어지는 한, 의사결정을 요구하는 문제는 발생하지 않고 새로운 계획을 짤 필요도 없다. 변화 또는 적어도 매일 조정하는 일이 그다지 중요하지 않다는 믿음은 경제문제가 별로 중요하지 않다고 주장하는 것을 의미한다. 변화가 그다지 중요하지 않다고 믿는 사람이 있는데, 이들은 기술적 지식의 중요성이 성장하는 바람에 경제적으로 고려할 사항의 중요성이 뒷전으로 밀려났다고 주장하는 사람이다.

현대적 생산의 정교한 장치덕분으로 경제적 의사를 오랜 시간이 지난 이후에, 즉 신규로 공장을 건설하거나 새로운 공정을 도입하는 시기에, 한 번씩만 결정할 필요가 있다는 것이 사실인가? 일단 공장이 건설되고 나면 나머지 것은 다소 기계적으로 공장성격에 따라 결정되고, 매번 변하는 상황에 적응하여 변화시킬 필요가 없다는 것이 사실일까?

이 점을 긍정적으로 믿고 있는 사람이 많은데, 이들의 믿음은 기업가가 일반적인 실무에서 얻는 믿음과는 다르다. 경쟁적인 산업에서는(그러한 산업만이 검증할 수 있는 역할이 되는데) 비용이 상승하지 못하도록 하는 작업은 관리자의 에너지를 계속하여 짜내는 일반적인 투쟁을 통해 이루어진다. 이윤이 존재하는 차이를 비효율적인 관리자일지라도 소진시키기가 얼마나 쉬운 일인가. 똑같은 기술적 시설을 가지고 여러 가지 수준의 비용으로 생산하는 일이 가능하다는 사실은 기업의 경험에서 다반사로 확인되고 있는데, 이러한 사실을 경제학자는 잘 모르고 있다. 생산자와 엔지니어가 화폐비용을 고려하지 않고 생산을 진행하였으면 하고 강하게 바라고 있는 현실은 이러한 요소가 일상생활에서 자리잡고 있다는 증거이다.

2. 분권화에 의한 경제문제의 조정

사회의 경제문제가 당시의 그 곳에서 부닥치는 상황변화에 신속히 적응하고자 하는 것이라는 데에 동의하면 궁극적인 의사결정은 이러한 상황에 가장 친숙한 사람(이들은 관련된 변화를 바로 알고 또한 이러한 변화에 바로 이용가능한 지식자원을 잘 아는 사람이다)에게 맡겨져야 한다. 이러한 문제를 해결하고자 우선 모든 지식을 전달받은 중앙당국이 모든 지식을 통합하고 나서 명령을 내리도록 기대하여서는 안 된다. 이 문제는 분권화를 통해 해결되도록 하여야 한다. 그러나 이 문제도 일부분만을 해답한 것이다. 우리가 분권화를 필요로 하는 까닭은 그렇게 함으로써 그 당시 그 곳의 상황에 대한 지식을 신속하게 이용할 수 있다고 확신하기 때문이다. 그러나 '현장사람'은 비록 그를 둘러싼 상황에 대한 사실을 친숙하게 파악하고 있지만 제한된 지식을 바탕으로 혼자서 의사를 결정할 수는 없다. 그가 내리는 의사결정이 전체 경제체제가 변하는 양상에 적합하도록 추가로 필요한 정보를 그에게 전달하는 문제가 여전히 남는다.

그가 일을 성공적으로 수행하기 위해 얼마나 많은 양의 지식을 필요로 하는가? 그가 현재 가진 지식의 범위를 벗어난 사태 중에서 어떤 사태가 바로 의사결정을 내리는 데 관련이 있고, 이 중에서 얼마를 알아야 하는가?

그가 내려야만 하는 의사결정에 영향을 미치지 않는 사태란 이 세상에 없다. 그러나 비록 그가 그 영향을 잘 모른다고 할지라도 이러한 사태를 알 필요는 있다. 어떤 특정 순간에 왜 다른 것보다 더 많은 지식이 필요하며, 왜 천가방보다 종이가방만을 바로 이용할 수 있는지, 왜 숙련노동자나 특별한 목적의 연장이 당분간 구하기 어려운지는 그에게 중요하지 않다. 그에게 중요한 것은 그가 염두에 두고 있는 다른 것과 비교하여 이러한 것을 구하기가 보다 어려워졌다거나 당장 필요로 하는 것이 그가 생산하거나 이용하는 것이 아닌 다른 대체물이라는 사실이다. 문제가 되는 것은 그가 염두에 두고 있는 특수한 것에 상대적으로 부여하는 중요도가 항상 문제가 된다. 그리고 상대적 중요성을 바꾸게 하는 원인(자신의 환경에 구체적으로 영향을 미치는 것을 제외하고서는)은 그에게 관심거리가 되지 않는다.

3. 가격기구의 조정역할

이러한 관점에서 경제적 계산 자체가 이 문제를 푸는 데 도움을 주고 있다고 생각하고, 사실상 가격기구에 의해 해결된다는 사실을 강조하고 싶다. 작은 경제체계를 위한 모든 자료를 한 사람이 보유한다고 하여도, 매번 자원을 배분하게 되는 소규모의 조정작업을 하여야 하는 마당에, 그는 목적과 자연히 영향을 받을 수밖에 없는 수단 사이에 존재하는 모든 관계를 다 훑어볼 수는 없다. 한 사람이 이러한 문제를 동등비율(가치나 한계대체율 등) ―희소한 자원에 수량지수(당해 특별한 사안으로부터는 전혀 유도될 수는 없으나 전체의 수단과 목적체계의 측면에서는 중요한 지수)를 부가하는 방법 ― 을 만들어 항상 사용하여 해결할 수 있다고 주장하게 된 것은 선택이 갖는 순수한 논리덕분이었다. 비록 적은 변화에서도 이러한 수량지수(또는 가치)만을 고려하면 되는데, 이것은 모든 관련정보가 여기에 집중되어 있어 수량을 하나하나씩 적용하여 조정해 나감으로써 전체 수수께끼를 풀지 않고 그의 입장을 잘 정리할 수 있기 때문이다.

근본적으로 사실과 관련 있는 지식이 많은 사람에게 분산되어 있는 체계에서는 가격이 주관적인 가치가 계획을 조정하는 데 도움을 주듯이, 서로 다른 사람의 개별적인 활동을 조정할 수 있도록 만든다. 가격이 정확하게 어떤 일을 성취하는지는 가격이 활동하는 매우 간단하고 일상적인 예를 생각해 보면 잘 알 수 있다. 가령 원료인 주석을 사용하는 새로운 기회가 세계의 어디에선가 발생하였거나 주석을 공급하는 원천 중의 하나가 사라졌다고 가정하자. 이 두 가지 요인 중에서 어떤 것이 주석을 보다 희소하게 만드는지는 우리가 관심을 갖고자 하는 의도가 아니다. 주석을 사용하는 모든 사람이 알 필요가 있는 사실은 그들이 사용하여 왔던 주석이 다른 곳에서 이윤을 남기는 데 고용되고 있고, 그에 따라 주석을 절약하여 사용하여야 한다는 사실이다. 그 중의 대부분은 어디에서 보다 더 급박한 요구가 일어났는가, 또는 공급에 맞추어야 하는 다른 욕구가 어디에 있는지 등을 알 필요가 없다. 이 중의 어떤 사람이 새로운 수요를 바로 알고 여기로 자원을 돌리고, 또는 부족한 양이 새로 발생한 사실을 아는 사람이 다른 원천으로 부족한 양을 메우면, 그 영향은 전체 경제체계로 퍼지면서 주석을 사용하는 모든 용도에 영향을 줄 뿐만 아니라, 그 대체물과 대체물의 대체재에까지 영향을 미친다.

그런데 대체재에까지 영향을 미쳤지만 변화가 어디에서부터 시작하였는지는 전혀 모르는 채 이루어진다. 전부가 하나의 시장과 같이 행동하는데, 시장참여자가 이 분야를 완전히 조사하였기 때문이 아니고, 각자가 바라보는 시야가 충분히 서로 중첩되면서 모든 정보가 중간매개체를 통해 전달되기 때문이다. 하나의 상품에는 한 가지의 가격만이 있다거나 지방의 가격은 운송비에 의해 결정된다고 하는 사실은 모든 정보(사실상 모든 사람에게 분산되어 있다)를 가진 한 사람이 도달할 수 있는 해답과 동일한 결과를 가져온다.

제10장
자유문명사회의 창조적 힘

프리드리히 아우구스트 하이에크

자유로부터 내가 얻는 이득이란 주로 다른 사람이 자유를 사용한 결과물이고, 나 자신이 한 번도 사용하지 않은 자유를 그들이 사용한 결과물이다. 따라서 나에게 가장 중요한 것은 내가 사용할 수 있는 자유일 필요는 없다.　　하이에크

하이에크(Friedrich August Hayek)는 1950년대 시카고대학에 초빙 교수로 머물면서 경제학의 핵심적인 주제, 즉 어떤 형태의 경제 및 정치 제도가 자유스런 개인에게 다른 사람과 생산적으로 협력하도록 하고, 어떻게 하면 이러한 제도가 존재할 수 있으며, 어떻게 이를 유지할 수 있을 것인가 등에 관해 글을 썼다. 이 시기에 하이에크는 우리가 정치경제라고 이해하고 있는 『자유헌정론(*The Constitution of Liberty*, 1960)』을 썼는데, 이 책은 정치경제학에 크게 기여하였을 뿐만 아니라 대처 영국총리가 많은 감명을 받은 것으로 알려져 있다.

이 글은 하이에크의 '*The Creative Powers of a Free Civilization*', 『자유헌정론』(1960)에서 발췌한 내용이다.

제1절 | 인간의 무지

개인의 자유를 찬성하는 이유는 우리의 목표와 복지를 달성하는 데 필요로 하는 정보를 얻고 분석하기 위해 의존하는 여러 요소에 우리 모두가 불가피하게 무지하다는 사실을 인정할 수밖에 없기 때문이다.

만약 전지전능한 사람이 있다면, 만약 우리의 끊임없는 소망에 영향을 주는 사항을 알고 있을 뿐만 아니라, 우리의 미래욕망과 소망을 알고 있다면, 자유를 지지할 이유가 없다. 물론 개인에게 자유가 있다고 하여 완전한 예측이 가능하다는 것도 아니다. 자유는 예측할 수 없고 예견되지도 않는 사항에 대한 공간을 마련하는 데 중요한 역할을 수행한다. 자유를 갈망하는 까닭은 그로부터 우리의 수많은 목표를 깨달을 수 있는 기회를 기대할 수 있도록 학습시키기 때문이다. 모든 사람은 아는 것이 거의 없고 특히 우리 중에서 누가 제일 잘 아는지를 알 수 없기 때문에, 필요할 때 우리가 갈망하는 바가 탄생되도록 유도하려면, 많은 사람의 독립적·경쟁적인 노력에 신뢰할 수밖에 없다.

인간의 자존심을 모멸할지 모르지만 문명의 진보와 심지어 그 보존은 사건이 우연히 일어나게 하는 최대한의 기회에 의존한다는 사실을 인정하여야 한다. 이러한 사건은 개인이 획득한 지식과 태도, 기술, 습관 등이 결합하여 발생하고 또한 자격 있는 사람이 다룰 줄 아는 상황에 부닥쳤을 때 발생한다. 우리가 많은 사항에 무지하다는 사실은 확률이나 운에 의해 다루어야 한다는 것을 의미한다.

개인생활에서와 마찬가지로 사회생활도 항상 유리한 사건만 일어나는 것은 아니다. 단지 우리는 여기에 대비하고 있어야만 할 따름이다. 파스

퇴르(Louis Pasteur)가 "연구에서 운이란 항상 준비되어 있는 사람을 돕는다"라고 지적하였다. 그러나 제아무리 준비가 되어 있더라도 사건은 운에 좌우될 뿐, 확실하게 얻어진 것은 아니다. 위험을 의식적으로 부담했기 때문이고, 그 결과 불운을 당한 개인이나 집단도, 행운을 잡은 다른 사람과 마찬가지로, 칭찬받을 만하고 대다수에게 심각한 실패나 퇴보를 가져오기도 한다. 그러나 개인 사이의 성공과 실패는 전체적으로 순이득을 낳는 방향으로 진전된다. 우리가 할 수 있는 일이란 개인이 상속받은 특수한 재산이나 처한 환경이 새로운 도구를 조각해 내거나 과거의 것을 개선시켜, 그러한 혁신이 이를 이용하고자 하는 사람에게 급속히 확산될 수 있는 전망을 개선시킬 수 있도록 가능성을 증대시키는 일이다.

물론 모든 정치이론은 대부분의 개인이 매우 무지하다고 전제한다. 자유를 호소하는 사람은 다른 사람과 어떤 면에서 차이를 보이는가 하면, 무지한 사람 속에 자신은 물론 가장 현명한 사람까지도 포함시킨다는 데 있다. 동태적으로 진화하는 문명 속에서 계속 이용할 수 있는 지식 전체를 비교한다는 측면이라면, 가장 현명한 사람의 지식과 가장 무지한 사람이 사려 깊게 동원할 수 있는 지식 사이에는 별다른 차이를 발견할 수 없다.

밀턴(John Milton)과 로크(John Locke)가 제안하고 이후 밀(John Stuart Mill)이 재강조한 고전적인 관용의 미덕을 베풀자는 주장은 물론 우리의 무지를 인정하는 데서 출발한다. 이는 사람의 마음이 작동하는 원리를 바라보는 비합리적인 사람의 생각을 특별히 고려해 준다는 의미다. 우리가 의식하지는 못하지만 자유를 바탕으로 하는 모든 제도는 확실하지 않는 운, 확률적이라는 것을 다루도록 적응된 기본적으로 무지하다는 사실에 적응한 것이다. 확실한 인간사란 달성할 수 없다. 이 때문에 우리가 가진 지식을 최대한 활용하려면, 특수한 상황에 부닥친 우리가 좇아가서 어떤 결과가 나올지 미리 알 수 없지만, 전반적으로 가장 잘 봉사될 수 있는 경험법칙에 의지하여 좇아야만 한다.

제2절 | 분산된 지식의 이용

인간은 기대가 실망으로 끝나는 데서 무언가를 배운다. 우리는 인간제도를 기만하여 사건예측이 불가능하게 될 가능성을 증대시켜서는 안 된다. 가능하면 우리는 예측을 교정시킬 수 있는 가능성을 증대시킬 수 있도록 인간제도를 개선시키는 데 목표를 두어야 한다. 무엇보다도 우리가 지금 알지 못하는 사실이지만, 알지 못하는 다른 사람에게 배우게 하고, 그들이 행동하는 것에서 배운 지식을 활용할 수 있도록 그들에게 최대의 기회를 제공하여야 한다.

어느 한 사람이 가진 지식보다 더 많은 지식을 활용하거나 지적으로 종합한 지식보다 더 많은 지식을 활용하려면 많은 사람이 상호조정하는 노력을 통해 이루어진다. 이것은 분산된 지식을 이용하는 것을 통해 어떤 한 사람이 예측할 수 있는 것보다 더 많은 것을 달성할 수 있기 때문이다. 자유사회는 가장 현명한 지도자가 이해하는 것보다 더 많은 지식을 활용할 수 있기 때문에 개인의 노력을 직접 통제하는 것을 거부한다.

이러한 바탕 때문에 자유를 지지한 결과, 자유가 일을 잘 처리해 낼 것으로 알고 이를 특수상황에 쓰이도록 하여도 그(자유) 목적을 달성할 수는 없다. 그 효과가 이로울 것이라고 미리 알려져 있는 자유는 이미 자유가 아니기 때문이다. 자유가 어떻게 사용될 것이라고 미리 알면 이를 지지하는 상황이 대부분 사라질 것이다. 다른 사람이 이를 사용하더라도 바람직하다고 인정해 주는 이상, 우리는 자유의 이득을 취할 수도 없고,

자유가 제공할 예측불가능한 새로운 발전을 획득할 수도 없다. 흔히 남용되고 있는 개인의 자유도 이를 반대하지 않는다. 자유란 우리가 바라지 않는 많은 것이 이루어질 수 있음을 의미한다. 우리가 자유에 걸고 있는 신념이란, 특수한 상황에 예견될 수 있는 결과에 기대를 거는 것이 아니라, 자유가 전체적으로 평균하여 나쁜 결과보다 선한 결과를 위해 힘을 방출한다는 믿음에 근거한다.

어떤 특정한 일을 하는 데 자유롭다고 하여 우리나 대다수가 그 특별한 가능성을 항상 최대로 활용할 수 있다는 것은 아니다. 모든 사람이 행사할 수 있는 자유가 주어져야 한다는 것은 자유의 기능을 완전히 잘못 이해하고 있는 것이다. 수많은 사람 중에서 한 사람이 이용할 자유가 모든 사람이 이용할 자유보다 사회에 보다 중요할 수 있고 또한 대다수를 위해 이득이 될 수도 있다.

어떤 특정한 일을 하기 위한 자유를 최대로 활용할 수 있는 기회가 없어질수록 사회 전체적으로 자유는 그 값어치가 보다 높아진다. 기회가 줄어들수록, 사람은 기회가 생겼지만 자유가 없어 이를 사용하지 못하는 상황에 보다 심각해질 것이다. 이것은 자유가 주는 경험은 거의 유일한 경험이기 때문이다. 대다수의 사람은 어떤 한 사람이 자유롭게 하고자 하는 대부분의 중요한 일에 직접 관심이 없는 것은 사실이다. 이것은 그렇게 중요한 자유를 개인이 어떻게 이용할지 우리가 알 수 없기 때문이다. 만약 그렇지 않다면(개인이 자유를 어떻게 사용할지를 우리가 알면), 대다수의 의사결정으로 개인이 하고자 하는 자유의 결과를 달성할 수 있기 때문이다. 그러나 대다수의 행동도 이미 시도해 보았거나 경험을 통해 확신한 것이거나, 서로 다른 사람의 경험이나 행동을 바탕으로 하여 여러 사람이 논의하는 과정에서 합의에 도달한 문제이다.

제3절 | 타인의 자유로부터의 이득

자유로부터 내가 얻는 이득이란 주로 다른 사람이 자유를 사용한 결과물이고, 나 자신이 한 번도 사용하지 않은 자유를 그들이 사용한 결과물이다. 따라서 나에게 가장 중요한 것은 내가 사용할 수 있는 자유일 필요는 없다. 모든 사람이 똑같은 일을 할 수 있는 자유보다 어느 누군가가 시도할 수 있는 자유가 보다 더 중요하다. 우리가 자유를 주장하는 이유는 우리가 어떤 특정된 일을 할 수 있기를 좋아하기 때문에서도 아니고, 어떤 특정의 자유가 우리의 행복에 중요하다고 간주하기 때문에서도 아니다. 우리가 물리적 속박으로부터 저항하는 본능은 도움을 주는 동반자이기는 하지만, 자유를 정당화시키거나 자유에 대한 경계선을 긋기 위한 안전한 보호자는 아니다. 중요한 자유란 내가 개인적으로 행사하고 싶어하는 자유가 아니라, 사회에 유익한 일을 하기 위해 필요로 하는 다른 사람의 자유이다. 이 자유가 있는지를 모르는 사람에게 확신시킬 수 있는 방법이란 모든 사람에게 자유를 제공하는 길뿐이다.

따라서 자유로부터 얻는 이득은 자유 그 자체에만 국한된 것이 아니다. 사람은 자신 스스로 활용할 수 있는 자유의 양상으로부터 얻는 것이 없기 때문이다. 역사를 통해 보더라도 자유롭지 않은 대다수가 자유로운 소수의 덕분으로 이득을 보았다는 사실에는 의심의 여지가 없고, 오늘날에도 자유롭지 않은 사회가 자유로운 사회로부터 이득을 보고 또한 배우고 있다. 물론 다른 사람의 자유로부터 우리가 얻는 이득은 자유를 행사할 수 있는 사람의 수가 늘어날수록 상승한다. 그런 측면에서 다른 사람을 위한 자유를 지지하는 것은 결국 모든 사람의 자유에도 적용된다. 그러나 누구라도 자유롭지 않은 것보다 일부 사람이라도 자유로운 것이 모든 사람을 위해 낫고, 모든 사람이 제한된 자유를 갖는 것보다 많은 사람이 충분한 자유를 즐기는 것이 낫다. 중요한 점이란 어떤 특정된 일을 할 수 있는 자유의 중요성과 이를 바라는 사람수는 관련이 없다는 사실이다. 이것은 이 둘 사이에는 반비례관계가 성립할 수도 있기 때문이다. 그 결과 대다수의 사람이 자신의 자유가 많이 제한되어 있다는 사실을 알지 못한 채, 한 사회를 통제하여 불구로 만들 수 있다. 우리가 모든 대다수가 행사할 수 있는 자유의 행사만이 중요하다고 전제하면, 우리는 자유가 없는 정체된 사회를 만들 것이 확실하다.

제4절 | 지적 과정의 특성

끊임없이 적응하는 과정에서 태어나는 의도하지 않은 새로운 것은 첫째, 서로 다른 개인이 노력을 조정한 새로운 합의나 형태로 구성되고, 자원을 사용하여 만든 새로운 신기한 사물로 구성되는데, 이러한 것은 특정된 상황에서 나타났듯이 원래 일시적이다. 둘째, 도구와 제도를 새로운 환경에 적응시켜 개선한 것도 있을 것이다. 이 중에서 어떤 것은 당시의 조건에 맞추어 일시적으로 적응한 것도 있을 것이고, 어떤 것은 기존의 도구와 사용방법에 관한 다양성을 높여 보유하도록 만든 개선도 있을 것이다. 이 중에서 후자는 당시의 특정시간과 공간에 보다 낮게 적용한 것일 뿐만 아니라 우리의 환경의 항구적인 양상에 적용한 것이기도 하다. 자연을 지배하는 일반법칙의 인식은 이러한 자생적 형성을 통해 구현된다. 도구나 행동방식에 관한 경험이 누적·축적되면서 명시적인 지식이 성장하게 되고, 개인이 언어를 통해 소통할 수 있는 정형화된 법칙도 늘어나게 된다.

새로운 것이 태어나는 과정은 그 결과가 새로운 아이디어일 때, 지적 영역에서 가장 잘 이해될 수 있다. 지적 영역은 우리 대부분이 적어도 과정의 일부 단계를 알고, 어떤 일이 일어나고 있고, 자유의 필요성을 일반적으로 인정하는 곳이다. 대부분의 과학자는 우리가 지식의 미래를 계획하지 못한다는 사실을 알고 있다. 미지의 세계로 향하는 항해에서(대부분의 연구가 그러하지만) 우리는 주로 개인적으로 천재성을 가진 자의 자유분방한 행동이나 부닥치는 특정상황의 자유분방한 흐름에 의존한다. 과학적 진전은 한 사람의 마음에서 튀어나온 새로운 아이디어와 같이, 사회가 한 개인에게 초래한 인식과 습관 및 상황이 결합한 결과일 것인데 이러한 결과란 행운이 뒤따른 사건이기도 하듯이 개인의 체계적인 노력의 결과이다.

우리가 지적 영역에서 이루어진 진전이 주로 사전에 예기하지 않고 의도되지 않은 것이란 점을 잘 알기 때문에 어떤 행위를 할 수 있는 자유의 중요성을 과대평가하는 경향이 있다. 그러나 그 중요성이 널리 알려져 있지만, 연구의 자유, 믿음의 자유, 언론과 논의의 자유는 새로운 진리가 발견되는 마지막 단계의 과정에서만 오로지 중요하다. 무언가를 할 수 있는 자유의 가치를 희생하는 대가로 지적 자유의 가치를 찬양하는 것은 건축물의 상위부분만을 보고 전체를 본 것처럼 주장하는 것과 같다. 우리에게는 논의할 새로운 아이디어, 조정해야 할 새로운 견해가 있다. 이것은 그러한 아이디어와 견해는 새로운 상황에 부닥친 개인이 자신이 배운 새로운 도구와 행동방식을 활용하려는 노력으로부터 나온 것이기 때문이다.

이러한 과정의 비지적 부분(새로운 것이 탄생하는 변화된 물질적 환경형성)을 이해·양해하려면 지식인이 강조하는 요소보다 보다 많은 상상적 노력을 요구한다. 우리도 새로운 아이디어로 이끈 지적인 과정을 추적할 수도 있겠으나, 명시적인 지식을 획득하도록 이끌지 못한 기여활동의 순서와 조합을 재구축할 수는 없다. 우리는 동원된 우호적인 습관과 기술, 사용된 시설과 기회, 그리고 주요 활동가에게 우호적인 결과에 도달하도록 이끌었던 특정환경을 재구축할 수 없기 때문이다. 이러한 과정을 이해하는 방향에서 할 수 있는 우리의 노력이란 간단한 모형을 통해 작동하는 힘의 종류를 보여 주고, 작동하는 특정성격의 영향보다 일반적인 원칙을 지적하는 일이 고작이다. 사람이란 항상 자신이 알고 있는 것에만 염두에 둔다. 따라서 사람은 진행 중인 과정일지라도 모두에게 의식적으로 알려지지 않은 특성을 대개 무시하고 이를 상세하게 추적할 수도 없다.

의식되지 않는 특성은 대개 무시될 뿐만 아니라 필수적인 조건에 도움을 주기보다 오히려 방해가 되는 요소인 양 대우한다. 이것은 우리가 명시적으로 인지하려는 사고의 측면에서 합리적이지 않기 때문에 지적 활동에 반한다는 측면에서 종종 비합리적인 것으로 취급된다. 비록 우리의 행동에 영향을 미치는 비합리적인 요소의 대부분이 이런 측면에서 비합리적인 것일지라도, 우리가 행동하는 데 사용하고 당연할 것으로 간주하는 단순한 습관이나 의미없는 제도의 대부분은 우리가 성취하는 데 필수적인 조건이다. 그것은 사회를 개선시키려고 성공적으로 적응시킨 산물이고, 우리가 성취한 모든 영역이 의존하는 대상이기 때문이다. 이것이 안고 있는 결함을 발견하는 일도 중요하지만 당분간은 여기에 부단히 의존하지 않고서는 한 발자국도 나아갈 수 없다.

하루의 질서를 세우고, 옷을 입고, 먹고, 집을 정돈하고, 말하고, 쓰고, 문명이 낳은 무수히 많은 각종 도구와 기구를 사용하도록 배운 방식은 생산과 교역하는 노하우와 다름없지만, 문명화의 과정에 우리가 기여하는 방식이 기본이어야 하는 기반을 끊임없이 제공한다. 궁극적으로 지적 영역에서 다루어질 새로운 아이디어가 생기는 것은 문명의 이기가 우리에게 제공하는 새로운 이용과 개선으로부터 나온다.

비록 추상적인 생각을 의식적으로 조작하지만, 일단 이것이 궤도에 진입하면 스스로가 생명을 가지고 있어, 새로운 방식으로 행동하려 하고, 새로운 방식으로 시도해 보려고 하고, 문명의 전체구조를 변경시켜, 변화에 적응하려고 하는 사람의 능력에서 나오는 부단한 도전이 없으면 오래 지속하지도, 진전하지도 않을 것이다. 사실상 지적 과정이란 이미 형성되어 있는 아이디어를 고치고, 선발·제거하는 과정이다. 대부분의 경우 새로운 아이디어는 행동(그것도 비합리적인 행동)과 물적 사건이 서로에게 영향을 끼치는 영역으로부터 유입된다. 만약 지적 영역에만 자유가 주어진다면 자유는 말라 없어질 것이다.

제5절 | 행동자유의 의의

따라서 자유의 중요성은 이것이 가능하게 만든 활동의 향상된 성격에 좌우되는 것은 아니다. 행동의 자유는 비록 그것이 천한 것일지라도 생각의 자유만큼 중요하다. 행동의 자유를 경제적 자유라고 하면서 폄하하는 일이 일반화되어 있다. 그러나 행동의 자유는 경제적 자유보다 그 범위가 훨씬 넓다. 행동의 자유는 경제적 자유를 포함한다. 이것은 보다 중요한 것이지만, 단순히 경제적 자유라고 부를 만한 행동이 존재하는지는 의문이며, 자유를 제한하는 대상이 단지 경제양상에만 국한시킬 수 있을지가 의문이기 때문이다. 경제적 고려는 이를 통해 우리가 조정하거나 우리가 다른 의도를 조정하는 것뿐이고, 이 중에서 어느 것도 최후로 호소할 수 있는 대상으로서의 경제적인 것은 없다.

모든 것을 인간의 사유에 기대하기를 바라는 합리주의자는 현실적 딜레마에 부닥친다. 사유를 이용하는 목적은 통제·예측가능하기 위해서이다. 그러나 사유의 진전과정은 자유에 의존하고 인간행동의 예측불가능성에 의존한다. 인간의 사유를 찬양하는 사람은 대개 사유를 이용하고 조각하는 인간의 생각과 행위 사이에 이루어지는 상호작용의 한 부분만을 바라본다. 이들은 진보가 일어나기 위해서는 사유를 성장시키는 사회과정이 통제로부터 자유로워져야만 한다는 사실을 알지 못하고 있다.

인간이 사회생활을 통제할 수 없었던 사실덕분에 과거의 가장 위대한 성공이 이루어졌다는 데에는 의심의 여지가 없다. 인간의 계속된 진전은 그가 의도적으로, 이제는 자신이 다룰 수 있지만, 통제를 하지 않았던 덕분이라는 것은 당연한 사실이다. 과거 성장의 자생적 힘은 비록 상당히 제한되었지만, 국가의 조직적 강압을 여전히 반대한다고 주장한다. 이제는 기술적 통제를 정부가 자의적으로 할 수 있는 마당에 그러한 주장이 가능할지는 확신할 수 없다. 그러나 조만간 그 주장이 불가능해질 것이다. 사회주의의 등장에 따라 의도적으로 조직화된 사회의 힘이 그러한 자생적 힘(진전을 가능하게 만든)을 파괴할 수 있는 세계로부터 멀리 떨어져 있지 않기 때문이다.

제11장
문화가 경제사회에 미치는 힘

프랜시스 후쿠야마

> 재산권, 계약, 상법 등은 시장지향적인 현대경제체제를 이룩하는 데 필수불가결한
> 제도이지만, 이런 제도가 '사회적 자본'과 '신뢰'로 보완되면 경제활동의 비용을
> 상당히 절약할 수 있다.
>   후쿠야마

　프랜시스 후쿠야마(Francis Fukuyama)는 1952년 미국 시카고에서 태어나 코넬대학에서 고전학 학사학위를 취득하고 하버드대학에서 정치학박사학위를 받았다. 워싱턴소재 랜드연구소에서 선임연구원으로 근무한 바 있으며 현재 홉킨스대학(Hopkins University)의 폴 니체(Paul Nitze) 국제연구대학에서 국제정치경제학 교수로 재직중이다. 그가 쓴 『역사의 종말(*The End of History and the Last Man*, 1992)』과 『신뢰(*Trust: Social Virtues and the Creation of Prosperity*, 1995)』는 여러 나라에서 번역되어 커다란 반응을 일으켰다.

　이 글은 후쿠야마의 『트러스트』, 구승회 옮김, 한국경제신문사, 1996에서 발췌한 내용이다.

제1절 | 문화가 경제사회에 미치는 힘

1. 역사의 종말을 맞이한 인간상황

세계는 냉전시기처럼 이데올로기에 의해서가 아니라 문화에 의해 자신의 정체성을 확인하는 '문화충돌'의 시기로 접어들고 있다. 이 때문에 이제 갈등은 파시즘과 사회주의, 민주주의 사이에서 발생하는 것이 아니라 서유럽, 이슬람, 유교, 일본, 힌두 등 세계의 주요 문화집단 간에 발생한다.

앞으로는 문화적 차이가 더욱 크게 부상할 것이며, 모든 사회는 내부문제뿐 아니라 외부세계에 대처하기 위해서도 문화에 더욱 관심을 기울여야 할 것이라는 헌팅턴(Samuel Huntington)의 이야기는 분명히 옳다. 다만 한 가지 헌팅턴의 주장에 설득력이 부족한 점은 문화적 차이가 불가피하게 갈등을 일으킬 것이라는 주장이다. 그러나 이와는 반대로 서로 다른 문화의 상호작용으로 인한 경쟁이 창조적 변화로 이어지는 경우도 흔히 있으며, 이렇듯 상이한 문화가 서로 자극을 주는 예는 얼마든지 있다. 1853년에 페리(Commodore Perry)의 '흑선(black ships)'이 입항한 후 일본이 서유럽문화를 접함으로써 메이지유신(維新)이 일어났고, 그 결과 일본은 산업화될 수 있었다. (중략)

공동체는 외부적인 규칙과 규제에 의해서가 아니라 공동체 구성원에게 내면화된 윤리적 관습과 호혜적인 도덕적 의무감을 바탕으로 형성된 문화공동체이다. 이 규칙이나 관습은 공동체의 구성원에게 신뢰의 터전을 마련해 준다. 공동체를 지원하려는 결단은 근시안적인 경제적 이기심에서 비롯된 것이 아니다.

2. 인간의 비합리적 행동

그러나 신고전파 경제학자가 명확히 대답할 수 없는 20%의 인간행동이 여전히 남아 있다. 스미스가 통찰하고 있었던 것처럼, 경제적 삶은 사회적 삶 속에 깊이 뿌리박고 있어 그 무대가 되는 사회관행과 도덕, 관습 따위를 떼어 놓고는 이해할 수가 없다. 한 마디로 경제와 문화는 분리할 수 없다. ……. 결과적으로 우리는 이러한 문화적 요인을 고려하지 않는 현대의 경제논쟁에 오도되어 온 것이다.

신고전학파 경제학자는 경제학의 법칙이 어디에나 적용된다고 주장한다. 이 법칙은 러시아나 미국, 일본, 부룬디, 파푸아뉴기니의 고지를 막론하고 똑같이 타당성을 가지며, 그 적용에서 의미 있을 정도의 문화적 편차를 허용하지 않는다는 것이다. 신고전학파 경제학자는 보다 심원한 인식론적 의미에서도 역시 자기가 옳다고 믿고 있다. 경제학 방법론을 통해 인간본성의 근원적 진실이 밝혀져, 인간행위의 거의 모든 측면을 설명할 수 있게 되었다는 것이다. 가장 활동적이고 이름난 현대 신고전학파 경제학자인 시카고대학의 베커(Gary Becker)와 조지 메이슨대학의 뷰캐넌(James Buchanan)— 모두 노벨상 수상자 — 은 경제적 방법론을 정치, 관료제도, 인종차별, 가족, 출생률 등 일반적인 비경제적 현상으로 간주되는 영역에까지 확대시켰다. 주요대학 정치학과의 대부분이 본질적으로 경제적인 방법론을 사용하여 정치에 대한 설명을 시도하는 이른바 합리적 선택이론의 신봉자로 가득 차 있다.

신고전학파 경제학의 문제는 고전학파경제학의 핵심적인 토대 하나를 소홀히 하고 있다는 점이다. 고전학파경제학의 대부인 스미스는 사람이

'자기의 조건을 개선하려는' 이기적 동기에 따라 움직인다고 믿었지만, 경제적 행위가 합리적 유용성의 극대화로 환원될 수 있다는 생각에는 결코 동조하지 않았다. 그는 『국부론』 외에 또 하나의 주요 저서인 『도덕감성론 (The Theory of Moral Sentiments)』에서 경제적 동기부여가 고도로 복잡한 문제이며, 보다 넓은 사회적 관습과 도덕관에 뿌리내리고 있다고 묘사하고 있다. 18~19세기 후반에 '정치경제학'에서 '경제학'으로 학문의 이름이 바뀌었다는 사실은 인간행위의 모델이 단순해졌음을 보여 준다. 현재 진행 중인 경제적 담론은 문화가 경제행위를 포함한 인간행위의 전반을 어떻게 모양짓는가를 살펴봄으로써 신고전학파와 대립되는 고전학파경제학의 풍부성을 얼마간 되살릴 필요가 있다는 것이다.

신고전학파의 경제관은 정치적 삶에 수반되는 분노, 자존심, 수치감 따위의 감정을 설명하기에 불충분할 뿐 아니라, 경제생활의 여러 측면을 설명하는 데도 충분하지 못하다. 모든 경제행위가 종래에 경제적 동기라고 여겨져 왔던 것으로부터 비롯되는 것은 아니다. 현대 신고전학파 경제이론의 위풍당당한 체계는 '합리적으로 유용성을 극대화하는 개인'이라는 비교적 단순한 인간모델에 의존하고 있다. (중략)

사람은 대체로 합리적이지 않은 편이라고 얘기할 수도 있다. 중국인과 한국인, 이탈리아인의 가족선호, 비친족에 대한 일본인의 수용적 태도, 직접적인 관계를 꺼리는 프랑스인, 훈련을 강조하는 독일인, 사회적 삶에서 드러나는 미국인의 파벌적 기질……. 이 모든 것은 합리적 계산이 아니라 물려받은 윤리적 관습의 결과에서 비롯된 것이다.

3. 신뢰와 사회적 자본

신뢰란 어떤 공동체 내에서 그 공동체의 다른 구성원이 보편적인 규범에 기초하여 규칙적이고 정직하며 협동적인 행동을 할 것이라는 기대이다(공동체의 구성원이 규칙적인 행동을 기대하는 것만으로는 충분하지 않다. 다른 사람이 규칙적으로 동료를 속일 것이라고 기대하는 사회는 많이 있다. 이때 행동은 규칙적이지만 정직하지 않으며 신뢰의 결핍으로 이어진다). (중략)

사회적 자본은 한 사회, 또는 그 특정부분에 신뢰가 정착되었을 때 생긴다. 신뢰는 가장 작고 기본적인 사회집단인 가족 내에서 구현될 수도 있고, 가장 큰 집단인 국가에서 구현될 수도 있으며, 그 사이에 있는 다른 모든 집단에 구현될 수도 있다. 사회적 자본은 그것이 보통 종교나 전통, 역사적 관습 등 문화적 기제를 통해 창조·전수된다는 점에서 다른 형태의 인적 자본과는 차이가 있다. (중략)

사회적 자본을 획득하려면 공동체의 도덕규범에 익숙해질 필요가 있고, 같은 맥락에서 충성심, 정직, 책임감 따위의 덕목을 획득하는 것이 필요하다. 더욱이 집단이 먼저 공동규범 전체를 수용하여야만 그 구성원 사이에 신뢰가 일반화된다. 달리 말하면 사회적 자본은 각자가 자기 나름대로 행동해서는 획득할 수 없다. 사회적 자본은 개인적 덕목이 아니라 사회적 덕목에 기초하고 있다. 사회성에 필요한 기질은 다른 형태의 인적 자본에 비해 획득하기가 훨씬 어려울 뿐 아니라 윤리적 관습을 토대로 하기 때문에 수정하거나 파괴하기 역시 어렵다.

제2절 | 저신뢰 사회와 가족가치의 역설

1. 중국의 가족주의

전문경영으로의 이행에서 중국인이 갖는 어려움은 그들의 가족주의적 성격과 연관되어 있다. 중국인은 인척관계에 있는 사람만을 신뢰하고, 가족이나 혈연집단 외의 다른 사람을 불신하는 성향이 강하다. 레딩(Gordon Redding)의 홍콩기업에 관한 연구에 따르면, 핵심적인 특징은 가족은 절대적으로 신뢰하되, 친구나 지인(知人)에 대해서는 상호의존관계가 성립된 정도만큼만 신뢰하며, 또 그들의 얼굴에 나타난 겉모습만 믿는다는 것이다. 그 밖의 누구도 그들이 선의(善意)를 가지고 있다고 가정하지 않는다.…… 가족 이외의 사람에 대한 불신감으로 인해, 서로 무관한 사람이 경제적 사업을 포함하여 집단이나 조직을 형성하기가 어렵다. 중국인 사회는 일본과는 대조적으로 집단지향적이지 않다. 이런 차이는 린위탕(林語堂)의 말, 즉 "전통적인 중국사회는 개별가족이라는 알갱이가 쟁반 위에 흩어져 있는 것 같은 데 반해, 일본사회는 화강암 조각과 같다"라는 말에 잘 나타나 있다. 가끔 서유럽의 비평가들이 중국인 사회가 매우 개인주의적이라고 생각하는 것은 바로 이 때문이다. (중략)

가족경영과 영세성이라는 중국인 기업의 특징이 반드시 불리한 점으로만 작용하는 것은 아니고, 시장에 따라서는 오히려 이점이 되기도 한다. 그것은 상대적으로 노동집약적이고 변화속도가 빠르고 고도로 분절적인 부문, 즉 섬유와 의류, 무역, 목재와 관련제품들, 개인용 컴퓨터 부품생산과 조립, 가죽제품, 소규모 금속가공, 가구, 플라스틱, 장난감, 종이제품, 은행업 등 소규모시장에서는 최적이다. 소규모이면서 가족에 의해 경영되는 기업은 매우 유연하기 때문에 의사결정을 빨리 내릴 수 있다. 의사결정을 내리는 데 복잡한 체계를 가진 거대하고 위계적인 일본기업과 비교하면, 소규모 중국기업이 하룻밤 사이에 변하는 시장수요에 대처할 수 있는 준비가 훨씬 더 잘 되어 있는 셈이다.

중국인 기업이 취약한 곳은 고도로 자본집약적인 부문이나 규모의 문제인데, 예를들면 반도체, 항공, 자동차, 석유화학 등과 같이 복잡한 제조과정에 크게 의존해야 하는 부문이다. 대만의 민간기업으로서는 일본의 히타치(Hitachi)나 NEC와 달리 최신 마이크로프로세서의 생산부문에서 인텔(Intel), 모토롤라(Motorola)와의 경쟁은 상상조차 할 수 없다. 그러나 그 기업은 이름도 없는 PC가 소규모 조립라인에서 끊임없이 쏟아져 나오는 개인용 컴퓨터사업에서는 강력한 경쟁력을 갖추고 있다.

2. 한국의 대기업, 그 내면은 중국형

한국은 대형기업과 고도로 집중화된 산업구조를 가지고 있다는 점에서 일본, 독일, 미국과 유사하다. 그렇지만 한국은 가족구조에서 일본보다는 중국에 훨씬 더 가깝다. 한국에서 가족은 중국에서와 마찬가지로 중요한 위치를 차지하고 있으며, 한국문화에는 외부인을 가족집단에 끌어들이는 일본식 메커니즘이 전혀 없다. 이렇게 보면 중국의 유형을 따라 한국에서도 소규모 가족기업이 번창하고, 회사형태의 큰 기업을 만들기가 어려워야만 한다.

한국경제의 이런 명백한 패러독스에 대한 해답은 1960~1970년대에 정부주도의 개발전략으로서 거대기업군을 의도적으로 육성했으며, 이를 통해 대만의 특징인 중소규모의 기업을 선호하는 문화적 성향을 극복했던 한국정부의 역할이다. 그러나 한국은 대기업과 일본유형의 재벌(자이바쓰)을 키우는 데는 성공했음에도 경영권 승계에서 작업현장의 인간관계에 이르기까지 기업경영의 본질에서 다분히 중국식 난점에 봉착했다. 한국의 사례는 정부가 유능하고 단호한 의지를 가지고 있을 경우 해묵은 문화적 성향을 극복하고 산업구조를 바꿀 수 있음을 보여 준다.

한국의 산업구조에서 첫 번째 주목할 사항은 극단적인 산업집중이다.

다른 아시아 기업과 마찬가지로 한국에는 두 가지 레벨의 조직, 즉 개별 기업과 이질적인 회사을 거느리고 있는 대규모의 '기업관계망'이 있다. 한국의 기업관계망은 '재벌(財閥)'이라 하는데, 한자(漢子)로는 일본의 '자이바쓰'와 같을 뿐만 아니라 일본모델을 의도적으로 본떠 만들었다. (중략)

일본의 계열(게이레쓰)처럼 한국의 재벌산하업체는 서로의 주식을 공유(소유)하며, 비가격적인 기준에서 서로 자주 협력한다. 그렇지만 한국의 재벌은 일본의 전전재벌이나 전후계열과 여러 가지 실질적인 측면에서 다르다. 아마도 가장 중요한 첫 번째의 차이점은 한국재벌이 일본의 계열처럼 민간은행이나 여타 금융기관을 중심으로 결합되어 있지 않다는 점이다. 이것은 한국의 시중은행이 1970년대 초 민영화되기 이전까지 모두 국가소유였고, 민간기업은 어떤 은행이건 80% 이상의 주식보유가 법률로 금지되어 있었기 때문이다. 전후계열의 중심을 이루는 일본의 큰 도시은행은 물론 초과대출의 과정을 통해, 즉 특혜대출을 제공함으로써 대장성과 긴밀히 협조했다. 그러나 한국의 재벌은 정부의 금융계 소유를 통해 한층 직접적인 형태로 정부의 통제를 받았다. 그래서 일본에서는 대체로 자연발생적으로 생겨난 관계망 기업이 한국에서는 정부정책의 결과로서 아주 의도적으로 만들어졌다.

두 번째 차이점은 한국의 재벌이 도요타의 수직적인 계열보다는 한층 일반적인 형태인 일본의 수평적인 계열을 닮았다는 점이다. 이것은 대형 재벌그룹이 각기 중공업과 전자에서 섬유와 보험, 소매업에 이르기까지 현격히 다른 산업부문에 지분을 보유하고 있다는 것을 의미한다. 한국의 제조업체들은 규모를 늘리고 관련사업 분야로 가지를 치면서 공급업체와 하도급업체를 관계망으로 끌어들이기 시작했다 그러나 이들의 관계는 일본의 공급업체를 조립업체와 연결짓는 상호계약관계와는 달리 단순한 수직적인 통합관계와 유사했다. 도요타 같은 일본의 모기업이 형성하고 있는 정교한 다층구조의 공급업체 관계망은 한국에서 유사한 사례를 찾아보기 힘들다.

마지막으로 한국의 재벌은 일본의 계열에 비해 훨씬 더 중앙집권화되어 있다. 한국의 재벌은 친족관계에 기반을 두고 있으므로 산하기업의 총수들 사이에는 일본의 계열구성원 간의 상호관계와는 다른 자연스런 통일성이 존재한다. 한국의 재벌은 조직을 총괄하는 중앙집중화된 비서진을 가지고 있다. 이들은 대개 ITT나 걸프, 웨스턴 등과 같은 미국의 과거 집단기업의 중앙비서진보다는 크지 않지만, 일본의 기업관계망을 연결짓는 사장단협의회보다는 한층 더 제도화되어 있다. 이 중앙비서진은 그룹의 전반적인 자원 배분을 기획하는 책임을 맡고 있다. 중앙비서진은 또한 그룹 전체적인 인사문제에서 역할을 수행한다. 아울러 특정재벌은 대우재단처럼 기업관계망의 주식을 보유하고 있는 단일 지주회사를 중심으로 결집해 있다. 이러한 차이점으로 인해 한국재벌의 경계선은 일본의 계열에 비해 한층 더 뚜렷하다. 일본의 경우에는 동일한 회사가 두 개 또는 그 이상의 계열 사장단협의회에 참여하는 사례가 간혹 있다. 필자는 한국에서 유사한 사례를 들어 보지 못했다. 그러므로 한국의 재벌은 한층 더 계층구조적 조직이며, 일본의 그룹 기업에 비해 연결적 측면이 덜하다. (중략)

실제로 한국기업은 큰 규모에도 불구하고 일본회사보다는 중국기업을 더 닮았고 비슷하게 행동한다. 한국기업은 현대와 삼성처럼 거대한 공룡기업의 위압적인 외양 속에 가족적인 내면을 감추어 두고 전문인 경영체제와 주식공개, 경영과 소유의 분리 그리고 비차별적·계층적인 기업경영 형태에 느린 걸음으로 마지못해 적응해 가고 있다.

제3절 | 고신뢰사회와 사회성의 도전

자발적 사회성의 근원은 각기 매우 다른 역사적 기원을 가지고 있다. 일본의 사회성은 가족구조와 일본 봉건주의의 특성에 기인하고, 독일의 사회성은 20세기까지 존속되어 오고 있는 길드라는 전통적인 공동체조직에 그 기반을 두고 있다. 한편 미국의 자발적 사회성의 근원은 청교도 정신이다. (중략)

'신뢰'와 '자발적 사회성'이 경제에 미치는 역할을 생각해 볼 필요가 있겠다. 계약이나 상법 같은 제도가 현대의 산업경제가 출현하는 데 필수적인 전제임은 의심할 여지가 없다. 신뢰나 도덕적 의무가 계약이나 상법 같은 제도 없이 자리잡을 수 있다고 할 사람은 없다. 그런데 만약 그러한 법적 제도가 있다고 가정해 보면, 신뢰는 경제적 거래에 부가하여 필요조건으로서 경제학자가 말하는 적당한 구매자나 판매인을 찾고, 계약을 위해 협상하고, 정부규정에 따르고, 분쟁에 휩쓸리거나 사기를 당했을 때 그 약관을 이행하는 등의 활동에 필요한 중개비용을 줄임으로써 경제적 효율성을 증대시킬 것이다.

각 집단이 서로에 대한 기본적 믿음을 가지고 일하면 이러한 각각의 중개활동이 좀더 손쉽게 이루어질 것이고, 예상하지 못한 손해에 대비해야 할 필요성도 감소할 것이며, 분쟁이 줄어들어 소송제기가 줄어들 것이다. 그렇게 되면 거래에서 일어나는 모든 상황을 장황한 문서로 명시할 필요가 없게 될 것이다. 실제로 신뢰도가 높은 집단에서는 한동안의 적자가 나중에 다른 집단에 의해 이윤으로 전환될 것을 알고 있기 때문에 짧은 기간에 최대이윤을 확보하기 위해 고심하지 않는다.

사실 최소한의 비형식적인 신뢰조차 없는 현대의 경제생활을 생각하는 것은 매우 어려운 일이다. 노벨경제학상 수상자인 애로(Kenneth Arrow)

는 다음과 같이 말한다.

신뢰는 그 자체로서만 의미 있는 것이라 해도, 그것은 이제 아주 실제적인 가치를 지니게 되었다. 신뢰는 사회체제를 유지하는 중요한 윤활제이다. 신뢰는 다른 사람의 말을 의심 없이 받아들일 때 생기는 많은 어려움을 없애 준다. 그러나 유감스럽게도 이것은 손쉽게 구매할 수 있는 상품이 아니다. 만약 신용을 사야 한다고 해도 여러분은 벌써 사고자 하는 것에 대해 어느 정도 의심을 가질 것이다. 신뢰와 이와 유사한 가치인 성실, 또는 정직은 경제학자가 경제의 외부요인(externalities)이라고 하는 것이다. 체제의 효율성을 증가시켜 여러분이 존중하는 가치가 어떤 것이든 그것을 좀더 많이 만들거나 좀더 많은 상품을 생산해 낼 수 있게 하는 실제적인 가치를 갖기 때문에, 신뢰는 하나의 상품이다. 그러나 신뢰는 실제시장에서 거래가능한 이름 그대로의 상품이 아니다. （중략）

일본은 아시아에서 가족중심 기업에서 위계적 경영구조와 전문경영인 제도를 도입한 현대적인 주식회사 형태로 이행한 최초의 나라이다. 이런 전제조건은 이미 산업화가 시작되기 전에 잘 발달해 있었다. 일본과 한국은 아시아에서 대규모 사기업이 경제를 주도하는 유일한 국가이다. 그 결과 일본은 복잡한 공정이 필요한 자본집중적인 부문에 광범위하게 참여할 수 있게 되었다.

일본이 이러한 성과를 얻을 수 있었던 원인은 일본사회가 상대적으로 약한 중간층을 가진 중국이나 프랑스 같은 사회보다 강한 '자발적 사회성'을 지니고 있었기 때문이다. 일본에서 신뢰의 범위는 가족이나 친족에서 부터 다양한 중간집단까지 확장된다. 특히 중요한 것은 결연방식이다. 일본의 가족기업은 중국에 비해 친족관계가 없는 사람과 비혈연적인 결합이 용이하다. 이는 가족기업이 전문경영의 길을 여는 데 아주 중요하다. 신뢰는 일본에서 각각 다른 사람이 나름대로의 기반 위에서 형성한 서로 상이한 그룹 사이에서 자연적으로 발생한다. …… 상호의무의 강도는 평생고용제와 같은 고용제도를 낳았고, 심지어는 고도의 자발적 사회성을 지닌 어떤 고신뢰사회에서조차도 유래를 찾아볼 수 없는 '게이레쓰(계열)'를 출현시켰다.

제4절 | 미국사회와 신뢰의 위기

공동체를 희생하는 대가로 미국의 개인주의가 성장하게 된 원인은 여러 가지가 있다. 그 원인은 자본주의 그 자체에 있다. 슘페터(Joseph Suhumpeter)가 설명했듯이 현대 자본주의 '창조적인 파괴'를 지속하는 과정이다. 테크놀로지의 영역이 확대됨에 따라 시장도 확대되고 새로운 형태의 조직이 나타난다. 이 과정에서 낡은 형태의 사회적 연대성은 잔인하게 짓밟히고 만다. 최초의 산업혁명은 길드, 마을공동체, 대가족, 가내공업, 농민공동체를 파괴했다. 오늘날에도 자본이 고소득을 올릴 수 있는 곳이라면 국경을 넘어서 어디로든 일자리가 확산됨에 따라, 여전히 계속되고 있는 자본주의 혁명이 지역공동체를 무너뜨리고 있다. 가족은 뿌리를 잃고 성실한 노동자들은 감원이라는 이름으로 해고를 당한다.

1980년대와 1990년대에 전세계적으로 경쟁이 심화되자 이 과정이 가속화되었음은 의심할 여지가 없다. 이익을 후하게 나누어 주고 직업적 안전을 보장하는 온정주의를 실행해 온 IBM이나 코닥 같은 미국의 여러 회사도 노동자를 해고할 수밖에 없었다. 물론 이러한 현상은 미국에 한정되는 것은 아니다. 일본과 독일에서도 온정주의적 노동관행은 1990년대

초의 불경기로 인해 심각한 타격을 받았다. 미국인은 지난 수십 년간 내부 결속력이 강한 소규모 가족기업이 대기업에 흡수되는 등 이와 유사한 상황이 되풀이되는 것을 목격했다. 비정하고 미소지을 줄 모르는 새 경영자가 영입되고, 장기근속한 직원은 해고 당하거나 직장을 잃을까 전전긍긍하며, 신뢰를 바탕으로 하던 예전의 분위기는 의혹의 분위기에 자리를 내어 주었다. 중서부 러스트 벨트(rust belt)의 뿌리 깊은 전통적 공동체는 지난 세대 동안에 만성적인 실업으로 사람이 일자리를 찾아 서부나 남부로 이주하자 황폐화되었다. 제조업과 정육업 등 숙련도가 낮은 직종이 감소한 것도 전후에 도시흑인의 일부가 마약, 폭력과 빈곤에 찌든 현재의 저소득층으로 전락하는 데 중요한 원인으로 작용했다.

제5절 | 신뢰회복을 위하여

1. 규모회귀

현대세계에서 거의 모든 경제활동은 개인에 의해서가 아니라 높은 수준의 사회적 협동을 필요로 하는 조직에 의해 이루어진다. 재산권, 계약, 상법 등은 시장지향적인 현대 경제체제를 이룩하는 데 필수불가결한 제도이지만, 이런 제도가 '사회적 자본'과 '신뢰'로 보완되면 경제활동의 비용을 상당히 절약할 수 있다. 한편 신뢰는 공유되는 도덕규범이나 가치를 지닌, 그 전부터 있어 온 공동체의 산물이다. 이런 공동체는 경제학자가 말하는 의미에서의 합리적 선택의 산물이 아니다.

사람이 서로 신뢰하고 경제조직을 구성하는 힘인 사회적 자본의 여러 형태들 중에서 가장 분명하고도 자연스러운 것은 가족이다. 그 결과 예나 지금이나 가족기업은 가장 보편적인 기업유형이다. 가족구조는 가족기업의 성격을 좌우한다. 중국 남부와 이탈리아 중부의 대가족은 비교적 규모가 크고 역동적인 기업을 설립하는 토대가 되었다. 가족 이외에도 신뢰의 반경을 확장시키는 데 일조를 하는 것으로, 가령 중국과 한국의 혈통과 유사한 친족 유대관계가 있다.

그러나 가족은 그것이 경제발전에 미치는 영향을 생각할 때, 하나의 혼합된 축복이다. 예를들어 유교문화나 유대문화에서처럼 교육에 역점을 두는 풍토가 뒷받침되지 않으면, 가족주의나 족벌주의의 수렁에 빠지거나 침체에 빠질 우려가 있다. 더욱이 가족주의가 지나치게 강하거나 팽배하면 그 대가로 사회성의 다른 양식이 피해를 입을 수 있다. 그리하여 중국과 남부 이탈리아 같은 가족주의 성격이 강한 곳에서 볼 수 있는 비친족 간의 불신은 이방인에게 모험적인 사업에서 동참할 수 없도록 만든다.

2. 사회공학의 종언, 그 이후

베버(Max Weber)는 일본이나 중국의 유교사회가 자본주의 사회로 성공할 수 없다고 주장했기 때문에 가끔 비판받고 있다. 그러나 사실 그는 좁은 시각에서 이야기하고 있는 것이다. 즉 그는 근대의 자본주의 그리고 자연과학이나 자연의 합리적인 지배 등 현대세계의 여러 국면이 왜 전통적인 중국, 일본, 한국 또는 인도가 아니라 청교도적인 유럽에서 일어났는지를 이해하고 싶었던 것이다. 그리고 이런 점에서 이 전통문화의 여러 측면이 경제의 근대화에 적합지 않다는 그의 주장은 절대적으로 옳은 것이었다. 중국과 일본이 서유럽과 접촉한 경로가 근대경제가 외부로부터 도입되고 난 뒤에야 자본주의는 발달하기 시작했다. 이 사회는 서유럽의 기술과 사회적 역동성에 직면함으로써 전통문화의 중요한 부분을 포기할 수밖에 없었다. 중국은 '정치적 유교주의', 즉 문인, 사대부계급에 기초한 군주제를 완전히 포기해야만 했다. 일본과 한국 역시 전통적인 계급구분을 포기해야만 했고, 일본은 사무라이의 부시도(武士道)를 수정해야만 했다.

지난 몇 세대에 걸쳐 경제적으로 번영한 아시아 국가 중에 어느 경우도 재산권, 계약, 상법 그리고 합리성, 과학, 혁신, 추상 등 서유럽사상 전체를 포괄하는 경제적인 자유주의의 중요한 요소를 그들의 토착문화 속에 수용하지 않았더라면 경제적으로 번영할 수 없었을 것이다. 유명한 동양학자 니덤(Joseph Needham) 등의 저작은 1500년의 중국의 기술수준이 유럽보다 더 높았음을 보여 주고 있다. 그러나 중국이 가지지 못한 것으로서 유럽이 나중에 터득한 이른바 경험적 관찰과 실험은 점차 자연을 정복할 수 있도록 해 주는 과학적 방법이었다. 과학적인 방법 그 자체를 가능하게 해 준 것은 토대가 되는 물리적 원리에 대한 추상적 추론을 통해 보다 높은 수준의 인과관계를 이해하려 했던 정신자세였다. 이러한 특성은 아시아의 다신(多神)적·범신(凡神)적 종교문화와는 이질적인 것이었다. (중략)

다시 말해 자기의 욕구를 충족시키기 위해 사회계약을 토대로 함께 모이는 합리적인 개인으로 이루어진 사회는 오래 존속할 수 없다. 홉스를 겨냥하는 비판에 의하면, 이와 같은 사회에서는 공동체의 목표가 개인의 삶을 보호하는 것이기 때문에, 시민에게 보다 큰 공동체를 지키기 위해 자기의 삶을 희생할 동기를 부여할 수 없다. 더 폭넓게 이야기하면 개인이 합리적·장기적으로 자기이익만을 토대로 하여 공동체를 구성하면, 공익정신이나 자기희생, 또는 자부심이나 박애를 비롯하여 공동체를 살기 좋은 것으로 만드는 어떤 다른 미덕도 필요가 없을 것이다. 만일 가족이 기본적으로 합리적이고 자기이익을 추구하는 개인 간의 계약이라고 가정하면, 의미 있는 가족생활을 상상하기란 거의 불가능하다. (중략)

경제적 자유주의에서도 똑같은 주장을 할 수 있다. 현대의 경제가 시장에서 효용을 극대화하려는 합리적 개인의 상호작용에서 비롯된다는 데는 논란의 여지가 없다. 그러나 왜 어떤 경제는 번영을 하며, 어떤 경제는 정체하고 쇠퇴하는가를 설명하는 데 있어 합리적인 효용극대화라는 개념은 만족스러운 대답이 되지 못한다. 여가보다 일을 소중하게 생각하는 태도, 교육 중시, 가족태도, 동료에게 보내는 신뢰의 정도 같은 것은 경제적인 생활에 직접적인 영향을 끼치고 있으면서도 경제학자의 기본적 인간모델을 근거로 해서는 충분히 설명되지 않는 것이다. 개인주의가 공공정신에 의해 절제될 때에 자유민주주의가 정치제도로서 가장 잘 실현될 수 있듯이, 개인주의가 결속의 의지와 균형을 이룰 때 자본주의의 발전 역시 용이해진다.

3. 경제적 삶의 정신적 내면화

사회적 자본이라는 개념은 자본주의와 민주주의가 왜 밀접히 연관되어 있는지를 분명히 설명해 준다. 건강한 자본주의 경제란, 그 토대인 사회가 충분한 사회적 자본으로 사업, 기업, 관계망 등을 스스로 조직화할 수 있는 경제를 말한다. 스스로 조직하는 능력이 없을 때는 국가가 주요 기업과 사회의 각 부문에 끼어들 수 있다. 그러나 시장은 사적인 행위주체가 의사결정을 내릴 때 더욱 효율적으로 작동한다. (중략)

우리가 노동을 하고 돈을 버는 동기는 먹고 살기 위함이 아니라, 그러한 활동을 통해서만 우리는 승인·인정받을 수 있기 때문이다. 여기서 돈은 물질적인 것이 아니라, 사회적인 지위나 인정을 상징하게 된다. 스미스는『도덕감성론』에서 "우리의 관심을 끄는 것은 허영심이지 편리함이나 쾌락이 아니"라고 했다. 보다 높은 임금을 받으려고 파업하는 노동자는 단순히 탐욕이나 물질적인 혜택 때문에 그러는 것이 아니다. 파업은 자신의 노동을 다른 사람의 노동과 비교해서 정당한 보상을 받으려는 일종의 '경제정의'를 추구하는 활동이다. 다시 말해 자기노동의 진정한 가치를 인정하라는 요구이다. 이와 마찬가지로 사업왕국을 꿈꾸는 기업가는 자신이 벌어들인 수백만 달러를 마음껏 쓰려는 것이 아니라 오히려 새로운 기술과 서비스 창조자로서 인정받고 싶어 그러는 것이다.

제12장
진화한 전략으로서의 협력

유동운

> 인간의 경제적 본성이라는 측면에서 보면 대등한 존재 간의 사회계약 즉 신뢰를
> 바탕으로 하는 개체나 집단 간의 보편적인 호혜성이야말로 인류가 이룩한 가장
> 큰 성과의 본질이라고 볼 수 있다.
> 유동운

이 글은 유동운의 『경제본능론』(북코리아, 2002)에서 발췌한 내용이다.

제1절 | 본성과 제도의 배경

경제학이란 합리성이 제한되어 있는 기회주의적인 경제인이, 인간성
이라고는 전혀 찾아볼 수 없는 시장 속에서, 물질적 부를 둘러싸고 다른
사람과 상호작용(거래)하는 데서 나타나는 현상을 연구하는 학문이다. 경
제학은 물질적 거래를 통해, 정치학은 권력을 통해 각각 사람의 행동을
지배하는 형식을 연구하므로 모두 사람이 상호작용하는 형식을 다루는

사회학의 주제를 다루게 된다. 사회에서 일어나는 경제현상을 이해하려면 무엇보다도 개인간의 상호작용, 특히 사람이 물질적 부를 둘러싸고 어떠한 방식으로 경쟁·협력하는가를 알지 않으면 안 되는데, 상호작용하는 밑바탕에 깔려 있는 동기, 한 걸음 더 나아가 거래자의 본성을 이해하지 않으면 안 된다.

정치경제학이란 용어 자체가 정치학과 경제학은 서로 떼어놓을 수 없을 정도로 공통적 관심사를 연구하는 것으로 이해되는데, 최근 경제학연구가 정치학과 밀접한 관련을 맺으면서 경제학의 전제가 정치현상을, 반대로 정치학의 전제가 경제현상을 새롭게 설명하는 데 응용되고 있는 추세에 있다. 그래서 경제학의 사고와 그것이 갖는 정치적(법조문이 부수되는 것을 조건으로 하여) 의미를 스미스(Smith, 1776), 코즈(Coase, 1960), 포스너(Posner, 1977)가 제시한 이론적 개념을 통해 관련지어 보도록 하자(Hirshleifer, 1982).

① 스미스의 정리: 자발적 교환은 교환에 참여하는 당사자 모두에게 이득을 준다. 이는 법률이란 교환을 촉진할 수 있도록 인위적으로 만든 법적 장벽을 제거하거나 개인 간의 교환협정을 촉진시키는 방향으로 강화되어져야만 한다는 것을 의미한다.

② 코즈의 정리: 서로에게 이득을 주는 모든 교환은 관련 당사자의 자발적 교환을 통해 수행될 수 있다. 다른 사람에게 해를 끼치는 외부효과, 예를들어 상류업체가 사용하는 강물이 하류업체가 사용하는 공업용수의 수질을 악화시키는 효과도 교환과정을 통해 해결될 수 있다. 이러한 결론은 재산권이 최초 누구에게 부여되었는가에 관계없이, 재산권에 대한 권리가 잘 정의되어 있기만 하면, 항상 성립한다. 상류업체가 재산권(오염배출권)을 가지면 하류업체는 상류업체가 수질을 더럽히지 않도록 대가를 지급하고, 하류업체가 재산권(오염배제권)을 가지면, 상류업체가 수질을

더럽히는 대가를 하류업체에게 지급하는 방법을 통해 자발적 교환이 이루어진다. 따라서 상하류업체 사이에 대가를 결정하는 데 비용이 하나도 들지 않으면 재산권을 누가 가지든 효율적인 수준의 수질악화만 남게 된다. 이는 경제적 가치를 가진 모든 자원에 대해 법률로 재산권을 부여하여야 함을 의미한다. 동시에 거래자가 이처럼 합의하는 데 비용이 들지 않으면, 다시 말해 거래비용이 없으면 외부효과에 법이 개입할 필요가 없음을 의미한다.

③ 포스너의 정리: 현실의 세상에서는 거래비용이 발생하는 것을 피할 수 없는 까닭으로 개인 상호간의 협의가 효율적인 결과를 얻을 수 없다. 그렇다고 하면 재산권을 누구에게 부여하는가에 따라 효율적인 결과도 달라질 수 있다. 따라서 거래비용이 존재하면 법률이 나서서 효율적인 결과가 얻어질 수 있도록 재산권을 부여하는 대상을 결정할 수밖에 없다.

상기의 전제를 보다 이해하기 쉽게 진행시키려면, 진화적 사고가 사람 사이의 조화로운 교환을 다루는 데 두 가지 측면에서 적합하다. 첫째, 인간본성이다. 인간이라는 종 사이에 생래적으로 협력이나 갈등을 일으키는 능력은 어디서부터 오는가이다. 요약하면, 인간은 투쟁가인가, 아니면 박애자인가? 둘째, 사회제도이다. 인간의 본원적 패턴이 어떻게 생겨먹었든 간에, 전체적인 결과는 개인 사이의 상호작용을 규율하는 사회적 제약에 의존한다. 스미스는 이기적인 개인이 사회제도를 통해 상호이득이 되는 방향으로 협력하도록, 보이지 않는 손이 이들을 이끌어 준다고 주장하였다.

첫째의 인간본성은 인간역사를 통해 거의 변하지 않았고 모든 인간에게 똑같이 분포되어 있다. 둘째의 제도적·문화적 전경은 역사의 흐름에 따라 변하였고 또한 인간사회마다 다르다. 어떤 사회는 사유재산제도를 인정하는가 하면, 또 다른 사회는 이를 인정하지 않는다. 인간본성과 사회제도 모두, 인간 사이에 협력이나 갈등이 일어나는 상호작용에 대한 전망과 한계를 이해하는 데 필요불가결하다.

제2절 | **효율적인 상호작용**(거래)

거래에 참여하는 자가 합리적이면, 자발적 교환은 파레토우위(Pareto preferred)의 결과로 이끈다. 이는 스미스의 정리이다. 한두 거래 즉 계속 거래하여 더 이상 보다 나은 전망이 없는 상태에 도달하였을 경우, 경제학자는 이를 파레토효율(Pareto efficient)이라고 한다. 더 나아가 코즈정리에 따르면 거래가 시작한 곳이 어디인가에 관계없이, 재산권이 명확하게 확립되어 있고 거래하는 데 비용이 하나도 들지 않으면, 언제든지 거래자 사이의 자발적인 상호작용을 통해 파레토효율적인 결과에 도달한다.

그러나 모든 사회문제는 파레토우위로써 비교할 수 없는 경우가 허다하다. 대부분의 경우 사회변화는 한 사람에게는 이득을 주고, 다른 사람에게는 손해를 준다. 가령 여성의 취업을 제한하는 인위적인 장애가 제거되어 여성의 고용이 확대되는 경우, 여성과 기업가는 교환을 통해 이득을 보지만, 기존의 제3자인 남성은 임금의 하락형태로 손해를 본다. 이러한 경우 남성이 입는 피해를 보상하지 못하면 취업제한의 철폐는 파레토우위의 제도적 변화가 되지 못한다. 마찬가지로 의약분업으로 의사의 조제권이 약사에게로 넘어가면 약사에게는 이득을 주지만 의사에게는 손해를 준다. 이러한 경우에도 의사의 진료비를 인상시켜 피해를 입은 부분만큼 보상하면 의약분업은 파레토우위가 얻어질 수 있다. 그러나 진료비의 인상으로 국가와 국민은 그만큼 금전상으로 손해를 보기 때문에, 비록 의사와 약사 사이에는 파레토우위가 얻어지더라도 의약인과 국민 사이에는 파레토우위가 얻어지지 않는다.

이러한 논리에 따라 제로섬(zero-sum)의 사회에서 어떤 제도라도 손해를 입는 집단이 생겨나면 결국 어떤 정책도 시행할 수 없다는 결론에 도달하게 된다. 이러한 문제를 해결하기 위해 잠재적 파레토우위(potential Pareto preferred)란 개념이 제안되었다. 개인의 복지가 그가 소비하는 파이에 의해 측정된다면, 사회의 전체 파이를 증가시키는 방법은 잠재적 파레토우위를 충족시킨다. 즉 이득을 보는 자가 손해를 보는 자에게 보상하고도(실제로 보상하지는 않지만 계산상으로) 남는 부분이 있으면 잠재적 파레토 우위를 충족시킨다. 그러한 잠재적 파레토우위가 더 이상 존재하지 않는 경우에야 비로소, 거래해 봤자 더 이상 나올 것이 없으므로, 효율적인 자원배분의 상태에 도달하였다고 한다.

생물학자는 진화방향에 관심을 두는 데 가장 주요한 원칙으로 내세우는 것이 적응이다. 즉 유기체와 그 후손은 환경이 제공하는 생존틈새로 자신을 적응시키는 경향이 있다. 이들은 다른 유기체(환경에 빈 공간을 채우려고 증식하려는 맬서스적 경향)로부터 경쟁적 선택의 압력을 받기 때문에 적응한다.

적응원칙은 첫째, 외부환경이 진화과정을 궁극적으로 결정짓는 요인이 된다는 것을 의미한다. 둘째, 개별 유기체에 유리하게 작용한다고 하여 전체 종에게도 유리하게 작용하는 것은 아니란 점을 깨닫게 한다. 한 마리의 공작새가 화려한 깃털을 자랑하여 짝짓기에 성공한다고 하여 모든 공작새의 깃털이 화려하면 재생산에 유리한 것은 아니다. 오히려 포식자로부터 먹이대상이 되기 쉽다. 인간은 계속하여 상호작용하는 가운데에서 서로에게 유리하게, 궁극적으로야 자신에게도 이득이 되도록 적응한다. 경제학자와 생물학자는 궁극적으로 살아남는 행동이 어떤 것인지를 게임이론으로 설명한다.

제3절 | 갈등과 협력의 패턴: 진화상 균형

동물 사이의 경쟁과 협력은 게임이론을 가지고 설명된다. 수컷이 암컷을 차지하려고 싸우지만 왜 동물은 대부분의 경우 치명적인 피해를 입으면서까지 싸우지는 않는 것일까? 서열이 일단 정해지면 왜 질서가 계속 유지되는 것일까? 자신의 영토를 가진 동물은 침입자에 대해 항상 적극적으로 방어하고 침입자는 소극적으로 공격하는가? 이처럼 두 마리의 동물이 상호작용하여 거의 규칙성을 보여주는 현상을 진화상 균형(evolutionary equilibrium)전략이라고 한다.

마찬가지로 왜 인간은 역사의 절반을 피비린내 나는 싸움으로 서로가 보냈을까? 미국과 한국은 변함없이 좌측통행의 이동문화를 유지하는 데 왜 영국과 일본은 우측통행의 문화를 가지고 있을까? 기업에서 하급자는 왜 상급자의 지시에 복종하고 따르는가? 가난한 집에서 태어난 사람은 왜 부자집에게 유리한 기존의 재산권을 그대로 받아들이는가? 왜 무주물 선점의 원칙이 사람 사이에 이의 없이 받아들이지는 것일까? 사람의 평판이나 신뢰를 중시여기는 사회가 있는가 하면, 왜 어떤 사회는 그러하지 않은가? 이러한 의문을 알기 위해 몇 가지 단순한 게임모형으로 가지고 설명하고자 한다.

1. 피할 수 없는 함정게임

가령 〈표 2-1〉의 게임수지를 한번 살펴보자. 갑과 을의 두 사람이 두

가지 전략 1(좌측통행), 2(우측통행)를 가지고 상호작용한다. 게임이득행렬에서 알 수 있듯이 갑이나 을이 모두 똑같은 방향으로 통행하여야만(표에서 대각행렬이면) 갑이건 을이건 이득을 볼 수 있다. 서로 어긋나게 행동하면(표에서 비대각행렬이면) 손해를 본다. 〈표 2-1〉의 게임은 모든 사람이 잘못된 관습이라고 느끼지만 하는 수 없이 이를 따르고 있는 관습(문화)이 진화한 모습을 설명해 준다. 이를 피할 수 없는 함정게임(tender trap game)이라고 한다.

이러한 종류의 게임은 우리의 일상생활에서 흔히 찾아볼 수 있다. 예를 들어 도로보행관습, 언어법칙, 예의범절 등에서 나타난다. 이러한 게임은 사람의 활동을 조정하는 기능을 떠맡는데, 누구나 다른 사람도 그렇게 행동할 것이라고 예상하는 가운데에서 행동하기 때문에 서로에게 도움을 준다.

〈표 2-1〉에서 누구나 1번 관습이나 2번 관습을 따를 것에 합의할 수 있다. 물론 1번 관습이 2번 관습에 비해 모두에게 더 나은 이득을 제공하기 때문에 보다 나은 관습이라고 할 수도 있다. 그러나 1번 관습과 2번 관습 이외의 선택, 각자가 서로 다른 관습(갑은 1번, 을은 2번, 또는 갑은 2번, 을은 1번을 선택)을 선택하여 행동하는 경우에는 각자에게 '0'의 이득을 주기 때문에 1번 관습(5의 이득)과 2번 관습(2의 이득)에 비해서는 열등한 선택이다.

가령 에스페란토(1번 관습) 언어가 알파벳의 문화권을 가진 모든 사람

〈표 2-1〉 피할 수 없는 함정게임의 이득행렬

	을 1(좌측통행)	을 2(우측통행)
갑 1(좌측통행)	5, 5	0, 0
갑 2(우측통행)	0, 0	2, 2

에게 나은 언어이지만 모두가 영어(2번 관습)를 사용한다. 그렇다고 갑은 에스페란토 언어로서만 대화하고, 을은 영어로서만 대화하면 모두가 똑같이 영어를 사용하는 것보다 열등하다는 사실을 알 수 있다. 〈표 2-1〉의 게임에서는 1번이건 2번이건 사람 사이에 이해갈등이 일어날 까닭이 전혀 없다. 다만 1번 관습을 선택할 것인지, 아니면 2번 관습을 선택할 것인지를 역사적 산물로 받아들이거나 필요에 따라 조정하는 문제로만 남는다.

이러한 게임을 수학적으로 해결하려고 생겨난 개념이 내시균형이다. 미국의 영화 「뷰티풀 마인드」 속의 주인공으로 1994년 노벨 경제학상을 수상한 내시는 현실의 세계에서 스미스의 보이지 않는 손이 작동하지 않는 사례를 보여 주었다. 내시균형은 다른 사람의 전략을 주어진 것으로 하였을 때, 어떤 사람도 자신의 전략을 바꾸어서는 이득을 보지 못하는 상태를 말한다. 예를들어 〈표 2-1〉에서 (갑 1, 을 1)나 (갑 2, 을 2)의 두 관습은 모두 내시균형이다. 이것은 어느 누구라도 다른 전략을 선택하게 되면 상대방은 물론 자신도 손해를 보기 때문이다. 그런 까닭으로 (갑 1, 을 1)이나 (갑 2, 을 2)가 관습으로 자리 잡은 이상, 다른 곳으로 이동하지 않는 균형상태에 도달한다.

2. 진화상 안정된 게임

이와는 다른 게임으로 진화상 균형게임을 생물학자 스미스(John Maynard Smith, 1982)가 제시하였는데, 이는 동일한 군집에 속하는 두 개체가 임의로 부닥치는 경우에 일어날 상황을 설명하고자 제시되었다. 하나의 전략은 상대에게 패하는 전략으로 결국 다른 개체에 비해 수익이 평균적으로 작기 때문에 진화적 의미에서 쫓겨나는 것을 말한다. 평균수익은 각 전략을 선택한 개체의 수적 비율에 의존하게 되는데 그에 따라 동학적 과정을 통한 가능한 균형을 다룰 수 있다. 이를 진화상 안정된 게임(ESS)이라 한다.

가령 〈표 2-1〉에서 1번을 선택하는 개체수의 비율이 당초 2/7보다 높으면, 1번을 선택하여 얻게 되는 평균수익은 2번을 선택하여 얻게 되는 평균수익보다 높기 때문에, 이러한 경우 1번 전략이 2번 전략을 쫓아낼 것이다. 가령 을이 7회의 게임 중에서 1번을 2회 택하고, 2번을 5회 택하였을 경우에 갑이 1번을 택하여 얻는 이득은 $5 \times (2/7) + 0 \times (5/7) = 10/7$이고, 갑이 2번을 택하여 얻는 이득은 $0 \times (2/7) + 2 \times (5/7) = 10/7$이다. 즉 갑은 1번을 택하나 2번을 택하나, 이득의 결과는 동일한 10/7이다. 이제 1번을 선택하는 개체수의 비율이 3/7이라고 하자. 그러면 을이 7회의 게임 중에서 1번을 3회 택하고 2번을 4회 택하였을 경우에 갑이 1번을 택하여 얻는 이득은 $5 \times (3/7) + 0 \times (4/7) = 15/7$이고, 갑이 2번을 택하여 얻는 이득은 $0 \times (4/7) + 2 \times (3/7) = 6/7$이다. 15/7이 6/7보다 분명히 큰 값이므로, 2번보다는 1번을 선택하는 것이 이득이 된다.

따라서 1번을 선택하는 개체수의 비율이 2/7보다 높은 한, 잠재적 파레토 우위의 원칙하에서 사회전체의 파이를 최대로 만드는 효율적인 해결책인 (5, 5)가 진화상 균형으로 도달하게 된다. 이러한 경우에는 파레토우위까지 달성한다. 그러나 최초의 출발이 2/7보다 작았다면 진화상 균형은 (2, 2)에 도달한다. 그러므로 두 개의 내시균형은 모두 진화상 균형이 된다. 개체수의 비율 2/7은 상호에게 우위를 얻게 하도록 이끄는 일종의 임계점이다. 임계점이 갖는 의미는 7명의 사회구성원 중에서 1번을 선호하는 사람이 3명 이상이 되면 좌측통행의 관습이 바로 들어선다는 것을 의미한다.

허실라이프(Hirshleifer, 1982)는 우위가 덜한 상태로부터 우위가 나은 진화상의 균형상태로 이동한 사례가 팔레스타인 지역에 거주한 유대인의 언어로, 이들은 이디쉬 언어로부터 히브류 언어를 사용하는 집단으로 이동하였다고 한다. 언어가 좌측에서부터 우측으로 이동할 것처럼 보이지는 않는다. 마찬가지로 우측으로부터 좌측으로 이동할 것처럼 보이지 않는다. 가령 측정 단위를 피트체계로부터 미터체계로 이동하거나 구정을 신정으로 옮기는 것은 법에 의한 강제력에 의지하지 않고서는 가능할 것 같지 않다. 이것은 사회 구성원 중에서 피티체계나 신정을 채택하는 사람이 상대적으로 적기 때문이다. 그런 까닭으로 한번 자리잡은 관습이 좀처럼 바뀌지 않는 까닭은 이미 내시균형의 진화상 균형상태에 도달하였기 때문이다.

가령 전화가 걸려와 통화하는 중에 중단되었다고 하자. 이러한 경우 통화를 재개하기 위해 당초 전화를 걸었던 사람이 다시 전화를 걸어야 하는지, 아니면 전화를 받은 사람이 다시 전화를 걸어야 하는지는 그 사회에 지배하는 관습에 따라 다르다. 이러한 게임도 〈표 2-1〉과 같은 조정 게임에 속한다. 우리나라와 같은 동양사회에서는 어른을 우대한다는 관습으로 두 사람 중에서 나이 어린 사람이 먼저 통화를 재시도하려고 나설 것이다. 그러나 "목마른 자가 우물판다"라는 속담이 있듯이 문화를 통틀어 경제적으로 이해관계가 있는 사람이 전화를 다시 걸 것으로 추측된다.

〈표 2-2〉 겁쟁이 게임(chicken game)의 이득행렬

	을 1(stop)	을 2(go)
갑 1(stop)	0, 0	-10, 20
갑 2(go)	20, -10	-100, -100

3. 겁쟁이게임

〈표 2-2〉는 겁쟁이게임(Chicken game, 제임스 딘이 주연한「이유없는 반항」이란 영화에 나오는 자동차 경주승부)이라고 알려져 있는데, 두 경기자가 자동차를 전속력으로 몰아 절벽가장자리로 질주하여 가장 최후까지 버티는 경기자가 상대방을 물리치는 게임이다. 갑이 낭떠러지에 떨어지지 않도록 핸들을 돌리면(stop) 겁쟁이(chicken)가 되어 경멸의 대상이 된다. 그러나 두 개체가 모두 핸들을 꺾지 않고 질주하면(go) 모두 절벽으로 떨어져 죽는다(각자에게 -100). 또는 두 개체가 모두 겁쟁이가 되면 없었던 일(각자에게 0)로 끝난다. 물론 가장 바람직한 상황이란 상대방이 겁쟁이가 되어 경멸의 대상(-10)이 되고, 자신은 용감한 사나이가 되어 구경하고 있는 여자친구들로부터 영웅대접(+20)을 받는 상황이다.

여기서는 내시균형이 2개이다. 다만 앞의 〈표 2-1〉과 달리 표의 비대각행렬 (갑 1,을 2)와 (갑 2,을 1)이 내시균형이라는 데 차이가 있다. 정의상 내시균형상태에서 다른 전략을 선택하면 손해(20→0, 또는 -10→-100)를 본다. 또한 〈표 2-2〉의 내시균형은 다른 조합과 비교하여 파레토우위는 아니지만, 사회전체의 입장에서(두 개체의 이득을 결합하는 입장에서) 다른 조합에 비해 가장 높은 이득(10=-10+20)을 준다.

그러나 겁쟁이게임은 두 개체의 이득을 결합한 값이 최대로 되지 않는 경우에도 지속될 수 있는 특성을 갖는다. 가령 (20, -10)의 이득이 〈표

〈표 2-3〉 겁쟁이 게임(chicken game)의 이득행렬

	을 1(stop)	을 2(go)
갑 1(stop)	0, 0	-10, 5
갑 2(go)	5, -10	-100, -100

2-3〉에 나타난 바와 같이 (5, -10) 및 (-10, 5)로 변경되었다고 하자. 그래도 여전히 내시균형을 유지한다. 그러나 내시균형이 아무리 효율적인 결과라고 하더라도 행렬의 각 요소가 대각선 이외에 자리잡는 한, 동질의 속성을 가진 군집 내에서는 진화상 균형이 될 수가 없다. 그 이유는 내시균형이 보완적 전략(예를들면 (갑 1, 을 2))을 요구하는데, 동질의 군집(모두 stop이나 go의 동일한 성향을 가진 구성원) 내에서 우연히 만나는 개체끼리 상호보완적인 전략((갑 1, 을 2) 또는 (갑 2, 을 1))을 선택함은 불가능한 일이기 때문이다.

그러면 겁쟁이게임에서 진화상의 균형은 어디에 있는가? 이는 각 전략에 돌아가는 평균이득을 전략 1(겁쟁이)을 선택하는 개체수의 비율 p의 함수로 표시함으로써 계산할 수 있다. 가령 〈표 2-2〉에 주어진 이득행렬의 값으로서는 진화상 균형은 $p=9/11$에서 일어난다. 즉 을이 11회의 게임 중에서 1번을 9회 택하고, 2번을 2회 택하는 경우에 갑이 1번을 택하여 얻는 이득은 $0×(9/11)-10×(2/11)=-20/11$이고, 갑이 2번을 택하여 얻는 이득은 $20×(9/11)-100×(2/11)=-20/11$이다. 군집 내의 개체가 모두 동질이기 때문에 각 개체가 매회의 게임에 모두(동질이므로 모두 같은 전략을 동시에 취한다) 겁쟁이전략을 9/11만큼 선택하고, 모두 영웅전략을 2/11만큼 선택하여 균형에 도달할 수 있다. 이를 혼합전략이라고 한다. 그러면 각자에게 돌아가는 평균이득은 -20/11이 된다.

이러한 경우 비록 행렬의 요소가 대각선에 머무를 수는 없으나, 모두가 겁쟁이가 됨으로써(-100보다는 0을 획득) 잠재적 협력의 이득이 얻어지는 것이 분명하다. 그러나 이 협력적인 전략은 진화상의 균형은 아니다. 이것은 겁쟁이가 너무 많아지면 진화상의 균형을 얻게 하는 혼합전략에 근접한 전략을 선택하는 개체에 비해 겁쟁이들이 평균적으로 손해를 더 많이 보고서는 멸종해버리기 때문이다.

4. 매-비둘기게임

행렬의 요소가 대각선 이외의 자리에 머무는 결과를 얻는 게임은 상금을 걸고 다투는 두 개체에게 잘 들어맞는다. 이를 스미스(Smith, 1982)는 매와 비둘기(hawk-dove)게임이라고 했다. 가령 〈표 2-4〉에서 매와 비둘기 게임을 보여 주고 있는데, 여기서 동물로서의 매와 비둘기를 의미하는 것이 아니고 단지 그러한 성향을 나타낸 것에 지나지 않는다. 자연에서는 매(싸우느냐)와 비둘기(도망가느냐)의 선택에 직면하는 유기체의 예를 많이 볼 수 있다. 인간사회에서도 이러한 상황, 예를들어 전쟁, 정치, 사업 등의 분야에서 상대방을 밀어부칠(매) 것인가 아니면 상대에게 양보할(비둘기) 것인가를 두고 고민한다.

이러한 게임의 핵심은, 갈등이 현실적으로 일어날 가능성이 있을 경우, 각 개체가 더 큰 손해와 좀 작은 손해를 비교하여 균형을 유지하려는 경제적 계산본성이 작동한다. 〈표 2-1〉의 게임에서는 임계점이 비효율적인 상태로부터 벗어날 수 있는 방법이었다. 겁쟁이게임과 매-비둘기게임에서는 매와 매의 상호작용으로 서로가 손해를 입을 확률은 커지고 그에 따라 진화상 균형의 혼합전략형태를 취할 수 있다.

〈표 2-4〉에서 매가 비둘기를 만나면 10의 이득을 얻고, 대신 비둘기는 하나도 얻지 못한다. 그러나 매와 매가 만나면 두 매는 모두 커다란 손해(-5)를 본다. 그리고 비둘기와 비둘기가 만나면 모두 약간의 이득(2)을

〈표 2-4〉 매-비둘기게임의 이득행렬

	을 1(비둘기)	을 2(매)
갑 1(비둘기)	2 ,2	0, 10
갑 2(매)	10, 0	-5, -5

얻는다. 여기서 진화상 균형전략은 비둘기전략을 선택하는 개체수의 비율이 $p=5/13$인 경우이다. 즉 을이 13회의 게임 중에서 1번을 5회 택하고, 2번을 8회 택하는 상황에서 갑이 1번을 택하여 얻는 이득은 $2\times(5/13)+0(8/13)=10/13$이고, 갑이 2번을 택하여 얻는 이득은 $10\times(5/13)-5\times(8/13)=10/13$이다.

임계점이 안고 있는 문제는 한 개체는 매를, 다른 개체는 비둘기를 선택할 수 있는 길이 없다는 데 있다. 이를 피하는 방법으로 각 개체가 부닥칠 때, 한쪽은 매의 역할을 선택하고, 다른 쪽은 비둘기의 역할을 선택하는 방식으로 합의하는 방법을 생각할 수 있다. 그렇게 되기 위해서는 각 개체가 절반은 매를, 절반은 비둘기역할을 담당하여야만 가능해질 수 있다. 이러한 경우에는 〈표 2-1〉과 달리 서로 다른 전략과 짝(갑 1, 을 2)이 지어진다. 이러한 전략은 동시에 잠재적 파레토우위의 상태가 되도록 유도하는데 '선착자 선점'의 관습은 바로 이러한 경우에 나타나는 게임을 두고 말한다.

가령 서로 먹이를 구하려고 탐색하는데, 먹이가 있는 곳에 임의의 확률로 도착한다고 하자. 각 개체가 확률적으로 절반은 먼저이고, 따라서 다른 개체는 절반은 이후이다. 자연상태에서 소유권이나 재산권은 이와 같은 방식으로 형성되었다. 물론 수학적으로는 '후착자선점'의 관습도 가능하다. 그러나 인간사회에서도 찾기 어려운 관습인데, 하물며 자연에서는 이러한 관습이 지배하는 예가 거의 없다.

갈등을 줄이기 위한 관습으로 '선착자선점'의 관습이 태어난 경우를 스미스(Smith, 1980)는 무관한 비대칭(uncorrelated asymmetry)이라고 했다. 가령 남자가 여자에게 양보하는 관습은 이에 속한다. 유관한 비대칭(correlated asymmetry)도 중요한데, 가령 매처럼 행동하는 데 적합한 능력을 가진 개체가 있는가 하면, 비둘기처럼 행동하는 데 적합한 능력을 가진 개체가 있을 경우에 두 개체 사이에는 차이(비대칭)가 존재한다. 마찬가지로 개체가 동질의 본성(매 아니면 비둘기)을 갖고 있지만 게임의 상금을 평가하는 데에 차이를 두면 그것도 비대칭게임에 속한다. 가장 전형적인 관습은 "약자는 강자에게 양보한다"라는 관습을 들 수 있다.

동물학자 로렌츠(Lorenz, 1966)는 자연에서 이러한 관습이 대개 확립되어 있는 까닭에 상호작용하는 동물의 세계에서 쉽게 관찰된다고 한다. 자연의 동물은 자신의 몸을 버리면서까지 강한 전략을 선택하지 않고 제한된 위협을 가해 보고 나서 힘이 부족하다고 느끼면 일방적으로 도망간다. 즉 "약자는 강자에게 양보한다"라는 관습이 동물세계를 지배한다.

5. 죄수의 딜레마게임

이제 〈표 2-5〉의 죄수의 딜레마게임(prisoner's dilema game)을 한번 살펴보자. 개인이 이기적인 행동이 보이지 않는 손에 이끌려 사회 전체에 이득을 준다는 스미스의 견해에 대립하는 주장이다. 즉 개인이 이타적으로 행동하였으면 얻을 수 있는 이득을 모두 얻지 못하는 경우를 말한다. 바로 이웃에서 장사를 하는 두 사람이 "상대방이야 죽건살건 나 자신만 살면 된다"라는 이기적 행동으로 결국 모두가 다 죽어 버리는, 다시 말해 두 사람 모두 실실(失失)하는 결과를 낳는 게임을 죄수의 딜레

〈표 2-5〉 죄수의 딜레마게임의 이득행렬

	나	너
	살자(을 1)	죽자(을 2)
살자(갑 1)	-1, -1	-20, 0
죽자(갑 2)	0, -20	-10, -10

마게임이라고 한다.

즉 상대방이 살자(높은 가격으로 판다) 하고 나오면 여기서는 죽자(매상고를 올리려고 가격을 인하한다)라는 전략을 택하여 높은 이득을 볼 수 있고, 상대방이 죽자(낮은 가격으로 판다) 하고 나오면 여기서도 죽는 전략을 선택할 수밖에 없으므로 결국 두 사람 모두 죽는 상태를 맞이하게 된다. 두 사람이 사이좋게 협력하여 두 사람 모두 돈을 벌 수 있는 살자의 모습(두 사람 모두 勝勝)은 이기적인 개인의 선택으로 얻어지지 못하고, 결국 모두 죽는 상황이 사는 상황을 지배한다. 그리고 모두 죽는 상황은 내시균형으로서 유일하게 진화상의 균형인데, 균형이란 용어 자체가 모두 죽는 상황을 피할 수 없다는 점을 강조한다. 이는 〈표 2-1〉의 (갑 2, 을 2)의 결과와 유사하다.

죄수의 딜레마게임은 여러 가지 현실에 응용될 수 있는데, 가장 전형적인 것이 외부효과가 발생하는 자원이나 공유재산을 이용하는 경우에 흔히 일어난다. 모든 나라가 포경업을 하지 않으면 고래자원의 보호를 통해 이득을 볼 수 있으나 개별국가는 장기적인 효과를 고려하지 않고 포경업에 나서는 것이 이득이 된다. 그 결과 하나둘씩 모든 국가가 포경업에 뛰어드는 바람에 고래자원을 고갈시켜 모두가 손해를 보는 일이 벌어진다. 카르텔협정에서도 그대로 적용된다. 모두가 협정을 준수하면 이득(-1)이 돌아오는 데에도 불구하고 회원이 자신만의 이익을 위해 협정에 벗어나는 행동을 하면 회원 모두가 손해(-10)를 본다.

1970년대 한국의 대미 수출주력상품의 하나가 가발이었다. 수요자는 미국 흑인이었는데 한인 가발상은 한 푼이라도 더 벌겠다고 지나친 극한 경쟁을 벌였다. 처음에는 고급장식품에 속하여 1970년 당시 100달러였던 값이 불과 2~3년 사이에 20달러, 때로는 10달러까지 폭락하였다. 결국 돈없는 흑인도 너도나도 쉽게 살 수 있게 되자, 주고객이던 돈 있는 흑인은 돈 없는 흑인들과 차별화하려는 뜻에서 가발을 기피하기 시작했다. 결국 5년도 채 못 가 가발 붐은 우리 손으로 죽여 버린 꼴이 되었다고 한다.

이와 같은 양상이 한국 이민자가 뉴욕에서 경영하는 과일가게와 생선가게, 그리고 드라이클리닝 가게에서도 거의 똑같이 일어났다고 한다. 같은 동포가 운영하는 가게를 상대로 "너 죽으면 내가 산다"는 생각에서 승산없는 싸움을 벌인 것이다. 그것이 결국은 "너 죽고 나 죽자"는 싸움으로 종결되다 보니 이국땅에서 돈을 벌 수 있는 좋은 기회를 놓치고 말았다고(이동호, 『개인만 있고 국가는 없다』, 1998) 한다.

코비(Stephen Covey)는 『The 7 Habits of Highly Effective People』(1989)에서 '너죽고 나죽기'식의 이혼사례를 들려 주었다. 법정에서 남편은 판사로부터 모든 재산을 팔아 그 절반을 부인에게 주라는 명령을 받았다. 이에 따라 그 남편은 1만 달러짜리 자동차를 50달러에 팔아, 그 절반인 25달러를 부인에게 주었다. 그러자 그 부인이 항의를 했고, 법원에서 상황을 조사해 보니 남편은 자기재산 모두를 이와 똑같은 방식으로 계획적으로 처분하였다고 한다.

제4절 | 죄수의 딜레마로부터 벗어나는 길

1. 매-비둘기-인간게임

'너 죽고 나 죽기게임'은 협력이 실패하는 근거를 제공한다. 왜 사람 사이에 바람직하지 않는 상황이 벌어지는가 하면, 상대방에 협조하지 않는 전략이 진화상 안정된 전략의 내시균형이기 때문이다. 그렇다면 생물

세계가 항상 죄수의 딜레마게임으로만 귀착될까? 아마 그렇게 되었다고 하면 생존의 길고 긴 적응의 기간에 거의 모두 멸종하고 말았을 것이다. 앞에서 겁쟁이게임이나 매-비둘기게임에서 협력이 실패로 돌아가는 현실을 탈피하고자 '선착자선점의 원칙'이 적용될 수 있음을 살펴보았다. 그래서 협력이 실패로 돌아가지 않을 가능성을 한번 찾아보도록 하자.

가령 매-비둘기게임에서 새로운 제3의 전략으로 '인간'전략을 하나 추가해 보자(hawk-dove-human game). 인간전략이란 누가 자원을 선점하게 되면 매처럼 행동하고, 한 발짝 늦게 도착하면 비둘기처럼 행동하는 전략을 말한다. 다시 말해 무주물을 습득한 소유주가 자신의 재산을 방어하기 위해서는 싸우고, 소유하지 못하게 된 자는 소유주에게 양보하는 전략이다.

가령 〈표 2-6〉에서 (갑 3, 을 1)은 인간(선착자에게 우선권을 인정해 주는 성향)이 비둘기(양보하는 성향)를 만나는 때의 이득으로, 인간은 '6'을, 비둘기는 '1'을 얻는다. 그리고 〈표 2-6〉의 (6,1)에서 '6'이란 수치는 〈표 2-4〉에서 매-비둘기가 만나 매가 벌어들이는 '10'의 이득과 비둘기-비둘기가 만나는 때에 비둘기가 벌어들이는 '2'의 이득이 편의상 각각 절반씩 부닥친다고 할 경우에 얻어지는 값[(10+2)/2]으로 하였다. 마찬가지로 '1'의 수치는 〈표 2-4〉에서 비둘기-매가 만나 비둘기가 벌어들이는 '0'의 이득과 비둘기-비둘기가 만나는 때에 비둘기가 벌어들이는 '2'의 소득이

〈표2-6〉 매-비둘기-인간게임의 이득행렬

	을 1(비둘기)	을 2(매)	을 3(인간)
갑 1(비둘기)	2, 2	0, 10	1, 6
갑 2(매)	10, 0	-5, -5	2(1/2), -2(1/2)
갑 3(인간)	6, 1	-2(1/2), 2(1/2)	5, 5

각각 절반씩 부닥친다고 가정할 경우에 얻어지는 값[(0+2)/2]이다.

〈표 2-6〉에서 효율성의 측면에서 보면 사회 전체가 '10'의 이득을 얻는 (갑 1,을 2), (갑 2,을 1), (갑 3,을 3)이 잠재적 파레토우위의 상태이다. 동시에 내시균형이다. 그러나 진화상 균형이 되려면 다른 조건이 부가되어야 한다. 그러기 위해 각각의 전략, 즉 매, 비둘기, 인간의 전략을 택하는 경우에 얻어지는 이득을 각각 a, b, c라고 하면, 이 값은 모두 매, 비둘기 그리고 인간이 만나는 비율(p, q, r)에 의존한다. 그러면 각 전략이 다른 전략을 물리치는 p, q, r의 값을 알 수 있다. 이 작업은 매우 복잡하기 때문에 단지 각 비율이 취할 수 있는 값의 범위를 그림으로 표시하면 [그림 2-1]과 같이 나타난다.

[그림 2-1]에서와 같이 p, q의 값에 따라 원점 0으로 수렴한다. 즉 p=q=0이고, 따라서 r=1인 (갑 3,을 3)의 상태로 지향한다. 다시 말해 인간 전략만이 진화상 균형전략이 된다. 비록 점 A에서는 세 가지 전략이 균형된 값을 유지하지만(a=b=일정), 이는 진화상 안정된 상태가 아니다. 그런 까닭으로 동물세계에서 영토를 선점한 개체가 침입자를 대개 물리친다. 다시 말해 방어·침입하는 동물이 모두 인간전략을 선택한 것

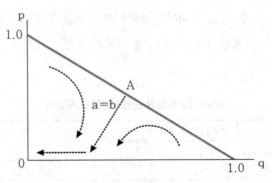

[그림 2-1] 인간전략으로 진화하는 게임

이 된다.

가령 (갑 3, 을 3)이 (5, 5)가 아니고 (4, 4)로 되는 바람에 사회 전체적으로는 효율적인 상태가 되지 못한다고 하더라도 (즉 (갑 1, 을 2)이면 '10'인데 (갑 3, 을 3)은 '8'이다), (갑 3, 을 3)은 유일한 진화상 균형상태가 된다. [그림 2-1]의 점 A가 매-비둘기로 결합된 경우에는 안정된 균형상태인데, 이 상태가 진화상 균형이 될 수 없는 까닭은 매-비둘기로 결합된 개체가 인간-인간으로 결합된 상대를 만나 매-비둘기상태로 돌아가게 할 것 같지는 않기 때문이다.

2. 대칭적 전략

죄수의 딜레마게임에서 살자전략은 최선의 금법칙(golden rule)이고, 죽자전략은 최악의 동법칙(bronze rule)이라고(Hirschleifer, 1982) 한다. 그런데 상대가 살자라는 메시지를 보내면 여기서도 살자로 대응해 주고, 상대가 죽자 하고 덤비면 여기서도 죽자 하고 대응하는 전략을 이

〈표 2-7〉 죄수의 딜레마게임의 이득행렬(이득(b)과 비용(c)으로 표시)

	을 1(살자)	을 2(죽자)
갑 1(살자)	-c+b, -c+b	-c, b
갑 2(죽자)	b, -c	0, 0

〈표 2-8〉 보복이 따르는 죄수의 딜레마게임의 이득행렬(이득(b)과 비용(c)으로 표시)

	을 1(살자)	을 2(죽자)	을 3(보복)
갑 1(살자)	-c+b, -c+b	-c, b	-c+b, -c+b
갑 2(죽자)	b, -c	0, 0	0, 0
갑 3(보복)	-c+b, -c+b	0, 0	-c+b, -c+b

	을 1(살자)	을 2(죽자)
갑 1(살자)	-c+b, -c+b	-c, b
갑 2(죽자)	b, -c	0, 0
갑 3(보답, 보복)	-c+b, -c+b	0, 0

른바 보복전략이라고 하는데, 이는 최선은 아니나 그렇다고 최악은 아닌 차선의 은법칙(silver rule)이 될 수 있다.

〈표 2-7〉은 죄수의 딜레마게임의 이득과 비용을 표시하였는데(단 b>c), 여기에 보복전략이 또 하나의 전략(행동)으로 추가된 결과, 〈표 2-8〉의 이득행렬을 얻는다. 〈표 2-8〉의 게임에서는 대칭적인 두 가지의 내시균형이 발생하는데 (죽자, 죽자)와 (보복, 보복)이다. (보복, 보복)은 (살자, 살자)와 동일하게 효율적인 상태이다. 그러나 이 두 개의 내시균형은 불안정하다. 이것은 각자가 다른 곳으로 이동하여 이득을 보다 많이 차지할 수 있는 여지가 있기 때문이다. 그에 따라 내시균형에서 벗어나 진화상 균형으로 나아가게 된다. 그 결과 각 전략을 택하는 비율, 다시 말해 각각의 성향을 가진 사람을 만나는 비율에 따라 진화상 균형의 결과는 달라질 수 있는데 결국 죄수의 딜레마상태(죽자, 죽자)가 최종적인 진화상의 균형전략으로 낙착된다.

또 죄수의 딜레마게임이 반복하여 이루어지는 반복게임의 경우, (살자, 살자)의 균형을 얻을 수 있다고 이야기하나, 게임이 종료되는 마지막 단계의 게임에서는 죽자전략을 선택하는 것이 이득이 되기 때문에(이후 만나지 않을 이웃상대여서) 마지막 게임에서부터 앞으로 또 앞으로 거슬러 올라가다 보면 결국 처음부터 (죽자, 죽자)의 균형을 얻게 된다.

3. 연고주의와 혈연선택

연고주의(nepotism)란 예를들어 부친은 다른 자식보다 자신의 자손만을 돌본다는 행동양식을 말한다. 통속적으로 입에 오르내리는 "피는 물보다 진하다"라는 관념은 연고주의를 대변하는 말이다. 상대방에게 도움을 주는 유전자와 도움을 주지 않는 유전자가 경쟁하는 경우, 도움을 주지 않는 유전자가 무임승차자가 되기 때문에 도움을 주는 유전자는 멸종하고 만다. 그러나 친족 간의 게임에서는 '너 죽고 나 죽기'의 죄수의 딜레마에서 벗어날 수 있다.

유전적 인척관계를 나타내는 혈연도가 1/2이라고 하면 비용 대 이득의 비율이 c/b<1/2인 경우, 살자전략이 탄생한다. 즉 죽는 친족보다, 사는 친족이 진화상 생존할 가능성이 높을 경우란, c/b가 혈연도보다 낮은 경우이다. 너 죽고 나 죽기의 딜레마에서 벗어나는 상태를 관찰할 수 있는 경우란 인척끼리 게임을 벌이는 경우이다. 흔히 유대인, 중국인, 이탈리아인, 한국인은 친족끼리 거래하는 경우가 흔한데, 이는 혈연선택이 이득을 지배하여 진화상 안정된 전략을 선택하도록 이끈다는 것을 의미한다.

4. 비대칭적 전략

게임에 참여하는 개체가 동질적이면 대칭적 게임이지만 그렇지 못할 경우 비대칭적 게임이 된다. 죄수의 딜레마게임에서 상대에게 도움을 주지 않는 것이 진화상 균형이 되는 바람에 결과적으로 개체의 생존가능성을 떨어뜨린다. 그러나 비대칭적인 게임의 경우, 예를들어 벌과 꽃 사이에 벌이 도움을 주지 않으면, 다시 말해 꽃에게 꽃가루받이를 해 주지 않으면 자신과 꽃의 생존가능성이 줄어든다. 이러한 경우 죄수의 딜레마게임이 아니고 따라서 도움을 주는 상태를 선택하여 상호이득을 얻을 수 있다. 남성끼리는 대칭적 게임이어서 서로 으르렁거릴지 몰라도 남성과 여성 사이에는 비대칭적 게임이어서 대개 협력하는 상태를 얻는다.

이제 위협과 약속을 전략으로 선택하는 또 하나의 게임을 〈표 2-9〉와 같이 표시하였다. 상대방이 같이 살자고 신호를 보내면 여기서도 보답하지만 같이 죽자고 나오면 여기서도 응당 보복하는 전략을 선택한다. 그러면 을이 갑의 전략에 대해 이미 대화를 통해 알고 있고, b>c인 한, ((보답+보복), 살자)을 얻는다. 이러한 게임은 흔히 위계조직에서 상급자(갑)가 하급자(을)에게 보상(승진)과 보복(처벌)을 미리 알려 주고 자신은 이를 보답하는 경우인데, 상하급자가 서로 함께 작업하는 경우(기업조직에서) 하급자는 상급자에게 살자전략을 취한다는 사실을 보여 준다.

제5절 | 보편적 호혜성

사람이란 여러 번 경험하여 상대방의 마음(전략)을 읽는 것이 아니라 게임이 진행되면서 곧 바로 배반할 가능성이 있는 사람을 가려 낸다. 경제학자 프랭크 등(Frank, Gilovich & Regan, 1993)은 서로 전혀 모르는 사람 30명을 30분간 한방에 머물게 하고 나서 각자에게 만약 한판 승부의 죄수의 딜레마게임을 벌이면 어떤 사람이 배반할 것으로 보이는가라는 질문에 대하여 거의 통계학상으로 납득할 만한 대답을 얻었다. 이는 사람이란 전혀 서로 모르다가도 30분 정도의 짧은 만남이라도 있으면 상대방의 신뢰도를 금방 알아챌 수 있다는 것을 뜻한다. 추방전략이란 신뢰가 없으면 게임에 참여하지도 못하는 까닭에 협력의 보상은 물론 배반의 유혹까지도 아예 차단되는 비호혜적인 자에 대한 강한 징벌을 의미한다. "안

인심이 좋아야 바깥양반 출입이 넓다"라는 우리의 속담에도 있듯이 상호호혜주의는 분명한 대가관계가 있음을 의미한다. "물에 빠진 놈 건져 놓으니까 내 봇짐 내놓으라 한다"는 속담에서 볼 수 있듯이 우리 조상이 기회주의적인 성향과 대가없는 비호혜적인 행동을 깎아내린다.

프랭크는 사람이 자신의 명성에 금이 가지 않도록 하기 위해 호혜적인 행동을 보여 줄 뿐만 아니라, 공평하게 분배하려는 성향을 보여 주는 최종 흥정게임(ultimate bargaining game)을 제안하였는데, 이 게임에서 두 사람이 나누어 가지는 조건으로 한 사람에게 100파운드를 주면, 거의 대부분의 실험의 결과, 배분비율이 99:1이 아니고 50:50으로 공평하게 나누어 가지는 것으로 나타났다.

화폐가 실물자본의 한 형태이듯 신용은 사회자본의 한 형태이다. 여러 사람이 이탈리아 남부와 북부가 번영에 차이를 보여 준 배경을 유전적 차이로 규명해 보고자 노력하였으나 결국에는 신용에서의 격차가 그러한 차이를 만들어 내었다는 결론에 도달하였다. 즉 북부지방은 오래 전에 축구 클럽과 상인길드가 정착되어 사회적 신용을 조장하는 데 기여하였는데, 좀더 낙후되고 봉건적인 남부에서는 사회적 불신 때문에 이런 것이 정착하지 못했다고 한다. 이탈리아 남부와 북부가 유전적으로 섞여 있는 마당에 역사적으로 그토록 이질적인 모습을 보여 주는 이유는 남부가 전통적으로 강력한 군주와 대부의 사회인 데 비해, 북부는 강력한 상인의 사회였음을(Putnam, 1993) 강조한다.

경제발전에서 서양과 동양의 차이를 권위주의적 위계질서의 존재 여부를 가지고 평가할 수는 없다고 하는 회의적인 시각도(Fukuyama, 1995) 있으나 인간의 경제적 본성이라는 측면에서 보면 대등한 존재 간의 사회계약 즉 신뢰를 바탕으로 하는 개체나 집단 간의 보편적인 호혜성이야말로 인류가 이룩한 가장 큰 성과의 본질이라고(Putnam, 1993) 볼 수 있다.

고대로마에는 평민과 귀족의 두 계급이 있었다. 귀족계급이 정치적 권력을 독점하고 평민은 원로원이 될 수 없었고 귀족을 상대로 소송을 제기할 수도 없었다. 평민이 유일하게 특권을 가지는 것은 군에 입대해 로마를 위해 전쟁터에 나가는 길뿐이었다. B.C 494년에 평민계급이 종군을 거부하는 파업을 일으키는 데 성공하였다. 다급하게 집정관 발레리우스(Valerius)로부터 파업에 책임을 묻지 않는다는 약속을 얻어 낸 그들은 다시 군에 복귀해 아에키족, 볼스키족 그리고 사빈족을 차례로 물리치고 로마로 귀환하였다. 은혜를 모르는 원로원이 발레리우스의 약속을 번복하자 분노한 평민은 로마 외곽의 산에 캠프를 치고 공격대오를 갖추었다. 원로원은 협상을 위해 현자 메네니우스 아그리파(Menenius Agrippa)를 파견했는데 그는 평민에게 아래와 같은 이솝우화를 들려 주었다.

"언젠가 몸의 구성원이 모여 자기는 뼈빠지게 일하는데 위는 하는 일 없이 게으르게 자빠져서 자기의 노동결과를 즐기고 있다고 불평을 하기 시작했다. 그래서 손과 입과 이는 위를 굶겨 굴복시키기로 뜻을 모았다. 그러나 위를 굶길수록 자신도 점점 허약해져 갔다. 이로써 위도 자기의 역할이 있음이 명백해졌다. 위가 하는 일은 받아들인 음식을 소화시키고 재분배해서 다른 구성원을 살지게 하는 것이었다."

부패한 정치가를 위해 이와 같은 궁색한 변명을 늘어놓음으로써 아그리파는 반란을 진정시켰다. 평민계급에서 호민관 두 명을 선출할 것과 귀족의 사적 형벌을 거부할 권리를 약속받고 평민이 해산함으로써 질서가 회복되었다(Robinson, 1913).

제Ⅲ부

신뢰를 바탕으로 하는 시장지향의 문화

경쟁이 작동하도록 하기 위해 필요로 하는 것은 일반적으로 합리성이 아니고 경쟁을 허용하여 합리적인 행동을 생산하는 전통이다. 일반적으로 이루어지는 것보다 더 낮게 하려는 노력 자체는 사고능력을 개발시켜 이후 찬반논란이 이루어지게 하는 하나의 과정이다. 사고의 도구를 개선시켜 개인에게 이득을 가져다 주는 상업집단을 제일 먼저 발달시키지 않은 사회는 체계적·합리적으로 사고하는 능력을 획득하지 못하였다.　　하이에크

애덤 스미스는 기업에 규제가 없고 교역에 제한이 없을 경우에, 다시 말해 계약이 자유롭게 이루어질 때, 사회구성원에게 보다 많은 부를 창출시키는 사회구조를 설명하였다. 『국부론』에서 주장한 자유시장의 개념은 당시 국가가 경제적·정치적 힘을 보장받으려면 교역에 정부가 여러 가지 제한을 가하여야 한다는 중상주의 사상을 공격하는 것이었다. 당시의 지배적인 관념은 개인에게 상업을 자유롭게 하도록 방치해 두면 자신의 이득을 위해 이런저런 방식으로 경제체계를 남용할 것이라는 사상이었다. 그러한 남용은 결국 사회에 비용을 낳는다고 주장하였기 때문에 많은 사람은 정부가 건전한 토대가 되어, 심지어 법령이나 규제를 만들어 개인이 사회와 충돌하지 않도록 하여야 한다고 생각하였다.

불행하게도 현명하고 신중한 규제를 제정하는 자비로운 정부에 의존한 것이 오히려 바보스럽게도 규제 자체가 경쟁적 경제체계가 정상적으로 작동하는 것을 손상시키기에 이르렀다. 완전하지 않은 시장으로부터 공공을 보호한다는 구실로 규제하다 보니 알게 모르게 특정 이익집단을 보호하고 이들에게 이득을 주는 꼴이 되었다.

1976년에 노벨경제학상을 받은 프리드먼(Milton Friedman)은 *Times* 가 선정한 20세기 가장 영향력 있는 100인의 경제학자에 들어갔는데, 그의 글은 세계경제가 자유시장경제에 의존하도록 움직이는 데에 커다란 영향을 끼쳤다. 제13장에서 그는 *Capitalism and Freedom*(1962)을 통해 마치 사회주의에서처럼 경제적 자유가 국가에 의해 부정될 때, 정치적 자유도 억압받는다고 주장한다.

제14장은 하이에크가 1977년 대학을 은퇴하기 직전까지 오스트리아

의 찰스부르크대학에서 체류하는 10년 동안에 발간한 *Law, Legislation, and Liberty*에서 발췌한 글이다. 이후에 쓴 글에서도 반복되지만 그가 여기서 주장하는 주제는 '의도하지 않은 사회적 결과에 관한 이론'이다. 즉 시장경제를 포함한 대부분의 제도는 다른 목적을 염두에 둔 의식하지 않은 행동의 산물이라는 의미이다. 이 이론으로부터 얻어지는 결과는 대부분의 개별행동이 의도하지 않은 결과가 나타날 수 있도록 자유스럽게 허용되어야 한다는 그의 주장이다. 이 장에서 그는 기업이 크다고 하여 반드시 독점적 힘을 부여받는 것은 아니라고 주장한다. 게다가 경쟁하지 못하도록 하는 것이 해로운 것이지, 독점이 해로운 것은 아니며, 자본이 대규모로 집적되는 힘을 통제하는 것은 바로 대규모로 집적되는 다른 자본이라고 지적하면서 경쟁의 중요성을 강조한다.

　　제15장에서 랜드(Ayn Rand)는 소설가로 잘 알려져 있지만, 정치철학의 글도 썼다. 그는 사회환경에서 인간의 생존에 중요한 정부와 생존을 위협하는 정부를 논의하고 있다.

　　제16장에서 프리드먼은 자유세계에서 중요하기는 하지만 정부의 제한된 역할을 설명한다. 정부의 일차적 기능은 사유재산을 올바르게 유지시키고, 자유인이 다른 사람과 생산적으로 거래할 수 있도록 행위규범을 유지시켜 주는 데 있다.

　　제17장에서 리(Dwight Lee)는 환경오염과 정치오염을 발생시키는 시장의 불완전성에 대해 설명하고 있다. 그는 환경오염을 줄일 수 있는 가장 최선의 방법이란 시장경제에 덜 의존하기보다 오히려 더 많이 의존하여야 한다고 주장한다. 불행하게도 그러한 최적의 해결책은 정치오염으

로 방해를 받는다. 그는 이러한 정치오염이 일어나는 까닭이 정부의 사업 비용을 힘없는 납세자가 부담하기 때문이라고 주장한다.

　제18장에서는 하이에크에 대한 국내최고의 전문학자인 민경국 강원대 교수가 발간한 『자유주의와 시장경제』의 글을 실었다. 사회주의와 정부 규제의 한계를 지적하고 자유주의가 경제적 번영을 가져오게 할 것이라 는 그의 주장은 현재 한국경제가 처한 이념적 갈등을 사례를 통해 설명하 고 있다.

제13장
경제적 자유와 정치적 자유의 관계

밀턴 프리드먼

> 사람이 공개적으로 사회주의를 지지하거나 이를 위해 일할 수 있는 것도 자본주의
> 사회에서 가능한 정치적 자유가 갖는 특징이다. 　　　　　　　프리드먼

　　프리드만은 1932년 미국 루처스 대학(Rutgers University)에서 학사
학위, 1933년 미국 시카고대학(University of Chicago)에서 석사학위,
1946년에 콜롬비아대학(Columbia University)에서 박사학위를 획득하
였다. 1946~1976년에 시카고대학에서 강의하였으며, 1976년에 노벨
경제학상을 받았다. 그는 부인 로제(Roger Friedman)와 함께 *Capit-
alism and Freedom*(1962)을 발표하였고, PBS(Public Broadcasting
Service) TV방송국을 통해 10회에 걸쳐 방영된 *Free to Choose*(1980)를
발간하였고, 부인과 함께 발간한 *Tyranny of the Status Quo*(1984)도
TV에 방영되었다. 그는 닉슨 대통령과 레이건 대통령의 선거를 지원하
였고 레이건 대통령의 경제정책 자문위원으로 활동하였다.

　　이 글은 프리드만이 저술한 *Capitalism and Freedom*(1962)에서 발췌

한 내용이다.

제1절 | 민간자유기업의 교환경제

기본적으로, 수많은 사람의 경제활동을 조정하는 방법은 단지 두 가지 뿐이다. 하나는 군대와 현대 전체주의 국가가 사용하는 기술인 강제력을 사용하는 중앙지향적인 것이고, 다른 하나는 시장을 사용하는 기술인 개개인의 자발적인 협력을 통한 것이다.

자연스러운 협력을 통해 거래를 조정할 수 있을 가능성은 자주 부인되지만, 만약 거래쌍방이 자발적으로 그리고 정보가 주어지면, 쌍방이 그 경제거래에서 이익을 얻는다는 기본전제에 그 기반을 둔다.

그러므로 교환은 강제력 없이 협력으로 이뤄질 수 있다. 자발적 교환을 통한 조직된 사회를 움직이는 모형은 경쟁적 자본주의(competitive capitalism)라는 자유민간기업의 교환경제(free private enterprise exchange economy)이다.

가장 단순한 형태의 그런 사회는, 말하자면 로빈슨 크루소의 집합체처럼, 많은 독립적인 가계로 이루어져 있다. 쌍방이 상호 받아들일 수 있는 거래 조건에 따라 각 가계도, 다른 가정이 생산한 재화 및 서비스와 교환하려고, 상품과 서비스를 생산하기 위해 제어할 수 있는 자원을 사용한다. 그러므로 각 가계는 직접 자기자신이 사용하기 위해 물건을 생산하기보다는, 간접적으로 다른 가계가 원하는 물건과 서비스를 생산한 후, 교환을 통해 간접적으로 자기욕망을 충족할 수 있다. 물론 간접적인 수단을 채택하기 위한 동기는 아마 노동분업과 기능전문화에 의해 생산물의 증가가 가능해지기 때문일 것이다. 가계는 항상 자기가 원하는 것을 직접 생산할 수 있기 때문에, 교환에서 이득이 없다면 어떤 교환에도 참여하지 않을 것이다. 그러므로 쌍방이 서로 이득을 얻지 못하면 교환은 발생하지 않을 것이다. 따라서 협력은 강제력 없이 성취될 수 있다.

만약 최후의 생산단위가 가계라면, 기능전문화와 노동분업이 그렇게까지 이루어지지는 않을 것이다. 현대사회에서 그것(기능전문화와 노동분업)은 훨씬 더 많이 이루어지고 있다. 우리는 개개인 사이에 서비스 공급자이고 상품구입자로서 기업을 그 중개자로 내놓았다. 그리고 우리가 만약 물물교환에 계속 의지했다면, 기능전문화와 노동분업은 그리 많이 이루어지지 않았을 것이다. 그 결과, 화폐는 교환을 촉진하고 구매행위와 판매행위를 두 부분으로 나누는 수단으로 도입되었다.

우리의 실제경제에서 기업과 화폐가 중요한 역할을 하는 데에도, 그리고 그것이 일으키는 다양하고 복잡한 문제에도 불구하고, 시장을 통해 조정을 달성하는 중심적 특징이 기업이나 화폐가 포함되지 않은 간단한 교환경제에서도 충분히 보인다. 기업과 화폐의 복잡한 교환경제에서는 당연하겠지만, 그러한 간단한 모형에 다음 조건이 충족되면 협력은 엄격히 개인적·자발적으로 일어난다. 첫째, 기업이 사유라서 최후의 계약을 맺는 사람이 개개인이고 둘째, 개인이 어떤 특별한 형태의 교환에 참여하든 안 하든지 간에 자유이어서 모든 교환이 자발적으로 이루어진다.

이런 조건을 상세하게 말하기보다 일반적인 용어로 말하는 것이 더 쉽다. 또는 이러한 조건을 유지시키도록 이끌어 주는 제도적 해결책을 정확하게 규정하기가 훨씬 쉽다. 사실 수많은 경제논문이 이런 질문과 밀접하게 관련이 있다. 기본적으로 필요한 것은 법을 유지하고, 다른 사람이 어떤 한 사람의 육체를 억압하지 못하고, 자발적으로 시작된 계약이 집행되도록 지시해야 한다. 이렇게 함으로써 '민간부문'에 본질적 의미를 부여한다. 아마 가장 어려운 문제는 독점(그것은 특정교환에서 개개인의 선택을 거부함으로써 효과적인 자유를 억제한다)을 일어나게 하고, 근접효과(그것에 값을 매기거나 보답하는 것이 불가능한 제3자에 마치는 영향)도 일어나게 한다.

제2절 | 경제적 자유

자유로운 교환이 지속되는 한, 시장조직을 바탕으로 하여 나타나는 주요 특징은 어떤 사람도 자신의 경제활동이 다른 사람의 경제활동을 방해하지 못한다는 데 있다. 소비자는 판매자의 강압으로부터 보호된다. 이것은 그에게 타격을 줄 수 있는 다른 판매자가 존재하기 때문이다. 종업원은 고용인의 강압으로부터 보호된다. 이것은 그에게 일을 시켜 줄 다른 고용주가 있기 때문이다. 시장은 이런 것을 중앙집권적 권위 없이 차별화하지 않고 할 수 있다.

실제로 자유경제체제를 반대하게 되는 주요 원인은 시장이 이 일을 너무 잘 수행해 왔기 때문이다. 시장은 특별한 집단이 원해야만 한다고 생각하는 것을 제공하는 것이 아니라 사람이 그냥 원하는 것을 그들에게 제공한다. 자유시장체제를 반대하는 대부분의 배경에는 자유 그 자체에 대한 믿음이 부족한 데에 있다.

물론 자유시장체제의 존재가 정부를 필요로 하지 않는다는 뜻은 아니다. 이와 대조적으로 정부는 '게임의 규칙'을 결정하는 법원으로서, 그리고 결정된 규칙을 설명하고 시행하도록 하는 심판관으로서 필요로 한다. 시장이 하는 것은 정책적 수단을 통해 결정되어야 하는 문제범위를 크게 줄여 주고, 그렇게 함으로써 정부가 게임에 직접 관여할 필요성의 정도를 줄여 준다. 정책적 접근수단을 통한 활동이 갖는 주요한 특징은 사람에게 상당한 복종을 요구하거나 이들을 강요한다는 데 있다. 반면에 시장이 갖는 가장 큰 특징은 폭넓은 다양성을 가능하게 한다는 데 있다. 정치적 용어로 이것을 비례대표제라고 한다. 말하자면 각각의 사람은 자기가 원하고 갖고 싶어하는 넥타이를 선택한다. 그는 다수가 원하는 색깔이 무엇인지 알 필요가 없다. 자기가 고른 것이 소수의 편에 속한다고 해도 말이다.

제3절 | 정치적 자유를 보장하는 경제적 자유

시장이 경제적 자유를 보장한다고 할 때 언급된 시장은 이런 특징을 지닌다. 그러나 이런 특징이 아울러 좁게 설정한 경제적이란 측면을 넘어서 버리는 의미를 가지기도 한다. 정치적 자유는 어떤 사람도 다른 사람에 의해 강압을 받지 않는다는 것을 의미한다. 자유에 대한 근본적 위협은 그것이 군주, 독재자, 소수 집단, 또는 일시적 다수의 손에 의하건 간에, 억압하는 힘이다. 자유를 보전하기 위해서는 그러한 권력의 집중이 최대한으로 제거되어야 하고 제거될 수 없는 권력은 철저히 분산되어야 한다. 즉 견제와 균형의 제도가 있어야 한다. 정치적 권위의 통제로부터 경제활동조직을 드러냄으로써, 시장은 이런 억압의 근원을 제거할 수 있다. 그래서 시장은 경제적 힘이 정치적 힘을 강화시키기보다 억제시키는 역할을 수행한다.

경제력은 넓게 분산될 수 있다. 하나의 대규모 경제권 안에는 수많은 백만 장자가 있을 수 있다. 그러나 국민의 정력과 열정이 집중될 수 있는 뛰어난 지도자가 한 명 이상 있을 수 있을까?

1. 자신의 체제를 부정할 수 있는 자유

이런 추상적인 논쟁의 영향력은 한 예제로써 가장 잘 입증될 수 있다. 첫째, 복잡한 원리를 명백히 하는 데 도움을 주는 가상의 사례와 다음으로 정치적 자유를 보존하기 위해 시장이 어떻게 움직였는가를 설명하는 최근의 경험에서 생긴 실제의 예제를 생각해 보자.

자유사회의 한 특징은 사회구조 안에서 공개적으로 근본변화를 지지하고 선전할 수 있는 개인의 자유가 확실하게 보장되어 있다는 점이다. 그런 자유는 설득을 통해 지지를 얻도록 허용할 수 있으나 힘이나 다른 형태의 강압을 사용하도록 허용하지는 않는다. 사람이 공개적으로 사회주의를 지지하거나 이를 위해 일할 수 있는 것도 자본주의 사회에서 가능한 정치적 자유가 갖는 특징이다. 똑같은 뜻으로 사회주의 사회에서도 정치적 자유는 사람이 자본주의 제도의 도입을 자유롭게 지지할 수 있도록 허용되어야만 한다. 사회주의 사회에서 어떻게 자본주의 제도의 자유가 보장되고 유지되도록 할 수 있겠는가?

사람이 어떤 것을 주장하기 위해서는 먼저 자신의 생계를 유지할 수 있어야만 한다. 모든 직업이 이미 정치적 권위의 직접적인 영향 아래에 놓여 있기 때문에, 생계유지문제는 사회주의 사회에서 큰 문제로 대두되었다. 사회주의 정부가 그들의 고용인에게 공식적 정책에 직접적으로 반대되는 정책을 주장할 수 있도록 허용하는 것은, 제2차 세계대전 후 미국에서 연방정부의 고용인들에게 '고용을 보장'하는 문제를 통해 그 어려움을 겪은 바가 있듯이 자기자신을 부정하는 행동을 요구하는 짓이 된다.

비록 자기자신을 부정하는 행동을 달성하였다고 가정하자. 자본주의를 지지하는 것이 무언가의 의미를 가지기 위해서는, 이를 지지하는 자가 그들의 행동근거(공청회 개최, 팜플렛 발행, 방송시간의 할애, 신문과 잡지의 발행 등)를 뒷받침해 줄 수 있는 자금을 동원할 수 있어야 한다. 그들은 어떻게 자금을 마련할 것인가? 아마 사회주의 사회에서도 정부공채나 이와 유사한 형태의 자본을 가진 사람이 있을 것이다. 그러나 이들은 대부분 고위 공무원일 것이다. 공개적으로 자본주의를 지지하면서 직업을 유지할 수 있는 공무원이 사회주의 사회에서도 있을 가능성이 있다. 그러나 사회주의를 전복하려는 행위에 자금을 지원해 주는 사회주의의 고위공무원이 있다고 생각하는 것은 너무 고지식한 생각이다.

자본주의 사회에서 어떤 사상, 비록 이상한 사상일지라도, 이를 실행할 수 있는 기금을 얻으려면 소수의 부유층만 확신시키면 가능하다. 이상하게도 설득시킬 수 있는 사람과 독립된 후원자도 많다. 그러나 실제로는 여유자금을 가진 사람이나 금융단체를 설득할 필요도 없다. 단지 선전이 재정상으로 성공할 수 있는지에 그들을 설득하는 일이 필요할 뿐이다. 마치 신문, 잡지, 책이나 다른 사업이 이익이 되듯이 말이다. 예를들어 경쟁시장에서 출판사의 경영자는 자기 혼자 수긍하는 글만 발행할 만한 여유가 없다. 그의 판단기준은 시장이 충분히 커서 얼마나 만족스러운 수입을 벌어들일 수 있는 가에 달려 있다.

자유시장사회에서는 자금을 확보한 것만으로 충분하다. 제지업자는 'Wall Street Journal'에 파는 것만큼 'Daily Worker'에도 종이를 팔 것이다. 사회주의 사회에서는 자금을 확보하는 것만으로는 충분하지가 않다. 가령 자본주의를 지지하는 자는 정부의 공장에게 종이를 팔라고 설득할 수 있을 것이다. 정부의 인쇄회사를 설득해서 그의 인쇄물을 만들어야 하고, 정부의 우체국을 설득해서 그 인쇄물을 사람에게 분배할 것이다. 그리고 자기가 이야기할 수 있는 강당을 빌리기 위해 정부관리를 설득해야 할 것이다(이런 일이 수행될 수 없을 것이다).

아마 사회주의 사회에서도 이런 어려움을 극복하고 자유를 확보할 수 있는 몇 가지 방법이 있을 것이다. 하나는 전혀 불가능하다고는 할 수 없다. 단지 반대하는 단체를 설립하기란 현실적으로 매우 어려움이 있다. 내가 아는 한, 사회주의에 호의를 가지고 있고 동시에 자유에 호의가 있는 사람은 정말로 이런 문제에 대해 매달려 있을 필요가 없다. 그리고 사회주의에서 자유를 허가하는 제도상의 장치를 발전시키려는 존경할 만한 시도도 없었다. 대조적으로 자유시장 자본주의 사회에서는 자유를 어떻게 촉진시켰는지가 분명하다.

이런 추상적인 원리의 인상적 · 실용적인 예는 처칠의 경험에서 볼 수 있다. 1933년부터 제2차 세계대전이 발발했을 때까지, 처칠은 BBC라는 정부가 관리하는 독점기구의 영국 라디오에서 이야기하는 것이 허용되지 않았다. 국가적 지도자로서, 국회의원으로서, 전내각의 장관으로서, 그는 모든 가능한 수단으로 국민이 '히틀러 독일'의 위협에 대처해야 한다고 결사적으로 노력한 사람이다. BBC는 정부독점이었고 그의 주장이 너무 '논쟁의 여지가 많은' 것이었기 때문에 영국 국민에게 이야기할 수 있는 기회가 허용되지 않았다.

2. 정치적 차별을 당하지 않을 자유

나도 그렇지만, 사람은 공산주의가 우리의 모든 자유를 파괴할 것이라고 믿는다. 그리고 누구나 가능한 한 단호하고 강하게 공산주의에 반대할 수 있다. 그러나 동시에, 자유사회에서는 어떤 사람이 공산주의를 신용 · 지지한다고 해서 그 사람이 다른 사람과 타협하는 것까지 못하게 방해할 수는 없다. 그의 자유는 공산주의를 지지하는 자유도 포함한다. 물론 자유 역시 이런 환경에서 그와 상대하지 않으려는 다른 사람의 자유도 포함한다.

빵을 사는 사람은 밀이 실제로 공산주의자나 공화주의자나, 입헌주의자나 독재자가 생산한 것인지, 흑인이나 백인이 생산한 것인지 모른다. 이것은 차별없는 시장이 경제활동을 정치적 견해로부터 분리시키고, 그 견해가 생산력과는 전혀 무관하다는 이유로 개인의 경제적 활동에서 차별당하지 않도록 그를 보호한다. 그 이유가 그들의 견해나 피부색깔에 연결되든 안 되든 간에 말이다.

이 사례가 제시하듯이, 경쟁자본주의를 보존하고 강화시키는 데서 가장 중요한 이해관계가 걸린 우리 사회의 집단들은 다수자가 신뢰하지 않고 증오하는 대상이 될 수 있는 소수자이다. 가장 두드러진 집단을 언급하면 흑인, 유대인, 외국인이다. 그러나 충분히 역설적이지만, 자유시장의 적인 사회주의자와 공산주의자가 이런 소수집단으로부터 비율상 많이 나타나지 않았다. 사람들은 시장의 존재가 이들을 동료시민의 태도로부터 보호하여 왔다는 점을 인정하지 않고, 시장이 이들을 차별대우하였다는 오류를 범하고 있다.

제14장
정부정책과 시장

프리드리히 아우구스트 하이에크

> **정책을 통해 거대기업을 돕는 것이 정당화될 수 없듯이 거대기업을 차별하는 것
> 또한 정당화될 수 없다.**
>
> 하이에크

이 글은 하이에크(Friedrich August Hayek)의 "Government Policy
and the Market"(*Law, Legislation and Liberty*, 1976)에서 발췌한 내용
이다.

제1절 | 자유시장의 성취물

경쟁이 가져다 줄 것을 바란다면 무엇을 바라는 것이며, 경쟁하지 못하
도록 금지되어 있지 않은 이상, 경쟁이 무엇을 가져다 줄 것인가? 그것이
너무도 간단하고 명백해서 우리는 대부분은 당연한 것으로 받아들인다.
사람은 경쟁이 가져다 줄 괄목할 만한 것과, 어떤 당국자가 생산자에게

지시하더라도 결코 성취될 수 없는 것을 의식하지 못하고 있다. 경쟁은 금지당하지 않으면 다음과 같은 상황을 가져다 주는 경향이 있다. 첫째, 누군가 어떻게 만들면 된다는 것을 알고 있는 물건은 모두 생산될 수 있고 생산자는 구매자가 다른 대안보다 선호하는 가격으로 판매하여 이윤을 얻을 수 있다. 둘째, 생산되는 모든 것은 다른 사람이 생산하는 것(결국 생산하지는 않을 것이지만)보다 더 싸게 생산될 수 있다. 셋째, 모든 것은 다른 사람이 판매하는 것(결국 판매하지 않을 것이지만)보다 더 낮은 가격으로 판매될 수 있다.

그러한 상태의 중요성을 정당한 시각에서 바라보기를 원하면 고려되어야 할 것이 세 가지가 있다. 첫째, 어떤 중앙지시도 해 낼 수 없는 상태이다. 둘째, 이 상태는 경쟁이 정부에 의해 금지되지 않거나, 개인이나 조직에 의해 금지되는 것을 정부가 용납하지 않는 모든 영역에 가깝게 근접되어 있다. 셋째, 정부가 경쟁을 제한하거나 경쟁을 제한하는 개인이나 조직을 정부가 지원한다면 경제활동의 상당한 부문은 이 상태에 근접하지 못한다.

경쟁이 성취하는 것이 처음에는 수수하게 보이지만, 우리는 보다 나은 결과를 가져다 줄 다른 방법을 알지 못하는 것이 사실이다. 경쟁이 금지되거나 방해받으면, 성취하기 위한 조건이 대개 만족스럽지 못하기 때문이다. 경쟁이 정부의 사려깊은 정책에 의해 이를 성취하지 못하도록 많은 영역에서 항상 금지되어 왔다는 사실을 고려하면, 비록 결과는 경쟁이 허용되어 작동하는 상태에 근접하지만, 우리는 확실히 성취할 수 없는 '완전'의 기준에 맞추기 위해 경쟁이 작동하도록 만들기보다 경쟁이 가능해지도록 하는 데에 관심을 가져야 한다.

정상적으로 작동하는 사회에서 경쟁이 금지되어 있지 않는 모든 영역에서 성취되는 결과는 이미 경쟁이 금지되어 있는 영역에서 이루어지는 결과보다 소비자에게 더 나은 도움을 줄 수 있을 기회를 발견하기란 어렵지 않다. 우리는 그러한 기회를 발견하는 일이 얼마나 어려운지, 그리고 얼마나 독창적인 생각을 필요로 하는지 너무나 잘 알고 있다. 이런 측면에서 상업적으로 상당한 계층이 있고 대부분의 기회를 활용한 국가가 처한 상황과, 사람이 다재다능하지도 않고 기업가적 기질도 약해 그 결과 급속한 이득의 기회가 전망되는 국가가 처한 상황과를 비교해 보는 것은 나름으로 배울 점이 있다. 여기서 중요한 점은 아주 발달한 상업정신은 효과적인 경쟁의 조건처럼 하나의 생산물이라는 사실과 경쟁이 제공하는 기회를 활용하기를 원하는 모든 사람에게 경쟁이 열려지도록 하는 방법 이외에는 다른 방법은 없다라는 점이다.

제2절 | 경쟁과 합리성

경쟁이 다른 사람의 지식과 기술을 활용하기 위한 유일한 방법일 뿐만 아니라, 우리가 보유하고 있는 지식과 기술의 대부분을 얻을 수 있도록 이끌어 주는 방법이다. 경쟁에 참여하는 사람이 합리적으로 행동한다고 전제한다고 주장하는 사람은 이러한 사실을 잘 이해하지 못하고 있다. 그러나 합리적인 행동이, 비록 그렇다고 제시되기는 하지만, 경제이론의 전제조건은 아니다. 이론이 갖는 기본의미는 경쟁이 사람에게 합리적으로 행동하도록 만들 것이라는 데 있다. 이론의 의미는 시장에 참여하는 사람이 합리적이라는 전제에 기반을 두고 있는 것이 아니라, 이와 반대로 다른 사람이 우세해지려고 다툴 수 있도록 비교적 합리적인 사람이 가능하도록 만드는 데에는 경쟁을 통해서라는 전제에 기반을 둔다.

합리적인 행동이 다른 사람에게 이득을 제공하는 사회에서는 합리적인 방법이 누적하여 개발되고 모방을 통해 전파된다. 합리적이라고 해서 얻는 것이 없는 이상, 다른 사람보다 더 합리적일 필요가 없다. 따라서 경쟁이 작동하도록 하기 위해 필요로 하는 것은 일반적으로 합리성이 아니고 경쟁을 허용하여 합리적인 행동을 생산하는 전통이다. 일반적으로 이루어지는 것보다 더 낫게 하려는 노력 자체는 사고능력을 개발시켜 이후 찬반논란이 이루어지게 하는 하나의 과정이다. 사고의 도구를 개선시켜 개인에게 이득을 가져다 주는 상업집단을 제일 먼저 발달시키지 못한 사회는 체계적·합리적으로 사고하는 능력을 획득하지 못하였다.

기업가정신이 결여된 사람 사이에는 경쟁이 작동하지 않을 것이라고 주장하는 사람은 특히 이 점을 기억하여야만 한다. 처음에는 생소한 침입자이더라도, 새로운 방법을 시도해 냈다고 하여, 소수의 사람만이 성장하고, 존경받고, 힘을 가지도록 해 보자. 그리고 처음에는 소수에 지나지 않겠지만, 이것을 모방해 보고자 하는 사람이 자유롭게 모방할 수 있도록 해 보자. 기업가정신은 이를 생산하는 방법에 의해서만 탄생될 것이다. 경쟁이란 다른 것과 마찬가지로 어떤 형태의 마음을 육성시키는 방법이다. 위대한 기업가를 생각하는 일은 그들이 타고난 재능을 개발시킬 수 있는 환경이 아니면 존재할 수도 없다. 사고하는 능력은 주어진 과업이 무엇이냐에 따라 전혀 다르게 개발될 것이다.

전통주의적 다수가 경쟁에 필연적으로 존재하는 새로운 방법을 실험하지 못하도록 전통을 사람에게 강요하는 힘이 없는 경우에만 그러한 개발이 가능해질 것이다. 이는 다수의 힘이 개인에게 그의 이웃이 보호받고 있는 영역을 침해하지 못하도록 하고, 개인이 적극적으로 하여야 할 일을 지시하지 않는 따위의 일반적인 법칙을 집행하는 데에 한정되어야만 함을 의미한다. 일이 어떻게 되어야만 한다는 식으로 다수의 견해나 어떤 한 견해가 지배적이면, 보다 합리적인 절차가 덜 합리적인 절차를 점차적으로 대치시킬 수 있는 개발은 불가능해질 것이다. 사회의 지적 성장은 소수의 점점 확산되는 견해(비록 이를 받아들이기 싫어하는 사람의 불이익에도 불구하고)에 의존한다. 어느 누구도 자신의 견해가 낫다고 생각하여 새로운 견해를 강요할 힘을 가져서는 안 되지만, 성공을 거두어 보다 효과적이라고 증명되면, 낡은 방식에 집착하는 사람은 자신의 지위가 하락하는 것으로부터 보호받을 수 없게 된다. 결국 경쟁이란 다수가 싫어하는 것(그것이 더욱 열심히 일하라고 하거나, 습관을 바꾸라고 하거나, 주의를 기울이라고 하거나, 계속 적응하라고 하거나, 경쟁이 없으면 필요로 하지 않는 일을 규칙적으로 하도록 하거나)을 소수가 다수에게 필요하게 만드는 과정이다.

기업가정신이 아직 널리 퍼져 있지 않은 사회에서, 다수가 자신이 싫어하는 것이라면 무엇이든지 금지할 수 있는 힘을 가지고 있다면, 경쟁이 일어나도록 허용되지는 않을 것 같다. 무제한의 민주주의에서는 기능을 제대로 발휘하는 시장이 새로 탄생할 것으로는 보이지 않는다. 또한 제한 없는 민주주의가 이미 성장한 시장을 파괴할 것으로는 보이지 않는다. 다른 사람과 경쟁하는 사람의 입장에서는 경쟁하여야 할 상대가 있다는 사실이 조용한 생활을 방해하기 때문에 유쾌하지 않다. 경쟁의 이러한 직접적인 영향은 그것으로부터 파생되는 간접적인 영향보다 더 뚜렷하게 나타난다. 소비자는 누구의 행동이 가격을 인하시켰는지 또한 누가 품질을 향상시켰는지에 관해 잘 알지 못하지만, 특히 경쟁이 어떻게 작동하는가를 아는 동일한 거래자는 직접적인 영향을 느낀다.

제3절 | 규모, 집중 그리고 힘

거대한 것에 대한 일반적인 거부감과 함께, 중산층과 독립적인 기업가 및 소규모의 장인과 상점을 보존하거나 기존의 사회구조를 보존하는 것이 바람직하다는 사회적 고려와 결부하여, 가격에 미치는 개인기업의 영향을 잘못 강조함으로써 경제적 · 기술적 발전으로 성취한 변화에 반발한다. 거대기업이 행사할 수 있는 힘은 그 자체가 위험스럽고 이를 제한할 정부의 특별한 조치를 필요로 한다고 주장한다. 개인기업의 규모와 힘의 관심은 다른 관심과 마찬가지로 근본적으로 자유주의를 전제로 하여 도출되는 반자유주의적 결론을 만들어 낸다.

여기서 독점이 이를 소유하는 자에게 해로운 힘을 부여할 수 있는 두 가지 중요한 양상을 알게 될 것이다. 규모 자체는 물론, 가격을 결정하는 능력은 해로운 힘을 측정하는 기준은 아니다. 보다 중요한 것은 특정기업이 너무 크다고 판단할 수 있는 기준이 없다는 사실이다. 특정산업에서 다른 기업은 가격선도자의 가격을 따라가기 때문에 어느 한 큰 기업이 시장을 지배하고 있다고 하여, 효과적인 경쟁자의 출현(우리가 바라는 바이기도 하지만) 이외의 다른 방법으로 그러한 위치를 개선시킬 수 있는 증거는 없다. 현재 지배적인 기업처럼 특별한 이득을 누리고 있는 또 다른 기업이 경쟁자로 출현하지 않는 이상, 우리가 그러한 상태를 만들 수는 없다.

개인기업의 가장 효과적인 규모는, 가격이나 수량 또는 생산 · 판매되는 제품의 품질이 시장과정을 통해 발견되는 미지의 것인 것처럼, 시장과정을 통해 발견되는 미지의 것이다. 가장 바람직스런 규모가 무엇인지에 관한 일반적인 법칙은 있을 수 없다. 그것은 부단히 변하는 기술적 · 경제적 조건에 의존할 것이기 때문이다. 과거의 기준으로서는 규모가 과도하다고 보이는 기업에게 이득을 줄 수 있는 많은 변화가 있을 것이다. 규모의 이득이 특정 종류의 재능이나 자원의 회소성처럼 우리가 변경시킬 수 없는 사실(어떤 사람이 그 분야에 일찍 진출하여 경험을 쌓고 특수한 지식을 획득할 시간을 많이 가지는 우연하지만 피할 수 없는 사실을 포함한다)에 의존하지 않는다고는 부정하지 않는다(다시 말해 회소성 때문에 규모의 이득을 볼 수 있다). 제도적 합의를 통해 결정될 수도 있지만, 그렇게 되면 단위당 보다 더 작은 사회적 생산비용을 확보하지 못한다는 측면에서 다소 인위적으로 만들어진 규모에 이득을 주게 된다. 조세법, 기업법이나 정부의 보다 더 늘어나는 관료기계에 미치는 영향 등이 거대기업에게 차등의 이득(물론 순수하게 성과의 우수함에 기반을 두지 않는 이득이다)을 가져다 주는 한, 거대기업의 인위적인 이득을 제거시키키도록 기존의 틀을 변경시켜야 할 충분한 이유가 있다. 정책을 통해 거대기업을 돕는 것이 정당화될 수 없듯이 거대기업을 차별하는 것 역시 정당화될 수 없다.

규모가 단지 경쟁자의 시장행동에 해로운 힘을 부여한다는 주장은, 어느 산업에 오직 전문화된 하나의 거대기업만이 존재하게 될 여지가 있을 경우에는, 어느 정도 납득이 간다. 그러나 거대기업의 성장은 자원의 양 때문에 한 개의 기업이 지배할 수 있는 별도의 산업으로 이해하는 것을 무의미하게 만들었다. 개별기업의 규모가 늘어난 결과 가운데에서 보이지 않는 결과는 이론가들이 아직 충분히 소화하지는 못하였지만, 큰 규모가 산업으로 정의되는 영역을 넘어선 다각화를 가져오게 하였다는 점이다. 결과적으로 다른 산업에서의 기업규모가 한 산업이었으면 규모가 큰 기업에게 가져다 줄 수 있는 힘을 견제하게 되었다. 가령 한 나라의 전력산업을 보면 다른 기업이 자신의 독점적 제품을 방어하느라고 이미 고착된 거대기업을 잠식할 힘이 없다.

그러나 미국의 거대자동차 및 화학기업이 발전함에 따라 보여 주고 있는 것처럼 진입에 대한 전망이 밝으려면 자원이 필수적으로 뒷받침되어야만 하는 부문을 잠식한 사실에 양심의 가책도 없다. 따라서 규모는 규모의 힘을 가장 효과적으로 해독하는 약이 되었다. 자본이 대규모로 집적되는 힘을 통제하는 것은 다름아닌 다른 대규모로 집적되는 자본이다. 이러한 통제는 정부가 취하는 어떤 종류의 감독보다 효과적이다. 여기서 반복할 생각은 없지만, 정부가 감독하는 독점은 정부가 보호하는 독점으로 되는 경향이 있다. 거대기업을 거부하여 대항할수록 규모가 규모의 해독제가 되는 것을 통해 발전하게 될 여지를 막아 버리는 결과를 초래한다.

소수의 대기업보다 다수의 중소규모의 기업이 바람직하고 건강한 구조로 보이는 현실적인 사회적 · 정치적 고려(경제적인 것을 떠나)를 부인할 의도는 없다. 우리는 부단히 늘어나는 인구가 대규모 기업에서 일하고, 그에 따라 명령체계의 조직질서에 친숙하고, 여러 기업의 활동이 조정되는 시장이 작동하는 사회에 친숙해져 있는데 그렇지 않은 사실로부터 오는 위험을 여러 차례 언급한 바 있다. 이러한 고려는 개별기업의 성장을 억지시키려고, 또는 효율적이지 않은 소규모기업을 퇴출시키거나 거대기업에 합병시키기보다 오히려 이를 보호하려고 계획한 조처를 합리화시키는 데로까지 발전한다.

그러한 조처가 어떤 의미에서는 바람직하다고 인정되더라도, 어느 권위 있는 당국에 재량이나 자의적인 힘을 부여하지 않고서는 성취할 수 없고, 그에 따라 어느 권위 있는 당국에게도 그러한 힘을 부여하여서는 안 된다는 보다 높은 차원도 고려하여야 할 사항 중의 하나이다. 모든 힘에 제한을 둔다면 다수가 바람직하게 여길지도 모르는 특정목표를 성취할 수 없게 된다는 점을 이미 강조하였고, 일반적으로 자유사회는 보다 더 큰 악을 피하기 위해 특정종류의 힘의 존재를, 비록 그 힘을 사용하여 예견되는 결과가 유익하고 또한 그러한 결과를 달성하기 위해서는 그 방법밖에 없다고 하더라도, 거부하여야만 한다는 점도 강조하였다.

제4절 | 경제적 힘의 정치적 양상

개별기업의 규모가 클수록 경영에 보다 큰 힘을 행사한다는 주장, 소수가 가진 그러한 힘은 정치적으로 위험하고 도덕적으로 거부되어야만 한다는 주장 등은 심각하게 고려되어야 한다. 그러한 주장이 설득력을 갖는 까닭은 '힘'이란 용어를 다르게 해석하여 혼란을 일으키고, 거대한 힘을 소유하는 것은, 바람직하다는 의미로부터 거부되어야 한다는 의미로, 부당하게 의미를 이동시키기 때문이다. 물질을 지배하는 힘은 바람직하고 다른 사람의 행동을 지배하는 힘은 거부되어야 한다는 의미다. 이 두 가지의 힘은 연결되어 있지 않으며 대부분 분리될 수 있다. 인간을 지배하는 힘을 사물의 관리로 대체하겠다고 약속하여 영향력을 획득한 사회주의가 다른 사람을 지배하는 사람의 힘을 증대시킨 것은 역사의 아이러니이다.

물적 자원을 대규모로 집적하여 작은 조직이 제공할 수 있는 것에 비해 보다 개선되거나 보다 싸거나 보다 나아진 서비스 등의 형태로 보다 나은 결과를 가능하게 하는 한, 이러한 종류의 힘을 확대하는 것은 그 자체가 이득이 되는 것이라고 간주되어야만 한다. 하나의 지시를 통해 자원을 대규모로 집적하면 규모가 늘어나는 것보다 더 힘을 증대시킬 수 있다는 사실이야말로 대기업을 발전시킨 이유이다. 규모가 모든 면에서 이득이 되는 것은 아니고, 생산성을 증대시키게 되는 규모를 늘리는 데에 한계가 있지만, 기술의 변화가 이전에 존재하던 규모보다 더 큰 단위에게 이득을 주는 부문이 항상 존재할 것이다. 철의 생산으로부터 일관공정의 성장으로, 가내수공업의 직조가 공장직조로 대치되는 것으로부터 기술적 지식의 진전은 보다 규모가 큰 것이 효율적이도록 만들었다. 그러한 규모의 증대가 자원을 보다 효과적으로 이용할 수 있도록 이끌면, 사람의 행위를 지배할 힘을 증대시킬 필요는 없다. 물론 기업가가 기업에 참여한 사람의 이득을 위해 보호막을 세우는 제한된 힘을 사용하는 것은 예외이다.

우편판매업을 전문화하고 있는 시어즈 로벅(Sears Roebuck)이 100대 기업의 하나로 성장하여 다른 동종업체와 비교할 수 없을 정도로 커지고, 회사의 활동이 수백만 명의 기준과 습관에 심오하게 영향을 미쳤지만, 사람이 선호하는 서비스를 제공하는 힘 이외의 힘을 행사하였다고 알려진 적은 없다. 어느 회사도 다른 사람의 행위(그 행위가 기계장비를 생산하는 데 볼베어링처럼 효율적이어서 모든 경쟁을 물리친다면)를 지배할 힘을 획득할 수는 없을 것이다. 동일한 조건으로 그 제품을 기다리는 모든 사람에게 공급하는 이상, 그에 따라 엄청난 이윤을 거둘지라도, 그가 존재하는 것으로부터 모든 고객들이 이득을 볼 뿐, 고객이 그의 힘에 의존하고 있다고 할 수는 없다.

현대사회에서 다른 사람의 행동을 지배하는 힘을 부여하는 것은 기업이 통제하는 자원 전체의 규모가 아니라 사람이 의존하고 있는 서비스를 철회할 수 있는 능력이다. 그러므로 단지 제품에 대한 가격을 지배하는 힘뿐만 아니라 다른 고객에게 다른 조건을 달 수 있는 힘도 다른 사람을 지배하는 힘이다. 그러나 이 힘은 크건작건, 모든 고객에게 똑같이 요구하지 않는 조건에 따라 자유롭게 판매할 수 있는 한, 규모에 직접 의존하는 것이 아니고 또한 독점(비록 독점이 주요한 제품을 소유할지라도)이 필연적으로 낳은 산물에 의존하는 것도 아니다. 차별하는 것은 독점의 힘뿐만이 아니라 유사한 힘을 가진 정부에 대해 행사할 수 있는 영향력(이 힘은 해롭고 제거되어야 할 힘이다)도 차별을 낳는다. 비록 이 힘은 규모의 크기와 연관되어 있으나, 규모로 인한 결과도 아니고 커다란 조직에 국한된 것도 아니다. 유사한 문제가 소규모 기업이나 노조에서도 발생한다. 이들이 기본적인 서비스를 통제하는 이상, 지역사회에 이를 공급하기를 거부하면서 지역사회를 억류하여 몸값을 요구할 수 있다.

독점의 이러한 유해한 행동을 짚어 보기에 앞서 규모가 왜 유해한 것으로 간주되는지 그 사유를 생각해 볼 필요가 있다.

대다수 사람의 후생이 소규모기업보다 대기업의 의사결정으로 영향을 받는다는 사실은 그러한 결정에 다른 사항을 고려하였다는 것을 의미하지는 않는다. 또한 대기업이 소기업에 비해 자신의 잘못(공공의 감시로 발견되는)에 대해 안전판을 마련하기가 바람직하다거나 가능하다는 것을 의미하지도 않는다. 거대기업에 분개하는 대부분의 경우가, 거대기업이 크기 때문에 행동할 수 있을 것으로 생각하는 것(물론 소규모기업도 그렇게 행동하지 않는다)의 중요성을 고려하고 있지 않다고 사람들이 믿기 때문이다. 만약 이윤이 나지 않는 지방공장을 폐쇄하면 대기업이 직장을 보존하기 위해 손해를 보면서라도 가동시켜야 한다고 아우성이지만, 똑같은 공장이 독립된 기업이라면 공장이 폐쇄되는 것이 불가피하다고 모든 사람이 받아들인다. 다른 수익원천을 끌어들일 수 없는 기업이 폐쇄되어야만 하듯이, 거대기업에 속한 비경제적 공장도, 비록 다른 공장으로부터 생기는 이윤으로부터 계속 가동시킬 수는 있더라도, 마찬가지로 폐쇄되어야만 하는 것이 바람직하다.

거대기업은 단지 크다는 이유로 그가 결정한 것으로부터 발생하는 간접적인 영향에 유의하여야 하고, 소규모 기업은 부담하지 않는 책임을 부담할 것을 요구하는 감정이 사회적으로 지배하고 있다. 반대를 무릅쓰고 커다란 힘을 획득하려는 대기업에게 부닥치는 위험이 바로 여기에 있다. 경영자가 주주와 그의 이익을 위한 수탁자로서 자신의 통제에 있는 자원을 관리할 의무를 짓밟는 또 하나의 의무를 가지는 한, 그의 손은 묶이고 이해관계자에게 이득을 줄 수 있는 자의적인 힘을 가질 수 없게 된다. 그러나 대기업의 경영자가 의사결정을 하는데에 공중이나 사회적 이익이라고 간주되는 것을 고려하여야 하거나, 선한 명분을 지지하여야 하거나, 공공의 이익을 위해 행동하여야 할 의무가 주어진다면, 그는 통제할 수 없는 힘을 가지는 것이 된다. 그러한 힘은 개인경영자의 손에 남아 있지도 못하고 불가피하게 점증하는 공공의 통제에 들어가게 될 것이다.

기업이 개인집단에게 이득을 주는 힘을 가지는 한, 규모가 정부에 영향력을 미치는 원천이 되어, 일반인이 반대하는 힘을 잉태할 수도 있다. 그러한 영향력은 한 기업이 행사하는 때와 마찬가지로 조직화된 이해집단이 행사하는 때에도 심각하듯이, 특정집단에게 이득을 주는 정부의 힘을 빼앗는 힘에 대항함으로써 보호받을 수 있다.

마지막으로 단순히 거대하다는 것 자체가 매우 바람직스럽지 않은 지위를 창조한다는 사실을 부인할 수 없는 또 하나의 사례를 언급하고자 한다. 즉 거대기업에게 발생하는 결과 때문에 정부가 그러한 기업이 실패하는 것을 방치할 수 없다는 점이다. 적어도 거대기업이 이처럼 보호받는다고 예상되는 한, 소규모기업에 비해 거대기업에 투자하는 것이 덜 위험한 것처럼 보인다. 그 결과 보다 나은 성과를 바탕으로 하지 않고 동시에 정책이 제거시키고자 하는 거대기업에게 인위적으로 이득을 주게 된다. 압력에 굴복되기 용이한 한, 그러한 보호를 제공할 수 있는 힘을 정부로부터 효과적으로 박탈시킴으로써 문제는 해결될 수 있다.

독점에 관해 현재 거론되는 이야기 중에서 간과하고 있는 점은 해로운 것이 독점 그 자체가 아니라 독점이 경쟁을 막는다는 사실을 기억해 둘 필요가 있다. 이는 전적으로 우수한 성과에 의존하는 독점은, 비록 커다란 이윤을 얻는 수준으로 가격을 유지하고 또한 동일한 수량을 생산하는 데에 다른 기업보다 적은 양의 자원을 사용하기 때문에 다른 기업이 경쟁하여 성공할 수 없을 지라도, 칭찬받을 만하다는 점과 다를 바가 없다. 그러한 독점은 이윤을 낳더라도 가급적이면 제품을 낮은 가격으로 팔 도덕적 의무를 부담하여야 한다는 주장은 정당성을 인정받을 수 없다. 이는 마치 가능한 한 열심히 노동하여야 한다는 도덕적 의무나 희소한 귀중품을 적정한 값으로 팔아야 한다는 도덕적 의무를 부담하여야 한다는 주장이 정당성을 인정받지 못하는 것과 마찬가지이다. 어느 누구도 예술가나 의사의 유일한 기술에 대한 독점적 가격을 공격할 생각을 꿈도 꾸지 않는 것처럼 다른 기업보다 더 싸게 생산할 능력이 있는 독점기업의 독점이윤 또한 잘못이 있을 수 없다.

도덕적으로 잘못된 것이 독점 자체가 아니라 경쟁(모든 경쟁, 그것이 독점으로 나아가게 할지라도)을 금지하는 것이라는 사실을 특히 신자유주의자들(neo-liberals)은 기억해 두어야 한다. 이들은 모든 독점기업에 대항함으로써 공평무사함을 보여 주어야 한다고 믿는데, 그러려면 노동독점에도 대항하여 공평무사함을 보여 줄 필요가 있기 때문이다. 이들은 경쟁을 억누르고 있는 노동독점에 대해서는 이의를 제기하지 못하고 있고, 기업의 독점이 보다 나은 성과의 결과란 점을 잊고 있다. 물론 기업독점이 유사하게 경쟁을 금지하는 것에 바탕을 두는 경우에는 노동독점과 마찬가지로 책임을 부담하여 하고 동시에 경쟁금지는 폐지되어야 한다. 그러나 독점이나 규모의 존재가 경제적·도덕적 기준에 따라 바람직하지 않은 것은 아니며, 경쟁을 금지하는 다른 행동과 비교할 필요가 있다.

제15장
정부의 본질

애인 랜드

헌법은 개인행동을 지정하는 것이 아니라 정부의 행동만을 지정한다. 그것은 정부의 힘을 위한 헌장이 아니라, 정부에 반하는 시민을 보호하는 헌장이라는 사실을 아무리 반복하여 강조해도 지나친 것이 아니다.

— 랜드

랜드(Ayn Rand, 1905~1982)는 1905년 러시아 페테르스부르크에서 태어나 1926년에 미국으로 이민하였다. 미국에서 영화배우, 작가, 철학자로서 명성을 쌓았다. 랜드는 *Atlas Shrugged*(1957)란 소설을 통해 개인의 행복과 불행을 모두 세상 탓으로 돌리고 사회변혁을 꿈꾸는 개인보다 자신의 삶을 보다 나은 것으로 만들기 위해 노력하는 양심적인 개인이 이 사회(지구)를 건전하게 유지하는 진정한 아틀라스라고 강조하였다.

이 글은 랜드(Ayn Rand)의 *The Virtue of Selfishness*(1961)에서 발췌한 내용이다.

제1절 | 지식과 교환을 위한 정부

정부는 주어진 지리적 영역 안에서 사회행위에 관한 어떤 규칙을 집행하는 독점력을 가지는 기관이다. 사람은 그런 기관을 필요로 하는가? 그렇다면 왜 그런가?

인간의 정신은 자신의 생존을 위한 기본도구이기 때문에, 자신의 행동을 인도할 수 있는 지식을 얻는 수단, 즉 기본적인 조건은 생각의 자유와 자신의 이성적 판단에 따라 행동할 수 있는 자유가 주어져야만 한다. 이것은 인간이 혼자 살아야 하고, 무인도가 인간의 필요에 가장 적합한 환경이라는 것을 의미하지는 않는다. 인간은 다른 사람과 관계를 맺음으로써 거대한 이익을 얻을 수 있다. 사회환경은 그들의 성공적인 생존에 가장 큰 도움이 되도록 이끈다. 다만 그것은 단지 어떤 조건에서만 가능하다.

"사회생활로부터 얻을 수 있는 두 가지 큰 가치는 지식과 교환이다. 첫 번째로 인간은 자신이 가지고 있는 지식을 세대에 걸쳐 전달·확장할 수 있는 '유일한 종'이다. 인간이 잠재적으로 이용할 수 있는 지식은 어떤 한 사람이 자신의 일생을 통해 얻은 지식보다 크다. 모든 사람은 다른 사람이 발견한 지식으로부터 아주 커다란 이익을 얻는다. 두 번째는 분업이다. 그것은 한 사람이 특정분야의 일에 그의 노력을 쏟아 부을 수 있고, 다른 분야에 전문화되어 있는 다른 사람과 교환할 수 있게 한다. 이런 형태의 협력으로 교환에 참여하는 모든 사람은 그 개개인이 무인도나 자급자족하는 농장에서 자기가 필요로 하는 모든 물건을 생산해야 하는 경우보다 훨씬 더 큰 지식, 기술 그리고 그들의 노력으로부터 획득하는 생산물을 얻을 수 있게 하였다."

"그러나 바로 이 모든 이익은 어떤 종류의 사람이 다른 사람에게 가치가 있는지, 또 어떤 사회 내에서 가능한지를 알려 주고, 한계를 정하고, 정의를 내린다. 합리적·생산적이고 자유로운 사회에서는 오로지 합리적·생산적·독립적인 사람이 가치를 가진다."

개인이 노력하여 획득한 생산물을 누군가가 훔쳐 가거나, 개인을 노예화하려고 하거나, 개인의 마음의 자유를 제한하거나, 개인 자신의 이성적 판단에 반하는 행동을 강요하는 사회(사회의 명령과 인간본성이 요구하는 것 사이에서 갈등을 일으키는 사회)는 엄격하게 말해 사회가 아니라, 제도화된 (갱들의) 규칙에 의해 함께 모여 있는 폭도들의 모임일 뿐이다. 그런 사회는 인류공존의 모든 가치를 파괴하고, 정당화될 수 없고, 이익의 근원도 아니며 인간생존에 가장 치명적인 위협이다. 무인도에서의 삶이 소련이나 나치 독일에서 생존하는 것보다 더 안전하고 비교할 수 없을 만큼 더 좋다.

만약에 인간이 평화롭고, 생산적·합리적인 사회에서 함께 살 수 있고 각자가 서로의 이익에 도움이 되면 그들은 도덕적이고 문명화된 사회가 가능하도록 기본적인 사회원리를 수긍해야만 한다. 그 원리는 다름 아닌 개인의 권리이다. 개인의 권리를 인식하는 것은 인간생존을 위한 인간의 본성에 의해서 요구되는 조건을 인식하고 인정한다는 것을 의미한다.

인간의 권리는 단지 물리적인 힘의 사용에 의해서만 침해될 수 있다. 한 사람이 다른 사람의 삶을 빼앗거나 강요하는 것은 물리적인 힘의 수단밖에 없다. 문명사회의 전제조건은 사회관계에서 물리적인 힘을 금지시키는 것이다. 그렇게 함으로써, 만약 사람이 서로 관계를 갖고 싶어하면, 그들은 단지 이성의 수단 즉 토론, 설득, 자발적·반강제적인 합의에 의해서만 그렇게 할 수 있다는 원칙을 확립할 수 있다.

제2절 | 보복수단으로서의 정부

인간생존권의 필수적인 결과는 인간의 자기방어에 대한 권리이다. 문명사회에서 힘은 보복하는 차원에서 사용될 수 있는데, 그것도 단지 처음 힘을 사용한 사람에게 사용될 수 있다. 물리적인 힘을 처음으로 사용하는 모든 이유는 악이므로 물리적인 힘을 보복용으로만 사용하는 것이 도덕적으로 필요불가결하다. 만일 몇몇의 '평화주의' 사회가 힘을 보복용으로 사용하는 것을 포기했다면, 그 사회는 비도덕적이 되기를 결심한 악인에게 좌우되는 무력한 상태로 남아 있게 될 것이다. 그런 사회는 사회가 당초 의도하는 것과는 반대되는 결과를 성취할 것이다. 즉, 악을 절멸하는 대신에 악을 장려하고 보상해 주게 될 것이다.

만약 한 사회가 악에 대항하는 조직적인 보호제도를 제공하지 못하면 모든 시민이 무장을 한 채 돌아다니고 자신의 집을 요새로 바꾸고 문쪽으로 접근하는 수상한 사람에게 총을 쏘는 사회가 되거나, 시민이 같은 목적으로 형성된 다른 조직과 싸우는 시민보호조직에 가입함으로써, 그 사회는 퇴보하여 야만적인 힘이 지배하는 사회 즉, 선사시대 미개인의 부족 간 전투가 지속되는 사회가 될 것이다.

물리적 힘을 비록 보복용으로만 사용하더라고, 이를 시민 개개인이 마음대로 하게 놓아둘 수는 없다. 평화적인 공존은, 만일 어떤 사람이 항상 자신의 이웃에게서 오는 힘의 끊임없는 위협에서 살아야만 한다면, 불가능하다. 자기 이웃의 의도가 좋든나쁘든, 그들의 판단이 합리적이든비합리적이든, 그들의 동기가 정의, 무지, 편견, 악의이든지 간에 한 사람에 대한 힘의 사용을 다른 사람의 자의적인 결정에 맡겨둘 수는 없다.

예를들어 만약 어떤 사람이 지갑을 잃어버리고는 도둑을 맞았다고 결론을 내리고 지갑을 찾으려고 모든 이웃집을 조사하는데, 그에게 기분

나쁘다는 모습을 보이는 첫 번째 사람을 죄책감의 증거라고 여겨 쏘았다면 무슨 일이 일어나겠는가, 상상해 보라.

힘의 보복적 사용은 처벌과 집행절차를 정의하는 객관적인 규칙을 필요로 할 뿐만 아니라 범죄가 이루어졌다는 것을 확정해 주고, 누가 범죄를 저질렀는가를 증명해 주는 증거의 객관적 규칙을 요구한다. 그런 규칙이 없이 범죄를 기소하려고 시도하는 사람은 개인적 형벌을 가하려는 폭도이다. 만약 사회가 힘을 보복용으로 사용할수 있도록 시민 개개인의 손에 움직이도록 내버려 두면, 그 사회는 폭도의 법칙, 개인이 하는 법, 끝없는 사적인 불화와 복수가 연속되는 사회가 될 것이다.

만일 사회관계에서 물리적 힘을 사용하는 것이 금지되면 사람은 객관적인 규칙에서 그들의 권리를 보호해 줄 임무를 맡길 기관을 필요로 한다. 이것이 합당한 정부의 임무이다. 그 기본적인 임무는 사람이 정부를 필요로 하게 하는 유일한 도덕적 존재이유이고, 사람이 필요로 하는 이유이다. 정부는 객관적인 통제에서, 즉 객관적으로 정의된 법률하에서, 물리적 힘을 사용하여 보복하는 데 사용하도록 하는 수단이다.

개인행동과 정부행동 사이의 기본적인 차이점(오늘날 완전히 무시하고 회피하는 차이점)은 정부가 물리력의 합법적 사용에 독점권을 가진다는 데 있다. 정부는 힘의 사용을 제지하고 동시에 이에 대항하여 싸우는 대리인이기 때문에 그런 독점권을 가져야 한다. 그리고 같은 이유 때문에 정부의 행동은 엄격히 정의·제한되고 한계가 정해져야만 한다. 정부의 행위에 정상적이 아닌 그 어떤 것도 허용되어서는 안 된다. 정부는 단지 법만을 원동력으로 하는 비인격적인 로봇이 되어야 한다. 만약 사회가 자유로워지고 싶다면 정부가 통제되어야 한다.

합당한 사회제도에서 정부관리는 모든 공적인 행동이 법에 의해 제약받는 반면에, 개인은 (그가 다른 사람의 권리를 침해하지 않는 한) 어떤 행동을 하더라도 법적으로 자유이다. 개인은 법적으로 금지된 것을 제외하고는 어떤 것이라도 해도 된다. 즉, 정부관리는 법으로 허용된 것 외에는 아무 것도 할 수 없다. 이것은 권리에 힘을 종속시키는 수단이다. 이것은 '사람의 정부가 아닌 법의 정부'라는 미국식 개념이다.

자유사회에 적합한 법의 본질과 정부권위의 근원은 적합한 정부의 본질과 목적에서 나온다. 이들의 기본원칙은 미독립선언문에 나와 있다. "이러한 (개인의) 권리를 보장하기 위해 정부를 설립하고 통치되는 사람의 승인을 받아 정부의 정당한 힘을 이끌어 낸다."

개인의 권리를 보호하는 것은 정부의 적합하고 유일한 목적이기 때문에 정부는 법률제정의 적합하고도 유일한 주체이다. 모든 법은 개인의 권리에 토대를 두어야 하고, 권리를 보호하는 데에 목적을 두어야 한다. 모든 법은 객관적이어야 한다(객관적으로 정당화될 수 있어야 한다). 사람은 행동을 취하기 전에 법이 그들이 하는 것에 무엇을 금지하고, 무엇이 범죄를 구성하는지, 만일 그들이 범죄를 저지르게 되면 무슨 처벌을 받게 되는지, 명백하게 알아야 한다.

정부권위의 근원은 지배당하는 사람의 동의로부터 나온다. 이것은 정부가 지배자가 아니라 시민의 봉사자 또는 대리인이라는 것을 의미한다. 이는 그런 정부는 어떤 특정목적을 위해, 시민에 의해 그것이 위임된 권리를 제외하고는, 아무런 권리를 가지고 있지 않다는 것을 의미한다.

만약 개인이 자유롭고 문명화된 사회에서 살기를 원하면 개인이 승인해야 할 기본원칙은 단지 하나밖에 없다. 즉 질서정연하고 객관적·법적으로 정의된 법집행목적을 위해 물리력의 사용을 포기하고 물리적인 자기방어의 권리를 정부에 위임하는 것이다. 아니면 다른 방법으로 표현해서 개인은 힘과 비정상적인 힘을 분리하는 일을 수용해야 한다.

제3절 | 중재기구로서의 정부

두 사람이 관련되어 있는 일에 대해 두 사람 사이에 서로 의견이 합의가 되지 않는 경우에 무슨 일이 일어날까? 자유사회에서 사람은 다른 사람과 거래하는 데 강요에 의해 합의하지는 않는다. 그들은 단지 자발적인 합의를 통해서 거래하고, 시간을 필요로 하는 합의라면 계약을 통해 합의한다. 만약 계약이 한 사람의 일방적인 결정에 의해서 파기되면 다른 사람에게 큰 재정적인 손실을 입힐 것이다. 그리고 희생자는 보상받기 위해 가해자의 재산을 압류하는 것 말고는 호소할 방법이 없다. 그러나 여기서 다시 힘의 사용을 개인이 결정하도록 내버려 둘 수는 없다. 그리고 이것은 정부의 가장 중요하고 복잡한 기능의 한 가지를 이끌어 낸다. 그것은 객관적인 법에 따라 사람 사이에서의 논쟁을 중재하는 기능이다.

문명화가 덜 된 사회에서 범죄자는 소수에 불과하다. 그러나 민법을 통해 계약을 보호하고 집행시키는 일은 평화로운 사회를 만드는 데에 절실히 요구된다. 그런 보호 없이는 어떤 문명도 발전하거나 지속될 수 없다.

인간은 동물처럼 순간적으로 행동함으로써 생존할 수는 없다. 인간은 자신의 목표를 계획하고, 그 목표를 전 삶을 통해 성취해야 한다. 인간은 그의 행동을 계산하고, 그의 삶을 장기적으로 계획해야만 한다. 더 넓은 마음과 더 큰 지식을 가진 인간일수록 자신의 삶을 계획하는 기간이 더 길다. 더 높고 복잡한 문명일수록 문명이 요구하는 행동범위가 넓어진다. 그러므로 사람 사이에서 계약상 합의범위가 더 길어질수록 그런 합의의 안전을 위한 보호의 필요성이 더 시급해진다.

만약 한 사람이 감자 한 가마니와 계란 한 바구니를 교환하기로 합의하고 나서 계란을 받고는 감자주기를 거절하면 원시교환의 사회일지라도 기능을 발휘할 수 없다. 이런 비정상 지향적인 행동으로 산업사회에서 사람이 10억 달러가치의 신용으로 양도하거나 수백만 달러가치의 건물을 짓는 계약을 맺거나 99년간의 임대차계약에 서명하는 것이 무엇을 의미하는지 상상해 보라(정부의 법집행기능으로만 가능하다).

일방적으로 계약을 파기하는 행위는 간접적인 물리력을 사용하는 것과 같다. 본질적으로 그것은 한 사람이 다른 사람의 물질적 가치와 상품과 서비스를 받고 나서 대가를 지불하기를 거절하면서 권리에 의해서가 아니라 힘에 의해 그것을 가지려는 것이나 다름없다. 즉 소유주의 동의없이 그것을 가지려는 것이다. 사기는 간접적인 힘의 사용과 같다. 그것은 소유주의 동의없이 거짓구실을 달고, 거짓으로 약속하여 물질적 가치를 획득하는 것이다. 강탈은 다른 방식으로 간접적인 힘을 사용하는 것이나 다름없다. 그것은 가치를 교환하지 않고, 힘, 폭력 그리고 상해의 위협으로 물질적 가치를 얻는 행위이다.

이런 행동은 명백히 범죄이다. 다른 것, 예를들어 일방적으로 계약을 파기하는 것은 범죄적 동기에 의해 야기된 것이 아니지만, 무책임과 비합리성에 의해 야기된 것이다. 관련된 양쪽 모두가 정의를 주장하는 복잡한 문제가 될 수도 있다. 그러나 경우야 어떠하든, 그런 모든 문제는 객관적으로 정의된 법을 따라야 하고 법을 집행하는 공평한 중재자 즉, 판사에 의해 재결되어야 한다.

이러한 모든 경우에 대해 정의를 지배하는 기본원칙을 관찰해 보자. 그것은 어떤 사람도 소유주의 허락없이 다른 사람으로부터 어떤 가치를 얻을 수 없다는 원칙이다. 그에 따라 인간의 권리는 일방적인 결정, 임의의 선택, 비합리성, 다른 사람의 변덕 등의 자비에 맡겨둘 수 없는 것이다. 본질적으로 그러한 것이 정부의 올바른 목적이다. 즉 사람이 다른 사람에게 야기시킬 수 있는 악과 싸우고 자신의 이익을 보호함으로써 사람이 사회존재의 가능성을 만드는 것 말이다.

제4절 | 정부의 세 가지 기능

정부의 올바른 기능은 광범위한 세 범주로 나눌 수 있다. 그것은 모두 인간권리의 보호와 물리력의 문제와 관계가 있다. 경찰(police)은 범죄로부터 사람을 보호하고, 군인(army)은 외부의 침입자로부터 사람을 보호하고, 법정(court)은 객관적인 법에 따라 사람 사이의 논쟁을 해결한다.

이 세 가지 범주는 많은 부수적인 결과와 파생된 문제를 포함하게 되는데, 특별한 법안의 형태로 실무적으로 구축하는 일은 대단히 복잡하다. 그것은 법학이라는 특별한 학문에 속한다. 구축하는 과정에 많은 실수와 불합의의 가능성이 있지만, 여기에 필요한 것은 법과 정부의 목적이 개인의 권리를 보호한다는 데 있다는 원칙이 지켜져야만 한다. 오늘날 이 원칙은 잊혀지고, 무시·회피되고 있다. 그 결과 현재 인류의 상태는 절대전제정치의 무법과 야만적인 힘이 지배하는 원시적인 야만인 사회로 후퇴했다.

이런 경향에 대한 반발로, 몇몇 사람은 그런 정부가 본질적으로 악인지, 무정부상태가 이상적인 사회체제인지에 대해 질문을 던진다. 정치적 개념으로서의 무정부상태는 순진하고 가변적인 개념이다. 앞에서 논의된 모든 이유로 인해, 조직된 정부가 없는 사회는 조폭의 싸움으로 사회를 혼란에 빠뜨리려는 첫 번째 범죄자의 자비에 매달리게 된다. 그러나 무정부상태를 반대한답시고 인간의 비도덕성이 지배하는 사회를 만들어야만 하는 것은 아니다. 모든 멤버가 충분히 합리적·도덕적으로 결점이 없는 사회조차도 무정부상태에서는 기능을 발휘할 수 없다. 정부설립의 필요성은 객관적인 법과 사람 사이에서 불합의를 중재하는 정직한 자가 필요하다는 데 있다.

'정부'의 개념에 대한 진화는 길고 고통스런 역사를 가지고 있다. 정부의 적합한 기능에 대해 어렴풋하게 이해하는 일부 사람이 모든 조직사회에서 존재해 온 것처럼 보인다. 이들은 정부와 도둑패거리 사이에 차이가 있다는 점을 인식하는 데서 분명히 나타난다. '법과 질서'의 수호자로서 정부에게는 존경심이 부여되고 도덕적 권위의 광채가 빛난다. 가장 악한 형태의 정부도 일상적이고 전통적으로 질서와 정의 같은 것을 유지하는 것이 필요하다는 사실을 알았고, 힘을 사용하는 데 도덕적으로 정당하여야 한다고 주장한다. 프랑스의 절대왕정이 '왕의 신성권'에 호소해야 했던 것처럼 소련의 현대 독재자들은 노예상태에 있는 국민에게 그들의 지배를 정당화하기 위한 선전에 돈을 써야 한다.

제5절 | 헌법상의 제한

인류역사에서 정부의 적합한 기능에 대한 이해는 매우 최근에 성취된 것이다. 그것은 단지 200년밖에 되지 않았고 미국혁명의 건국자로부터 시작되었다. 그들은 자유사회의 본질과 필요성을 정당화하였을 뿐만 아니라 그것을 실행에 옮기는 수단을 창안했다. 어느 다른 인간의 산물처럼 자유사회는 임의의 수단이나 단순한 소망이나 지도자의 '선의'에 의해 달성될 수는 없다. 객관적으로 유효한 원리에 기초를 둔 복잡한 법적 제도는 사회가 자유로워야 하고, 그 사회가 자유를 유지할 수 있기를 요구한다. 그 제도는 동기나 관리의 도덕적 성격이나 의도에 의존하지 않고, 전제정치가 진전되도록 어떤 기회나 법률상의 허점도 남기지 않는다.

견제와 균형의 미국제도는 단지 그러한 성과물이다. 그리고 비록 헌법에서 약간의 모순점으로 국가통제주의가 성장할 수 있는 허점을 남겨두었지만, 비교할 수 없는 성과는 정부의 힘을 제한하고 제약하기 위한 수단으로 만든 헌법이다. 오늘날 일치하여 이런 점들을 없애려고 노력할 때, 헌법은 개인이 아니라 정부에 대해 제한한다. 다시 말해 헌법은 개인의 행동을 지정하는 것이 아니라 정부의 행동만을 지정한다. 그것은 정부의 힘을 위한 헌장이 아니라, 정부에 반하는 시민을 보호하는 헌장이라는 사실을 아무리 반복하여 강조해도 지나친 것이 아니다.

오늘날 정부를 널리 인식하고 있는 관점에 도덕적 · 정치적으로 본말이 전도된 정도를 생각해 보라. 정부는 인권의 보호자가 되는 대신에 가장 위험한 침해자가 되고 있다. 정부는 자유를 지키는 대신에 노예상태를 확립하고 있다. 정부는 먼저 물리력을 쓴 사람으로부터 개인을 보호하는 대신에 어떤 문제에서 어떤 식으로든 마음대로 물리력과 강제력을 먼저 쓰고 있다. 정부는 인간관계에서 객관성의 도구로 봉사하는 대신에 그 해석이 관료의 독단적인 결정에 맡겨져 있는 비객관적인 법의 수단에 의하여 불확실성과 공포로 치명적인 숨은 통치를 창출하고 있다. 정부는 변덕에 의한 위해로부터 사람을 보호하는 대신에 무제한적인 변덕의 힘을 남용하고 있다. 따라서 우리는 궁극적인 전도의 단계에 빠르게 다가가고 있다. 시민은 허가에 의해서만 행동할 수 있는 반면, 그 단계에서 정부는 마음대로 어떤 것이든 자유롭게 할 수 있다. 이러한 것이 인류역사상 가장 어두운 기간이고 야만적인 힘에 의한 지배단계이다.

물질적 진보를 이루어 냈음에도 불구하고 인류는 이와 상응하는 정도의 어떤 도덕적 진보를 성취하지 못한 것으로 종종 언급되고 있다. 인간 본성이 부끄러울 정도로 지극히 낮다는 것은 사실이다. 그러나 인류가 역사의 대부분을 그 아래에서 살아야 했던 정부(이타주의자와 집단주의자에 의해 가능했던)가 저지른 엄청난 도덕적 전도(顚倒)를 고려하면 인간이 어떻게 문명의 외형을 보전해 왔으며, 어떤 종류의 불멸의 자존심이 인간을 바로 걸어가도록 했는지 궁금해진다. 또한 인간의 지적인 르네상스를 위한 투쟁의 한 부분으로서 수용·지지되어야만 하는 정치원칙의 본질을 더 명백하게 알아가기 시작한다.

제16장
자유사회에서 정부의 역할

밀턴 프리드먼

> 정부의 책임성을 생각없이 용인한 결과, 그러한 책임성이 더 절실한 것처럼 이해되
> 는 근거를 제공한다. 이것은 자유사회에서 정부의 활동영역이, 그러한 활동을 필요
> 로 하지 않는 사람을 대상으로 하는 적절한 활동으로부터, 가령 통화제도를 설정하
> 는 것에서부터 개인 사이의 자원배분을 결정하는 활동에 이르기까지 확산될 것이
> 기 때문이다.
>
> 프리드먼

이 글은 프리드먼(Milton Friedman)의 "The Role of Government in a Free Society"(*Capitalism and Freedom*, 1962)에서 발췌한 내용이다.

제1절 | 원칙설정자이며 중재자인 정부

국민의 일상적 활동을 일반적인 관습, 법적 영역으로부터 분리해 내는 것은 중요하다. 일상적 활동은 한 게임에서 게임을 즐기는 참가자의 활동

과 같은 것이고, 법적 영역은 게임에서 규칙과 같은 것이다. 좋은 게임은 선수가 경기규칙과 이를 집행하는 심판원 양자의 수용을 요구하듯이, 좋은 사회가 되려면 구성원이 자신들 사이의 관계를 지배하는 일반적인 조건에 동의하고, 이러한 조건을 달리 해석하는 경우에 중재하는 수단에 동의하고, 일반적으로 수용된 규칙을 준수하게 하는 장치에 동의할 것을 요구한다. 게임에서나 사회에서나 모두 마찬가지로 대부분의 일반적인 조건은 생각하지도 않고 수용한 의도하지 않은 습관의 결과이다. 고작 우리는 국민이나 선수의 최소한의 변화만을 생각했을 뿐, 연속적으로 누적된 최소한의 변화가 게임이나 사회의 특징에 미칠 거대한 변화를 간과하고 있다. 또한 게임에서나 사회에서나 참가자가 대부분의 경우 외부의 강제 없이 준수하는 규칙이 없다면, 다시 말해 광범위한 사회적 공감대가 없으면, 어떤 규칙도 존재하지 않을 것이다. 그러나 규칙을 이해하고 시행하기 위해 관습이나 공감대에만 의지할 수는 없다. 즉 심판관을 필요로 한다. 자유사회에서 정부의 기본적인 역할은 규칙을 수행할 수 있는 방법을 부여하고, 규칙의 취지에서 오는 서로 간의 마찰을 중재하며, 게임을 즐기지 않는 사람도 규칙을 따르도록 시행한다.

이런 측면에서 완전한 자유가 불가능하기 때문에 정부를 필요로 한다. 그러나 하나의 철학으로서 무정부가 매력적일지 모르지만 불완전한 인간이 사는 세계에서는 실현불가능하다. 인간의 자유는 서로 상충될 수 있고, 최고법정이 언젠가 말한 "나의 주먹을 움직일 수 있는 자유는 상대방의 턱 바로 앞에까지 제한되어야만 한다"라는 것과 같이, 실제 사람 사이의 자유가 충돌하면 타인의 자유를 보호하기 위해 자유는 제한되어야만 한다.

정부의 적절한 활동을 결정하는 데 부닥치는 주요문제는 서로 다른 개개인의 자유 간의 충돌을 어떻게 해결할 것인가이다. 어떤 경우에 해답은 다소 쉽다. 이웃을 살해할 수 있는 자유는 타인이 살아갈 자유를 보호하기 위해 희생되어야만 한다고 하는 명제에 대해 사람이 만장일치에 도달하는 데에는 어려움이 거의 없다. 그러나 다른 경우에 대답은 어렵다. 경제영역 내에서 대다수의 문제는 경쟁하기 위한 자유와 결속하기 위한 자유 사이의 논쟁관계에서 야기된다. '기업'의 다른 표현이기도 한 '자유'의 속성은 무엇을 의미하는가? 미국에서 말하는 '자유'란 누구나 기업을 자유롭게 설립하는 데 자유롭다는 의미로 이해되어 왔다. 이는 이미 설립되어 있는 기업은 동일한 가격으로 더 나은 제품을 판매하거나 동일한 상품을 저가격으로 판매하는 것을 제외하고서는 경쟁자가 진출하지 못하도록 막을 자유는 없다는 의미이다. 다른 한편으로 유럽의 관습에서 말하는 자유란 기업은 자신이 원하는 것을 자유롭게 할 수 있다는 의미인데, 가격의 고정, 시장분할, 잠재적 경쟁자를 막기 위한 다른 기술채택 등을 자유롭게 할 수 있다는 의미이다.

아마도, 미국과 유럽에서 가장 어렵고 구체적인 문제는 노동자가 결속하기 위한 자유문제와 경쟁하기 위한 자유문제 사이와 관련되어 야기되는 문제이다.

수세기에 걸쳐 발달되어 왔고, 법령에 반영되어 온 개념이기는 하지만, 재산권에 대한 개념은 우리와 떼어놓을 수 없는 관계를 지속하여 왔기 때문에 이를 당연시 받아들이는 경향이 있고, 재산권이 무엇으로 구성되어 있고, 이를 소유하는 자에게는 어떤 권리가 주어졌는지를 따지는 것은 자명한 명제라기보다 복잡한 사회적 문제를 만들어 낸다는 사실을 잘못 인식하는 경향이 있다.

예를들면, 내가 가지고 있는 땅의 권리 즉, 내가 바라는 재산권 사용에 대한 자유로서 비행기를 타면서 나 이외의 누군가 내 소유의 토지 위로 비행하는 것을 부정할 수 있겠는가? 또는 타인이 비행기를 사용하는 권리에 우선권이 있는가? 또는 이러한 것이 얼마나 높게 비행하였는가에 의존하는가? 또는 얼마나 많은 소음을 내고 있는가? 또는 나의 토지 위로 비행하는 그의 특권이 나에게 지급하는 자발적 거래를 필요로 하는가? 또는 내가 비행을 금지시키기 위해 비용을 지불해야 하는가? 로열티, 저작권 및 특허권에 대한 단순한 언급, 기업지분, 하천소유권 등은 재산권의 다양한 정의 중에서 일반적으로 수용된 사회적 규칙의 역할을 강조한다. 대부분의 경우, 잘 기술되고, 일반적으로 수용된 재산권에 대한 정의가 존재한다는 사실은 재산권의 정의가 무엇보다도 훨씬 더 중요하다고 할 수 있다.

다른 경제분야에서 특히 어려운 문제로 부상하는 것이 통화제도이다. 통화제도에 대한 정부의 책임성은 오랫동안 인정되어 왔다. 헌법에 명문화하여 화폐를 주조하고, 그 가치를 규제하고, 외화가치를 규제하는 권한을 국회에 부여한 것이다. 아마도 정부의 활동이 한결같이 용인되는 분야는 경제활동 분야 이외의 분야에는 없을 것이다.

정부의 책임성을 생각없이 용인한 결과, 그러한 책임성이 더 절실한 것처럼 이해되는 근거를 제공한다. 이것은 자유사회에서 정부의 활동영역이, 그러한 활동을 필요로 하지 않는 사람을 대상으로 하는 적절한 활동으로부터, 가령 통화제도를 설정하는 것에서부터 개인 사이의 자원배분을 결정하는 활동에 이르기까지, 확산될 것이기 때문이다. 다시 말해 사람이 불안을 느껴 정부의 개입(규제)을 더 바랄 것이다.

요약하면 자발적 거래를 통한 경제활동이 조직화되려면 정부가 타인에 의한 개인의 억압을 막기 위한 법과 명령유지, 자발적으로 합의한 계약집행, 또한 재산권의 의미와 정의, 재산권의 해석과 집행, 그리고 통화체계의 마련 등의 기능을 우리에게 제공해 주는 것을 전제로 한다.

제2절 | 정부를 통한 기술적 독점과 인근효과의 해결

지금까지 고려한 정부의 역할은 시장이 스스로 할 수 없는 무언가 즉, 게임의 규칙을 결정하고 중재하며 강제하는 데 있다. 동시에 우리는 시장을 통해 이루어질 수 있는 일이 마찬가지로 정부를 통해서도 무언가가 이루어지기를 바란다. 그러나 기술적 및 이와 유사한 조건으로 말미암아 바라는 대로 일이 진행되기가 어렵다. 엄밀히 말해 자발적 거래는 몹시 비싸거나 거의 현실적으로 불가능한 상황으로까지 도달한다. 그와 같은 경우는 독점과 이와 유사한 불완전시장, 그리고 간접효과의 두 종류이다.

거래는 사실 거의 동등한 대체물이 존재할 때 자발적이다. 독점은 대체재가 없다는 것을 뜻하며 거래의 효율적인 자유를 금한다. 실제로 독점은 개인들 사이의 공모의 동의나 정부의 지원으로부터 발생한다. 이와 관련하여 남은 문제는 독점을 정부가 적극적으로 육성하는 일을 피하든지, 독점금지법에 규정된 규칙을 시행할 수 있도록 자극하든지 하는 것이다. 그러나 독점은 또한 개별 생산자나 기업가를 갖는 것이 기술적으로 효율적이기 때문에 발생한다. 나는 생각했던 것보다 제한되어 있는 숫자라고 과감히 제안할 수 있지만 독점은 확실히 발생하고 있다. 지역사회 내의 전화서비스의 공급이 그 좋은 예이다. 나는 그와 같은 경우를 '기술적' 독점이라 한다.

기술적 조건으로 말미암아 경쟁시장의 자연적 결과로 한 개의 독점을 만들 때 선택가능한 세 가지 유형, 즉 개인독점, 공공독점, 공공규제가 있다. 세 가지 모두 좋지 않다. 그래서 우리는 해악 중에서 선택해야만 한다. 미국에서 독점의 공공규제를 조사한 사이먼(Henry Simon)은 공공독점(public monopoly)이 해악을 덜 낳는다는 불만족스러운 결과를 발견했다. 독일의 자유주의자인 오이켄(Walter Eucken)은 독일철도에

관한 독점에서 공공규제(public regulation)가 해악을 덜 낳는다는 불만
족스러운 결과를 발견했다. 마지못해 둘로부터 얻을 수 있는 결론은 그
래도 괜찮다면 개인독점(private monopoly)이 가장 해악이 덜하다는 점
이다.

만약 기술적 독점을 초래한 조건이 계속 남아 있을 만큼 사회가 정태적
이라고 하면, 나는 이러한 해결방식에 거의 믿음이 가지 않는다. 급변하
는 사회에서 그 상황이 기술적 독점을 늘 변하도록 만들고, 이러한 변화
에 공공규제와 공공독점이 개인독점보다도 영향을 덜 받고, 그러한 변화
에 책임도 덜 부담할 것이라고 추측할 수 있다.

이것은 미국의 철도가 좋은 예이다. 19세기에 기술적 이유로 철도부문
에서 독점은 불가피하였다. 이것이 바로 ICC(국내통상위원회)를 만든 이
유이다. 그러나 상황이 변했다. 도로와 항공운송으로의 대체로 철도의
독점적 요소는 무시할 만큼 줄어들었다. 그렇다고 바로 국내통상위원회
를 해체하지는 않았다. 반대로 철도의 착취로부터 공익을 보호하기 위해
설립되었던 국내통상위원회가 트럭과 다른 운송수단에 의한 경쟁으로부
터 철도를 보호하기 위한 기관으로 전락하였다. 심지어 최근에는 신규참
가자에 의한 경쟁으로부터 기존 트럭회사를 보호하고 있다. 유사하게 영
국에서 철도가 국유화되었을 때 트럭운송업이 먼저 주정부의 독점기업이
되었다. 만약 철도가 미국에서 규제를 받지 않았다면 철도를 포함한 지금
의 모든 운송수단이 독점적 요소를 거의 갖추지 않은 채 대단히 경쟁적인
산업이 되었을 것이다.

그러나 개인독점, 공공독점, 공공규제의 해악 사이의 선택은 실제 무
슨 상황이 벌어지고 있는가와는 무관하게 한번 선택되면 계속 지속하는
것은 아니다. 만약 기술적 독점이 주요한 서비스나 상품이라고 간주되고,
또 기술적 독점력이 상당히 크면, 규제받지 않는 사적 독점이 낳는 단기

적 영향을 감내하기 힘들지라도, 공적 규제나 공공독점권이 해악을 덜 낳을 것이다.

기술적 독점은 사실상 공공독점을 정당화하기 위한 수단이 된다. 공공독점이 경쟁자의 행위를 위법으로 만들어 경쟁하지 못하도록 하여 독점을 유지하는 것은 정당화될 수 없다. 예를들면 지금 우체국의 공공독점을 정당화시킬 수는 없다. 우편운송은 기술적 독점이어서, 정부독점이야말로 최소한의 해악을 낳는다고 주장할 수 있을 것이다. 이 경우에 아마도 국영우체국을 정당화할 수는 있으나, 우편을 운송하는 그 밖의 기관의 행위를 불법으로 규정하는 법령을 정당화시킬 수는 없다. 만약 우편배달이 기술적 독점이라면 정부와 경쟁하여 성공할 사람은 아무도 없을 것이다. 그렇지 않다면 정부가 우편배달에까지 종사할 이유는 없다. 이것을 발견하는 단 한 가지 방법은 사람에게 경쟁시장에 진입할 수 있도록 규제하지 않고 내버려 두는 것이다.

왜 정부가 우편서비스에 독점권을 가져야 되는지에 대한 역사적 근거를 더듬어 보자. 포니 익스프레스(Pony Express)가 대륙을 가로질러 우편을 성공적으로 배달하고 있었는데 정부가 대륙횡단 서비스를 제공하게 되자, 사실상 정부가 효과적으로 경쟁하지 못하고 적자를 보게 되었다. 그 결과 정부 이외의 기관이 우편배달서비스를 제공하는 것을 불법으로 하는 법이 만들어졌다. 이러한 이유에서 애덤즈 익스프레스(Adams Express)가 우편배달을 담당하는 경영회사 대신 오늘날 투자신탁회사가 되었다. 나는 만약 우편배달사업에 대한 진입이 모두에게 개방된다면, 많은 회사가 들어올 것이고, 이러한 낡은 산업은 단기간에 대변혁을 일으키게 될 것이라고 추측한다.

자발적 거래가 불가능한 두 번째 일반적인 경우는 한 개인의 활동이 타인에게 미치는 영향에 타인에게 지불이나 보상한다는 것이 불가능할 때 발생한다. 이것이 '간접효과'의 문제이다. 분명한 예가 강의 오염이다. 강을 오염시키는 사람은 맑은 물을 사용하는 타인이 즐기는 양호한 물을 나쁜 물로 강제로 교환시키도록 만든다. 이 사람은 당연히 어떤 가격을 받고 거래하기를 기대한다. 그러나 각자 개별적으로 행동하여서는 이들이 적절한 보상을 받고 거래를 시행시키기도, 회피하기도 불가능하다.

고속도로가 덜 분명한 사례이다. 이러한 경우에 기술적으로 신분을 확인하고, 도로사용에 대해 개인적으로 요금을 부과하는 것은 가능하다. 그러나 일반적으로 도로를 사용할 때 출입구가 너무 많고, 개인에 의해 수금되는 비용이 대단히 많기 때문에 모든 입구에 통행료를 징수하는 시설을 설립할 필요가 있다. 휘발유세는 도로를 사용하는 정도에 비례하여 개인에게 부과하는 무척 값싼 수단이다. 그러나 이 방법의 문제점은 특정세금이 특정사용으로 확인될 수 없다는 데 있다. 그러므로 거대한 개인독점을 설립하지 않고서는 개인기업이 고속도로 서비스를 제공하고 요금을 징수하기가 불가능하다. 이러한 까닭에 요금징수비용은 적고, 다수의 대안적인 방법으로 사람이 현재요금을 지불하고 있기 때문에 독점문제는 심각하지 않은 것처럼 보인다. 그러므로 이것이 바로 사유화를 통해 경영되어야 할 이유이다. 만약 고속도로 운행사업이 개인기업에 의해 소유·경영된다면 이들은 사람이 고속도로를 운행한 양에 비례하여 휘발유세를 거두어 들여야 할 것이다(정부가 독점으로 운영하는 바람에 고속도로를 이용하는 서비스에 비례하여 요금을 지불하지 않고 다른 대안적 수단을 통해 서비스비용을 회수하는 현상이 발생하고 있다).

내가 인근효과라고 한 이러한 내용을 다루는 이유는 거의 모든 정부규제를 합리화시키는 데 이용될 수 있기 때문이다. 그러나 대부분의 경우 이 합리화는 간접효과의 개념을 정당하게 적용하기보다도 더 특별한 주장이다. 간접효과는 양쪽을 모두 갈라놓는다. 즉 정부의 활동을 제한하기 위한 근거가 될 수도, 정부활동을 확대시키기 위한 근거가 될 수도 있다. 간접효과는 자발적 교환을 방해하는데, 그 까닭은 제삼자에게 미친 영향과 크기를 확인하기가 어렵기 때문이다. 그러나 이러한 어려움은 정부가 직접 활동하는 부문에서도 똑같이 발생한다. 간접효과가 너무 커서 이를 극복하는 데 들어가는 비용을 정당화할 수 없고, 또한 그 비용을 적절한 방법으로 배분하기가 어려운 경우가 있다.

따라서 정부가 간접효과를 극복하기 위한 활동에 적극적으로 관여할 때 개인소유권에 대해 보상하지 못하거나 부과하지 못해 발생하는 효과가 간접효과로 추가될 것이다. 기존의 간접효과나 새로운 간접효과가 추가됨으로써 부닥치는 심각성은 사안별로 다루어질 수 있고, 그것도 개략적인 수준에 머물고 말 것이다. 게다가 간접효과를 극복하기 위해 정부를 이용하는 것은 정부활동을 필요로 하지 않는 부문에 이를 도입하여 생기는 대단히 중요한 간접효과를 낳는다. 정부가 간섭하는 모든 활동은 개인의 자유영역을 직접 제한하고, 다른 장에서 설명된 이유에 따라 간접적으로 자유의 유지를 위협한다.

우리의 원칙은 자발적 거래를 통해 각자가 달성하고자 하는 데에 어렵거나 불가능한 일을 정부를 이용하여 함께 성취하는 것이 얼마나 적절한지를 딱 부러지게 선을 그어 말할 수는 없다. 정부의 간섭을 필요로 하는 특정의 경우, 장·단점을 따로따로 구분하여 수지대조표를 만들어야 한다. 우리의 원칙은 한쪽에는 어떤 아이템이 주어지고 다른 한쪽에는 어떤 아이템이 주어져야만 하는지를 알려 주고, 각 아이템에 얼마만큼의 가중치가 주어져야만 하는지를 알려 준다. 특히 우리는 자유를 위협하는 간접효과와 정부 간섭의 책임성을 따지기를 원하고, 여기에 상당한 비중을 둔다. 다른 아이템에서와 마찬가지로 얼마만한 비중을 두어야 하는지는 상황에 의존한다. 예를 들면 만약 기존의 정부간섭이 최소라면, 추가적인 정부간섭이 가져다 줄 부정적인 효과는 그 비중이 작을 것이다.

제3절 | 결 론

정부란 법과 명령을 유지하고, 재산권을 명시하고, 경제게임의 규칙과 재산권을 수정하는 수단을 제공하고, 그 규칙해석에 관한 논쟁을 판결하며, 계약을 강제하고, 경쟁을 촉진하며, 통화기구를 제공하며, 기술적 독점에 대응하여 활동하고, 정부간섭을 정당화하기 위한 매우 중요한 간접효과를 극복하기 위해 활동하고, 가족 내에 무책임한 부모나 자식을 보완하기 위한 관용을 베푸는 등의 수행하여야 할 분명하고도 중요한 기능을 가지고 있다. 기존의 자유주의자는 무정부주의자는 아니다.

그러나 그와 같은 정부는 분명히 제한된 기능을 가지고 있는 것도 사실이다. 현재 미국과 다른 서유럽나라에서 연방과 주에서 담당하는 수많은 활동을 그만 두어야만 하는 것도 사실이다.

제17장
환경오염과 정치오염

드와이트 리

> 오직 정치적으로 자신의 입지를 굳힐 수 있는 자만이, 마치 오염자가 다른 사람에게
> 비용을 부담시켜 자신의 개인적 이익을 얻듯이, 다른 사람에게 비용을 부담시키면
> 서 이득을 얻는다.
>
> 드 와이트 리

　리(Dwight Lee)는 미국 샌디에이고 주립대학에서 경제학석사학위를 받고 캘리포니아 샌디에이고대학에서 경제학박사학위를 취득하였다. 현재 미국 조지아대학에서 개인기업을 위한 램지교수(Eugene A. Ramsey Professor of Private Enterprise)로 재직하고 있다.

　이 글은 리(Dwight Lee)의 "Environmental versus Political Pollution"(*International Institute for Economic Research*, 1982년 9월)에서 발췌한 내용이다.

제1절 | 서 론

사유재산을 개인의 이익을 추구하려고 사용하면 과도한 오염을 유발시킨다고 널리 알려져 있다. 이 문제를 해결하기 위해 시장을 통한 의사결정보다 정부규제를 확대하는 것이 필요하다는 인식이 널리 알려져 있다. 양쪽의 견해는 사실과 완전히 다르다. 오염이 과도한 이유는 사유재산에 너무 의존하기 때문이 아니라 거의 의존하지 않기 때문이다. 게다가 오염행위에 대해 정부의 직접규제로 오염을 통제하려는 시도는 실패했다. 이것은 재산권이 개인적으로 소유되었을 때에만 제공될 수 있는 정보를 이용할 수가 없기 때문이다. 사실, 오염을 줄이려는 정부정책이 안고 있는 문제는 우선 과도한 오염을 유발시키는 문제와 매우 유사하다.

환경오염의 문제는 근본적으로 경제적 문제로 인식될 때에만 적절하게 이해될 수 있다. 그것은 회소성의 문제이기 때문이다. 우리가 가진 자원은 우리의 수요를 모두 만족시킬 만큼 충분하지 않다. 우리는 깨끗한 공기, 순수한 물을 원하고 우리의 삶과 건강을 지킬 수 있는 파괴되지 않은 자연경관을 원한다. 그리고 우리의 미적 감각을 만족시키고 싶어한다. 그러나 동시에 삶을 유지하고 질을 충족시키는 데 중요한 점은 폐기물처리장(waste-sink)으로서의 환경이 갖는 역할이다. 우리가 숨을 쉬고 내뱉는데 또는 밀을 재배하거나 전력을 생산하기 위해 수고한 모든 생산적인 활동은 처리해야 하는 불필요한 부산물을 만들어 내게 되는데 환경에 하나의 형태로든 다른 형태로든 배출되어야 한다. 인간이 재화를 만들어 내는 데 들어가는 비용 중 하나는 환경질의 희생이다.

유사하게 환경정화비용은 일부 재화의 희생을 가져온다는 측면에서 고려되어야 한다. 우리가 보다 깨끗한 환경에 가치를 부여한다고 하여 환경이 다소 깨끗해져야 한다거나 다소 더러워져야 한다고 결정하는 데 길잡이가 되지 못한다. 우리는 더 깨끗한 환경을 원하지만 또한 더 좋은 주택, 여흥, 의학적 연구, 교육, 신선한 포도주, 빨리 작용하는 세제, 따뜻한 겨울, 에어컨이 있는 여름, 편리하고 안전한 교통, 몸에 잘 맞는 옷 등을 원한다. 당면한 문제는 깨끗한 환경과 우리가 필요로 하는 것을 어떻게 적절하게 조화시킬 것인가이다. 그것은 하나를 더 가지려면 다른 어떤 것을 희생시키는 비용을 치러야 한다는 것이다.

제2절 | 정직한 커뮤니케이션과 다른 사람을 위한 고려

이상적인 세계(희소성 문제는 제외하고)에서 자원에 관한 결정은 모든 가능한 요소에 투입되는 자원가치에 바탕을 둔 정보에 의해 도출되어야 한다. 이 이상을 깨달을 수 있는 한 가지 방법은, 적어도 개념상, 먼저 모든 사람이 다른 사람이 자원을 서로 달리 이용하는 데에 부여하는 가치에 대해 의견을 교환하여야 할 것이다. 게다가 사람이 서로 정직하게 의사소통하고 다른 사람의 이익보다 자신의 이익에 더 무게를 두는 사람은 없을 것이라는 가정이 필요하다. 이런 상황하에서 자원은 그들이 가장 높은 가치를 가지고 있는 요소에 투입될 수 있다. 만약 누군가가 어떤 특정한 자원이 당신보다 그에게 더 가치가 있다고 당신에게 말을 하면 당신은 이것이 사실이라는 것을 알 것이고, 그의 이익을 배려하여 그가 그 자원을 가지는 것을 허락할 것이다. 물론 우리가 여기서 언급한 것은 이상주의자의 꿈에 지나지 않을지도 모른다.

기술진보가 어떤 특정자원에 모든 사용자와 잠재적 사용자가 서로 의사소통하는 것을 간단하게 만들어 줄 것이라고는 상상조차 하기 어렵다. 그리고 의사소통의 기술적 문제가 해결된다고 하여도 사람이 정직하게 의사소통을 해야 하고 자신의 것과 동일하게 다른 사람의 이익도 고려해야 한다는 도덕적 · 윤리적 문제가 남아 있다. 지옥불에 대한 두려움과 천국에 대한 기쁨을 제외하고는 정직과 형제애를 실현시킬 동기가 없다면 효율적인 자원배분에 대한 지상목표가 실현될 것이라고 믿을 이유는 전혀 없다.

그러나 이상주의자처럼 우리는 자원에 대해 사람이 갖는 가치를, 서로 정직하게 다른 사람의 이익을 충분히 고려하면서 표현하게 되면, 효율적으로 배분할 수 있다는 생각을 완전히 배제할 수도 없다. 사실 이것은 사용하는 대부분의 자원에서 일어나는 현상을 아주 정확하게 기술한 것이다. 자원이 광범위하게 활용되고 있기 때문에 이러한 정보와 배려체계는 우리의 행위와 이익을, 자원활용방식이 매우 효율적으로 되게 하는 방법으로, 수백만 명의 다른 사람의 행위와 이익을 조화시키고 있다. 게다가 이 의사소통과 배려체계는 매우 부드럽게 작용해서 실제로 깜짝 놀랄 만한 일이 일어나는 데에도 거의 의식하거나 이해하지 못한다. 놀랍게도 의사소통과 배려라는 시스템을 발판으로 하는 사회적 제도는 사유재산제도이다.

이 제도는 사회적 협동과 의사소통을 진작시키는 데 심각한 방해요소로서 비판받아 왔다. 사유재산제도가 개인에게 막대한 부를 물려주는 원천이라는 사실은 일부 사람에게는 확실히 중요한 문제로 받아들여진다. 그러나 경제학자에게는 개개인이 사유재산으로부터 이익을 얻을 수 있다는 사실은 중요한 이점 중의 하나이다. 전체가 아닌 개개인이 자원을 소유하고 그 대부분을 쓸 수 있다면 그들은 자원을 아껴서 사용하고 대부분의 생산요소에 투입시키고자 하는 강한 동기가 생긴다. 사람은 그 각자가 소유한 자원을 공동으로 소유한 자원보다 더 신중하게 사용한다. 당신이 화장실 벽에 낙서를 찾기를 원한다면 공공화장실에서나 찾을 수 있다.

집에 있는 화장실에는 낙서가 없다.

　그러나 효율적인 자원배분에 관심이 있다면 단순히 개개인이 가장 가치를 두는 부분에 그들이 가진 자원을 단순히 투입하는 것만으로는 충분하지 않다. 같은 자원에 한 사람의 최선의 사용이 다른 사람의 그것과 비교하였을 때 덜 가치 있는 것일지도 모른다. 각자가 자신이 가진 자원의 가치를 어떻게 하면 다른 사람과 비교하여 평가할 수 있을까? 그리고 어떻게 하면 이러한 가치를 완벽하게 고려하도록 동기부여를 할 수 있을 것인가? 그 답은 개인소유권에 의해 가능한 활동으로부터 구할 수 있다. 즉 교환하는 일이다.

　재산권이 잘 정의되고 지켜질 때에만 교환은 일어날 수 있다. 당신이 그 자원을 통제하고 사용할 배타적인 소유권을 가지고 있지 않으면 그 자원에 돈을 지불할 사람은 아무도 없다. 어떤 자원에 양도가능한 권리가 주어지는 때에만 시장에서 그 자원은 매매될 수 있을 것이다. 시장가격은 알아서 결정될 것이다. 가격은 당신이 그 자원을 구입하기 원한다면 최소한 그 자원의 소유자가 두고 있는 가치만큼은 지불해야 한다는 점을 반영한다. 따라서 그것은 소유자에게 지불하고자 하는 의사이다. 다시 말해 시장에서의 교환행위는 모든 사람이 그런 자원의 가치를 다른 사람에게 정직하게 밝힌 것이 시장가격이 되도록 한다. 이것은 막대한 양의 정보를 제공할 뿐만 아니라 모든 관련된 의사결정자가 그 정보를 충분히 고려하게 하도록 만드는 의사소통의 과정이다.

　당신이 자원을 소유하고 있든 아니면 구매해야 하든지 간에 시장가격은 그 비용을 반영하고 있다. 당신이 이미 그것을 가지고 있고 계속 보유하고자 한다면 시장가격은 당신이 그것을 팔지 않고 가지고 있는 가치를 반영한다. 사람은 이러한 자원이 최소한 그가 다른 것에 두는 가치만큼의 효용이 있는 한, 개인적으로 소유한 자원을 사용하고 교환할 동기를 가질 것이다. 다시 말해 사람은 그가 가진 재화의 가치가 다른 사람이 가진 재화의 가치와 동일하기만 하면 경제적으로 결정할 동기가 생긴다.

의사소통과 배려체계를 통한 자원배분의 논의와 이런 체제의 효율적 기능을 위해 설명한 재산권, 제도, 시장교환 등은 환경오염문제라는 우리의 논점에서 약간은 동떨어져 보일지도 모른다. 그러나 제대로 작동하고 있는 의사소통과 배려체계에서 나타나는 효율성을 주의깊게 관찰하다 보면 그러한 기구가 제대로 작동하지 않을 때 나타나는 문제을 쉽게 이해할 수 있다. 이것이 우리에게 오염문제를 다시 생각하게 한다.

제3절 | 오염은 재산권이 거의 설정되어 있지 않아 만연한다

이제 왜 오염이 과도한지를 설명 할 때가 되었다. 다른 것 중에서도 오염물질의 저장소역할을 하는 수계와 대기와 같은 환경자원은 개인적으로 소유·통제되는 재산으로서 개인에게 쉽게 분배되지 않는다. 이런 저장자원은 개인적으로 소유될 수 없기 때문에 시장교환은 일어나지 않는다. 우리 모두는 쓰레기를 처리하기 위해 공동으로 소유되는 수용자원을 사용한다. 대부분의 자원 활용에 대한 결정을 이끌어 내는 정보와 배려는 거의 없다 우리에게 경제적 행위를 하게 만드는 정보와 배려체계의 구조적인 기초는 우리가 많은 환경자원을 사용할 때 결함이 발생한다. 이런 자원은 개인재산으로 제공될 수 없기 때문이다.

예를들어 일을 하기 위해 차를 운전하기로 결정했다고 가정해 보자. 그것은 다른 사람에게도 가치 있는 자원사용을 필요로 한다. 오일, 가솔린 그리고 자동차를 유지하기 위해 필요로 하는 노동이 그것이다. 그러나 이러한 자원은 개인소유가 가능하고 쉽게 시장에서 교환되기 때문에 당신은 다른 사람이 당신에게 지불하고자 하는 가격이 이 자원가치와 부합한다고 생각하게 된다. 그러나 운전하면서 배출하는 배기가스가 영향을 주는 깨끗한 공기의 경우에는 이와 다르다. 당신이 더럽히는 깨끗한 공기에 대해 다른 사람이 매기는 가치는 당신이 알 수 없다. 이것은 깨끗한 공기는 시장에서 교환되지 않기 때문이다. 당신이 다른 사람에게 그 가치를 가르쳐 줄 만한 깨끗한 공기의 가격은 존재하지 않는다. 이런 가치를 알고 있다고 하더라도 가격이 존재하지 않기 때문에 그것을 고려대상에 넣을 만한 동기는 거의 없을 것이다. 당신의 오염행위에 의해 발생되는 악영향은 거의 대부분이 다른 사람에게도 미치게 된다. 당신이 오염으로 인한 비용보다는 그로 인한 편익에 더 가치를 두게 된다는 사실에 놀랄 것은 없다.

그러나 자원의 사유가 가능하면 사람은 각각의 자원을 더 많이 사용하기 위한 정보와 동기를 가지게 된다. 그것이 제공하는 가치가 최소한 다른 재화가 다른 이에게 제공할 수 있는 가치만큼만 된다면 말이다. 공동으로 소유되는 저장자원에서 사람은 이 자원을 쓰레기처리장의 용도로 사용하려는 동기가 발생한다. 다른 사람이 예상하는 가치를·고려하지 않고 그렇게 사용하는 것이 명백히 자신에게는 이득이 있어 보인다면 말이다. 자원의 효율적 배분이라는 측면에서 우리의 저장자원은 환경의 질을 유지하기 위한 쓰레기 처리장의 용도로 너무 과도하게 사용되어 왔다. 한 마디로 오염은 과도하다.

제4절 | 사유재산권의 창설

대부분의 경제학자가 과도한 오염문제를 해결하기 위해 거론하는 주장을 논의하기 전에 이론적인 해결책을 달성하고자 하는 것을 알고 넘어가는 것이 필요하다. 첫 번째로 우리는 자원이 효율적으로 배분되었다고 생각되는 수준까지 오염을 줄이고 싶어한다. 그 배분은 자원가치를 극대화하는 것이어야 한다. 다시 말해 오염을 한 단위 더 줄이는 것이 사용재를 포기하는 데 따른 가치라는 측면에서 비용보다 환경의 질을 개선시키는 것이 더 가치가 있으면 오염을 줄이려고 할 것이다.

두 번째 목적은 오염을 가능한 한 비용을 덜 들이고 줄이는 것이다. 여기에는 두 가지 의견이 있다. 각각의 오염원을 최소한의 비용으로 줄여야 한다. 오염을 줄이는 방법은 많다. 그러나 일반적으로 최소의 비용으로 달성하는 방법은 하나뿐일 것이다. 모든 오염원을 가능한 한 최소비용으로 저감한다고 해도 전체오염이 최소비용으로 줄여질 수는 없다. 오염을 저감하는 데 사람마다 얼마나 차이가 많이 나겠는가? 최소오염저감비용 형태는 오염 한 단위를 더 줄이는 데 드는 비용(한계저감비용)을 모든 오염자에게 동일하게 만듦으로써 가능할 것이다. 어떤 오염자는 다른 오염자에 비해 오염을 줄이는 데 더 효율적이므로 오염저감의 최소비용 달성형태는 다른 오염자에게 다른 저감수준을 요구할 것이다.

오염 관리 프로그램의 세 번째 목적은 오염저감기술상의 이점을 추구하게 하는 인센티브를 제공하려는 것이다. 이런 오염규제의 동태적인 측면은 앞의 두 단락에 논의한 정적인 주장만큼이나 중요하다.

이 세 가지 목적 — ① 효율적인 오염수준의 달성, ② 오염저감의 최소비용구조의 달성, ③ 오염처리기술상의 이점추구는 아마도 완전히 실현되지는 못할 것이다. 이것은 부분적으로 첫 번째 목적만 봐도 사실임을 알 수 있다. 예를들어 대기 중의 일부분을 인지할 수 있고 격리된 한 부분으로 소유하거나 관리하는 것은 불가능하다. 또한 오염자에게 그의 그리고 그만의 깨끗한 공기를 다른 가치 있는 것(일반적으로 화폐)과 교환하도록 강제할 수 있는 지위에 있는 사람은 없다. 그러한 교환의 가능성 없이는 사람이 깨끗한 공기에 두는 가치를 반영한 가격은 형성되지 못한다. 그리고 이런 정보가 없다면 최적의 대기오염수준을 설명할 방법이 없다.

마찬가지로 강, 호수, 바닷물의 일부에 대해 인지할 수 있고, 배타적인 개인소유로 만드는 것도 불가능하다. 따라서 수질오염의 적정수준을 찾아낼 만한 적절한 방법도 존재하지 않는다. 시장교환에 의해 제공되는 정보로는 효율적인 오염수준을 찾아내는 것이 불가능하기 때문에 우리는 이를 위해 정치적 수단에 의존해야 한다. 민주적인 정치질서에서 투표와 로비에 의해 제공되는 정보는 정치행위가 시민의 선호가 반영되도록 만들 가능성이 있다. 다소 희망적인 것은 정치적 결정의 입안자가 효율적인 오염수준으로부터 그다지 벗어나지는 않을 것이라는 점이다.

정치적으로 수용할 수 있는 수준의 오염이 결정되었으면 오염조절프로그램의 마지막 두 과제가 고려되어야만 한다. 쓰레기처리장과 같이 환경사용에서 정부가 사유재산권제도를 창안·집행하는 것을 통해 이 목표를 달성하는 데에 오랜 시간을 거쳐 가능할 수 있다. 예를 들면 이러한 생각은 일정시점에 한 단위의 오염을 거래하는 권리를 소유자에게 주는 즉, 양도할 수 있는 오염권을 정부가 가지는 것이다. 이러한 정부의 오염권에 대한 전체적인 범위는 정치적 과정에서 결정된 계획으로 정해진 오염만을 수용한다. 적절한 시행을 위한 계획은 수용할 수 있는 수준으로 오염을 제한하는 것이다. 또한 개별오염자는 권리가 허용하는 범위만큼 오염을 감소시켜야 하고 최소한의 비용으로 오염을 감소시켜야 할 것이다. 그러나 오염권에 대한 결정적 이점은 그 권리가 양도될 수 있다는 사실로부터 나온다.

오염권은 양도될 수 있기 때문에 시장이 형성되고, 또한 교환의 결과 시장가격이 결정될 것이다. 1주일간 오염을 한 단위 더 배출하는 비용은 거래되는 오염권의 가격(오염을 증가시킬 수 있는 능력에 부여하는 가치)과 동일해질 것이다. 사람은 단지 추가된 오염의 이점이 적어도 타인에게 돌아가는 이점보다 많을 경우 쓰레기처리장과 같이 환경에 그들의 이용을 증가시킬 유인이 있을 것이다. 오염활동의 형태는 허용된 오염의 범위로부터 최대가치를 달성하는 데 있다. 이러한 착상을 달리 말하면, 수용할 수 있는 수준을 달성하는 데 필요로 하는 오염감소가 최소한의 저감비용(가치 있는 대체재에 대한 최소의 희생)으로 달성된다는 데 있다.

오염권에 대한 실질가격의 이면에는 개별오염자가 오염저감을 위한 최소한의 비용방식을 인식하고 적용할 유인을 가지고 있다. 또한 개별오염자는 오염 한 단위를 감소하기 위한 비용이 오염권의 가격보다 낮게 오염을 감소시킬 유인이 있을 것이다. 오염권의 동일한 가격이 모든 오염자에게 적용되기 때문에 오염 한 단위를 저감하는 비용도 모든 오염자에게 동일해질 것이다. 이것이 바로 최소비용 저감방식을 요구하는 이유이다. 사유재산권과 자발적인 시장거래에 의해 야기된 유인과 정보가 오염저감의 바람직한 양식을 이끈다.

또한 오염권 접근방식은 오염자에게 향상된 저감기술을 개발하기 위한 유인을 창출시킨다. 역사적으로 볼 때 기술개발이 재화를 생산하는 데 있어 보다 적은 토지(지대)와 노동을 줄이는 방향으로 진행되어 온 충분히 많은 사례가 있다. 쓰레기처리장과 같이 환경을 보존시킬 목적으로 기술적 진보가 이루어진 사례는 거의 없다. 토지(지대)와 노동의 시장가격은 항상 토지와 노동자원을 보호하기 위한 강한 유인을 준다. 그러나 대기와 수계(공공재)의 이용에 대한 가격이 없는 까닭에 대기와 수계의 사용을 보호하려는 걱정은 개인적으로 무익하다. 시장화(매매할 수 있는) 할 수 있는 오염권이 이러한 문제를 해결할 것이다.

제5절 | 정치적 오염

오염권 접근방식이 이점이 있음에도 불구하고 우리의 환경에 대한 관심에 정치가는 오염을 줄이기 위한 노력의 일환으로 직접적인 정부규칙과 통제를 채택하는 방식으로 대응했다. 환경의 관심과는 아무런 관련이 없는 오염원천을 직접 통제하려는 정치적인 대중성의 이유가 있다. 어떤 경우에는 환경의 관심이 숨겨진 의제를 조장하기 위한 편리한 매개물로 역할하여 환경의 질을 실제로 감소시키는 결과를 가져올 수 있다. 정치적 의사결정과정의 부족을 조사하는 것이 그런 사악한 정치적인 관행을 전반적으로 이해하는 데 도움이 될 수 있다. 이러한 부족함은 민간시장을 설정하여 나타나는 과도한 오염을 설명하는 데 부닥치는 부족함과 거의 유사하다.

정부 프로그램, 정부지출, 정부가 보호하는 특별한 산업, 직업, 단체 또는 사회적 그룹에게 이익을 주는 방법에 집중되어 있다. 농업 가격지지제도, 구두의 수입제한, 경쟁에 대항하려는 해상노조보호 등은 많은 사례 중의 일부이다. 이익집단은 정치적인 보호의 목적으로 가능한 그들의 특별한 프로그램을 확대하려는 강한 동기를 가지고 있을 것이다.

이러한 그룹은 그들의 정치적인 활동과는 독립하여 각각 조직될 수 있을 것이다. 그리하여 각자는 정치적 의사결정에 핵심적인 정치가들과 부닥쳐 영향을 주기가 비교적 쉽다는 사실을 잘 알고 있을 것이다. 물론 이러한 독특한 이익 프로그램은 높은 세금과 가격형태로 일반대중에게 부과될 것이다. 그러나 이러한 프로그램에 정치적으로 반대할 목적으로 일반대중을 조직화하는 데에는 오염으로부터 오는 모든 피해를 받는 사람에게 오염권을 구입하도록 설득하는 데에 부닥치는 동일한 문제에 직면할 것이다. 만약 다른 사람이 특별 이익집단의 프로그램을 통제하는 데 성공하면 당신이 부담하는 세금은, 당신이 노력을 하였는가에 상관없이, 낮아지고 이익은 증가할 것이다. 그래서 다수의 비용으로 소수에게 이익을 제공하는 프로그램을 고려하는 때에는 정치대표자는 다수보다는 소수에게 귀를 기울여 들으려고 한다. 이렇게 왜곡된 정치과정(다수보다 소수의견을 반영)이 어떤 결과는 낳을 것인지는 미리 예견된다.

각자가 오염활동으로부터 얻는 편익은 힘없는 대중이 주로 부담하기 때문에 우리 모두가 과도한 오염으로 고통을 받고 있다. 정부 프로그램으로부터 받게 되는 여러 가지 개인적 편익도 힘없는 대중이 부담하기 때문에 우리 모두가 정치적 오염 또는 모든 활동에 정부간여로 고통을 받고 있다. 물론 우리도 서로 오염으로 피해를 보고 다른 집단을 위한 정부 프로그램의 대가도 치른다. 우리의 대부분이 만약 모두가 같은 것을 하게 된다면 오염을 줄이고 우리가 선호하는 프로그램을 지지할 것이다. 불행하게도 그러한 일은 일어나지 않는다. 깨끗한 환경을 위해 시장을 만드는데 결함이 있듯이 정치적인 과정에도 결함이 있기 때문이다. 즉 사유재산과 교환이 없는 경우에 사람은 자신의 선호를 정직하고 상호성 있도록 서로 의사소통할 수는 있는 방법을 가질 수 없다.

제6절 | 결 론

환경의 질에 대한 논의는 정치권력의 사용필요성을 입증하는 편리한 도구로서 종종 사용된다. 그것이 다수의 조직적이지 못한 이익보다는 소수의 조직적인 이익을 추구하기 위해 만들어진 것인데도 말이다. 이 정치적인 오염은 가격을 높이고, 서로 다른 부분(노조, 경제계, 농민) 간의 자원배분에 비효율을 발생시키는 형태로 나타난다. 정치적 오염은 환경오염

보다 더 많으면 많았지 작지는 않고, 우리가 지불하는 오염저감비용보다 많으면 많았지 작지는 않을 것이다. 이 정치적 오염을 줄이고 환경오염에 대항하는 데 필수적인 정보와 인센티브를 제공하는 최선의 방법은 사유재산 그리고 자유시장의 교환기능에 신뢰를 증대시키는 길뿐이다. 환경오염을 줄이려는 정부의 시도는 자문을 잘못 받고 이루어지는 것이다. 환경자원에 대한 문제해결의 열쇠인 사유재산권이 없는 상태에서는 시장활동이 과도한 오염만을 만들어 낼 것이고, 적절하게 조직된 정부의 대응만이 환경을 보호하여 모두에게 이득을 줄 수 있는 방향으로 이끌어 갈 것이다. 그러나 오염문제를 해결하기 위해 정부가 정책을 선택하기 이전에 신중을 기해야 한다. 오염원의 통제와 관리를 위해 정부기구에 권한을 주는 것 말이다.

일반적으로 정치권력은 정상적으로 움직이고 있는 시장교역 시스템이 널리 퍼져 있지 않은 부문의 특징인 정보와 고려형태가 결여되어 있는 부문에서 잘 발휘되고 있다. 그 결과 오직 정치적으로 자신의 입지를 굳힐 수 있는 자만이, 마치 오염자가 다른 사람에게 비용을 부담시켜 자신의 개인적 이익을 얻듯이, 다른 사람에게 비용을 부담시키면서 이득을 얻는다. 일단 정치권력이 어떤 목적을 실현시키기 위해 형성되면, 얼마나 그 목적이 도리에 맞는 것일지라도, 정치적 힘을 가진 사람이 자신의 편협한 목적에 그 힘을 쓰지 않을 것이라고 생각하는 것은 순진한 생각이다.

다행스럽게도, 시장결함을 정부가 치유하는 방법을 채택함으로써, 소수의 손 안에 있는 힘에 집중하지 않고서도 가치 있는 목표를 이루는 것이 종종 가능하다. 오염통제의 경우, 환경을 쓰레기처리장소로 사용하는 데 양도가능한 재산권을 만들어 실시하는 것이 처방에 포함된다. 오염권 체계가 제대로 자리잡으면, 오염행위에 대한 개인적 이익은 가능한 한 값싸게 오염을 제거하는 일을 필요로 하고, 다른 사람이 부여하는 환경가치를 고려하게 될 것이다. 그러한 정책에서는, 일반대중을 희생시켜 개인적 이익을 위해 정부를 이용하려는 몇몇 정치적으로 영향력이 있는 집단은 그러한 기회를 거의 갖지 못할 것이다. 오염권체계의 장점은 이 체제가 많은 사람에게 오염을 감소시키려고 결정하는 데에 영향을 줄 수 있는 기회를 제공하고 또한 우리의 환경관심을 최저비용으로 대응하는 데 필요로 하는 동기와 정보를 형성해 준다.

제18장
자유주의와 시장경제

민경국

> 오늘날과 같은 거대한 사회에 평등주의를 실현하게 되면 시장경제에서 존중받는
> 도덕규범, 정직성, 책임감, 타인의 권리에 대한 존중심, 관용과 법의 지배 등 자유주
> 의 가치가 손상될 뿐만 아니라 좌파이데올로기가 소중히 여기는 유대감, 연대감
> 같은 도덕까지도 파괴된다는 점을 우려하지 않을 수 없다.   민경국

이 글은 강원대 민경국 교수의 『자유주의와 시장경제』(위즈비즈, 2003)
에서 발췌한 내용이다.

제1절 | 자유시장경제

1. 자유사회

자유사회란 어느 누구나 국가계획에 필요한 지식을 수집·가공하기가

불가능하기 때문에 모든 사람이 가지고 있는 각자의 지식을 자신의 목적을 위해 사용하도록 자유를 허용하는 사회를 말한다. 이처럼 자유를 허용하면 비로소 곳곳에 흩어져 있는, 알려지지 않은 지식을 알려지지 않은 시점과 장소에서 알려지지 않은 개인이 상호간에 이용할 수 있다. 이러한 질서야말로 효율적·자생적인 질서이다. 이러한 질서가 바로 자유사회이다. 그리고 이러한 사회에서 개인은 새로운 지식을 발견하여 이를 실험할 수 있고 또 새로운 경험을 쌓을 수 있다. 이로써 그의 이성도 개발될 수 있다.

시장경제와 같은 자생적 질서로서의 자유사회는 개인을 비롯하여 기업, 가계, 지역적·혈연적·직업적 연합은 물론 국가까지 포함한다. 조직으로서의 국가는 다른 자생적 조직과는 달리 강제적인 독점권력을 가진다. 이를 제외하면 국가도 다른 민간 조직과 마찬가지로 자유주의 사회질서에서 하나의 조직에 불과하다. 그러므로 다른 사회조직과 마찬가지로 자유를 보장하는 행동규칙을 지녀야 한다. 하이에크는 자유주의 사회질서와 양립하는 국가활동으로 정의로운, 행동규칙의 개선과 집행, 시장의 자생적 질서에 의해 공급될 수 없는 재화와 용역의 생산, 보통교육의 조직과 이에 대한 재정지원, 전염병과 같은 것에 위생제공, 그리고 최소생존을 위한 소득이전 등을 열거하고 있다. 국가가 이러한 목적을 수행할 경우에만 자유주의 사회의 질서와 양립한다.

하이에크는 민주주의 정치시스템은 자유를 보장하지 못하고 따라서 자유사회와 시장시스템과도 부합할 수 없다고 주장하면서 민주주의도 설계주의적 합리주의에 빠진 정치체제라고 비난하였다. 국민주권사상은 다수가 원하는 구체적인 목적을 달성하기 위해 인간이 자생적 질서의 진화과정을 조정·통제할 수 있는 능력이 있다고 전제한다. 그러려면 조정·통제하는 데 필요로 하는 지식을 인간이 완전히 가질 수 있을 때에만 가능하다. 그러나 인간이성의 한계로 그렇게 하는 것이 불가능하다. 따라서 다수를 바탕으로 하는 민주주의는 한계가 있다.

홉스는 사회라고 볼 수 없는 '자연상태'를 이상적인 사회라고 인식한다. 사회계약론자는 자연상태에 사는 인간을 합리적이라고 가정하여 인간이성을 독립변수로 보고 사회질서를 종속변수로 간주한다. 그러나 인간이성은 독립변수가 아니라 상당부분 문화적 진화에 의해 형성되는 종속변수이다. 그리하여 국민주권사상은 모든 사회제도가 계획하는 이성의 산물이어야 한다고 주장하는데, 그런 측면에서 설계주의적 합리주의에 바탕을 두고 있다. 그 결과 인간의 계획결과가 아닌 자생적 제도의 존재가치를 비민주적이라고 인식하여 다수의 의지에 의해 수정·개혁되어야 할 대상으로 여긴다.

과학주의에 따라 사회과학은 사회질서의 구체적인 원인과 결과를 예측·설명할 수 있어야 한다. 주류경제학은 이러한 경제모형을 토대로 하여 만들어진 정책을 입법가나 행정가에게 제공하여 시장경제를 수정하려고 한다. 하이에크에 따르면 과학주의에 매료된 경제학자가 의회의 분위기를 지배하여 사법보다 공법이 지배하는 사회를 만들었다고 비판한다. 그는 인간지식의 한계 때문에 그러한 경제모형을 만드는 일이 불가능하다고 주장한다. 그렇다면 사회과학은 존립할 필요가 없는 것이 아닌가?

하이에크에 따르면 사회과학은 오로지 사회질서의 일반적인 패턴만을 예측할 수 있거나 원리를 설명할 수 있을 뿐, 최종 가야 할 방향은 알 수 없다고 주장한다. 그는 "진화이론은 어느 한 과정을 기술하는 것 이외에 그 이상을 제공하지 못한다. 그 과정의 최종결과는 무수히 많은 특수한 사실에 의해 결정되기 때문이다. 이의 수효가 너무 많기 때문에 우리는 이들 전체를 알 수 없다……. 따라서 우리는 그 과정이 따르는 추상적인 패턴의 예측이나 원리설명에 국한할 수밖에 없다"라고 지적한다. 하이에크는 복잡한 현상이론의 대표적인 예로 다윈의 진화론을 들고 있다.

2. 제한없는 민주주의의 모순

민주주의에서는 다수가 지지하면 그것은 무엇이든지 관계없이 법으로 인정된다. 이 사상에 기초하여 만든 것이 민주주의이다. 그런데 다수결주의가 갖는 모순은 이미 경제학자 애로(K. Arrow)가 '불가능성정리'라고 지적한 바 있다. 즉 다수투표자의 서로 다른 선호순위가 일관되게 종합될 수 없다는 내용이다.

그러나 하이에크는 민주주의가 다수의 지배를 의미한다고 인식하고서 그 다수가 내용적 다수가 아니고 수적인 다수라고 비판한다. 다수의 지지를 획득하기 위한 정치적 경쟁에서 정당은 정강을 발표하는데, 그것은 하나의 구체적인 목적을 가지고 있는 것이 아니고 다양한 목적, 심지어 서로 충돌하는 일관성 없는 목적으로 구성되어 있다. 정치적 경쟁의 결과 공공의 이익으로 나타나기보다 다양한 계층의 이익을 단순히 합친 것에 불과하다고 인식한다. 각종 이익단체는 시장시스템을 자신에게 유리하도록 영향력을 행사하고, 정당은 여기에 부응하는 제한없는 민주주의가 탄생한다. 그런 측면에서 민주주의에서의 다수의지란 사실상 투표교환, 정치적 결탁의 산물에 지나지 않는다. 하이에크는 이러한 민주주의를 제한없는 민주주의, 부패민주주의, 매관매직 민주주의라고 했다. 하이에크가 현대 민주주의를 삼권분립의 실패 또는 헌법적 실패라고 했는데, 이와 유사하게 뷰캐넌(Buchanan, 1975)도 신정치경제학의 분석결과를 토대로 하여 현대 민주주의를 리바이던 국가 또는 헌법적 혼란이라고 했다. 이러한 헌법적 실패는 이익단체의 등장으로 국가의 간섭주의적 경제정책이 만연되면서 나타난 결과이다.

비록 갤브레이스(K. Galbraith)는 현대 민주주의 사회에서 불평등한 이익단체가 동일한 힘을 갖도록 국가가 강력한 이익단체에 대항하기 위해 열악한 이익단체를 육성해 주어야 한다고 주장하지만, 하이에크는 오늘날 경제부분에서 유행하고 있는 '신조합주의', 예를들어 노동조합·사업주·국가의 삼자합의제(노사정위원회)나 의료복지위원회나 방송위원회 등을 강력하게 반대한다. 그는 국가가 시민사회에 개입할수록 이익단체는 더욱더 강력해지고 이익단체가 강력해지면 국가의 간섭주의 또한 더욱더 강화된다고 한다. 이와 같이 국가권력과 이익단체의 압력은 상승작용한다는 것이다. 이러한 과정에 민주주의는 압력단체의 시녀로 전락하게 된다. 제한없는 민주주의는, 결과지향적인 정의를 추구하는 것이 위험하듯이, 연대와 같은 도덕을 바탕으로 하기 때문에 위험한 정치시스템이다.

3. 시장경제를 구성하는 원칙

모든 사회에서 재화와 서비스의 흐름이 다양한 형태로 나타나고 있는데, 오이켄은 어떤 질서에 의해 모든 일이 이루어지고 있는가를 알고자 인간 사이에 이루어지는 활동을 조정하는 방법을 두 가지 종류의 질서로 분류하였다. 그 하나가 교환경제이고 다른 하나가 중앙집권적 경제이다. 하이에크는 중앙집권적 경제를 계획된 질서 또는 조직된 질서로, 교환경제를 계획되지 않은 질서 또는 자생적 질서라고 했다. 오이켄은 교환경제질서(자생적 질서)를 구성하는 원칙으로 ① 사유재산의 원칙, ② 계약자유의 원칙, ③ 책임의 원칙을 들었다. 사적 소유권은 잠재적인 교환대상일 뿐만 아니라 개개인이 자기책임하에 영향력을 행사할 수 있는 범위를 설정하는 요소이다. 그리고 개인이 자신의 계획을 오로지 계약을 통해 조정할 수 있도록 하기 위해서는 그의 자율성을 확립할 필요가 있다. 이러한 자율성을 확립하는 것이 바로 사적 소유권이다. 따라서 사적 소유권과 자유는 불가분의 관계를 가지고 있다. 이미 흄(D. Hume)은 시장을 구성하는 원칙으로 소유의 안정원칙, 동의에 의한 이전약속, 약속이행의 원칙을 들었다.

제2절 | 시장경제질서

1. 자생적 사회질서

의도적으로 만들어지지 않고 구성원이 자신이 가지고 있는 지식에 따라 자신이 설정한 목적을 추구할 수 있는 사회를 자생적 사회 또는 열린사회라고 한다. 자생적 사회에서는 인간이 서로 알지 못하면서도 낯선 영역으로까지 경제적 관계를 확대한다. 그에 따라 자생적 사회질서는 거대한 사회에 통용된다.

하이에크는 자생적 사회에 질서가 이루어지기 위한 전제조건으로 특정 행동국면을 제한하는 성격의 행동규칙이 존재하여야 한다고 주장한다. 이 행동규칙은 특정행동을 적극적으로 지정하는 것이 아니라 특정 행동을 금지하는 금지적 성격을 가진다. 이러한 금지적 행동규칙 속에서 개인들은 타인의 행동에 대한 최소한도의 확실한 기대를 형성할 수 있다. 비록 개인은 이성의 한계로 인해 무지한 상태이지만 이런 행동규칙이 존재하기 때문에 목적합리적인 행동을 수행할 수 있다. 이러한 행동규칙에는 도덕규칙, 종교규칙, 전통 및 법규칙이 있는데, 가격메커니즘과 똑같이 정보를 제공한다.

2. 질서의 상호의존성

독일 프라이부르크학파의 오이켄(W. Eucken)과 뵘(F. Böhm)은 독일 역사학파의 전통에서 벗어나 질서자유주의를 주장하였다. 이들은 시장경제에서 제도가 중요한 역할을 차지한다는 사실을 인식하여 법경제학의 새로운 영역을 발전시켰다. 이들은 시장경제에 정부가 간섭하는 정책을 비판적으로 인식하고(목적합리성에 대한 비판적 견해) 대신 경제주체가 자유로이 경쟁할 수 있는 틀(경쟁의 결과 무엇이 나타나든지에 상관하지 않고)을 짜는 데 초점을 맞추는 질서정책의 중요성을 강조하였다.

또한 이들은 질서의 상호의존성을 강조하였다. 법적 제도를 채택하거나 변동시킬 경우, 질서의 상호의존성을 고려해야 한다는 의미이다. 가령 통화정책, 농업정책, 주택정책 등은 서로 독립적·독자적으로 추진될 수 없다는 뜻이다. 모든 현상들은 일반적인 상호의존성을 가지고 있기 때문이다. 질서의 상호의존성 때문에 어느 한 현상이나 정책이라고 하더라도 이를 경제의 전체과정의 틀 내에서 종합적으로 바라보아야 한다는 주장이다.

3. 독점과 시장질서

미제스(L. Mises)와 마찬가지로 하이에크는 시장경제질서를 위협하는 원인으로 정부의 간섭을 들고 있다. 독점이 시장질서에 의해 자생적으로 태어난 것이 아니고 정부의 간섭에 의해 창조된 것이라고 주장한다. 즉 국가가 기업법, 관세법, 특허제도 등으로 독점을 촉진시켰다는 주장이다. 하이에크는 경제문제를 재화와 서비스의 배분문제로 간주하는 후생경제학적 사고와는 달리 지식습득(가격기구를 통한) 문제 및 이에 따른 인간행동의 문제로 인식한다. 그에 따라 경쟁질서정책의 규범을 자유에 두고 있다. 그는 경쟁질서정책의 초점을 경쟁을 제한하는 권력을 제거시키는 데 둔다. 그런 의미에서 첫째, 경쟁을 제한하는 모든 합의를 법적으로 무효화하여야 한다고 주장하고 둘째, 기존의 또는 잠재적인 경쟁자에 반한 모든 차별적인 조처를 불법으로 무효화하여야 한다고 주장한다.

독일의 경우 기업이 카르텔을 형성하여 시장진입을 차단시키려는 노력에 이를 계약자유의 정당한 행사라고 생각하여 카르텔형성이 법원으로부터 지지를 받았다. 그러나 오이켄은 계약의 자유를 달리 해석하였다. 즉 계약의 자유는 그것을 제한하거나 제거시키는 계약을 체결하기 위해서라면 허용되어서는 안 된다는 것이다. 하이에크도 카르텔형성을 반경쟁적 행위로 인식하여 이를 법적으로 보호해서는 안 된다고 주장한다. 그럼에도 독일 프라이부르크의 질서자유주의자는 카르텔형성과 관련하여 하이에크(그리고 미제스)와 다른 생각을 가지고 있다. 계약의 자유를 달리 해석하기는 하였으나 오이켄이나 뵘과 같은 프라이부르크학파는 독일의 카르텔이 시장에서 내생적으로 형성된 것이라고 믿는다. 그러나 미제스 등 오스트리아학파는 카르텔의 대부분이 경제정책적인 목적을 위해 국가가 의도적으로 만든 것이라고 보았다. 다시 말해 카르텔은 외생적으로 행성된 것으로 인식하였다.

4. 사회정의와 시장경제

진화적인 시장경제에서 소득격차를 야기하는 것은 당연하고 동시에 이 격차는 시장을 건설적인 방향으로 나아가게 하는 요소이다. 그래서 사회정의에 입각한 소득분배의 시정에 대해 하이에크는 회의적이다. 그 까닭은 첫째, 소득분배는 어느 누구에 의해 의도된 것이 아닌 결과물인데 그

분배결과가 정의롭지 못하다거나 정의롭다고 평가하는 것은 시장경제에 분배를 하는 어떤 인간정신이 존재한다는 의미이다. 그렇다면 시장질서를 자생적 질서로 바라보는 개념과 충돌하게 된다. 사회주의에 경사된 주류경제학자는 소득분배의 격차에서 균등분배를 요구할 근거를 찾고 사회적 정의의 필요성을 가지고 이를 정당화시킨다.

둘째, 시장경제질서는 복잡하여 인식할 수 없고 따라서 소득분배구조를 구체적으로 예측할 수 없다. 그러므로 비록 구체적으로 설정된 분배목표가 존재하더라도 이를 목적지향적으로 시장과정을 통해 조정·통제하려고 해도 인간이성의 한계 때문에 불가능하다.

셋째, 정의로운 분배를 국가가 강제조치에 의해 실시하려고 해도 경제적 자유의 영역보장을 바탕으로 하는 시장경제의 질서와는 부합하지 않는다.

그에 따라 평등지향적인 분배구조를 형성하고자 하는 과제를 국가과제로 간주하지 않는다. 대신 시장언저리 그룹의 충분한 생존유지를 확립하도록 하는 일을 국가의무로 간주한다. 그런데 국가는 지금까지 이러한 시장언저리 그룹의 생활을 보장하는 조치를 일관되게 취하지 않았다. 이러한 정책으로서는 정치적으로 득표에 도움이 되지 않기 때문이었다.

5. 복지국가와 시장질서

하이에크는 자유사회를 위태롭게 하는 요소로 사회정의 실현과 함께 복지국가 또는 사회주의국가 실현의 노력을 든다. 그는 시장모럴과 연대모럴을 구분하고 있는데 열린 거대한 사회가 지녀야 할 행동규칙으로서는 소유의 존중, 피해에 대한 책임, 계약의 충실성, 자신의 책임의식존중 등과 같은 '소극적인 시장모럴'을 든다. 이것이 시장경제가 유지되기 위한 최소한의 모럴이다. 이에 비해 연대모럴은 원시사회의 소규모 그룹에 적용되는 행동규칙이다. 이러한 사회에서는 공동생산, 공동분배, 공동책임, 구성원의 불확실한 미래에 대한 연대적 보호를 특징으로 삼는다. '적극적인 모럴'인 연대모럴은 인간본능에 의해 고착되어 세대를 통해 전수되는 데 비해, 소극적 시장모럴은 학습과 모방에 의해 전수된다.

연대모럴을 바탕으로 하는 복지국가의 이상은 소규모사회에 적용될 수 있으나 거대한사회에서는 적용될 수 없다. 하이에크는 복지국가를 강요할수록 열린 사회는 닫힌 사회로, 거대사회는 소규모사회로 전환될 뿐이라고 주장한다. 대신 연대원칙 대신에 개인원칙 및 보완원칙을 제안하여 개인원칙의 차원에서 시장질서에 낙오된 시장언저리에 있는 그룹의 안정욕구를 국가가 충족시키는 보완원칙을 주장하였다.

독일의 정치경제학자 오이켄은 비스마르크 이후 독일이 추구하였던 사회정책을 날카롭게 비판하였는데, 이것은 집단적 복지국가의 성향을 가지고 있었기 때문이다. 오이켄은 복지국가정책을 비판하면서 사회정책의 원칙으로 개인의 원칙, 개인원칙을 보완하는 수단으로 자선단체 및 국가의 부조를 들고 있다. 이러한 보완원칙은 하이에크를 비롯하여 독일의 자유주의개혁자들이 주장하는 공통된 원칙이다.

6. 진화과정

하이에크는 시장균형이란 한 순간에나 있을 법한 것으로 파악하고 그 대신 진화과정으로 이해하고 있다. 하이에크는 시장시스템을 균형시스템으로 파악하지 않고 진화적 시스템으로 파악한다. 진화적 시스템은 매우 복잡한 현상이기 때문에 이를 인식하고 정책적으로 조정·통제하는 데에는 인간이성(과학적 지식을 전제로 한)이 극복할 수 없는 한계가 존재한다고 인식한다.

진화과정으로 시장을 바라보는 시각은 시카고학파의 경제학자가 가지고 있는 시각이다. 시카고학파에 의하면 진화적 경쟁에서 장기적으로 효율적인 해결책(가령 기업규모 또는 시장구조)이 선별된다는 것이다. 그러나 최적이라는 개념이 이미 주관적이기 때문에 장기적으로 나타난 현상을 최적으로 평가할 수는 없다. 그래서 하이에크는 장기적으로 무엇이 선택되는가가 아니라 무엇이 도태되는가라는 소극적 해석으로 진화과정을 이해하고자 한다. 그런 까닭에 진화과정은 최선의 해결책을 선별하는 과정이 아니라 최악의 것을 도태시키는 과정으로 이해한다. 진화과정인 경쟁과정도 최악을 가려내는 과정이다.

7. 시장경제의 도덕

스미스의 『국부론』은 시장경제의 기능원리를 다루고 있는데, 이는 경쟁의 원리와 경쟁의 경제적 성과를 다루고 있다. 즉 자연적 자유의 시스템이 어떠한 경제적 성과를 가져오는가를 다루고 있다. 스미스나 자유시장경제주의자는 빈곤문제가 자유를 통해서만 해결될 수 있다는 공통된 생각을 가지고 있다. 시장경제에서 수행되는 자유는 무제한의 자유가 아니고 시장경제에서 지켜야만 하는 도덕률을 중시하였다. 이미 스미스가 『도덕감정론』에서 시장경제에서 도덕률이 차지하는 중요성을 이야기한 바 있지만, 독일의 뢰프케(W. Röpek)는 자유시장경제의 안정을 위해 필요로 하는 인성으로 개방적 성격, 꼼꼼함, 신뢰, 부지런함, 독립심, 혁신적인 성격, 앞서가는 사람에 대한 존경심, 책임감 등을 들었다.

제3절 | 제3의 길

　기든스(A. Giddens)는 과거의 사회주의가 첫째 국민경제를 폐쇄적으로 생각한 나머지 타민족을 고려하지 않고 자민족중심의 경제를 이끌었고, 둘째 노동시장을 모두 동질적이라고 착각했고, 셋째 대량생산체제가 최선의 방법이라고 믿었고, 넷째 여성은 집안살림, 남성은 바깥살림에 종사하는 역할분담을 주장하고, 다섯째 복지정책이 수혜자는 받기만 하고 의무를 지지 않는 지극히 수동적인 사람으로 취급했다고 혹독하게 비판하였다. 그래서 사회경제적 여건변화와 국제적 환경변화를 고려하여 과거의 사회주의 또는 복지국가를 개선한 제3의 길을 주장하였다.

　기든스는 제3의 길로 나아가기 위해 정부가 떠맡아야 할 과제로 첫째, 교육과 의료는 공공재이기 때문에 국가가 독점적으로 공급해야 하고 둘째, 더불어 사는 복지국가를 만들기 위해 정부는 '최대의 고용주'로서 그리고 '사회사업가'로 경제에 개입하여야 하고 셋째, 서로 다른 이해관계를 가진 시민단체나 이익단체가 자신의 이해관계를 표출할 수 있도록 정부가 이들에게 수단(보조금)을 제공하여야 한다고 주장한다.

　그러나 그가 주장하는 교육의 국가공급은 의도적으로 정부정책을 수용하도록 하는 선한 백성을 양산시킬 가능성이 있다. 그러나 경쟁적인 시장에서 공급되는 것이 국가에 의한 공급보다 효율적일 수 있다. 복지국가의 건설에서도 개인, 기업, 시민단체가 자선사업가로서 정부와 협력하여 적극적으로 정부가 추진하는 자선사업에 참여하여야 한다는 주장 이외에 고전적인 복지국가의 이상과 별다른 차이가 없다. 그리고 이해관계자에게 보조금을 지급하여 육성시키자는 주장은 정부로부터 지원받기 위해 집단끼리의 경쟁이 끊임없이 지속되고 정치적 목적을 위해 악용될 수 있다는 측면에서, 제3의 길도 하이에크의 자유주의 시장경제질서의 관념에서 보면 회의적이다.

기든스는 국가가 공공의 이익을 위해 시장에 개입하고 독점의 위험이 있는 곳에 경쟁을 촉진해야 한다고 주장한다. 그러나 국가독점은 사적 독점보다 훨씬 더 위험하다는 사실을 간과하고 있다. 이것은 사적 독점은 언제나 잠재적인 경쟁자를 가지고 있는데 반해, 국가독점은 잠재적인 경쟁자가 없기 때문이다. 독점기업이 소비자의 욕구를 충족시키지 못하게 되면 새로운 기업이 시장틈새에 들어와 독점적 지위를 무너뜨릴 가능성이 항상 존재한다. 그러나 국가독점은 국가의 보호를 받기 때문에 그럴 가능성이 없다. 독점을 억제하기 위해 국가가 개입하는 것보다 시장을 열어 놓는 것이 독점을 통제하는 시장경제질서이다.

제4절 | 좌파이데올로기

1. 좌파의 이분법적 사고

좌파는 사회구조를 강자와 약자, 또는 지배자와 피지배자로 구분하는 사고를 가지고 있다. 자본과 노동이 대표적인 예이며, 대기업과 중소기업, 지배주주와 소액주주, 병원과 간호사, 재단이사와 교사(학부모, 학생), 상가소유주와 세입자의 구분도 이분적 사고로 만들어진 용어이다. 언론부문에서의 대언론사와 중소언론사, 병원부문에서의 대규모병원과 중소병원, 산업부문에서도 농민과 비농민, 지역에서도 중앙과 지방 또는 강남과 비강남으로 구분한다.

사회 각처의 약자와 강자가 누구인지를 구분하여 약자를 '민중'으로 이해하고 약자를 '우리', 강자를 '그들'이라고 한다. 사회의 모든 병폐가 '그들' 때문으로 인식하여 그 결과 '우리'는 이러한 실정이라는 생각이다. 좌파이데올로기는 예를들어 노동에 대한 자본의 착취, 대규모기업의 횡포에 따른 중소상인의 몰락, 소액주주에 대한 지배주주의 착취, 학교재단이사의 전횡에 따른 교사의 자율권과 학생의 학습권 위축 등이 나타났다고 주장한다. 좌파에게 '그들'은 수구세력이고 개혁의 대상이며 대언론사, 대기업, 학교재단이사 등은 '그들'로서 수구세력이다.

이에 반해 약자에게는 관대한 평가를 내린다. 노조의 불법적인 파업에 대해 강자에 대한 약자의 정당한 요구라고 치부한다. 예를들어 노조원의 징계철회나 농민의 부채문제해결을 요구하는 고속도로 점유행위를 관대하게 바라본다. 이것은 노동자, 농민, 중소기업은 모두 '우리'에 속하기 때문이다.

이를 국제관계에도 적용하여 남한은 강자이고, 북한은 약자로 해석한다. 그에 따라 좌파이데올로기에 따르면 북한이 남한보다 '우리'에 가깝다. 따라서 퍼주기식으로라도 약자인 북한을 도와 주는 것을 당연한 것으로 여긴다. 국내의 불우한이웃을 돕기보다 북한동포 돕기가 우선이고 숭고한 것으로 인식한다. 북한 당국이 벌이는 인권유린에 대해서는 관대하게 처리하거나 침묵으로 일관한다. 오히려 노조의 불법행위를 처벌하면 인권유린이라고 비판하는 것과 똑같이 북한 최고책임자에 대한 비판을 냉전논리라고 비판한다. 노조위원장을 존중하듯이 북한 최고책임자도 존중받아야 한다는 이데올로기이다

좌파는 우리의 지위가 낙후된 것을 그들의 탓으로 돌린다. 노동자가 가난한 것은 자본가 때문이고, 중소기업의 낙후성은 대기업 때문이고, 가난은 부자 때문으로 그 탓을 돌릴 뿐, 자유시장경제가 소중히 여기는 책임의식이 없다. 북한이 못사는 것은 미국의 경제제재 때문이고 후진국이 못사는 것도 선진국 때문이라고 여긴다.

약자를 동질적으로 해석하지만 현실적으로 그렇지 않는 경우가 많다. 가령 대기업의 노조파업은 중소기업 노조의 이익을 침해한다. 항공노조의 파업은 일반시민은 물론 다른 산업노동자의 이익에도 배치된다. 대언론사의 시장지배율이 높은 까닭은 독자가 선택하여서이다. 시장과 독자가 강하기 때문이지 대언론사가 강하기 때문에 중소언론사가 낙후된 것은 아니다. 언론사의 사주는 비록 약할지라도 독자와 신문시장이 강하면 결국 그 언론사와 사주도 강해진다. 국가의 간섭이 없는 자유시장에서는 기업규모와 기업의 경제적 힘은 소비자가 결정한다. 강자를 가려내고 약자를 가려내는 것은 소비자이다. 북한이 못사는 것은 북한체제 내부에 내재되어 있는 것이지, 미국 때문이 아니다. 북한체제가 자유경제로 전환되지 않는 한, 어떠한 외부의 도움도 밑 빠진 독에 물 붓기식이 되어 버린다. 후진국이 못 사는 까닭도 선진국 때문이 아니고 빈곤을 야기하는 자신의 고질적인 제도 때문이다.

2. 좌파의 원시사회에 대한 낭만적 향수

좌파의 사고방식은 공동으로 생산하고 생산물을 공동으로 나누어 먹자는 사회(평등주의), 위험에 공동으로 대비하는 사회(복지사회)가 이상적인 사회라고 믿는다. 이러한 사회의 기본적인 윤리는 참여와 연대이다. 이러한 좌파적 사고방식이 사람에게 매력을 끄는 이유는 첫째, 원시적 본능이 우리 마음속에 자리 잡고 있기 때문이다. 인류가 자유주의 윤리 속에 살아 온 기간은 짧은 데 비해 본능적 도덕 속에 살아 온 기간은 길다. 노스(D. North)는 폐쇄된 소규모사회의 윤리를 바탕으로 집단을 이루어 수렵·채취생활을 영위한 기간이 인류역사의 24시간 중에서 23시간 56분을 차지한다고 지적하였다. 그러므로 본능적으로 원시사회에 대한 향수가 발현되어 사람의 마음에 부합하게 된다. 둘째, 소규모 사회의 도덕은 우리의 본능 속에 정착되어 있고, 복지국가나 평등주의는 이러한 본능적 소망과 정서에 잘 부합하기 때문이다.

그러나 원시적 소규모사회에 적합한 모럴을 지금처럼 대규모사회에 적용한다는 것은 원천적으로 불가능하고 오히려 치명적인 결과만을 낳는다. 이는 사회주의 국가가 몰락한 데서 알 수 있다. 인간이성의 한계 때문에 복잡한 사회를 계획에 맞추어 조종하기란 불가능한 일인 데에도 불구하고 거대사회를 계획하겠다고 나서는 것은 시민을 기만하는 것에 지나지 않는다.

제5절 | 하이에크의 사상이 한국경제에 던지는 의미

하이에크는 1940년대부터 사회주의 계획경제와 복지국가는 스스로를 붕괴시키는 고질적 요인을 내포하고 있다고 줄기차게 주장하였다. 그렇게 될 수밖에 없는 이유를 지식문제에서 찾았다. 지식사용이 제한되어 있기 때문에 계획경제는 불가능하다는 것이다. 그의 예측은 적중하여 1989년 병석에 누워 동유럽이 무너지는 광경을 텔레비전을 통해 지켜보면서 "저것 봐, 내가 뭐랬어!"라고 했다고 한다. 그가 한국경제의 현실을 보면 마찬가지로 "사회주의 이념에 편향된 전문가집단의 지적 자만 때문에 한국의 사회경제가 멍들어 가고 있군"이라고 언급하였을 것이다.

민주주의의 존재 자체가 언제나 개인의 자유를 보장하지는 않는다. 개인의 자유와 권리를 보장하지 못하는 민주주의는 본래의 민주주의가 아니다. 지금의 민주주의는 포퓰러리즘에 빠진 고삐 풀린 민주주의가 되어 버렸다. 포퓰러리즘은 유권자의 인기를 끌 수 있는 정책이면 무엇이든지

정책으로 받아들이는 민주주의이다. 그 결과 분배적 평등을 실현하는 정책과 복지사회 건설을 위한 정책이 들어선다.

한국사회가 경험한 정경유착, 부실금융은 정부의 규제 때문이고 IMF의 근본적인 원인도 정부의 간섭 때문이었다. 정경유착의 문제를 기업가의 부도덕성에서 찾는데, 그 근원을 캐보면 시장경제가 억압되었기 때문에 정경유착과 같은 비리가 생겨난 것이다. 정경유착을 바라보는 한국사회의 일반정서는 정치인이나 공무원은 원래 깨끗한데 기업이 타락시켰기 때문에 개혁대상은 대기업가라고 지적한다. 기업하는 사람이나 정치하는 사람이나 모두 똑같은 사람인데 유독 기업가만 부도덕하다고 할 수는 없다. 만약 정부가 경제에 개입하지 않으면 기업은 스스로의 힘으로 사업하고 이익을 보면 이득을 누리고 손해를 보면 스스로 책임을 지면 그만인 것이다.

국가의 규제 때문에 시민의 주도권과 창의력이 약화되고 있다. 우리의 교육과 의료보험제도가 이러한 사실을 여실히 보여 주고 있다. 의료보험의 파탄, 공교육의 파탄도 평등을 실현하려는 의도로 정부가 간섭한 탓이다. 금융기관에 대한 국가의 개입이 오히려 늘어나고 있어 시장이 해야 할 일을 정부가 대신하고 있다. 국가가 경제에 개입하지 못하도록 국가권력을 제한하는 일이 자유시장경제를 구축하는 데 필요로 한다. 우리 사회는 시장개방을 통해 자유시장경제로 나아가고 있는 부문이 있으나 대부분의 사회영역에서 반자유시장경제로 나아가고 있다.

1. 관치주의

여러 경제부문에서 과거와 같이 관료주의, 간섭주의가 여전히 창궐하고 있다. 공기업의 민영화는 정체되었고, 금융부문에서는 개혁이라는 명분으로 구제금융과 금융기관의 공기업화가 심화되고 있다. 대기업 그룹에 일어났던 빅딜(사업교환), 출자총액한도제, 획일적인 부채비율의 적용 등 개별기업이 전략적으로 결정해야 할 사항을 개혁이라는 이름으로 정부가 개입하고 있다. 30대 그룹 지정제도, 획일적인 기업지배구조 의무화, 다각경영억제 정책 등을 통해 기업을 묶어 놓으려고 한다.

의료부문에서도 국민건강을 보호한다는 명분으로 의약분업을 시행하고, 의료보험의 자유화와 민영화는 고사하고 국가독점을 강화하고 있다. 교육의 민영화는 고사하고 오히려 공교육의 국가독점을 강화하고 있다. 그리하여 시장의 역할보다 정치적인 전문가집단(관료, 정치가, 학자나 지식인)의 역할이 강화되고 있다. 정부의 이러한 개혁은 계획과 통제 그리고 간섭을 신념으로 하는 좌파이데올로기에 편향된 사상에 바탕을 두고 있다.

2. 평등주의

좌파이데올로기는 사회를 강자와 약자로 구분하여 지배주주와 소액주주, 재벌과 비재벌기업, 의사와 환자, 대기업과 중소기업, 재단이사와 교사, 자본가와 노동자, 그리고 상가소유주와 세입자로 구분하여 될 수 있는 대로 강자를 묶어 놓자는 사상이다. 이로써 결과적 평등을 실현하려 하고 있다. 그 결과 모든 부문, 기업, 의료, 교육, 건물 등의 하향평준화가 진행되고 있다.

좌파이데올로기가 사회를 개혁하는 방향은 결과적 평등이다. 좌파의 발상은 유고슬라비아의 노동자 자주관리제도와 흡사하다. 즉 어떤 사람이 돈을 들여 회사를 설립하면 그 회사의 경영권은 회사의 종업원이 차지하여 설립자나 종업원이 결과적으로 평등해지자는 제도이다. 좌파이데올로기는 언론사에 대한 개혁도 재산의 출연과 경영을 구분하여 경영을 이해관계자의 참여를 통한 집단적 의사결정에 맡기자고 주장한다. 이러한 사고방식은 집단소유를 선호하는 폐쇄적인 사고방식이다. 의사결정은 다른 사람이 하고 그 결정에 대한 책임은 소유주가 짊어져야 한다면 어느 누가 언론사에 투자하겠는가?

사학의 전횡을 막기 위해 재산을 출연한 이사의 경영권을 빼앗자는 것이 좌파 이데올로기가 주장하는 내용이다. 그러나 경영으로 인한 손해에 대해 출연자가 책임을 부담하고 경영은 다른 사람이 한다면 어느 사람이 사학에 투자할 것인가? 좌파의 평등주의적 이데올로기는 책임의식과 타인의 소유권에 대한 존중심을 파기하자는 것에 지나지 않는다.

3. 지적인 자만

정부의 개혁주의자는 사회를 자신이 바라는 이상에 따라 계획·조정·통제할 수 있다고 자부한다. 이들은 공교육붕괴의 원인, 바닥난 의료보험 재정의 원인, IMF위기의 원인, 기업경쟁력 약화의 원인, 대학경쟁력 약화의 원인, 약물오용 및 남용의 원인 등을 아주 완전하게 이해하고 있다고 자부한다. 그들은 인과관계의 지식뿐만 아니라 그 해결책도 아주 잘 알고 있는 것처럼 자만한다. 그렇기 때문에 자신의 이상에 따라 개혁하려고 한다. 의약분업을 통해, 의료보험 통합에 의해, 빅딜에 의해, 재벌에 대한 규제를 통해 해결책을 제시한다. 공적 자금만 투입하면 금융부실이 해결되고, 사외이사제도가 도입되고 200%의 부채비율만 채택되면, 기업의 투명성과 건전성이 확보될 수 있을 것처럼 자부한다. 인간의 이성은 한계가 있는 데도 불구하고 완전한 이성을 가진 것처럼 자부하는 것을 하이에크는 지식의 치명적 자만(fatal conceit)이라고 지적하였다.

오늘날과 같은 거대한 사회에 평등주의를 실현하게 되면 시장경제에서 존중받는 도덕규범, 정직성, 책임감, 타인의 권리에 대한 존중심, 관용과 법의 지배 등 자유주의 가치가 손상될 뿐만 아니라 좌파이데올로기가 소중히 여기는 유대감, 연대감 같은 도덕까지도 파괴된다는 점을 우려하지 않을 수 없다. 자유시장경제는 지적인 자만과 평등주의를 지양하고 자생적인 질서가 정착되도록 요구한다.

거대한 사회의 복지제도는 고도의 도덕적인 인간 사이에서만 유지될 수 있다. 그러나 인간을 불완전한 존재로 전제하여 사회를 바라보아야 한다. 사람은 모두 자기 몫 챙기기에 여념이 없는 사람이고, 자기의 이익이라는 인센티브에 따라 행동한다. 기업도, 의사도, 소비자도, 관료도, 자유주의자도, 평등주의자도, 시민운동가도 모두 자기이익을 추구하는 데 급급하다. 그렇다고 사람을 도덕적으로 매도할 수는 없다. 인간은 도덕적으로 겸손해야 하기 때문이다. 다시 말해 다른 사람의 도덕을 자신의 잣대로 평가하여서는 안 된다는 의미이다. 그러므로 단지 제도만을 비판할 수 있을 뿐이다.

불완전한 인간이므로 자기능력으로 사업하는 것보다 이윤이 더 생기는 정경유착에 편향되고, 치료보다 약물을 파는 것이 더 이익이 되기 때문에 약물남용이 일어나게 된다. 이처럼 도덕적으로 불완전한 인간이 제몫 찾기에 바쁘더라도 '예상치 않게' 우리 모두에게 이익을 가져다 줄 수 있는 제도, 그것이 바로 자유와 경쟁의 원리가 지배하는 사회라고 스미스와 하이에크는 지적해 주었다.

유럽에서는 16세기부터 중상주의시대가 되면서 영국, 스페인, 포루투갈, 벨기에, 네덜

란드 등이 해상무역의 패권을 둘러싸고 서로 각축전을 벌이고 있었다. 벨기에의 북부에 있는 안트워프(Anterwerp)는 셸트(Scheldt)강의 입구에 있는 항구인데, 전략적으로 매우 중요하여 우리나라로 치면 인천과 같이, 수도로 들어갈 수 있는 전략적 요충지였다.

스페인 군대가 벨기에의 안트워프성을 공략하기 위하여 침공하였다. 스페인 군대가 침공하여 오자 수적으로 부족한 안트워프의 주민은 모두 안트워프성 안으로 들어가 항전하기 시작하였다. 얼마가 지나자 안트워프 성내의 비축식량이 떨어졌다. 성내의 장사꾼들이 성 밖으로 몰래 빠져나가 성 밖을 포위하고 있는 스페인 군대에 뇌물을 주고 인근의 농촌마을에서 식량을 구입하여 다시 안트워프성 안으로 들어와 구입한 식량을 비싼 가격으로 성 안의 주민들에게 판매하였다.

이러한 소문이 당시 성을 지키고 있던 종교지도자(당시는 카톨릭의 사제가 성을 대표하는 지위에 있었음)의 귀에 들어가게 되었다. 사제는 성경말씀에 이자를 붙여먹는 것을 금지하고 있는데 이 장사치들은 식량을 싸게 사서 하나님의 말씀을 거역하고 비싼 값으로 파는 고리대금업자라고 비난하면서 하나님의 말씀으로 이들을 모두 잡아 죽이라고 명령하였다.

이 일이 있은 후 견고한 안트워프성은 1주일도 견디지 못하고 스페인 군대에게 무참히 점령당하였다(Baumol and Blinder, 『경제학』, 1979).

제IV부

상대방을 차별하지 않는 계약자유의 문화

북미에서는 복잡한 차별없는 교환에 필요로 하는 제도적 틀이 진화하여 정치적 안정과 현대기술의 이용에서 오는 경제적 편익을 거두어들일 수 있었다. 남미에서는 여전히 개인적인 친분관계가 정치적 및 경제적 교환과정에 주요한 역할을 수행하였다. 여기서 진화된 제도적 틀은 경제성장을 불규칙하게 만들었고, 정치적 · 경제적 안정을 가져오지 않았고, 현대기술에서 오는 이득을 실현시키지도 못하였다.

더글러스 노스

시장경제의 결과로 얻어지는 효율성은 일반적으로 경쟁적 경제조건이 존재하는 때에 발생한다. 그에 따라 민간시장경제의 힘을 설명하는 대부분의 이론적 모형은 완전경쟁시장, 즉 재산권은 잘 정의되어 있고, 시장 참여자는 시장에서 팔리는 재화나 서비스의 총량과 가격을 효과적으로 지배하지 못한다고 가정한다. 물론 그러한 완전경쟁시장은 현실시장에 거의 존재하지 않는다. 현실시장이 이상적인 완전경쟁시장에서부터 벗어난 까닭에 정부규제의 필요성을 정당화하지만 경쟁의 힘이 강하다는 사실도 인정하여야 한다. 경쟁의 힘은 너무 강하기 때문에 독점이 의도한 합의를 견뎌 내기가 어렵다. 경쟁의 힘이 허용되면 제 길을 밟으면서 도달할 수 있을 상태를, 독점을 규제한답시고 오히려 이를 법적으로 허가하는 바람에, 오랫동안 존속하도록 유도하기도 한다.

계약의 자유를 지지하는 사람도 정부가 직접 나서서 해결하는 데 도움이 되는 문제가 많다는 사실을 부정하지는 않는다. 염려스러운 점은 정부가 권력을 확대하면 유익하게 사용되기보다 체계적으로 남용된다는 사실이다. 정부가 권력을 행사하는 일을 엄격하게 제한하지 않으면 정치적으로 영향력을 행사하려는 이익집단이 일반인을 희생시키고, 대신 자신의 이익을 획득하는 데 정부를 활용한다. 그 결과 비용은 분산되지만 이익은 집중되는 현상이 생긴다. 이렇게 되면 수익자는 새로운 부를 창출하기 위해 생산적인 일에 종사하기보다 정치적 영향력을 행사하여 주어진 부를 획득하려는 인센티브를 가진다. 그 결과 권력을 행사하는 정부는, 사람 스스로 문제를 해결하도록 권력이 제한된 정부보다, 성과가 줄어든다.

제IV부에서는 정부가 경제개입을 자제하고 개인에게 자유로운 계약에 의해 경제질서가 이루어져야 한다는 근거를 살펴보고자 한다. 어떤 사람에게는 자유가 중요하고, 어떤 사람에게는 부의 창출이 중요하다. 여기서 학자는 정부역할이 합당하게 제한되어 있으면 현재 가질 수 있는 정부보다 더 작은 정부를 가질 수 있고, 그 결과 더 많은 이익을 정부로부터 얻을 수 있다고 주장한다.

제19장에서 노스(Douglas North)는 교환이 확대되면서 거래상대방을 차별하지 않는 거래가 가능해지도록 태어난 제도(사유재산권, 국가, 자본시장 등)가 서유럽사회의 성장을 가져 온 원동력이라고 주장한다.

제20장에서 밀(John Stuart Mill)은 다른 사람이 영향을 받지 않은 이상, 개인은 자신의 시간과 생애를 원하는 바대로 자유롭게 할 수 있도록 허용되어야 한다는 원칙을 주장한다.

제21장에서 스미스(Adam Smith)는 시장에서 직업 사이에 임금격차가 있는 사유를 설명한다. 그는 시장에서 결정된 임금이 소득분배에 영향을 미치고 대신 정부의 행동은 별로 영향을 미치지 않는다고 주장한다. 그리고 도제나 정부에 의해 주어지는 자격증과 같이 직업시장에 진입을 규제하는 문제에 대해 거론하고 있다. 정부가 면허하는 까닭은 개인과 조직이 정부와 한통속이 되어 경쟁적 압력을 피하려고 하기 때문이다. 스미스는 정부가 그런 음모를 꾸미면 사회경제에 커다란 비용을 끼친다고 주장한다.

제22장은 프리드먼(Milton Friedman)이 발간한 *Capitalism and Freedom*(1962)란 책에서 발췌한 내용으로, 그는 여기서 독점의 주요한 원천을 세 가지 들면서 정부의 규제없는 개인독점을 제안하고 있다.

제23장에서 리(Dwight Lee)는 가격기구에 저항하면 사회가 비용을 치르게 된다는 사실을 강조한다. 그러한 예로 가격통제와 검열이 서로 다름 없음을 지적하면서 노동시장과 농산물시장에서도 정보를 교환하는 데 자유롭게 움직이는 가격의 중요성을 보여 주고 있다.

끝으로 제24장에서 한국경제연구원장 좌승희박사는 경제문화가 변하려면 오랜 시간이 걸리는 데도 불구하고 개혁을 빌미로 현실에 맞지 않게 정부가 인위적으로 경제정책(문화)을 정착시키기보다 법치에 의한 경제문화를 정착시키기를 주장한다.

제19장
차별없는 교환

더글러스 노스

> 지배자가 자의적으로 권력을 행사하지 못하도록 자신에게 족쇄를 채우고 국가와
> 자발적인 상인기구가 따를 수밖에 없는 차별없는 원칙을 마련한 것이 가장 핵심적
> 인 내용이다.　　　　　　　　　　　　　　　　　　　　　　더글러스 노스

이 글은 노스(Douglas North)의 "Institutions"(*Journal of Economic Perspectives*, 1991)에서 발췌한 내용이다.

제1절 | 경제발전연구의 대상

제도는 역사를 통해 인간이 교환과정에 질서를 세우고 불확실성을 줄이고자 고안되었다. 제도는 경제학에서 말하는 표준적인 제약과 함께 선택기회를 정의하고 따라서 거래·생산비용을 결정하고 경제활동의 이윤가능성과 타당성을 결정한다. 제도(문화)는 한 나라 경제의 인센티브구조

까지 제공한다. 즉 그 구조가 진화하면서 경제적 변화를 성장·정체·쇠퇴시키도록 이끈다. 여기서는 제도가 경제성과를 만들어 내는 역할을 연구하려고 하는데, 경제사적인 측면에서 분석하고자 한다.

무엇이 제도를 통해 인간이 상호작용하는 것을 제약하도록 만드는가? 이 문제는 게임이론적인 맥락으로 간략하게 그 해답을 구할 수 있다. 부를 극대화하는 개인은 게임이 반복되거나 상대방의 과거행적에 대한 정보를 충분히 알고 있거나 게임참여자의 수가 적은 경우에는 다른 게임참여자와 협력하는 것이 이득이 된다는 사실을 발견하게 된다. 그러나 게임을 완전히 뒤집어 보자. 즉 게임이 반복되지 않거나 상대방에 대한 정보를 모른다거나 또한 게임참여자의 수가 많은 경우에는 상호간의 협력이 유지되기 어렵다.

이 두 가지의 극단적으로 대립된 사례가 현실경제를 극명하게 보여 준다. 예를들어 협력이 이루어져 낮은 거래비용으로 교환이 이루어지도록 하는 사례는 곳곳에서 보인다. 모든 사람이 동일한 목적함수(예를들어 기업의 이윤극대화)를 가지고 있다고 하더라도 거래하는 데에는 상당한 양의 자원을 필요로 한다. 그러나 개인의 입장에서 부를 극대화하고 무엇이 교환되는지(상대방의 성과)에 관한 귀중한 속성에 대한 정보가 비대칭적인 상황에서 거래비용은 경제성과를 결정짓는 데 아주 중요한 역할을 수행한다. 제도와 효과적인 집행(이용되는 기술과 함께)에 의해 거래비용은 결정된다. 효과적인 제도는, 게임용어를 빌려 이야기하면, 협력이라는 해결결과에서 오는 편익을 향상시키고, 반대로 변절이라는 해결결과에서 오는 비용을 상승시킨다. 거래비용의 용어로 말하면 제도는 교환이 이루어지는 때마다 거래비용과 생산비용을 줄여 교역에서 오는 잠재적 이득을 실현시킨다. 여기서 정치적·경제적 제도는 효과적인 제도를 구성하는 주요한 부분이다.

제도와 거래비용에 관한 대부분의 연구가 경쟁적인 구조를 통해 조직 문제를 효율적으로 해결하는 제도를 알려 주려는 데에 관심을 둔다 (Williamson, 1975; 1985). 따라서 그러한 논문에서는 시장교환, 특약, 수직적 통합과 같은 현상을 여러 가지 경쟁적인 구조에서 기업가가 부닥치는 복잡한 문제를 해결하는 효율적인 방안으로 인식한다. 그러나 그러한 접근방법은 이 논문에서 관심을 두고자 하는 이른바 과거와 현재를 통틀어 각 경제사회가 다양한 성과를 보여 주는 것을 설명하지 못하고 있다.

왜 어떤 경제는 효율적이고, 경쟁적인 시장을 달성할 수 있게 되었는가? 공식적인 경제적 제약이나 재산권은 정치적인 제도에 의해 규정·이행된다. 그런데 기존의 논문은 모두 이를 외생적으로 주어진 것으로 간주해 버린다. 그러나 경제사는 지속적인 경제성장을 이끌어 낼 수 있는 경제적 게임의 룰(집행을 포함하여)을 만들어내는 데 성공하지 못한 여러 나라의 경제사회에 관한 이야기를 늘어놓는다. 경제사와 경제발전이론이 당면하는 가장 중요한 문제는 생산성을 향상시키는 경제환경을 창출하는 정치적·경제적 제도가 진화하는 과정을 설명하는 일이다.

제2절 | 교역의 이득을 포착하는 제도

초기의 경제는 마을 내(심지어 단순한 수렵사회 내에서도)의 국한된 지역적 교역에 머물고 있었다. 그러다가 교역은 마을을 벗어나 점차 확대되어, 처음에는 지역 내에서 물물교환하는 형태로 나아가다가, 이후 대상(隊商)이나 선박을 통해 보다 원거리지역과도 이루어지고, 최종적으로는 세계의 곳곳까지도 이루어지게 되었다. 단계마다 경제사회는 전문화와 분업을 증대시키고 생산적인 기술을 계속 향상시켜 왔다. 이처럼 지역의 자급자족에서 시작하여 전문화와 분업에 이르기까지 점진적으로 진화하는 과정은 독일의 역사학파가 설명하였다. 그러나 실제로 경제가 진화해 온 과정이 반드시 방금 말한 교환단계에 따라 이루어지는 과정과 반드시 일치할 필요는 없다.

여자는 채취하고 남자는 사냥하는 수렵채취의 경제에서는 전문화가 아주 초보적인 단계에 머물렀고, 자급자족이라고 해 봤자 가계 내의 단위에서만 이루어졌다. 소규모마을에서는 지역적 교환을 가능하게 하는 비공식적인 사회적 교류망이 밀도높게 구축되어 마을 내의 교역을 지배하였다. 이러한 단계에서는 거래비용이 아주 낮았다(비록 동족과 마을조직을 구성하는 데 기본적으로 필요로 하는 사회적 비용은 높았을지라도 그 비용이 거래하는 과정에 추가로 반영되지는 않았다). 사람은 서로를 잘 알고 폭력위협이 사회질서를 계속적으로 유지시키는 힘으로 등장하였는데, 폭력위협이 사회의 다른 사람에게 학습효과를 심어 주는 데 크게 기여하였다.

그러나 교역이 한 마을의 범위를 넘어 확대되자 교환을 둘러싸고 갈등이 일어나기 시작하였다. 사회의 밀도높은 교류망이 해체되는 바람에 시장규모는 커지고 거래비용은 급격하게 증가하였다. 그 결과보다 많은 자원을 다른 사람과의 거래와 관련된 계약을 측정하는 일과 집행시키는 데 투하하여야만 하였다. 계약을 이행시키는 정부가 없는 상태에서 처음에는 대개 종교적인 교훈이 거래참여자의 행동표준으로 부과되었다. 종교적인 교훈이 거래하는 데 들어가는 비용을 낮춘 효과는 그 교훈이 강제력을 가지고 있느냐의 여부에 따라 다양하다.

원거리교역이 대상이나 장기간의 항해를 통해 발전하기 위해서는 경제구조의 성격에 커다란 전환을 요구하였다. 그에 따라 교역으로 생계를 꾸려가는 사람은 교환하는 데 상당한 정도의 전문화를 필요로 하였고 일시적인 집산장(유럽의 초기시장(fair))이나 보다 항구적인 도시와 마을이 들어서기 시작하였다. 식물재배에서와 같은 규모의 경제가 이러한 세계의 성격을 잘 나타냈다. 지리적으로 전문화되는 장소가 주요한 특징으로 생겨나기 시작하였고, 직업상으로 전문화되는 현상이 일어났다.

장거리교역으로 인하여 두 가지 종류의 거래비용문제가 생겨나기 시작하였다. 하나는 고전적인 대리자문제인데, 이 문제는 역사적으로 친족을 이용한 장거리교역으로 해결되었다. 즉 육상에 머물고 있는 상인이 친척을 화물과 함께 보내 판매상담을 벌이게 하고 나서 그가 돌아오는 때의 화물까지 조달하도록 하였다. 성과를 측정하는 데 들어가는 적은 비용, 끈끈한 친족관계, 그리고 변절시에 부담하는 엄청난 대가, 이 모두가 그러한 협약이 준수되도록 하였다.

가령 11세기에 유대인은 지중해에서 무역하는 과정에 일어나는 대리자문제를 긴밀한 지연관계를 활용하여 해결함으로써 정보비용을 낮추었다. 상업규율을 위반한 대리자를 집단이 공동으로 추방시키거나 보복하였다고(Greif, 1989) 한다. 그러나 교역의 크기와 규모가 늘어나자 대리자문제는 주요한 골치거리로 등장하였다. 또 하나의 문제는 세상 다른 곳에 있는 사람과 계약을 상담하고 계약이 이행되는가를 감시하는 문제였다. 당시에는 계약에 합의하고 나서 계약이 이행되는가를 감시할 수 있는 적절한 방법이 없었다. 계약이행이란 합의사항의 이행뿐만 아니라 재화와 서비스를 운송도중에 해적이나 산적으로부터 보호하는 것까지 포함하였다.

운송도중에 계약을 이행시키는 문제는 군대가 선박이나 대상을 보호함으로써 해결되거나 지역의 강제력 있는 집단에게 통행세나 보호금을 지불하는 방식을 통해 해결되었다. 먼 거리에 있는 사람과 상담하고 이행을 보장받으려고 하다 보니 표준중량, 표준척도, 계산단위, 교환의 매개물,

공증, 영사, 상인법정, (왕이 수입을 대가로 받고 보호하는 외국상인) 거류지 등이 개발되었다. 거래비용을 줄이고 계약을 이행시키게 하는 인센티브가 제공됨으로써 제도, 조직, 기구가 한데 어울려 장거리무역을 영위하도록 하였다. 자발적이거나 반강제적인 기구, 또는 적어도 합의를 준수하지 않은 상인을 효과적으로 추방할 수 있도록 하는 기구덕분으로 장거리무역이 발달할 수 있게 되었다.

시장이 확대되자 보다 전문적인 생산자를 동반하게 되었다. 규모의 경제로 계층적 구조를 가진 생산조직이 탄생하면서 종일노동자가 중앙이나 생산의 각 단계에서 작업하게 되었다. 마을과 중앙도시가 생겨나기 시작하고, 전통적인 농업에 여전히 무게가 주어졌으나 인구의 직업상 분포로 볼 때에 제조와 서비스에 종사하는 노동력이 많은 부분을 차지하게 되었다. 이러한 발전단계는 사회가 도시화되는 방향으로 전환되고 있다는 것을 반영한다.

그러한 사회에서는 계약이 효과적이고도 거래상대방을 차별하지 않고 이행될 것이 요구된다. 이것은 개인적인 친분관계, 자발적인 제약, 추방 등은 보다 복잡한 차별없는(impersonal) 교역이 생겨나면서 더 이상 효력을 가지지 못하였기 때문이다. 그렇다고 이러한 개인적 친분이나 사회적 제약이 중요하지 않다는 의미는 아니다. 이러한 것은 오늘날과 같이 상호의존적인 사회에서 여전히 중요한 역할을 수행한다. 그러나 차별없는 계약이 효과적으로 이루어지지 않는 상태에서는 변절함으로써 얻게 되는 이득이 상당히 높기 때문에 오히려 복잡한 교환이 발전하는 길을 미리 막아 버린다. 자본시장이 만들어지고 제도와 기술 사이에 존재하는 상호역할에 관한 예를 들어 보고자 한다.

자본시장은 시간이 지나더라도 재산권이 계속 안정될 것을 필요로 한다. 따라서 정치지배자가 시민의 재산을 자의적으로 몰수할 수 있고, 또한 그 가치를 급진적으로 변경시킬 수 있는 분위기에서는 자본시장이 발전하지 않는다. 계속하여 재산권을 보호하기 위한 방편으로 신뢰할 만한 약속(credible commitment)이 통용되도록 하려면 지배자가 강제력을 행사하는 데 참을성이 있고 스스로도 억제할 필요가 있으며, 또한 지배자가 자의적으로 재산을 몰수하지 못하도록 그의 권력에 족쇄를 채울 필요가 있다. 첫 번째 방식은 지배자가 매번 재정위기(주로 계속된 전쟁의 결과로 인한 위기)를 맞이하는 바람에 오랫동안 성공하지 못하였다. 두 번째 방식은 1688년 명예혁명의 결과 영국에서 일어난 것과 같이 정치조직을 근본적으로 재구성하는 것(의회가 국왕위에 군림하는 형태)을 의미하였다(North and Weingast, 1989).

제조업의 성장을 일으킨 기술로 인해 공장시설이나 도구와 같은 고정자본이 늘어나고, 생산과정은 중단되지 않게 되었고, 훈련된 노동력 및 발달된 교통망을 동반하였는데, 결국 효과적인 생산요소 및 재화시장을 필요로 하였다. 그러한 시장을 뒷받침한 것은 안전한 재산권이었고, 그에 따라 정치기구와 사법체계는 낮은 비용으로도 계약을 체결할 수 있는 사회분위기를 조성하는 광범위한 조직구조가 가능한 융통성 있는 법률을 마련하고, 계층적 조직에 나타나는 대리자문제를 제한하고자 복잡한 지배구조를 만들어 냈다(North, 1981: Stiglitz, 1989).

마지막 단계인 현대 서유럽사회에서 전문화는 증대하고 농업은 작은 비율의 노동력만을 필요로 하고, 시장은 국가적 및 세계적으로 확대하였다. 규모의 경제는 제조업뿐만 아니라 농업에서도 대규모의 조직으로 운영되는 것을 의미하였다. 모든 사람이 전문화된 기능을 맡아 수행하고 자신에게 필요한 수많은 재화와 서비스를 공급하기 위해 서로 관련있는 부분을 연결하는 방대한 유통망에 의존하게 되었다. 노동력의 직업상 분포는 제조업 위주에서 점차 서비스부문으로 이전하였다. 사회는 압도적으로 도시화되었다.

　마지막 단계에서 전문화는 사회자원이 거래부문에 종사하는 비중이 늘어나도록 만들었다. 그에 따라 거래부문이 국민총생산고에서 커다란 비중을 차지하게 되었다. 이렇게 된 까닭은 단순한 경제활동은 물론 교역, 금융, 신용, 보험상의 전문화에 따라 이러한 부문이 노동력의 상당부분을 차지하게 되었기 때문이다. 예를들어 미국의 거래부문에서 발생한 국민총생산고가 전체 국민총생산고에 차지하는 비중은 1870년 25%, 1970년 45%를 점유하였다(Wallis and North, 1986). 고도로 전문화된 거래부문의 조직이 탄생하는 것은 필연적이었다. 전문화와 분업이 국제적으로 일어나자 거래당사자 사이에 신뢰할 수 있는 자본시장(물론 다른 시장을 포함하여)이 생성할 수 있도록 국가 간의 경계를 넘어 재산권을 보호할 수 있는 제도와 조직을 필요로 하였다.

　지금까지 설명한 역사적 단계가 각각 합쳐지면서 협력하는 형태로 발전한 것처럼 보인다. 과연 그렇게 되었을까? 거래당사자에게 덜 복잡한 교환형태로부터 보다 복잡한 교환형태로 발전하게 만든 무언가가 있는 것일까? 그러한 발전에 문제로 된 것은, 계약을 이행시키는 방법이 향상된 것과 함께, 정보비용과 규모의 경제가 보다 복잡한 교환형태를 허용하고 권장하였는가 아니였는가이다. 뿐만 아니라 사회조직이 보다 사회적으로 생산적인 방향으로 발전하게 하는 지식과 정보를 획득하려는 인센티브를 가지고 있었느냐 없었느냐이다.

　사실상 역사를 통해 이러한 발전이 일어나지 않을 까닭이 없다. 앞에서 말한 바 있는 초기의 조직형태가 오늘날에도 세계의 어느 부분에서인가 존재할 것이다. 여전히 원시적인 동족사회가 존재한다. 예를들어 지역 간의 교역을 담당하는 물물교환경제가 세계 여러 곳에서 번창하고 있다. 그리고 비록 대상(隊商)을 이용한 무역은 사라졌지만, 다른 두 가지 형태의 원시적인 교환도 마찬가지였지만, 내부적인 진화보다 외부적인 힘에 의해 멸망하였다. 이와 대조적으로 유럽의 장거리무역의 발전은 덩달아 보다 복잡한 형태의 조직이 발전하도록 재촉하였다.

제3절 │ 제도진화의 실패원인

여기서는 왜 원시적인 교환형태가 진화하는 데 실패하고 근세 초기 유럽에서 제도적 발전이 일어났는가를 설명하고자 한다. 왜 어떤 나라의 교환제도는 진화하여 발전하고, 어떤 나라의 교환제도는 진화하지 못하였는가를 살펴보고자 한다. 특히 18~19세기 서유럽의 경제발전 맥락을 중심으로 알아보고자 한다.

경제주체는 교환이 이루지는 체계마다 그들의 물질적 지위를 향상시키고자 그들의 시간, 자원, 지식열 및 숙련된 기술을 소비하려는 인센티브를 갖는다. 그런데 원시적인 형태의 제도에서는 보답이 뒤따르는 지식과 숙련된 기술의 종류가 보다 생산적인 경제를 지향하는 방향으로 제도적인 발전을 성취하지 못한다. 예를들어 원시동족사회, 물물교환이 이루어지는 지역경제, 그리고 장거리 대상무역의 세 가지를 검토해 보면 모두 스스로 내부적으로 진화할 수 없는 결함을 내포하고 있다.

동족사회에서 이루어지는 교환은 밀도높은 사회관계망에 의존한다. 이러한 사회에서는 모든 사람이 절묘한 힘의 균형을 유지하면서 살아가고 자신의 선의를 상대방에게 보여줌으로써 자신도 상대방으로부터 안전을 보장받을 수 있다(Colson, 1974). 일반적으로 인정된 표준을 무시하는 것은 비합법적인 권력을 행사하겠다는 것과 동일하고 사람과 대항하여 싸우겠다는 증거가 된다. 원시적인 제도는 포스너(Posner, 1980)가 분석한 바와 같이 앞의 증거와 마찬가지로 동족사회의 구성원이 집단에서 벗어나는 행동을 하거나 혁신을 시도하는 행위를 집단의 생존에 위협이라고 인식하였다.

수천 년 동안 교환형태가 존재하였던 것은(지금도 세계 곳곳에 있지만) 물물교환으로 비교적 광범위한 차별없는 교환과 비교적 높은 거래비용을 수반하는 교환형태였다. 물물교환형태의 기본적 성격은 교환에 참여하는 소규모의 기업가가 많다는 것인데, 마을인구의 40~50%가 교환과정에 참여하고, 기계나 토지 등과 같은 고정시설에 그다지 비용을 부담할 필요가 없고, 아주 세세한 분업으로 작은 단위의 무수한 거래가 이루어지며, 각자가 다소 독립적으로 서로간의 대면거래를 통해, 동질이 아닌 재화와 서비스를 교환한다.

시장정보를 모으거나 분배시키는 제도를 필요로 하지 않고, 다시 말해 가격표시, 생산보고, 고용알선기관, 소비자보호기구 등을 필요로 하지 않았다. 중량이나 척도체계는 교묘하게 불완전한 상태로 표준화되어 있었다. 각자의 교환기술은 공들여 발전된 것으로 누가 번창하고 그렇지 않는지를 결정하는 주요한 잣대가 되었다. 교환조건이나 다른 모든 면에서 틈만 보이면 흠을 잡는 일이 시장에 널리 스며 있고 또한 그칠 날이 없었다. 구입과 판매가 실질적으로 구분되어 있지 않고, 근본적으로 한 개의 행위로 이루어졌다. 교역하기 위해서는 구체적인 상대자를 계속해서 찾아야 하고 일반인을 대상으로 재화를 제공하는 것만으로 교역이 이루어지는 것은 아니었다. 분쟁이 일어나면 신뢰할 수 있는 증인의 증언을 필요로 하였을 뿐, 외부의 사법적인 원칙을 적용하여 해결될 일이 아니었다. 시장에서 이루어지는 활동을 정부가 통제하는 일은 거의 미미하였으며, 분권화되어 있었고 명목적인 데 지나지 않았다.

물물교환경제의 특성을 요약하면 ① 측정비용이 높고, ② 고객을 확보하기위한 지속적인 노력을 필요로 하고, ③ 모든 면에서 집약적인 상담이 이루어진다는 데에 있다. 상대방보다 나은 정보를 가질수록 많은 이득을 실현할 수 있었다.

이러한 동족사회에서 혁신이 이루어지면, 오히려 왜 동족의 생존에 위협을 주게 되는가를 쉽게 알 수 있다. 그러나 이러한 물물교환이 비효율적인 데에도 불구하고 오랫동안 지속된 이유를 이해하기 어렵다. 정보의 비대칭에서 오는 태만과 불확실성을 대항하기 위해, 요즘 우리가 알고 있는 사회의 보험제도와 같은, 자발적인 조직이 출현할 것을 기대할 수 있다. 그러나 물물교환경제에서 이윤을 낳아 생존할 가능성이 있는 자발적인 조직이 전혀 결여되었다. 이러한 자발적인 조직에는 계약을 집행시키는 효과적인 법적 구조와 사법제도를 필요로 하고 이러한 법적 구조와 사법제도는 다시 그러한 틀을 창조할 정치적 제도에 의존한다. 그러한 구조와 제도가 없는 상황에서 물물교환사회의 틀을 변경하는 혁신적인 일은 일어날 수 없었다.

세 번째의 대상무역은 보호가 필수적으로 필요하고 국가란 조직이 없는 세상에서 교역을 가능하게 하는 비공식적인 제약에 의해 이루어졌다. 예를들어 모로코에서 대상이 직물을 교역하는 데 지방권력자에게 직물을 통행세로 지급하였다(Geertz and Rosen, 1979). 보호를 받는 상인의 명성을 더럽히면, 보호하는 권력자의 명성을 더럽히는 것으로 인식하여, 가해자에게 대가를 치르게 하는 질서가 마련되어 있었다. 비록 지방권력자는 대상을 보호함으로써 이익이 된다는 사실을 알았으나 이를 보다 확대시킬 수 있는 군사적·정치적 구조로 발전시켜 재산권을 영구히 집행토록 하는 데까지 발전하지는 않았다.

제4절 | 초기 유럽의 제도적 발전

많은 원시적인 형태의 교환체계 대신에 11-16세기에 이루어진 초기 유럽의 장거리무역은 점점 보다 복잡한 조직을 만들어가면서 궁극적으로 서유럽사회를 탄생시킨 이야기이다.

장거리교역에 종사하는 데 들어가는 비용을 줄인 조직상의 변화, 기구, 구체적인 기술과 집행적 성격이 한데 어우러져 거래비용을 낮추는 혁신이 이루어졌다. 이러한 혁신은 세 가지 비용면에서 나타났는데 ① 자본의 가동성을 높인 것, ② 정보비용을 낮춘 것, ③ 위험을 분산시킨 것에 의해 이루어졌다. 이 비용은 서로 중복하지만 거래하는 데 들어가는 비용의 특성을 잘 나타낸 것이다. 이러한 혁신은 이미 오래 전부터 기원이 있는 데 그 대부분이 중세 이탈리아 도시국가나 이슬람 및 비잔티움에서 나와 발전된 것이다.

자본의 가동성을 높인 혁신으로서는 고리대금업법(usury law)을 피하기 위한 기술과 방법이 진화한 사실을 예로 들 수 있다. 대부자금의 대가가 교묘한 방법으로 대부계약서에 숨은 채로, 예를들어 지연지불에 대한 지체상금형태에서부터 초기형태의 저당에 이르기까지, 여러 가지 명목으로 나타나기에 이르렀다. 고리대금업법을 피하려고 이자를 위장하기 위해 계약서를 복잡하게 만들거나 성가시도록 작성할 수밖에 없었을 뿐만 아니라, 그러한 계약을 이행시키는 데에도 문제가 뒤따랐다. 자본에 대한 수요가 늘고 법을 회피하는 관행이 일반화되자 고리대금업법은 점점 사라지고 이자율만이 허용되었다. 그 결과 계약서를 작성하는 비용과 이를 이행시키는 비용이 크게 줄어들게 되었다.

자본의 가동성을 높인 두 번째의 혁신으로 가장 주목받는 것은 어음제도의 출현과 이를 통용시키고 또한 할인할 수 있도록 하는 기술과 기구의 발전을 들 수 있다. 융통과 할인의 필요성으로 이러한 일을 담당하는 기구가 발전하게 되었는데, 처음에는 12-13세기의 샴페인 축제시장처럼 축제시장에서 경제적 교환을 수행하면서 그러한 역할이 병행하여 수행되었으나, 그 이후 은행을 거쳐 할인업무만을 전담하는 금융거래소와 같은 구체적인 장소가 탄생하였다. 이러한 발전도 구체적인 제도뿐만 아니라 경제활동의 규모에 의해 결정될 수밖에 없었는데 거래규모가 늘어나자 그러한 제도의 발전을 가능하게 만들었다. 어음제도가 발전하기 위한 경제규모의 성장과 더불어 계약을 이행시키는 방법을 향상시키는 일도 긴요하였지만, 부채를 수집하거나 계약을 이행시키는 데 증거로 사용할 수 있는 회계와 감사방법의 발전도 중요한 역할을 수행하였다고(Watts and Zimmerman, 1983) 지적한다.

자본의 가동성에 영향을 미치는 세 번째의 혁신이 장거리무역에서 대리자를 감독하는 일을 유지하고자 탄생하였다. 중세 및 초기 근대사회에서 대리자문제를 해결하는 전통적인 방법은 주인에 얽매일 수 있는 친척을 사용하는 방법이었다. 그러나 상인이 교역하는 범위가 지리적으로 늘어나면서 친척이 아닌 사람을 고용하게 되자 이들의 행동을 감시할 정교한 회계절차의 발전이 요구되었다.

정보분야에서는 각종 상품의 가격을 인쇄하거나 중량이나 척도, 관습, 중개수수료, 운송체계 그리고 교역국 사이의 통화를 교환하는 환율 등을 인쇄하는 기술이 발전하였다. 이러한 발전은 국제무역에 의존하는데 결국 경제규모가 늘어나자 이루어진 것이다.

마지막으로 불확실성을 위험으로 바꾸는 혁신이 일어났다. 불확실성이란 어떤 사태가 일어날 확률조차 없는 경우로서 그러한 사태에 대해 보호받을 수 있을 여지가 없다. 그러나 위험이란 어떤 사태가 발생할 확률을 부여할 수 있는 능력으로서 그러한 결과에 대해 보호받을 수 있는 것을 의미한다. 현대사회의 보험제도와 재산의 다양한 관리란 불확실성을 위험으로 변경시키는 방법이다. 그러나 중세 당시와 초기 근대사회에서도 똑같이 변경시킬 수 있는 방법이 마련되었다. 즉 15세기쯤에는 해상보험제도가 확립되었는데 이미 16세기에 들어와서는 일부 항목, 예컨대 선박이름, 선장이름, 부보가액, 보험료 등 몇 가지 항목만을 빈칸으로 둔 보험약관이, 현재 사용되는 것과 거의 똑같이, 이용되었다(De Roover, 1945).

위험을 해결하는 또 다른 제도로 재산을 다양화시켜 위험을 분산시키거나 많은 투자가가 위험성 있는 영업에 투자할 수 있도록 하는 기업조직이 생겨났다. 예를들어 위탁증(commenda)은 장거리무역에서 육상에 머물고 있는 주인과 화물을 가지고 떠나는 대리자 사이에 채택된 계약형태였다. 이 제도는 유대상인, 비잔티움, 무슬림으로부터 생겨나 이탈리아 상인이 이용한 것인데 이후 합작회사(Joint Stock Company)로까지 이어져 위험을 제도화시키고자 진화하였다.

이러한 혁신과 제도적 기구가 생겨나게 된 배경에는 두 가지의 경제적 힘이 상호작용한 것으로서, 하나는 교역량이 늘어나는 것과 더불어 규모의 경제가 일어났고, 또 하나는 보다 적은 비용으로 계약을 이행시킬 수 있는 보다 향상된 메커니즘이 발전하였다는 데에 있다. 그 인과관계는 서로 영향을 주고 받았는데 장거리무역량이 늘어나자 계약을 이행시키는 보다 효과적인 메커니즘을 고안함으로써 상인은 보다 많은 이득을 올릴 수 있었고, 반대로 그러한 메커니즘이 발전하자 계약비용을 낮추게 되었고 무역이 보다 수지맞는 사업이 되고 따라서 무역량도 늘어났다.

물론 계약을 효과적으로 이행시키는 메커니즘을 만들어 내기까지에는 오랜 시간이 걸렸다. 비록 여러 가지 종류의 사법기구가 상업상의 분쟁을 조정하였으나 보다 중요한 사실은 상인 스스로가 계약을 이행시키는 메커니즘을 발전시켰다는 사실이다. 계약의 이행성은 길드(guild)상인의 가부장적인 질서에서 내부적인 행동규범이 발전하면서 그 기원을 찾을 수 있다. 즉 이 규범을 쫓지 않으면 추방이란 위협이 도사리고 있었다. 더 진보하여 상인법(law of merchant)이 태어났다. 상인은 이 상인법을 장거리무역에 거래하는 나라로 가져가는 바람에 여러 나라에게 상입법이 파급되는 효과를 낳았다.

보다 세련된 회계방법 및 공증제도는 분쟁이 일어났을 경우에 증거로서 사실을 확인할 수 있는 역할을 수행하였다. 상인이 자신의 내부조직에 의해 자발적으로 계약을 이행시키는 방법이 국가의 강제이행과 결합되어 계약을 이행시키는 데 커다란 역할을 수행하였다.

국가는 이러한 진화과정에서 중요한 역할을 담당하였는데, 그 과정에서 국가의 재정적인 수요와 상인의 계약이행의 필요성이 결합하여 국가에 의한 재산권보호제도가 출현하였다. 특히 자본시장은 국가정책에 의해 크게 영향을 받으면서 발전하였는데 국가가 재산을 몰수하지 않고 또한 국가가 교환과정에 발생하는 불확실성을 증대시키는 방향으로 권력을 행사하지 않겠다고 약속하는 정도에 비례하여 재정제도가 진화하고 보다 효율적인 자본시장이 발전하였다. 이러한 과정에 지배자가 자의적으로 권력을 행사하지 못하도록 자신에게 족쇄를 채우고 국가와 자발적인 상인기구가 따를 수밖에 없는 차별없는 원칙을 마련한 것이 가장 핵심적인 내용이다. 정부의 채무가 유통되도록 하는 제도가 개발된 것도 자본시장이 발전하는 데 크게 기여하였고 조세를 통해 정기적으로 자금이 조달된 것도 주요한 역할을 수행하였다.

제5절 | 안정과 변화의 대립

인간의 경제조건에 일어나는 변화를 설명하는 데에는 서유럽과 다른 나라의 경제성과를 비교하는 것이 적합하다. 경제사학자는 분할된 유럽의 정치조직이 생존하고자 군사기술을 변화시켜 그 결과 필요한 재정수입을 확보하려는 경쟁의 결과, 다른 경제적 성과가 나타났다고(North and Thomas 1973; Jones, 1981; Rosenberg and Bridzel, 1986) 설명한다. 물론 생존하기 위한 정치적 경쟁이 그 당시의 경제적 성과를 부분적으로 설명은 하지만, 왜 이러한 정치적 경쟁을 똑같이 수행하였던 서유럽의 나라 사이에 그 경제적 성과가 다른지를 설명하지 못한다. 예를들어 왜 16세기에 강대국이었던 스페인은 몰락하고 영국과 네덜란드는 발전하게 되었는가?

그 원인을 알기 위해 두 가지 수수께끼를 풀어야 한다. 첫째, 제도적인 틀과 그에 따른 조직구조 그리고 제도적 변화 사이의 관계를 알아야 하고, 둘째 제도적 틀이 갖는 수확체증의 성격에 따라 나타나는 경제적 변화의 경로의존적 성질을 살펴보아야 한다.

개인과 조직이 경제활동을 하는 방향과 형태는 관습, 종교적 교훈, 공식적인 법칙(그 이행이 효과있게 이루어지는가를 포함하여)과 같은 기본적인 제도적 틀이 제공하는 기회가 반영되어 있다. 앞에서 말한 물물교환시장이나 샴페인 축제시장에서 이루어지는 교환도 따지고 보면 경제이론에서 말하는 전통적인 제약은 물론 궁극적으로 제도적인 틀에 의해 제한을 받는다.

거래에 참여하는 사람은 항상 자신의 부를 늘리고자 지식과 기술을 얻는 데 투자한다. 가령 물물교환시장에서 사람은 다른 사람보다 나은 지식과 기술을 가지면 상담능력이 늘어나 이득기회도 많기 때문에 상대방보다 나은 지식과 기술을 가지는 데 투자하였다. 그러므로 기본적인 제도의 틀을 바꾸는 지식과 기술투자가 이루어질 수가 없었다. 그러나 중세의 샴페인 축제시장에서는 상인이 과거와 같은 형태의 지식과 기술을 많이 가질수록 이득이 되어 돌아왔으나 상대방 상인을 계약으로 묶어 두거나, 상인재판소를 만들거나, 재화수송을 보호받거나, 어음을 할인하거나 하는 등의 지식과 기술에 투자하여 이득을 얻을 수도 있었다. 이러한 지식과 기술투자가 점차 기본적인 제도적 틀을 변경시키게 만들었다.

제도상의 진화가 교역을 확대시키고 교환을 보다 생산적으로 만드는 자발적인 조직에 의해 교역이 이루어졌을 뿐만 아니라 자발적인 조직만으로는 차별없는 교환을 통해 계약을 이행시키는 데 비용이 많이 들었기 때문에 재산권을 보호하고 계약을 이행시킬 수 있는 강제력을 가진 국가가 계약의 이행을 보장하였다. 또 하나 제도적으로 진화한 것은 국가가 경제활동에 자의적으로 행동하지 못하도록 자신에게 족쇄를 채웠다.

경로의존이란 제도적 진화가 조금씩조금씩 일어나는 과정으로 어제의 제도적 틀이 오늘의 조직과 개인기업가(정치적·경제적)에게 기회를 제공한다는 의미이다. 원래 경로의존이란 아서(Arthur, 1989)와 데이빗(David, 1985)이 만들어 낸 개념으로 기술변화의 경로를 설명하려고 만든 개념이다. 노스(North, 1981)는 제도적 변화를 설명하는 데도 경로의존적인 성질이 있다고 주장하였다. 기술변화나 제도변화는 모두 수확체감이라는 현상으로 생겨나는데, 단지 제도적 변화는 정치적 조직이 수행하는 역할 때문에 기술변화보다 다소 복잡하게 일어난다고 지적한다.

이 제도의 기회 속에는 제도와 그에 따른 정치적·경제적 조직이 수확체증하는 성질을 가지면서 상호의존된 거미줄처럼 구성되어 있다. 즉 조직이란 제도의 틀이 제공하는 기회를 먹고 생존한다. 제도란 초기에는 설치비용이 들기 때문에 일단 만들어지고 나면(마치 1787년에 미국헌법이 만들어진 것처럼) 관계망의 외부효과(network externality)가 발생한다. 즉 학습을 필요로 하고, 다른 조직과 계약하는 데 조정을 필요로 하고, 기존에 존재하는 제도에 바탕을 둔 거래관행에서 오는 차이에서 벗어나 적응하는 과정을 필요로 한다.

따라서 경제가 진화한다고 해서 바로 경제성장으로 연결되는 것은 아니다. 일반적으로 기본적인 제도의 틀이 제공하는 인센티브구조는 뒤이어 태어날 조직이 진화할 수 있도록 기회를 만들어 준다. 그러나 조직이 진화하는 방향이 반드시 생산성을 향상시키는 활동을 촉진시키는 쪽으로 이루어지지 않는다는 사실을 많이 보아 왔다. 예를들어 독점화시키는 방향으로 진화함으로써 개인적 이윤을 더 향상시킬 수 있었고, 진입장벽을 쌓거나 생산요소의 가동성을 억제시키는 방향으로 진화함으로써 개인적인 생산성을 향상시킬 수 있었다. 또는 소득을 증대시키기보다는 오히려 소득을 재배분시키는 방향으로 재산권을 지탱하게 하는 정치조직을 진화시킴으로써 개인의 이윤은 더 늘어날 수 있기도 하였다.

북아메리카의 경우, 영국의회와 국왕 사이에 갈등이 최고조에 이른 때에 영국이 식민지를 미대륙에 건설하였다. 영국과 마찬가지로 미국에서는 정치적 조직이 지방을 중심으로 하고 의회가 성장하는 경로를 밟았다. 독립전쟁이라는 정치적 사건을 제외하면 독립전쟁이 일어나기 이전의 공식 및 비공식적인 제도적 제약이 그대로 독립 이후에도 승계되었다. 즉 영국의 경로를 미국도 그대로 밟았다.

스페인의 식민지인 라틴아메리카의 경우, 스페인이 관료적인 행정기구에 의해 지배되는 사회였으므로 관료적인 지배가 모든 정치 및 경제활동에 끼어들었다. 그에 따라 대리자문제로 인해 위기가 계속하여 일어났다. 조직이나 정치적·경제적 기업가가 부를 극대화할 수 있는 가장 효과적인 방법은 어떻게 하면 관료기구를 획득하고, 이를 통해 영향을 미칠 수 있을 것인가에 지식과 기술을 투자하는 데에 몰두하는 일이 벌어졌다.

영국과 스페인이 형성한 서로 다른 경로가 비록 공통적으로 이상을 향한다고 하는 중재시키는 요소가 있음에도 불구하고, 신세계에서는 수렴되지 아니하였다. 북미에서는 복잡한 차별없는 교환에 필요로 하는 제도적 틀이 진화하여 정치적 안정과 현대기술의 이용에서 오는 경제적 편익을 거두어들일 수 있었다. 남미에서는 여전히 개인적인 친분관계가 정치적 및 경제적 교환과정에 주요한 역할을 수행하였다. 여기서 진화된 제도적 틀은 경제성장을 불규칙하게 만들었고, 정치적·경제적 안정을 가져오지 않았고, 현대기술에서 오는 이득을 실현시키지도 못하였다.

제20장
개인에 대한 사회권위의 한계

존 스튜어트 밀

순순한 개인적 행동에 공적으로 개입하는 것을 반대하는 주된 이유는 개입하기만

하면 잘못된 방향으로, 잘못된 곳에서 개입하기 때문이다.　　　밀

밀(John Stuart Mill; 1806~1873)은 유명한 경제학자 제임스 밀(James Mill, 1773~1836)의 맏아들로 1806년 런던에서 출생하여 1873년 프랑스 아비뇽(Avignon)에서 별세하였다. 3~14살에 부친으로부터 다방면의 지식에 관한 교육을 받았고(정규교육을 받지 못하였다) 1823년 부친이 근무하는 동인도회사에 입사하여 35년간 근무하였으며 프랑스의 자유주의 사상가(생시몽, 콩트 등)의 영향을 받았다. 1843년에『논리학체계(A System of Logic)』, 1848년에『정치경제학(*Principles of Political Economy*)』을 발표하여 고전학파 경제학을 집대성하였다.

말년인 1859년에 그 동안 부인(1858년에 사망)과 대화하여 생각을 정리한『자유론(*On Liberty*)』을 발표하였고, 1861년에『여성의 예속(*On the Subjection of Women*)』을 발표하였다. 1865년에 하원의원에 당선되어 여

성과 노동자의 참정권을 주장한 사회개량주의자이기도 하였다.

이 글은『자유론』(1859)의 「제4장 개인에 대한 사회권위의 한계」(『自由論』, 李克燦, 三省出版社, 1977)에서 발췌한 내용이다.

그러면 개인의 제한을 가할 수 올바른 한계란 무엇인가? 사회의 권위가 어디서부터 시작하는가? 개인생활 중에서 어느 부분이 개인의 권리에 속하고, 어느 부분이 사회에 의존되어야 하는가?

만약 사회와 개인이 제각기 오직 자신에게 특별히 관계되는 사항만을 취하면, 양자는 다 같이 자신의 고유한 몫을 가지게 될 것이다. 개인권에 귀속되어야 할 부분은 주로 개인의 이해와 관련이 있는 부분이어야 하고, 사회의 이해와 관련이 있는 부분은 사회에 귀속되어야만 한다.

사회는 계약을 통해 구성되지 아니하였고, 또한 사회적 의무의 근거를 도출하기 위해 하나의 계약이론을 만들어 내더라도 별로 도움이 되지 않는다. 하지만 사회의 보호를 받고 있는 사람은 누구나 그 은혜에 대해 마땅히 보답할 의무가 있으며, 사회 속에 살고 있다는 사실 그 자체가 각자에게 다른 사람에게 일정한 행위규범을 준수하지 않으면 안 되도록 만든다.

이 행위규범은 첫째, 서로의 이해를 침해하지 않는다는 것인데 여기서 이해란 쌍방이 명시적인 법령조항이나 암묵적인 양해에 의해 옳다고 여기는 이해를 말한다. 둘째, 행위규범은 각자가 자신의 몫에 해당하는 노동과 희생에 대한 책무로 구성되는데, 이는 사회를 방어하거나 다른 사람을 상해나 학대로부터 보호하는 책무를 말한다. 이러한 것(서로의 이해를 침해하지 않고 사회나 다른 사람 보호하는 책무)은 사회가 행위규범을 이행하지 않으려는 사람을 상대로 하여 많은 비용을 들여서라도 강제적인 힘을 행사하는 데에 정당성을 부여한다.

사회가 할 수 있는 일이란 비단 이것뿐만이 아니다. 개인들의 어떤 행위가, 다른 사람의 복리를 정당하게 고려하는 데 부족하고, 또한 그들이 부여받은 헌법적 권리를 침해하지는 않더라도, 다른 사람에게 해를 끼치는 일이 일어나기도 한다. 이러한 경우 침해자는 비록 법에 의하여 처벌받지 않더라도 사람의 여론에 의해 당연히 처벌되어야 할 것이다. 한 사람의 행위가 다른 사람의 이해를 부당하게 침해하자마자, 사회는 그 행위에 주권을 행사한다. 물론 그 행위에 간섭하여 일반복리가 촉진되느냐 아니 되느냐는 논의의 대상이다.

그러나 어떤 사람의 행위가 자신 이외의 다른 사람의 이해에 피해를 끼치지 않았다거나, 그 행위가 그들(모든 사람은 성인이고 보통 이해하는 수준의 연령)이 좋아하지 않는 한, 그들의 이익에 간섭할 필요가 없다면 어떻게 되느냐라는 질문은 거론할 필요가 없다. 그러한 모든 경우에는 누구나 행동할 수 있고, 또한 그 결과에 대해 책임을 지는 완전한 자유가 법적 · 사회적으로 존재하여야만 한다.

개인이, 자신의 이해가 관련되어 있으면 모를까, 다른 사람의 행동과 전혀 관계가 없는 척하고, 또한 다른 사람의 복리와 선행에 개입하지 않으려는 척하는 행동을 개인의 이기적 무관심(이것도 개인에게 주어진 하나의 권리)으로 치부하는 것은 대단한 오해이다. 다른 사람의 선을 촉진시키기 위해 오히려 다른 사람에 대한 무관심을 증대시킬 필요가 있다. 사심없는 무관심한 호의도 다른 사람에게 자신의 선을 추구하도록 은유법으로나 문자로 설득할 수 있는 다른 수단(채찍이나 매 대신에)을 발견할 수 있다.

나는 개인이 자기만을 사랑하는 일신상의 덕성을 결코 낮게 평가하지 않는다. 자기관심의 덕(self-regarding virtue)은 그 중요성에서 사회적인 덕성보다 뒤쳐질지라도, 즉 두 번째의 중요한 지위밖에 되지 않는다고 하더라도. 약간만 뒤쳐져 있을 뿐이다. 이와 같은 두 가지 종류의 덕성을 다 같이 배양하는 것이 교육이 수행하여야 할 역할이다. 교육이 비록 강압은 물론 양심의 가책이나 설득을 통해 이루어질 수 있고, 교육받을 시기를 놓친 경우에는 양심의 가책이나 설득을 통해 이루어질 수밖에 없겠지만, 자기관심의 덕은 계속 되풀이하여 가르쳐야만 한다. 인간은 다른 사람이 좋은 것과 나쁜 것을 구분하는 일에서부터, 그리고 나쁜 것을 버리고 좋은 것을 택하도록 권장하는 데서부터 무엇인가를 배운다는 측면에서 다른 사람에게 빚진 것이다 다름없다. 어리석은 목표와 생각보다는 현명한 목표와 생각으로, 낮은 목표와 생각보다는 높은 목표와 생각으로 향하도록 훈련함으로써 서로가 보다 능력을 향상시키는 데 자극을 준다.

어떤 사람도 이미 성숙한 다른 피조물인 인간에게 그가 그렇게 선택하였다고 하여 자신의 이득을 위해 그렇게 하면 안 된다고 그에게 말할 수 있는 권리는 없다. 그는 자신의 복지에만 관심을 갖고 있는 사람이기 때문이다. 개인적인 친분관계를 예외로 하면, 다른 사람이 가진 이해는 자신이 가진 이해에 비교하면 보잘 것 없는 것이다. 사회가 개인에게 갖는 이해는, 다른 사람의 행위를 제외하고서, 극히 일부분에 지나지 않고, 아주 간접적인 것이다. 그런데 가장 평범한 남녀일지라도 그 자신의 감정과 상황은 다른 어떠한 사람이 이해하는 수준보다 헤아릴 수 없을 정도로 뛰어나게 이해하는 수준을 가지고 있다.

사회가 개인의 판단과 의도(자신에게 관련된 관심사항)를 지배하여 간여하려는 것은 다음과 같은 일반적인 전제가 깔려 있어야만 한다. 비록 그러한 전제가 완전히 틀려먹을 수도 있고 또한 옳다고 하더라도 그러한 상황을 잘 알지도 못하는 사람이 개인에게 이를(전제를) 잘못 적용하여서는 안 될 것이다. 따라서 인간사에서 개인성은 정당한 활동영역을 가진다. 다른 사람에 대한 개인의 행위에서의 대부분의 경우, 그들이 무엇을 기대하여야만 하는지를 알기 위해, 일반적인 원칙이 준수될 필요가 있다. 그러나 개인의 관심사항은 그의 자발적인 행동에 따라 (준수될 필요가 없이) 마음대로 행사할 수 있다. 그의 판단을 도와 주기 위한 배려 그리고 그 의지를 강화시키기 위한 훈계는 비록 다른 사람이 방해하더라도, 그에게 제공될 수 있다. 그러나 그런 배려나 훈계를 받을지는 그의 최종판단에 달려 있다. 충고와 경고를 듣지 않아 일어나는 모든 실수보다도 그에게 이득이 될 것이라고 제안하는 다른 사람의 속박을 그가 허용함으로써 일어나는 실수가 훨씬 더 무겁다.

순수한 개인적인 행위에 공적으로 간섭하는 것을 반대하는 주된 이유는 만약 개입하기만 하면 잘못된 방향으로 잘못된 곳에서 개입하기 때문이다. 비록 다른 사람의 책무문제나, 사회적 도덕성 문제에, 공공(즉 대다수)의 견해가 종종 틀릴 수 있으나, 점점 더 올바르게 되어갈 것이다. 그러한 문제는 단지 자신의 이해에서만 관심을 갖고 판단하면 되기 때문이다. 어떤 행동양식이 일단 실행으로 옮겨지면, 그로 인해 자신에게 미칠 영향을 자신만이 이해를 갖고 대처할 것이다.

그러나 같은 무리의 다수자의 견해가 오직 자신에게만 관계되는 일신상의 문제에 하나의 법을 통해 소수에게 부과하면, 이러한 행위는 옳을 수도 있지만 그릇될 수도 있다. 이러한 경우 여론(공공의 견해)이란 것이 기껏해야 다른 사람을 위해 어느 것이 좋고 어느 것이 나쁜가에 대한 일부 사람의 견해에 지나지 않을 뿐만 아니라, 심지어 그런 것조차도 의미하지 않을 수도 있기 때문이다. 공공(사회)이란 것이 철저하게 무관심한 태도로, 다른 사람의 즐거움이나 편의를 전혀 돌보지 않고, 자신의 선호만을 고집하고 자신의 잣대에 따라 그들을 비난하는 경우가 흔하다. 세상에는 자기의 마음에 들지 않는 행위라면 어떠한 것이든지 간에 이를 자신에게 해를 끼치는 행동이라고 간주하고서는 자신의 감정을 상하게 하였다고 분개하는 사람이 많다. 가령 종교에서 완고한 신자의 경우가 그러한데, 그가 다른 사람의 종교적 감정을 무시한다고 비난받게 되면, 오히려 비난하는 상대방이야말로 극도의 증오감을 자아내게 하는 지겨운 예배나 신조를 고집하여 나의 감정을 무시하고 있다고 반박하는 것이 보통이다.

자신이 타인의 견해에 대해 갖는 감정이나 반대로 타인이 자신의 견해에 대해 갖는 감정은, 마치 도둑이 돈지갑을 훔치려는 갈망이나 이를 방어하려는 주인의 갈망을 비교할 수 없듯이, 우열을 가릴 수 없다. 그리고 사람의 취미란 자신의 의견이나 돈지갑과 마찬가지로 당사자 자신의 특유한 관심사이다. 따라서 해결되지 않은 모든 불확실한 사안은 개인이 방해받지 않도록 자유롭게 선택하도록 내버려 두는 것이다. 단지 그 과정에 여러 사람의 보편적인 경험을 통해 경멸되어야 할 행위만을 하지 못하도록 요구하는 이상적인 사회를 상상하는 것이라면 누구에게도 어려운 일은 아닐 것이다. 그러나 자신이 행위를 감독하게 될 권위에 제한을 두려는 사회가 일찍이 있었을까? 또한 어느 때가 되면 사회는 그러한 여러 사람의 경험을 알아보기 위해 신경을 쓰게 될까?

영연방 당시의 미국 뉴잉글랜드와 영국처럼 청교도들이 충분한 세력을 확보한 곳에서는 모든 공적·사적 여흥(특히 음악, 댄스, 공공게임, 극장, 기분전환을 위한 오락 등)을 금지하여 상당한 성공을 거두었다. 이 나라에는 아직도 도덕적·종교적 관념에 따라 그러한 레크리에이션을 경멸하는 사람이 많다. 현재 왕국의 사회적·정치적 조건에서 상승하는 세력인 중산층에 속하는 사람이 늘어가고 있는 마당에 그러한 향수에 젖어 레크리에이션을 경멸하는 자가 의회의 다수를 지배할 가능성은 거의 없다. 그러면 지역의 나머지 사람은 보다 엄한 칼뱅주의자나 감리교회가 종교적으로 도덕적 향수에 따라 규제하는 여흥을 어떻게 즐길 수가 있겠는가? 종교적으로 경건한 사람은 자기 할 일이나 하면 되지 않을까? 이것은 올바르지 않다고 생각되는 기쁨을 즐겨서는 안 된다고 자부하는 모든 정부나 공공에게 던져지는 질문이다. 그러나 그러한 자부심의 원칙을 사회가 받아들인다면 어느 누구도 다수나 영향력 있는 세력의 생각에 반하는 행동을 취할 수는 없다. 그에 따라, 마치 초기에 뉴잉글랜드에 정착한 사람처럼 자신과 종교적 신념이 유사한 사람이 과거 잃어버렸던 기반을 다시 회복한다면, 모든 사람은 기독교연방의 이상에 부합하도록 행동하여야 할 마음의 준비를 단단히 해야 할 것이다.

앞의 것보다 실현되기 쉬운 다른 사례를 알아보자. 현대의 세상은 인기에 영합하거나 아니하거나 간에 사회가 민주적 입헌을 지향하려는 강한 경향이 있다. 이러한 경향이 완전히 실현된 곳(미국)에서는 정부와 사회가 모두 민주적이어서 다른 사람과 경쟁하기를 기대하여, 다소 뽐내는 모습을 보인다거나 비용이 드는 생활방식에 다수의 사람이 수긍하지 않는 감정을 가지고 있어, 그것이 효과적으로 사치를 금하는 법령처럼 작용한다. 그리고 대부분의 미국지역에서 소득이 아주 높은 자가 자신의 소득을 소비하는 형식을 찾기가 어려워 자기 의사대로 소비하더라도 공공이 수긍한다(소비할 곳이 마땅하지 않기 때문에).

물론 이러한 주장이 현실을 다소 과장한 것일지 모르지만, 개인이 소득을 소비하는 행태에 공공이 거부권을 행사할 수 있다는 관념과 결합하여, 민주적 감정의 결과에 비추어 보면 납득이 가는 이야기이다. 우리는 한 걸음 더 나아가 사회주의적 견해가 상당히 확산되는 문제를 상상해보고자 한다. 육체노동을 하지 않고 얻는 소득보다 더 많은 재산을 소유하는 것은 대다수의 눈에는 불명예로 비친다. 원칙적으로 이러한 견해와 유사한 견해가 장인의 세계에서는 널리 퍼져 있고, 여기에 속한 회원에게는 이견해를 강요하는 듯하다. 많은 산업부문에서 대부분을 차지하면서 활동하고 있는 다수의 불량한 작업자는 불량한 작업자도 양호한 작업자와 동등한 임금을 받아야한 한다는 견해를 가지고 있고, 성과급이나 다른 방식으로 우수한 기술자가 다른 사람보다 많이 벌어들이는 것을 허용해서는 안 된다는 견해를 가지고 있다. 그들은 무력을 행사하는 도덕적 경찰을 고용하여 기술 있는 작업자가 자신의 유용한 서비스에 많은 보상을 수령하지 못하도록 막고 있다. 만일 사회(공공)가 개인적 일에 권리를 행사하여 간섭할 수 있다면 이러한 사람이 잘못을 저지르고 있다고 생각하지는 않으며, 또한 사회가 일반 공공에게 주장하는 것과 같은 권위를 어떤 특정한 사회가 그 개인의 행위에 대해 주장하는 것을 비난할 수도 없다.

그러나 가상적인 사례를 장황하게 늘어놓을 필요 없이, 오늘날 개인의 사생활에 부당한 침해가 현실적으로 일어나고 있고, 앞으로 더 심한 침해가 감행될 것 같은 두려움조차 없지 않다. 또 다음과 같은 주장이 제기되고 있다. 사회가 옳지 않다고 생각하는 것을 법을 통해 금지할 뿐만 아니라, 또한 사회가 틀린 것을 억압하기 위해서는 하는 수 없이 사회(공공) 자신이 별로 해롭지 않다고 인정하는 수많은 것도 금지시키는 무제한의 권한이 사회(공공)에게 있다고 주장하는 견해가 제안될 것이다.

무절제한 음주행위를 방지한다는 구실을 내세워 영국 식민지 국민 즉 미국의 절반에 해당하는 사람이, 약용을 제외하고서는, 발효성 음료의 음용을 법으로 금지하고 있다. 판매를 금지하는 것은, 사실상 의도가 그러한 것처럼, 사용을 금지시키는 것과 다름없기 때문이다. 비록 이를 채택한 주에서 철폐하게 되어 법을 집행하는 데 실효성은 없으나 (금지시키는 법을 최초로 채택한 주도 이 법을 철폐하였다). 시도는 시작되고 있고 직업상 박애주의자의 열정에 의해 이와 유사한 법이 집행되고 있다.

동맹이나 협회는 글자 그대로 이를 목적으로 하여 결성된 조직인데, 정치가의 견해는 원칙에 토대를 두어야 한다고 주장하는 몇몇 영국 공인들 중의 한 사람과 장관 사이의 서신이 공개되면서, 그 조직은 세상 사람으로부터 비난을 받게 되었다. 서신에 나타난 스탠리경(Lord Stanley)의 입장은 자신의 희망을 강화시키는 계기가 되었는데, 공중에게 그러한 모습을 보였다는 것이 정치생애에서는 불행한 일이다. 편협한 신앙과 핍박을 정당화하기 위해 마련된 왜곡된 원칙에 통탄하여야 할 동맹의 핵심적 인물이 광범위하고 통과하기 어려운 장애물을 설치하여 동맹의 원칙으로부터 벗어난 다른 원칙을 만들고 있다. "사상과 견해와 양심과 관련된 일체의 사항은 입법의 범위 밖에 있으며, 사회행동이나 사회관습과 인간관계 등, 개인에 대해서가 아니라 국가에 부여된 자유재량의 권력에 복종할 사항은 모두 입법의 범위 내에 있는 것으로 보인다"라고 주장한다.

발효된 술을 마시는 대부분의 제3계급의 사회적이 아닌 개인적인 습관에 대해서는 아무런 언급조차도 없다. 발효된 술을 판매하는 행위는 분명히 상행위이고, 상행위는 하나의 사회적 행위이다. 법의 규제대상은 판매자의 자유가 아니고 구매자와 소비자의 자유이다. 국가가 의도적으로 술 판매를 금지하는 것은 곧 음주를 금지시키는 것과 같기 때문이다.

그러나 이 협의의 간부는 "나는 시민의 한 사람으로서 다른 사람의 사회적 행동으로 나의 사회적 권리가 침해되는 일이 일어나기만 하면 이를 법제화할 권리가 있다"라고 주장한다. 이제 그가 주장하는 이러한 '사회적 권리'를 알아보자. 그는 "만약 어떤 것이 나의 사회적 권리를 침해하면, 흔히 독한 술을 마시고 운전하는 경우에 일어나는 일이지만, 나의 중요한 안전이 침해당한다. 그리고 사회의 질서를 끊임없이 어지럽힌다. 그것은 비참한 자를 창출하여 이윤을 갈취하고, 그 결과 내가 내는 세금으로 이들(비참한 자)을 지원하게 됨으로써 나의 평등권이 침해당한다. 그것은 내가 다니는 길을 위험하게 만들고 사회의 도덕(이로부터 상호부조를 주장할 권리를 가질 수 있다)을 쇠잔시키는 것을 통해 나의 도덕과 지적 수준을 자유롭게 발전시키려는 나의 권리를 침해한다"라고 주장한다.

이것이 그가 설명하는 '사회적 권리'에 관한 이론인데 이러한 종류의 이론이 뚜렷하게 언어로 표명되기는 아마 이 때가 처음일 것이다. 이것은 바로 다음과 같이 말하는 것이나 다름없다. 즉 모든 사람에게 자기가 행해야 할 것과 전적으로 동일한 행위를 하게 하는 것은 개인이 향유한 절대적·사회적 권리이다. 따라서 이에 대해 조금이라도 내가 기대하는 대로 행동하지 않으면 나의 사회적 권리를 위반하는 것이 되고, 그에 따라 나는 사법당국에게 나의 고통을 제거해 줄 것을 요구할 자격이 있다.

자유를 간섭하는 이 기괴한 원칙만큼 괴물 같은 존재는 없다. 자유의 어떠한 침해도 이러한 원리에 의해 정당화되지 않을 것이 없다. 이 원칙은, 자기의 의견을 가슴 속에 비밀로 간직하고 일체 입 밖으로 내지 않는다는 자유를 제외하고서는, 어떠한 자유에 대한 권리도 인정하지 않는다. 내가 유해하다고 생각하는 견해를 입 밖에 내놓는 순간부터 동맹이 자신에게 귀속된 것이라고 주장하는 모든 '사회적 권리'를 침해하게 되기 때문이다.

그 자들의 이론에 따르면 모든 인간은 상호간 상대방의 도덕과 지적 및 신체적 완성까지도 능히 관여할 수 있는 기득권을 가지며, 그것은 각 권리자에 의해 그들 자신의 기준에 따라 마음대로 정의될 수 있음을 의미한다.

개인의 정당한 자유를 간섭하는 또 하나의 주요사례로서, 그것이 단순히 실현될 것이라는 두려움이 있다는 데 그치는 것이 아니라, 이미 오래 전부터 성공리에 실행되어 온 안식일법령(Sabbatarian legislation)이다. 생활상 각박한 사정이 없는 한, 1주일 중 하루를 절제(금욕과 금주)하는 것은, 유대교를 제외한 다른 종교는 지킬 의무가 없겠지만, 일상의 직업상 이로운 관습임에 틀림없다. 그리고 이러한 관습은 노동자 사이에 1주일에 하루 쉰다는 일반적인 협정이 받아들여지지 않고는 준수될 수 없겠지만, 어떤 사람이 휴일에도 일하게 되면 다른 사람도 역시 일을 하지 않으면 안 되는 사정이 발생한다. 따라서 법령은 특정한 날에 산업체가 모두 휴식을 취하는 것을 통해 각자에게 다른 사람이 관습을 준수할 수 있도록 보장해 주어야 한다.

그러나 이것이 정당화되기 위해서는 각자가 이러한 습관을 준수하느냐 아니냐가 다른 사람의 이해관계에 영향을 미친다는 것을 전제로 하여야 한다. 따라서 이 관습은 어떤 개인이 자신의 여가선용이 적합하다고 생각하여 스스로 택한 일에 대하여서까지 적용될 수는 없다. 게다가 이 관습은 휴일의 여흥에까지 법률로 제한을 가하는 경우에도 적용되지 않는다. 어떤 경우에 한 사람의 여흥이란 다른 사람이 일하는 것으로부터 나오기도 한다(갑이 즐기기 위해 을이 노동하여야 한다). 그러나 그 일을 자유로이 선택할 수도 그만 둘 수도 있는 것인 한, 많은 사람에게 즐거움을 주는 것은, 유용한 레크리에이션이라고까지 할 수는 없을지라도, 소수의 사람이 그것을 위해 노동할 만한 가치가 있는 일이다.

모든 사람이 일요일에 일하면 7일간의 노동에 6일치분의 봉급을 받는다고 생각하는 것은 전적으로 옳은 생각이다. 그러나 대다수가 일하지 않고 휴식을 취하고 있는 상황에서는 다수의 다른 사람의 만족을 위해 일하여야만 하는 소수의 사람은 그에 상응하여 소득을 보다 많이 자치하게 된다. 물론 그들도 일보다 여흥을 선호하면 구태여 그러한 직업(오락제공)을 쫓을 의무는 없다. 이들을 위해 다른 추가적인 조치를 필요로 하면 관습에 의해 1주일 중 다른 특정한 날을 특정계층에 속한 이들을 위해 하루를 별도로 휴일로 설정할 수 있다.

따라서 일요일에 여흥을 하지 못하도록 금지하는 데에 정당성을 부여받을 수 있으려면 종교적으로 일요일에 여흥을 즐기는 것이 잘못된 것이어야만 한다. 그러나 그와 같은 것을 입법동기로 삼으면 다소 저항이 일어나 지나치지 않나 하고 생각할 정도로 불합리한 동기에 바탕을 두고 있다(사람이 신에게 불의를 범하면 법이 아닌 신이 이를 재판할 것이기 때문이다). 사람이 전지전능한 신에 도전하였다고 추정되는 일, 그러나 다른 사람에게 해를 끼치지 않은 일에 사회나 그 공무원이 (신을 대신하여) 보복할 책무가 그에게 주어져 있는지는 증명되어야 할 과제로 남아 있다.

다른 사람을 종교인으로 만드는 것이 인간의 책무라고 느끼는 관념이야말로 지금까지 자행해 온 일체의 종교적 핍박의 바탕을 이루어 온 것이었다. 일요일마다 철도여행을 그만두도록 여러 차례 시도하거나 일요일에 박물관을 개관하는 것에 반대하는 저항운동이나 기타의 일에서 나타나는 감정은, 비록 과거의 박해자가 가진 잔인성은 없을지라도, 근본적으로 정신상태가 지시하는 바는 박해자의 것과 동일하다. 그것은 다른 사람이 그들 자신의 종교에서는 허용되어 있는 일을, 박해자의 종교에서는 허용되어 있지 않다는 이유를 들어, 그를 관대하게 용서하지 못하는 하나의 결심이다. 그것은 신(神)은 단지 그릇된 신앙을 가진 자의 행위를 멸시할 뿐만 아니라, 만일 그의 그릇된 신앙이 하는 대로 그를 내버려 둔다면, 우리까지도 죄가 없다고 생각하지는 않을 것이라는 신앙이다.

이상은 인간의 자유가 얼마나 경시되고 있는가를 기술한 사례이지만, 여기서 거의 주목하지 않는 사례를 하나 추가하는 데 주저하지 않을 것이다. 몰몬교처럼 일부다처제를 신봉하는 괄목할 만한 현상을 주목할 때마다 이 나라의 압력으로 핍박이 터져 나오는 소리가 들린다.

새로운 계시나 이에 바탕을 둔 종교 그리고 명백한 사기행각의 산물 등이 설립자의 비상한 자질을 지원받지 않더라도, 신문과 철도 및 전자통신이 존재하는 시대에도 예상하지 않게 수천 명의 사람이 믿고 사회기반을 형성한다. 우리의 관심을 끄는 것은 다른 종교나 보다 나은 종교와 같이 이 종교에도 순교자가 있다. 즉 그 예언자와 설립자는 폭도에 의해 살해된 자이다. 그리고 종교에 집착한 다른 사람도 동일한 무법적 폭력에 의해 생명을 빼앗겼다. 그래도 이러한 종교가 강제로 사막 한가운데로 쫓겨났지만 이 나라의 많은 사람은 공개적으로 종교를 추적하는 추격대를 보내어 이들에게 다른 사람의 견해에 동조하도록 강요하는 일을 올바른 짓이라고 선언한다.

몰몬교의 교리는 다른 사람에게 반감을 일으키는데, 그것은 일부다처제를 채택하고 있다는 점 때문이다. 일부다처제를 마호메트교, 힌두교 그리고 중국에서 채택하고 있지만 영어를 사용하는 권역에서 기독교인이라고 자백하면서 이를 채택하는 사람은 다른 사람으로부터 증오를 살 것이다. 몰몬교의 제도를 나만큼 인정할 수 없는 사람도 없을 것이다. 여러 가지 이유가 있지만 이 제도가 자유원칙에 따라 어떤 형태로든 찬성되기는커녕, 자유원칙을 바로 침해하고 있기 때문이다. 즉 이 제도는 사회의 절반을 차지하는 인간(여성)을 단지 사슬로 얽매어 놓고, 여성에 대한 상호성 있는 의무를 벗어나도록 남성을 해방시킴으로써 정면으로 자유원리를 침범한 것이기 때문이다.

그런데 여기서 잊어서는 안 되는 사실은 이러한 관계가 여성의 자유의사에 의해 호의를 가지고 이루어지고 있다는 데 있다. 다른 형태의 혼인 제도에서와 마찬가지로 일부다처제의 희생자는 여성이다. 이러한 사실이 놀랍기도 하지만, 여성에게 혼인이 필요로 하는 것이라고 가르치면서, 일부다처제가 전혀 남의 처가 되지 못하는 것이 아니고, 여러 처 가운데 한 사람으로 남는 보통의 사고와 관습이라고 설명한다. 많은 나라가 일부다처제를 지지하지 않는다. 그러나 일부다처제를 동의하지 않는 사람이 다른 사람의 적의를 수용하는 때에는 더 많은 것이 요구될 수 있다. 자신의 교리를 수용하지 않는 나라를 떠나 지구의 모퉁이에 정착하면 인간으로서는 최초의 거주자가 되는 것이다. 그 곳에서 그들이 다른 나라를 침범하지도 않으면서 자신들의 법률에 만족하지 않는 사람은 자유롭게 떠날 수 있는 마당에 자신이 법률을 충족시키면서 살아가는 사람을 어떤 원칙에 따라 내쫓고 억압할 수 있겠는가?

최근 어떤 작가는 대안적인 장점을 거론하면서 일부다처제 사회에 대항하기 위해 십자군(crusade)을 제안하는 것이 아니라 문명이 퇴보하는 단계에 종지부를 찍고자 문명원정군(civilizade)을 파견할 것을 제안한다. 나도 일부다처제가 문명을 퇴보시킬 것이라고 느끼지만, 어떤 지역사회라도 다른 지역사회에게 자신의 문명을 강요할 권리는 없다. 악법으로 인해 고통 받는 사람이 다른 지역사회로부터 도움을 요청하지 않는 한, 그들과 전혀 관련이 없는 자가 개입하여 수천 km나 떨어진 먼 곳에 있는 관련이 없는 사람으로서는 스캔들이라고 하여, 당사자가 모두 만족하는 사항에 종지부를 찍으라고 요구해서는 안 된다. 그들이 원하면 그들에게 선교사를 보내어 일부다처제를 비난하는 설교를 하도록 하자. 정당한 수단(교사를 침묵하게 만드는 것도 그 중의 하나이지만)을 통해 유사한 교리가 자신의 지역에 확산되지 못하도록 하자.

야만인이 세상을 지배하고 있을 당시에 비해 문명이 나아졌다면, 이미 정복되어 가라앉은 야만성이 부활하여 문명을 정복하지 않을까 두려워하는 것은 너무 지나친 생각이다. 이미 사라진 적에게 굴복할 여지가 있는 문명이라면, 자신이 임명한 목사나 교사나 어느 누구라도 그러한 고통을 견뎌 내어 스스로 일어설 수 없을 정도로 능력이 타락한 문명일 것이다. 만약 그러하다면 그런 문명은 퇴장되어야 한다고 경고를 빨리 받을수록 좋다. 그렇게 되면 (서유럽 로마사회처럼) 정력이 왕성한 야만인에 의해 파괴되어 재창출된 후라야 비로소 나쁜 문명에서 옳은 문명으로 옮겨갈 수 있다.

제21장
임금과 이윤의 불평등

애덤 스미스

> 지금은 대학이라는 특수법인체가 처음으로 설립되었을 때에 석사학위를 획득하는
> 데 필요로 하는 7년의 수학기간은 상업에서 도제수업기간을 본받은 것처럼 보인다
> ……. 자격을 가진 주인 밑에서 7년을 수학하여야 사회과학에서 석사, 교사 또는
> 박사의 자격을 가지고 자신의 밑에 비로소 학사나 도제를 거느릴 수 있다.
>
> 스미스

이 글은 스미스(Adam Smith)의 "Inequalities of Wages and Profit"(『국부론(*The Inquiry into the Nature and Causes of the Wealth of Nations*)』, 1776, 김석환・김일곤 역, 『世界思想大全集』, 대양서적, 1972)에서 발췌한 내용이다.

제1절 | 직업자체의 성질에서 생기는 불평등 (제1편 제10장 제1절)

내가 관찰한 바에 의하면 다음 다섯 가지 사정이 어느 직업에서는 금전적 이득의 부족을 보완하고 다른 직업에서는 그 이득의 많은 부분을 상쇄하는 것이라 할 수 있다. 첫째, 직업자체가 유쾌한가 또는 불쾌한가, 둘째 그 직업을 습득하는 것이 간단하고 싸게 먹히는가 또는 곤란하고 비용이 많이 드는가, 셋째 그 직업에 고용이 안정되어 있는가, 넷째 그 직업에 종사하는 사람에게 주어지는 신뢰가 큰가 작은가, 다섯째 그러한 직업에서 성공할 가능성이 있는가 없는가가 그것이다.

1. 직업이 즐겁든가 불쾌하다는 사정

첫째, 노동노임은 그 직업이 용이한가, 곤란한가, 청결한가, 명예로운가, 불명예스러운가에 따라 다르다. 예를들면 대개의 장소에서 1년을 통산해 보면 재봉공의 소득은 직물공의 소득보다는 적다. 전자의 일이 훨씬 쉽기 때문이다. 또 직물공의 벌이는 대장장이보다 적다. 전자의 일은 후자의 그것보다 반드시 쉽다고는 할 수 없으나 훨씬 더 청결하기 때문이다. 대장장이는 일종의 수공업자이지만 12시간 노동으로 얻는 벌이는 노동자에 불과한 광부가 8시간에 버는 것에 미치지 못한다. 이것은 전자의 일이 아주 불결하지도 않고 위험성도 적고 또 낮에 지상에서 할 수 있는 일이기 때문이다.

명예는 모든 명예로운 직업이 지닌 보수의 큰 부분을 형성하고 있다. 금전적 이득이라는 점에서 모든 사정을 고려한다 해도 이러한 명예있는 직업은 부당하게 낮은 보수를 받는 것이 보통인데, 나는 앞으로 이 점을 설명하려고 노력할 것이다. 모양이 좋지 않은 직업은 이것과 반대결과를 낳는다. 도살자라는 직업은 잔인하고 추악한 일이지만, 많은 지방에서 다른 보통의 직업보다 보수가 많다. 모든 직업 중에서 가장 싫은 사형집 행인이라는 직업은 하는 일의 양에 비해서는 어떠한 보통직업보다도 더 많은 보수를 받고 있다.

수렵과 어로는 미개상태의 사회에서는 인류의 가장 중요한 생업이었지 만, 진보된 사회에서는 사람의 가장 쾌적한 오락으로 간주되어 인류가 이전에는 필요하여 종사했던 것을 오늘날에는 쾌락을 위하여 하고 있다. 그러므로 사회가 진보한 상태에서는 타인이 소일거리로 하고 있는 것을 직업으로 삼고 있는 사람은 모두 가난하다. 어부는 테오크레토스(B.C. 3세기 전반 그리스의 시인)시대 이래 계속 빈곤했다. 밀렵자는 대영제국에 서는 극빈자일 것이다. 엄격한 법률이 밀렵자를 전혀 허용하지 않는 여러 나라에서는 면허를 받은 수렵자라도 그의 상태는 밀렵자보다 더 나은 상 태에 있다고는 할 수 없다.

이러한 직업에 누구나 취미를 가지게 마련이므로 여기에 종사하는 사 람이 많아져 쾌적한 생활을 할 수 없게 된다. 그래서 그들의 노동생산물 은 노동량에 비해서는 너무나 염가로 시장에 출하되므로 대단히 적은 생 활자료만을 노동자에게 제공해 줄 수밖에 없게 된다. 쾌적하지 않고 멋이 없다는 점은, 노동노임의 경우와 같이, 자본이윤에도 영향을 미친다. 여 인숙 또는 주점의 경영주는 자기집을 자유로 사용할 수 없고, 주정꾼의 행패를 당하게 되기 때문에 쾌적하지도 못하고, 또 명예로운 것도 아닌 일에 종사하고 있다. 그러나 소액자본으로써 그렇게 큰 이윤을 남기는 것은 보통직업에서 거의 찾아볼 수 없다.

2. 업무를 습득하는 난이와 습득비의 크기

둘째, 노동노임은 업무습득이 간단하고 싸게 먹히는가 또는 곤란하고 비용이 많이 드는가에 따라 다르다. 어떤 비싼 기계를 설치하는 경우에는 그 기계가 마멸하기까지 달성될 보통 이상의 일이 투하된 자본을, 적어도 일반적인 이윤과 함께, 회수할 수 있는 것이라고 기대하지 않으면 안 된다. 특별한 기능과 숙련을 필요로 하는 어떤 직업을 위해 많은 노력과 시간을 들여 배운 사람은 이러한 비용이 많이 드는 기계의 하나에 비유될 수 있다. 그가 습득한 일은 보통의 노동으로 얻어지는 노임에 그의 교육비를, 적어도 그것과 동등의 가치가 있는 자본의 통상이윤까지 보태어, 회수할 수 있을 것이라고 기대할 수 있어야 한다. 또한 이것은 인간의 불확실한 수명을 고려하여 타당한 기간 내에 실현되지 않으면 안 된다. 그것은 마치 인간에 비교하면 한층 확실한 기계의 내구성에 대한 배려와 같은 것이다.

3. 숙련노동자의 노임과 보통노동자의 노임차이는 이 원리에 기초를 두고 있다

유럽의 정책은 모든 기계공, 수공업자 및 제조공의 노동을 숙련노동으로 간주하고 모든 농촌노동자의 노동을 보통노동으로 인정하고 있다. 이 정책은 전자의 노동이 후자의 그것보다는 성질상 더욱 정밀하고 세밀한 주의를 요하는 것이라고 생각하고 있는 것 같다. 경우에 따라서는 그럴 수도 있지만 흔히 이와는 정반대이며 나는 지금부터 그것을 설명하려 한다.

그래서 유럽의 법률과 관습은 앞에서 말한 종류의 노동에 종사하는 자에게, 엄격하게는 장소에 따라 다르겠지만, 필요한 자격으로서 일정한 수습기간을 부과하고 있다. 그러나 후자의 노동은 각자에게 자유로이 개방하고 있다. 수습하는 기간중에는 수습공의 전 노동이 그의 장인에게 속한다. 많은 경우에 그 기간중 수습공은 그의 양친 또는 친척에 의해서 부양되지 않으면 안 되고 또 대개의 경우 이러한 사람에 의해 의복을 지급받지 않으면 안 된다. 게다가 얼마간의 돈이 그 직업을 가르치는 대가로서 장인에게 지불되는 것이 보통이다. 돈을 지불하지 못하는 사람은 시간을 지불한다. 즉 보통의 연수 이상으로 수습을 계속할 의무를 지게된다. 그러나 수습공들은 보통 나태하기 때문에 이 대가가, 장인에게 반드시 유리하다고는 할 수 없지만, 수습공에게는 항상 불리하다. 농촌노동의 경우, 이것과는 반대로, 노동자는 자기가 그 일의 쉬운 부문에 종사하고 있는 동안에 한층 곤란한 부분을 습득하고 게다가 자기자신의 노동으로서 그 일의 모든 단계를 통하여 자기를 부양할 수 있다.

그러므로 유럽에서는 기계공, 수공업자 및 제조공의 노임이 보통노임보다는 다소 높지 않으면 안 된다는 것은 당연하다. 실제로 다소간 높으며 그들의 수입이 많기 때문에 거의 어디에서나 그들은 우월한 계급의 사람으로 간주되고 있다. 그러나 이 우월성은 일반적으로 극히 사소한 것으로 예컨대 무늬 없는 아마나 모직물 같은 보통종류의 제조업에 종사하는 노동자에게 매일 또는 주마다 벌어들일 수 있는 보수를 평균해 보면 다른 지방노동자의 일급보다 별로 많지 않다. 확실히 그들의 직업이 보통노동자보다는 견실하고 안정적이고 또 그들의 수입의 우월성은 1년을 통해 보면 약간 많을지는 모른다. 그러나 그들의 많은 교육비를 보상할 만큼 많지 않다는 사실은 명백하다고 생각된다.

독창적인 예술이나 자유직업을 학습하는 데에는 시간과 비용이 더 많이 든다. 그러므로 화가, 조각, 법률가나 의사의 금전적 보수는 훨씬 후해야 되고, 그래서 실제로 그러하다. 자본이윤은 자본이 사용되고 있는 사람의 습득난이에 의해 별로 영향을 받지 않는 것같이 생각된다. 대도시에서는 자본이 보통 사용되는 여러 가지 방법을 보면 실제로 습득난이는 모두 한가지로 보인다. 외국무역이나 국제상업은 어느 한쪽이 다른 것보다 훨씬 복잡한 업무라고 할 수 없는 것이다.

4. 고용의 안정성 문제

셋째, 여러 직업에서의 노동노임은 고용이 안정되어 있는가 또는 안정되지 못한가에 따라 다르다. 고용의 안정성은 직업에 따라 큰 차이가 크다. 제조업에 종사하는 대부분의 직공은 일이 가능한 1년 중 거의 매일 확실하게 취업할 수 있을 것이다.

이와 반대로 석공이나 벽돌공은 심한 서리가 내리거나 일기가 불량한 때에는 일을 할 수 없다. 그리고 그 밖에 어떤 경우에도 그들의 고용은 고객의 수시주문에 의존하고 있다. 그래서 그는 때때로 아무 일거리도 없게 되는 수가 있다. 그러므로 그가 고용되어 있을 동안의 수입은, 일거리가 없을 동안에 그를 부양할 뿐만 아니라, 때때로 그러한 위험한 처지에 있음을 생각하는 데서 오는 초초와 실망에 대해 역시 약간의 보상이 이루어지지 않으면 안 된다.

따라서 대부분 제조직공의 벌이가 보통노동자의 일급과 거의 같은 수준인 곳에서는 석공 또는 벽돌공은 흔히 7~8실링을 벌고, 6실링을 버는 곳에서는 후자가 9~10실링을 벌어들이는 수가 많다. 전자가 런던에서와 같이 9~10실링을 획득하면 후자가 보통 15~18실링을 획득한다. 그러나 어떤 숙련노동이라도 석공이나 벽돌공의 노동만큼 습득하기 쉬운 것은 달리 없는 것 같다.

런던의 가마꾼은 여름에는 때때로 벽돌공으로 고용된다고 한다. 그러므로 이러한 노동자의 노임이 높은 것은 그 숙련에 대한 보수라기보다는 오히려 그들 고유의 불안정에 대한 보상이라고 하겠다. 목수는 석공보다는 더 정밀하고 더 공이 드는 일을 하고 있는 것처럼 보인다. 그러나 어디에서나 그렇다고 할 수 없지만 대부분의 지방에서 목수의 일급이 석공의 일급보다 다소 낮다. 목수의 일도 고객의 그때그때의 요구에 의존하는 바가 많지만, 석공처럼 완전하게 의존하는 것도 아니고, 또 이 직업이 날씨에 따라 좌우될 염려도 없다.

일반적으로 안정된 고용을 제공하는 사업이 때때로 어느 특수한 지방에서 안정된 고용을 제공하지 못하게 되면, 그 노동자의 노임은 언제나 보통노동노임에 일반적인 비율 이상으로 상승한다. 런던에서는 수공업에 종사하는 거의 모든 기술공은 매일 또는 매주 그들의 고용주에게 고용되거나 해고되기도 하여 마치 다른 지방의 날품팔이 노동자와 다를 바가 없다.

따라서 보통노동노임은 하루 18펜스로 추산되는 데에도 불구하고 최하층의 기술자인 양복점 재단사까지도 런던에서는 하루에 반 크라운(30펜스)을 번다. 소도시나 촌락에서는 재단사노임이 보통노동노임에 미치지 못하는 경우가 많다.

특히 취업이 불안정하다거나, 일이 어렵다거나, 불쾌하다거나, 더럽다거나 하는 등이 결합되면 가장 일반적인 노임이 때로는 가장 숙련된 기술공의 노임 이상으로 되는 수가 있다. 성과불노임으로 노동하는 탄광부는 뉴캐슬에서는 약 3배를 버는 것이 보통이라고 생각되고 있다. 광부의 노임이 이와 같이 높은 것은 전적으로 그 작업이 어렵고 불쾌하고 불결하기 때문이다. 광부일은 대부분의 경우 그가 희망하는 대로 계속할 수 있다.

런던 석탄운반부의 직업이 불결하고 불유쾌하다는 점에서는 광부의 그것과 거의 같지만 석탄수송선의 도착은 아무래도 불규칙적이기 때문에 그 대부분의 사람의 취업 또한 필연적으로 매우 불안정하다. 그러므로 만약 광부가 보통노동노임의 2~3배를 버는 것이 보통이라면 석탄운반부가 때로는 그러한 노임의 4~5배를 벌어들이는 것은 결코 부당한 일이 아니다.

수년 전에 조사한 석탄운반부의 생활상태조사에 의하면 당시 지불된 임금으로 그들은 하루 6~10실링을 벌 수 있다. 6실링이라면 런던에서의 보통노동임금의 약 4배가 된다. 그리고 어느 직업에서도 최저의 보통노임은 항상 그 직업에 종사하는 대다수의 사람의 노임이라고 생각할 수 있다.

그러한 소득이 제아무리 굉장한 것같이 보일지라도 만약 그것이 그 직업의 불유쾌한 사정을 전적으로 보상하고도 남을 정도라면, 어떠한 배타적 특권을 가지고 있지 않은 사업에서는 곧 많은 경쟁자가 나타나, 그러한 소득을 더욱 낮은 율로 떨어뜨리고 말 것이다.

직업이 안정한가, 불안정한가는 어떤 특정사업에서 자본이 회수하는 보통이윤에 영향을 주는 것은 아니다. 그것은 자본이 계속 사용되는가 아닌가에 의존하는 것이 아니고, 사업가에 의존하기 때문이다.

5. 신임 또는 신뢰라는 사정

넷째로 노동노임은 노동자에 주어지는 신용도에 따라 변한다. 금은 세공인이나 보석상의 임금은 어디에서나 같은 기술을 갖고 있는 다른 많은 노동자의 노임보다도 높다. 그것은 귀중한 재료가 그들에게 신탁되어 있기 때문이다.

우리는 우리의 건강을 의사에게 맡기고 또 우리의 재산을 때로는 우리의 생명과 명예까지도 법률가나 변호사에게 맡긴다. 신분이 매우 비천하거나 낮은 사람에게는 그러한 신뢰를 두고자 해도 안심하고 맡길 수가 없다. 그러므로 의사나 법률가 또는 변호사의 보수는 그만큼 중대한 신임에 알맞은 사회적 지위를 그들에게 주는 것이어야 할 것이다. 이런 사정 이외에 그들이 교육받는 데 소비된 오랜 시간과 많은 비용 등을 결부시키면 이것은 필연적으로 그들의 노동가격을 한층 더 높이게 한다.

어떤 사람이 그 사업에 자기자본만을 사용하는 경우에는 그 곳에는 신임이란 없다. 그 사람이 다른 사람으로부터 얻는 신용은 그들의 사업성질에 따르는 것이 아니라, 그 재산이나 성실성 및 분별력에 관한 다른 사람의 평가에 따른 것이다. 그러므로 여러 사업부문에서의 이윤율 차이는 사업가에게 주어지는 신뢰도에 따라 생기는 것이다.

6. 성공의 가능성과 사회의 칭찬이라는 사정

다섯째, 여러 가지 직업에서의 노동노임은 그 직업의 성공가능성 유무에 따라 달라진다. 교육받은 어느 특정인이 그 직업에 적격이냐 아니냐의 가능성은 직업이 상이함에 따라 매우 다르다. 기계공이라는 직업에서는 대부분 성공이 거의 확실하지만, 자유직업에서는 극히 불확실하다. 당신 자식을 양화점 직공으로 보낸다고 하자. 그는 틀림없이 구두제조 기술을 습득할 것이지만 만약 그에게 법률공부를 시킨다고 하자. 이런 경우 그가 뒤에 그 직업으로써 생활할 수 있을 정도로 숙달하게 될 확률은 겨우 20분의 1에 불과할 것이다.

아주 공평한 추첨에서조차 당첨되는 사람은 당첨되지 못하는 사람이 상실한 전부를 획득하게 되는 것이 당연하다. 20명이 실패하고 1명이 성공하는 그런 직업에서는 성공한 한 사람은 실패한 20명이 획득해야 할 것을 전부 독차지하지 않으면 안 된다. 변호사의 경우는 아마 연령이

40세 가까이 되어서야 비로소 그 직업으로부터 약간의 재산을 쌓게 된다. 그것은 그 자신이 세월과 많은 비용을 소비한 교육의 보수를 받지 않으면 안 되는 동시에, 같은 교육을 받고서도 그것으로써 어떠한 재산도 마련할 희망이 없는 20명 이상의 다른 사람이 교육을 위해 소비한 비용에 대한 보수를 받는 것이 당연하다. 변호사의 수수료가 때로는 터무니없이 비싼 것으로 보일지라도 그들이 실제로 받는 보수는 결코 이 정도로 도달할 수는 없다.

어느 특정지방에서는 제화공 또는 직포공과 같은 보통의 직업에 종사하는 각종기술자 전체가 해마다 벌어들일 수 있다고 생각되는 총액과 매년 소비하리라고 생각되는 총액을 추산하면 일반적으로 수입이 지출보다 많다는 것을 알게 될 것이다.

그러므로 모든 '법학협회'의 변호사 및 법학도 전부를 같은 방법으로 추산해 보면 그들의 매년 소득이 지출에 비해 극히 낮은 비율밖에 차지하지 못함을 알게 될 것이다. 가령 소득을 될 수 있는 대로 높게 하고 지출을 될 수 있는 대로 낮게 계산하여 본다 해도 마찬가지이다. 그러므로 법률이라는 추첨은 결코 완전하고 공평한 추첨이 아니다. 그것은 많은 자유롭고 명예스러운 다른 직업과 마찬가지로 금전상의 수입이라는 점에서는 분명히 보수가 부족한 것이다.

그러나 이러한 명예스러운 직업은, 다른 직업과 마찬가지로 앞에서와 같이 사정이 분리함에도 불구하고, 가장 관대하고 자유스러운 정신을 가진 사람이 경쟁해 가면서 이 직업으로 모여든다. 이런 직업을 좋아하는 이유에는 두 가지가 있다. 첫째, 이러한 직업으로 뛰어나게 되는 경우에 명성을 얻으려는 희망이고, 둘째로는 모든 사람이 각자의 능력에서뿐만 아니라 그 자신의 운수에도 다소간 날 때부터 지닌 자신감(自信感) 때문이다.

보통의 지위에 오르는 것조차도 대단히 어려운 직업에서 남달리 두각을 나타낸다는 것은 이른바 천재 또는 수재라는 사람의 결정적인 증거이다. 그러한 뛰어난 재능에 따른 사회적 칭찬은 항상 그러한 재능에 대한 보수의 일부분을 형성하는 것으로 그 보수의 대소는 그 칭찬의 대소에 비례한다. 이 칭찬이야말로 의사라는 직업에서는 보수의 많은 부분을 차지하고 있고, 법률을 취급하는 직업에서는 더 큰 비중을 차지하며, 시나 철학에서는 그것이 거의 전체를 차지하고 있다.

7. 배우, 오페라가수, 댄서

대단히 즐겁고 아름다운 재능이 더러 있다. 그런 재능이 있으면 명성을 널리 떨치게 되는데 그것을 수입을 위해 사용하면, 이성으로나 편견으로 볼 때 어느 쪽이든, 일종의 사회적인 악용이라고 간주되고 있다. 그러므로 이와 같은 재능을 돈벌이를 위해 소비하는 사람의 금전적 보수는 그러한 재능을 얻기에 필요한 시간과 노동 및 비용을 보상할 뿐만 아니라 그러한 재능을 생활수단으로 사용하는 데서 오는 불명예도 보상할 수 있는 수준이어야 한다.

배우, 오페라가수, 댄서 등의 보수가 터무니없이 많은 것은 이러한 두 가지 원리, 즉 재능이란 진귀하고 아름답다는 것과 그 재능을 생활수단으로 사용함에서 오는 불명예 등에 기인한다. 우리가 한편으로는 그들의 인격을 멸시하면서도 다른 한편으로는 그들의 재능에는 아낌없이 대가를 주는 것은 얼핏 보기에 모순된 것처럼 보인다. 만약 이러한 직업에 여론이나 편견이 바뀐다면 그 때에는 그들의 금전상 보수는 즉시 감소할 것이다. 이러한 경우에 이전보다도 많은 사람이 그 직업에 종사하려고 할 것이고, 경쟁은 곧 그들의 노동가격을 내리게 할 것이다. 이러한 재능이 흔한 것은 아니지만 그렇다고 해서 상상하는 것만큼 희소한 것도 아니다. 많은 사람에게는 그런 재능이 아주 완전한 형태로 있으면서도 그것을 돈벌이 수단으로 이용하는 것을 좋아하지 않는다. 그러나 만약 그 재능으로부터 다소라도 이득을 당당하게 얻을 수 있다면 보다 많은 사람이 그 재능을 얻을 수 있게 될 것이다.

대부분의 사람은 자기자신의 재능에 자만심을 가지고 있다. 그런 자만심이야말로 모든시대의 철학가나 도덕가에 의하여 지적된 예로부터의 악폐이다. 이와 반대로 자기자신의 행운을 제멋대로 추정하는 것은, 재능에 대한 자부심만큼 세상사람의 주의를 끌지 못하지만, 아마 이 쪽이 더 보편적이다. 사람으로 태어난 이상, 건강과 기력만 좋으면 누구라도 그런 당치도 않은 생각을 다소나마 갖게 된다. 누구나 돈벌이의 기회를 다소 과대평가 할 것이고, 많은 사람이 손해를 보는 기회를 과소평가한다. 그리고 건강과 기력이 있는 사람이면 손실의 기회를 과대평가하는 일은 거의 없을 것이다.

제2절 | 정부정책에서 발생하는 불평등 (제1편 제10장 제2절)

1. 동업조합의 배타적 특권효과

가. 동업조합의 배타적 특권이야말로 유럽의 정책이 이 목적을 위해서 이용하는 주된 수단이다

유럽의 정책은 주로 다음 세 가지의 방법으로 불균등을 초래하고 있다. 첫째, 몇 가지 직업에 경쟁을 제한하여 그렇지 않은 경우에 그 직업에 종사하기를 원하는 사람의 수를 훨씬 적게 하는 것, 둘째 다른 직업에서 자연히 이루어진다고 생각하는 이상으로 경쟁을 증대시키는 것, 셋째 어느 직업에서 다른 직업으로 또 어느 지방에서 다른 지방에 옮겨가는 노동이나 자본의 자유로운 유통을 방해하는 것 등이다.

유럽국가는 서로 다른 고용이나 주식이 우위나 열위를 가지도록 하는 커다란 불평등을 야기하는 정책을 이따금 취하였다. 그러한 불평등은 고용자의 수를, 그렇지 않으면 진입할 수 있는 수보다 낮은 수준으로 경쟁을 제한하는 방법을 통해 일어났다.

일단 마을에 들어선 교역회사에 배타적인 권리를 부여하여 다른 회사가 자유롭게 교역할 수 없도록 이들의 경쟁을 제한하였다. 마을에 도제로 일하기 위해서는 자격 있는 장인(匠人)의 지도를 받아야만 자유롭게 직업에 종사할 수 있었다. 기업을 규제하는 법령은 때로는 장인이 받아들일 수 있는 도제의 수까지 제한하였고, 또한 도제로 종사하는 기간까지 제한하였다. 이렇게 제한하는 까닭은 그렇지 않으면 진입할 수 있는 교역자의 수보다 적은 수로 경쟁을 제한하려는 데에 있다. 도제의 수에 대한 제한은 바로 직접적으로 이를 제한하는 것이다. 도제기간에 제한을 두는 것은 간접적으로 이를 제한하는 것인데 교육비용을 늘리는 효과를 낳는다.

셰필드(Sheffield)의 칼 장인은 법령에 의해 한 번에 한 사람 이상의 도제를 둘 수가 없었다. 노퍽(Norfolk)과 노위치(Norwich)에서는 직조장인이 두 명의 제도밖에 둘 수 없었다. 이를 위반하면 왕에게 한 달에 5파운드의 벌금을 물어야만 하였다. 영국과 영국의 식민지 어느 곳일지라도 두 명 이상의 도제를 둘 수 없었다. 이를 위반하면 한 달에 5파운드의 벌금을 물게 되는데 절반은 왕에게, 절반은 고소한 사람에게 물어야만 하였다. 이러한 규제는 왕국의 법령으로 시행되었지만 셰필드에서 법령으로 시행되는 기업정신과 똑같이 독재적인 내용이다. 런던의 비단직조공은, 장인이 일시에 두 명 이상의 도제를 채용할 수 없도록 규제받는 까닭으로, 1년을 근무할 수 없는 지경이었다. 이 지방법령을 철폐하려면 의회의 결의를 필요로 하였다.

나. 보통 수습수업기간이 7년

옛날에는 유럽 전반에 걸쳐 동업자조합이 결성된 대부분의 여러 직업에서 수습기간으로 설정된 연한은 보통 7년이었던 것 같다. 그러한 동업자조합은 옛날에 모두 유니버시티(University)라 했다. 사실 유니버시티라는 말은 어떤 조합이든 조합을 뜻하는 고유의 라틴어이다. 대장간직의 유니버시티, 재봉직의 유니버시티 같은 표현은 옛 도시의 낡은 특허장 등에서 자주 볼 수 있다. 오늘날 특별히 유니버시티라는 특수한 단체가 최초로 설립되었을 때에는 '마스터 오브 아트'라는 칭호를 얻기 위해 필요했던 연한은 분명히 그보다도 훨씬 이전에 동업조합이 존재하고 있었던 보통직업의 수습기간을 모방한 것이라고 생각된다.

보통의 직업에서도 어떤 사람이 일정한 자격을 가진 장인 밑에서 7년간 일한다는 것은, 그가 주인이 되어 자기의 제자를 갖는 자격을 얻는데 필요로 하는 것처럼, 일정한 자격을 갖춘 선생(마스터) 밑에서 7년간 수업받는 것을 말한다. 리버럴 아트(예술을 포함한 기초적인 여러 사회과학)의 경우에도 선생(master), 교사(teacher) 또는 박사(doctor, 이 세 용어는 옛날에는 동의어였다)가 되어, 자기 밑에서 배우는 학생(scholar) 또는 도제(apprentice)(이 두 말도 본래는 동의어였다)를 거느릴 자격을 얻기 위해서는 필요한 것이었다.

2. 수습공 수업이란 나쁜 솜씨를 막지도, 청년을 근면하게 하지도 않는다

장기간의 수습공 수업이라는 제도는 종종 시중에 불량품이 판매되는 것을 막는 데 아무런 보장이 되지 못한다. 그런 불량품이 시중에 판매되는 것은 일반적으로 사기성 때문이지, 기술공이 무능력해서 그런 것이 아니다. 또 수습공 수업기간을 아무리 길게 해도 사기를 막을 수 있는 아무런 보장이 될 수 없다. 이런 폐단을 방지하는 데는 이 규칙과는 전혀 별개의 규정이 필요하다. 금은제품의 순도(純度)를 증명하기 위해 찍은 각인(刻印), 아마포나 모직물에 찍은 검인은 어떠한 수습공조례보다도 구입하는 사람에게는 훨씬 확실한 보증이 된다. 구입하는 사람은 보통 그 각인이나 검인에 관심이 있는 것이지, 그것을 만든 기술공이 7년 간 수습공 수업을 받았느냐 아니냐 하는 점은 따질 가치가 있다고는 결코 생각하지 않는다.

장기간의 수습공 수업이라는 제도가 청년을 근면하게 만드는 경향은 없다. 성과에 따라 노임을 받는 기술공은 부지런히 하면 수입이 많아지기 때문에 아무래도 부지런하게 된다. 수습공의 경우에는 부지런해도 직접 아무런 벌이가 되지 않으니 자연 태만해지기 쉽고 또 대체로 태만하다. (중략)

도제제도는 옛날 사람에게는 알려져 있지 않았다. 장인과 도제 사이의 상호간 의무는 모든 현대법령 속에 구체적으로 반영되었다. 로마법은 이 문제에 완전히 침묵하고 있다. 나는 그리스어나 라틴어로 쓰인 작품 속에서도 우리가 사용하고 있는 도제(장인이 교역을 가르친다는 조건하에 그의 이득을 위해 일정기간 특정거래에 노동하도록 되어 있는 하인)라는 아이디어가 없었음을 안다.

장기간을 요하는 도제제도는 전혀 불필요하다. 시계제조와 같이 일반 상거래보다 우월한 기술이 그처럼 장기간 지도를 받아야 할 정도로 장인적 기교를 요구하는 것은 아니다. 그러한 아름다운 기계나 이를 만드는 데 필요로 하는 도구는 최초로 오랜 생각 끝에 발명되었고, 인간의 독창성이 낮은 행복한 노력으로 간주될 수 있다. 이 두 가지가 발명되어 이해되고 난 이후부터는 젊은 사람에게 어떻게 도구를 사용하고 기계를 조립하는지 등, 그 방법을 완전히 설명하는 데에 몇 주 정도밖에 걸리지 않았다. 심지어 며칠이면 족하였다. 일반상거래에서 손재주는 실무와 경험이 없이 얻어질 수는 없다. 젊은 사람이 처음부터 동업자로서 일하면서, 보수는 그가 일한 만큼 받고, 또한 잘못으로 자재를 훼손할 경우 배상하면, 근면하고 관심을 갖고 실무를 쌓을 것이다. 그의 교육은 이러한 방법으로 보다 효과가 있을 것이고, 지루하지도 비싸지도 않을 것이다. 사실은 장인이 손해를 본다. 그는 7년 동안 저축할 수 있는 도제의 임금을 잃어버린 것이다. 결국에는 도제도 손실을 본다. 쉽게 배울 수 있는 상거래에는 더 많은 경쟁자와 부닥치고, 그의 임금은 완전한 작업자가 되었을 때에는 현재보다 더 적어질 수 있다. 똑같이 경쟁이 증대하면 작업자의 임금은 물론 장인의 이윤도 줄어들게 될 것이다. 그러므로 거래자, 기능공, 장인 모두가 손해를 볼 것이다. 그러나 이렇게 하여 배출된 기능공의 작업은 시장에서 보다 값싸게 공급될 것이기 때문에 공공은 이득을 본다.

3. 동업조합이 생겨난 이유

모든 기업과 기업법의 대부분이 만들어진 까닭은 자유경쟁을 제한하여 가격과 이윤 및 임금이 하락하는 것을 막기 위해서이다. 과거 유럽의 대부분 지역에서 회사를 설립하려면 이미 설립된 마을기업 이외의 당국의 허락을 필요로 하지 않았다. 영국에서는 왕의 특허장을 필요로 하였다. 그러나 이러한 왕의 특권은 독점에 대항하여 일반적으로 자유를 방어하기 위해서라기보다 신하로부터 돈을 거두어들이기 위해서였다. 왕에게 면허료를 지급하기만 하면 쉽사리 특허장을 받을 수 있었다. 특허장 없이

기업으로 행동해도 정당하다고 생각한 어떤 특정기능공이나 상거래자가 그 이유로 특허를 박탈당하는 것은 아니고 단지 매년 왕에게 수수료를 지급하기만 하면 계속 거래할 수 있는 특권을 행사할 수 있었다. 모든 기업의 조사권한이나 정부를 위해 시행하는 것이 정당하다고 여겨지는 법령제정의 권한은 마을기업에 속해 있었다. 그들이 취하는 조치는 왕으로부터가 아니고 회원기업을 대표하는 기업이 하였다.

마을기업이 위치한 지방정부는 상거래와 기능공의 손아귀에 놓여 있었다. 그들과 같은 특정계급은 시장이 포화상태가 되지 않도록 하는 것이 자신들에게 이익이 된다는 사실을 늘 이야기하였고 실제로 특정산업이 과밀해지지 않도록 유의하였다. 각 계층은 그렇게 하도록 허용되어 있는 한, 자신들의 의도에 기여할 수 있도록 규제를 설정하는 데 열심이었고 다른 계층도 동일하게 행동하는 데 동의하였다. 그러한 규제결과 각 계층은 마을 내에 있는 다른 계층으로부터 재화를, 그렇지 않다면 구입할 수 있는 가격보다 더 비싸게, 억지로 구입할 수밖에 없었다. 그에 대한 보답으로 자신도 재화를 비싸게 팔 수 있었다. 거래범위가 넓어지는 한, 마을 내의 서로 다른 계층끼리의 거래자는 규제로 인해 손해를 보지는 않았다. 이들이 시골에서 거래하면서 많은 이득을 보았는데, 각 마을을 지탱시키고 풍요롭게 만든 모든 거래가 이러한 거래로 이루어졌다.

4. 도시산업의 우월

유럽 곳곳에서 시골에 비해 마을기업의 우위는 기업이나 기업법 때문만이 아니라 다른 규제를 통해 지원을 받고 있었기 때문이다. 외국품이나 외국상인이 수입하는 모든 재화에 부과하는 높은 관세도 그 목적이 같은 경향이다. 기업법은 마을의 거주자, 시골사람이 자유경쟁으로 낮은 가격으로 판매할 것을 걱정하지 않고도, 가격을 인상시킬 수 있도록 허용하였다. 다른 동일한 규제가 외국인을 차별하면서 이들을 보호해 주었다. 양측이 인상시킨 가격은 궁극적으로 그러한 독점의 형성을 반대하지 않았던 지주, 농부, 노동자가 지불하였다. 이들은 (독점과) 어울리려는 생각도, 적응하려는 노력도 보이지 않았다. 상인과 제조업자는 사회의 하위부분으로서의 개인적 이익이 전체의 이익에 공헌한다고 떠들면서 이들을 설득하였다.

제22장
독점의 원천

밀턴 프리드먼

실제적·잠재적인 물리적 폭력이나 강압을 포함하는 노조의 행동은 만약 당국이

이를 묵인하지 않으면, 발생하기가 거의 어려울 것이다.　　　　프리드먼

이 글은 프리드먼(Milton Friedman)의 "The Sources of Mono-poly"(*Capitalism and Freedom*, 1962)에서 발췌한 내용이다.

제1절 | 서 론

경쟁에는 매우 다른 두 가지 의미가 있다. 일반적인 경우에 경쟁은 한 개인이 그가 알고 있는 경쟁자를 능가하기를 추구하는, 이른바 개인적인 경쟁을 의미한다. 경제학 분야에서의 경쟁은 매우 상반된다. 시장이란 개인적인 경쟁이 존재하지 않는 곳이다. 흥정도 없다. 자유시장에서 밀 농부는 사실 그의 경쟁자인 이웃이 자신의 개인적 경쟁상대로서 자신을

위협하고 있다는 것을 느끼지 못한다. 경쟁시장의 요소는 그것이 차별없는 성향을 가지고 있다. 어떤 참여자도 다른 참여자의 상품이나 직업에 진입할 수 있는 조건을 결정할 수 없다. 모든 사람이 가격수용자로서 어떤 개인도 가격에 미미한 정도 이상의 영향력을 행사할 수 없다. 그러나 모든 (시장)참여자의 행동결과가 결합하여 가격이 결정된다. 독점은 일부 상품이나 서비스를 충분히 제어할 수 있는, 한 특정한 기업이나 개인이 다른 개인의 진입에 영향을 줄 수 있는 두드러진 조건(가격)을 결정하는 것을 말한다. 몇 가지 측면에서 보면 독점은 차별경쟁을 포함할 때 일반적인 경쟁의 개념에 더 가깝게 다가온다.

제2절 | 독점의 요소

독점의 주요원천으로서는 기술적 고려, 직-간접적인 정부지원, 민간담합의 세 가지가 있다.

1. 기술적 고려

독점은 기업이 많을 때보다, 하나일 때 훨씬 더 경제적·효율적이기 때문에 발생한다. 그 좋은 예가 지역사회에 있는 것과 같은 통신시스템이나 수도사업 등이다. 불행하게도 기술적 독점을 해결할 수 있는 방법은 없다. 우리가 할 수 있는 방법이란 민간 비규제 독점(private unregulated monopoly), 정부에 의한 규제(private regulated monopoly by state) 그리고 정부직영(government operation)이라는 세 가지 해악 중에서 단지 하나를 선택하는 길밖에 없다.

이 해악 중에서 어느 것이 바람직한가 하는 판단은 불가능하다. 독점에 대한 정부규제 또는 정부직영이 안고 있는 커다란 단점이란 이를 원상으로 번복하기가 대단히 어렵다는 점이다. 결국 감내할 만하면 민간비규제독점이 그 중 해악이 가장 적다고 주장하고 싶다. 동태적인 변화는 독점을 크게 해칠 수도 있고, 적어도 변화의 영향을 받을 기회가 있다. 단기에서조차 언뜻 보기보다 대체재의 범위가 매우 넓으므로 사기업은 가까스로 비용을 웃도는 가격을 유지하여 이윤을 내는 범위로 한정된다. 더욱이 우리가 보았다시피, 단속기관은 종종 그들 자신을 생산자의 통제 아래에 두려는 경향이 있고, 가격은 규제가 있을 때가 없을 때보다 더 낮아지지도 않는다.

다행스럽게도 기술적 고려로 인해 독점이 탄생할 가능성은 상당히 제한 받는다. 그들(독점)은 독점이 도입되어 정당화될 수 없는 상황으로까지 나아가지 않는 이상, 자유경제를 보존하는 데에 심각한 위협을 끼치지는 않는다.

2. 직-간접적 정부지원

아마도 독점의 가장 중요한 원천은 직간접적인 정부지원일 것이다. 합리적으로 직접 지원받는 수많은 사례는 앞에서 인용하였다. 독점의 간접적 지원이란 당초 다른 의도로 취한 조치로 인해 잠재적 경쟁자가 될 수 있는 기존기업에 제한을 가하는 바람에 생겨나는 의도하지 않은 효과를 말한다.

관세는 대부분 국내산업을 보호하기 위해 부과되는데, 이는 잠재적 경쟁자에게 장애물을 설치하는 것과 같다. 과세는 언제나 자발적인 교환에 참가하려는 개인의 자유를 침해한다. 자유주의는 그 분석단위의 주체로 국가나 특정국가의 시민이 아니라 개인을 택한다. 그러므로 자유주의는, 마치 미국시민 상호간에 이익이 되는 교류가 방해받듯이, 미국국민과 스위스 국민이 교류하는 것이 방해받는다면 자유를 침해한 것으로 간주한다. 관세가 독점을 탄생시킬 필요는 없다. 보호받는 산업시장이 충분히 크고 기술적 조건으로 인해 많은 회사의 독점화가 허용되면 미국의 직물산업처럼 보호받는 산업에서도 효과적인 국내에서의 경쟁이 있을 것이다. 그러나 분명하게 관세는 독점을 육성시킨다. 가격을 고정시키려고 담합하는 것은 많은 회사보다는 몇몇의 회사가 하는 것이 훨씬 쉽고, 일반적으로는 서로 다른 나라의 기업보다는 같은 나라의 기업끼리하는 것이 더 쉽다.

노동독점의 주요원천은 정부지원이었다. 면허 및 인허제도, 건축규정 등 앞에서 거론되었던 것이 하나의 원천이 되어 왔다. 노조에 대한 독점금지법 적용의 배제, 노조책임의 제한(책임을 완화시켜 주는 의미에서의 제한), 특별법정에 출두할 수 있는 권리처럼 노동조합에 면책특권을 부여한 것이 두 번째 원천이다. 아마도 이 두 가지보다 더 심각한 것은 노동분쟁의 과정에서 취해진 행위에 대해 법이, 다른 상황에서의 동일한 행위에 취하는 조처와 달리, 기준을 다르게 적용하여 조처를 취하고 또한 사람의 의견도 일반적으로 그러한 분위기라는 점이다. 순전히 악의적인 의도로 또는 개인적 원한을 복수할 목적으로 차로 사람을 치거나 재산을 파손시키면 법적으로 책임을 묻는다. 만약 그들(노조)이 노동분쟁의 과정에서 같은 짓을 저지르면 그들은 당연히 처벌받지 않을 것이다. 실제적·잠재적인 물리적 폭력이나 강압을 포함하는 노조의 행동은 만약 당국이 이를 묵인하지 않으면, 발생하기가 거의 어려울 것이다.

제3절 | 민간담합

독점의 마지막 원천은 민간담합이다. 스미스가 말한 바와 같이 무역에 종사하는 사람은 환락이나 오락을 위해서는 거의 만나지 않지만, 대중을 상대로 하는 음모를 꾸미거나 가격인상을 위한 계획에서는 대화한다. 그래서 그러한 담합이나 카르텔합의는 끊임없이 일어난다. 그러나 만약 그들이 정부에게 지원요청을 하지 않으면 일반적으로 그러한 합의는 불안정하여 짧게 지속된다. 기업연합(카르텔)의 설립은 가격을 올리면서 외부인이 산업에 진출하게 되면 더 이익이 되도록 만든다. 더욱이 카르텔의 높은 가격은 참가자가 고정가격에서 생산하고 싶은 수준보다 낮은 수준의 양을 생산하도록 제한함으로써만이 가능하기 때문에 참가자는 생산량을 확장시키려는 유혹을 받는다. 물론 각자는 합의한 내용을 다른 참가자가 준수하기를 바란다. 카르텔을 무너뜨리려면 공공의 후원을 받는, 적어도 한 명 또는 몇 명의 사기꾼이 있어야만 한다. 카르텔을 시행하도록 정부가 지원하지 않더라도 카르텔은 꽤 신속하게 확실히 성공할 것이다.

독점금지법의 주요역할은 그러한 민간담합을 금지시키려는 데 있다. 이러한 측면에서 법이 기여하는 바는 실제로 법을 집행하여 얻기보다 간접 효과에 의해 더 크게 얻는다. 독점금지법은 확실한 담합을 꾀하려는 장을 배제시켜 담합에서 오는 비용이 높아지도록 만든다. 더욱 중요한 것은 독점금지법이 무역을 제한하는 담합이 법적으로 시행될 수 없다는 법원칙을 다시 확인해 준다는 점이다. 다양한 유럽국가에서는 만약 기업이 공동판매기구를 통해서만 팔 수 있게 하고, 이를 위반하는 기업은 과태료를 물도록 합의한 민간협정을 법정은 지지한다. 미국에서는 그러한 협정을 법정에서 시행할 수 없다. 이러한 차이점은 기업연합이 미국보다는 유럽에서 왜 더 안정적이고 널리 퍼져 있는지를 설명하는 주요이유 중의 하나이다.

제23장
가격의 보도관제

드와이트 리

> 자유로운 의사소통과 표현의 자유가 지적인 기술을 발달시키는 최고희망이듯이
>
> 자유시장을 표방하는 것은 또한 경제적인 기술을 발달시키는 최고의 희망이 된다.
>
> 드와이트 리

이 글은 리(Dwight Lee)의 "The Price Blackout"(*Reason*, 1985)에서 발췌한 내용이다.

그 어떤 전문직보다 언론인은 개방된 보도와 정보의 자유로운 흐름가치를 인식하고 있다. 그 어떤 그룹보다도 정치적인 의도로 검열하는 제도를 비난하는 일에 단호한 태도를 지닌다. 그러므로 언론인이 일상적으로 특정의 정치적 검열에 호의적으로 보고하는 데에 놀라지 않을 수 없다.

내가 관심을 두고 있는 검열이란 가격정보의 자유로운 흐름을 제한하는 정부의 규제를 말한다. 고차원으로 전문화된 우리 사회에서 시장가격

은 중요한 정보, 즉 소비자에게는 상품의 유용성을, 생산자에게는 소비자의 선택에 관한 중요한 정보를 전달한다. 이러한 가격정보는 소비자와 생산자에게 계획을 조정할 수 있도록 허용하여 각각의 경제적인 생산성과 사회적 조화를 촉진시킨다.

자유시장에서 존재하는 가격보다 낮거나 높게 가격을 설정하는 정부정책은 검열과 관련이 있다. 그들은 일간신문의 내용을 어떻게 하라고 지시하는 것과 마찬가지로 표현의 자유권리를 침해한다. 그리고 어떠한 검열제도도 그러하듯이 그러한 정책은 사람에게 순수한 피해를 입히고, 종종 통제를 지지하는 사람이 도우려고 하는 바로 그 사람에게 피해를 끼친다.

예를들어 최저임금제도는 비숙련의 청년이 잠재적인 고용자와 효과적으로 의사소통하는 일을 불법으로 간주한다. 많은 젊은이는 고용자에게 "내게는 쓸 만한 기술이 없다. 그리고 대학은 다닐 수 없었다. 그래서 당신이 적은 임금으로 날 부린다면 나는 현재 낮은 보수를 받더라도, 재정적인 책임을 거의 부담하고 있지 않으므로, 현장경험과 훈련을 습득하고자 기꺼이 일하겠다"라고 말하기를 좋아한다. 최저임금제도에 검열이 없으면 실직된 수천 명의 젊은이가, 현재는 거부당하고 있지만, 생산력 있는 그들의 미래직업을 준비할 수 있을 것이다.

농산물가격지지정책은 정부가 검열하는 종류의 또 다른 예이다. 이것은 모든 소비자를 희생시키고, 특히 적은 수입으로 기아에 허덕이는 사람에게 피해를 준다. 가난한 가족이 시장에서 낙농업자가 받아들일 수 있는 최저가격으로 우유를 구입할 수 있을까? 아니다. 그러한 의사소통은 정부가 우유가격을 지지하는 미국에서는 일반적으로 불법이다. 언론인은 검열에 반대하는 소리를 내는 사람이나 가난한 자와 연대할 수 있는 양자의 기회를 가진다. 불행하게도 대부분의 언론인은 굶주림과 레이건 대통령 사이에 대한 논평보다도 굶주림과 가격정보의 검열 사이에 나타나는 현안에 관심을 덜 갖는다.

언론인이 검열이라고 인정하지 않는 다른 예로는 임대료규제, 동등한 일에 동등한 보수규정, 수입상품에 관세나 지금도 존재하고 있는 천연가스의 가격통제 등이다. 그러나 시장정보를 검열함으로써 어떤 의미에서 언론자유에 의해 보호되는 것보다 더 중요한 의사소통을 해치고 있다.

언론인은 실직한 젊은이나 젊은이의 고용기회를 강제로 확장할 필요가 있다는 등의 이야기로 신문을 채운다. 그러나 그러한 정보효력은 10대가 더 적은 보수를 받더라도 일할 수 있다는 의사를 고용자에게 전달하는 낮은 임금과 비교하여 볼 때에 전혀 가치가 없다. 유사하게 소비자가 천연가스를 구입하기를 원하거나 더 좋은 아파트를 요구하면 편집장에게 편지를 쓰기보다 검열이 없는 시장에서 자신의 수요를 표출하는 것이 더 유효할 것이다.

그렇다고 이 말이 우리가 적은 임금과 높은 가격으로 행복해져야만 한다는 이야기는 아니다. 낮은 임금은 우리에게 생산기술이 결핍되어 있고, 높은 가격은 중요한 생산물이 부족하다는 사실을 알려 준다. 그런데 시장에서이건 다른 곳에서이건 나쁜 소식은 뉴스거리를 억누를 수 있도록 하지 못한다.

가격정보전달의 자유는 재산이 없는 사람을 차별하기 때문에 반대할 수도 있다. 그러나 이것이 그렇다고 하더라도 전통적인 언론자유는 덜 상식적이거나 덜 지식적인 사람을 차별한 것이 된다. 많은 측면에서 유식하고 똑똑한 사람이 그렇지 않은 사람보다 많은 이점을 가지고 있을지라도, 무식한 사람을 보호하려는 노력에서 자유로운 언론을 억압한다고 하여 정당화되지는 않는다.

실제로 검열은 무식한 사람과 가난한 자에게 장기적으로 보면 손실을 끼치도록 작용한다. 자유로운 의사소통과 표현의 자유가 지적인 기술을 발달시키는 최고희망이듯이, 자유시장을 표방하는 것은 또한 경제적인 기술을 발달시키는 최고의 희망이 된다.

물론 우리는 항상 정직하고 정확한 자유시장의 전달에 의존하지는 않는다. 어떤 확고한 신념은 그들 자신에게 이득이 되도록 시장가격을 왜곡시키는 힘을 갖고 있다. 기업의 사악함 때문에 종종 생산물을 잘못 표현하게 하여 경솔한 소비자에게 손실을 끼치기도 한다. 그러나 유사하게 왜곡된 상태와 와전된 설명이 종종 어느사이에 스며든 뉴스나 책, 잡지 등에 존재하지 않는다고 누가 장담할 수 있겠는가?

이러한 결함은 결코 제거되지 못한다. 그러나 그러한 결함은 자유로운 의사소통을 유지함으로써 줄어들고 대체될 수 있다. 오보가 낳는 해악을 통제하기 위한 최고방법은 자유로운 표현으로 경쟁하게 하는 일이다. 그리고 이것은 단어를 통하여 표현된 정보에서 흔히 그러하듯, 가격을 통하여 표현된 정보에서도 마찬가지이다.

언론자유의 대변자로서의 언론인은 정부가 가격통제를 시도하는 것을 정부가 뉴스를 통제하면 싫어하는 것처럼 혐오하여야 한다. 언론통제나 가격통제는 자유로운 사회 그 어떤 곳에서도 발붙일 곳이 없다.

제24장
법치경제로의 길

좌승희

> 모든 개혁과제는 우리의 행동 그 자체를 규제하기보다는 전체 사회시스템의 구성
> 인자 중에서 우리 행동을 규율하는 제도적 환경을 개선함으로써 순리에 따라 문제
> 행동이 개선될 수 있도록 하는 데 있다.　　　　　　　　　　　　　좌승희

　이 글은 2003년 6월 한국제도·경제학회가 주관한 인치·관치·법치 세미나에서 한국경제연구원장 좌승희 박사의 『법치경제로의 길』에서 발췌한 내용이다.

제1절 │ 개혁의 목표와 수단

1. 개혁은 우리의 행동을 바꾸는 일

　개혁이란 무엇을 하려는 것인가? 바로 우리 형태를 바꾸려 하는 것이

다. 그 동안의 우리 행동이 우리가 이상적으로 생각하는 기준, 예컨대 선진국 국민의 행동이나 그 이상의 어떤 이상적 기준에 비추어 볼 때 미흡하기 때문에 개혁을 외치게 되는 것이다. 그러나 개혁은 일부국민의 특정 예외적인 행동을 막기 위해 하는 것이 아니라 대다수 국민이 합법적일 수도 있고 아닐 수도 있지만, 관행처럼 당연시하는 일반적인 행동이 국가발전에 장애가 되고 있기 때문에 필요한 것이다. 어떤 특정한 행위가 광범위하게 관찰되고 또한 서로 용인되고 관행처럼 이루어지고 있으면, 이는 행위자 개인의 문제라기보다는 우리 사회 전체의 행동규칙, 즉 경기규칙의 문제로 보아야 한다. 따라서 나라의 개혁은 보편적으로 관찰되는 문제있는 일반행동을 초래하고 있는 사회의 경기규칙을 고치고 재정비하는 데서 출발해야 한다.

2. 인간행동은 제도의 산물

인간은 혼자 사는 것이 아니다. 그리고 인간은 각자 지향하는 목적을 달성하기 위해, 즉 성공하기 위해 노력한다. 이러한 목적달성을 위해 같은 뜻을 갖는 동료와 더불어 각종 조직과 단체를 만들어 사회를 이루고, 국가를 이루어 사는 것이다. 그리고 이 과정에서 사회구성원인 개인이나 조직 및 단체의 행동을 규율하는 경기규칙을 만들어 내게 된다. 따라서 어느 국가나 사회의 시스템은 개인, 개인의 집단인 조직, 이들의 행동을 규율하는 '제도' 즉, '경기규칙'으로 구성된다([그림 4-1] 참조). 한 시스템 내의 개인이나 조직-집단은 자신들의 행동을 규율하는 경기규칙을 만들어 내기도 하지만, 결국은 자신이 만들어 낸 경기규칙의 지배를 받게 된다.

3. 제도개혁은 국가개혁의 필요조건

어느 국가나 사회가 가지고 있는 경기규칙으로서의 제도는 궁극적으로 그 구성원의 행동, 나아가 그 사회의 특징을 결정하게 된다. 따라서 한 사회 구성원의 일반적 행동에 문제가 있으면 이는 바로 그 사회가 가지고 있는 경기규칙에 문제가 있기 때문이다.

행위규칙 또는 경기규칙으로서의 제도는 다양한 내용을 갖는다. 우선 사회구성원이 공유하는 문화, 가치관, 관습, 관행 등 비공식적인 규칙에 서부터 정부 3부가 만들어 내는 공식적인 법령에 이르기까지 인간관계를 규율하는 모든 공식·비공식 행위규칙을 포함한다. 물론 공식적인 법령이라 하더라도 제대로 시행되지 않으면 아무 의미도 없기 때문에 공식적인 법규가 얼마나 엄격히 집행되고 있느냐 하는 것도 제도의 중요한 내용이 된다.

그 동안 지나치게 추상화되어 온 신고전학파 경제학의 대안으로 등장한 신제도학파 경제학은 이와 같이 사회구성원 특히 경제주체의 행동양태를 규율하는 경기규칙으로서의 경제제도가 경제주체에게 생산적 활동에 전력할 수 있도록 합리적으로 짜여져 있느냐의 여부에 따라 그 사회의

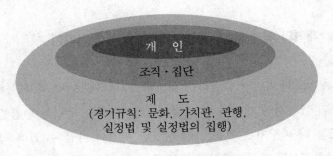

〔그림 4-1〕 사회시스템의 구성

선진화 즉 경제발전의 성공여부가 결정된다고 주장한다.

그 동안의 우리의 개혁은 무엇을 하고자 하는지에 대한 충분한 이해도 미흡했을 뿐만 아니라, 국민이 왜 문제있는 특정행동을 하는지에 대한 충분한 원인규명도 없이 국민을 비난하고 처벌하는 데 치중해 왔다. 그러다 보니 그 결과는 개혁의 지지부진과 개혁피로로 이어졌을 뿐이다. 그 동안 정치인들을 사정했지만 정치관련제도의 개혁이 없다 보니 정치는 깨끗해지지 않으므로, 재벌개혁을 한다고 각종 규제를 해 보았지만, 기업의 경영환경이 제대로 개선되지 않고 보니, 기업행태의 개선도 한계가 있었다. 금융개혁, 공공부문개혁, 교육개혁, 사법개혁 등 많은 분야의 개혁도 이와 같이 해당 분야의 경기규칙인 제도에 대한 면밀한 분석과 개선이 없이 대증적(對症的) 규제만하다 보니 큰 성과없이 피로만 쌓이게 되었다.

이런 시각에서 보면 국민의 행동을 바꾸고자 하는 개혁이란 개인을 시정하고 처벌하는 차원이 아니라, 궁극적으로 그 사회의 행동규칙인 제도를 고치는 작업이어야 한다. 다시 말해 제도를 고친다는 것이 개혁의 충분조건은 아닐지라도 필요조건임을 잊어서는 안 된다. 따라서 모든 개혁은 제도개혁에서부터 출발하지 않으면 안 된다.

제2절 | 개혁의 시계(時界)와 법·제도개혁의 불가피성

개혁은 제도개혁에서 출발하는 것인데, 그렇다면 어떤 제도를 바꾸는 것이 보다 효과적인 개혁이 될 것인가? 개혁이라는 당위성에 휩쓸려 모든 제도를 다 바꾸자는 것은 그리 현명한 생각이 아닐 수 있다. 역사적 배경, 사회구성원의 사고방식과 행동에 미치는 다양한 영향에 따라 여러 종류의 제도가 있기 때문이다.

이미 지적한 바와 같이 경기규칙으로서 제도는 크게 비공식적인 제도와 공식적인 제도로 구분할 수 있다. 비공식적인 제도는 오랜 역사를 통해 사회의 기초를 형성한 문화, 전통, 가치관, 종교 및 관습 등을 말한다. 한편 공식적 제도는 구체적으로 명문화되거나 사람에 의하여 공식화된 제도로서 재산권제도, 정치제도, 사법제도, 행정제도 등을 의미한다.

한편 경기규칙으로서 제도라기보다는 경기자체의 실행으로서 사회구성원간의 계약이나 관계를 나타내는 지배구조가 있는데, 이러한 장치들에서 한 경제자원의 배분과 고용이 이루어지게 된다. 윌리엄슨 (Williamson, 1999)은 제도학회 세미나에서 이러한 여러 가지 제도적 틀을 [그림 4-2]에서처럼 묘사하고 있다. 그런데 제도적 장치의 특성으로 인하여 이를 바꾸고 변경하는 데에는 적절한 시간이 필요하다고 그는 주장하고 있다. 우선 비공식적인 제도는 사회구성원의 깊은 의식에까지 뿌리를 박고 있기 때문에 이를 바꾸는 데에는 적어도 100~1000년의 기간이 필요하다. 한편 공식적인 제도로서 법이나 구체적인 제도적 장치는 입법적인 장치와 이를 위한 이해당사자의 기초적인 공감대 형성 등이 필요하고, 또 이를 구체적으로 집행할 수 있는 법적인 정치와 실천가능한 행정기구와 행정력 등이 수반되어야 한다. 이러한 공식적인 제도적 장치를 바꾸는 데는 10~100년의 기간이 필요하다고 판단하고 있다. 다음으로는 주어진 법적 장치에서 구성원이 자율적으로 계약을 맺고 조직을 형성하는 자율적 지배구조의 장치가 나타난다. 이러한 지배구조가 변화하는 데는, 즉 국민이 새로운 법·제도에 적응해 나가는 데는 1~10년의 기간이 요구된다. 마지막으로 이러한 경기실현의 결과에 따라 자원이 배분되고 고용이 이루어지는 경제활동의 현장이 있는데 이는 매순간 지속적으로 변화한다.

이러한 다양한 제도의 틀 속에서 개혁을 성공적으로 수행하기 위해서는 어디에 집중해야 하는가? 윌리엄슨은 두 번째의 공식적인 제도가 우리가 가장 주목해야 할 영역이라고 보고 있다. 사실 비공식적인 제도는 매우 느리게 변하므로 사회구성원이 개혁을 통해 이를 지속적으로 변화시키는 것은 쉽지 않다. 또한 비공식적인 제도는 이를 변화시키는 정형화된 방법과 절차가 있는 것도 아니다. 따라서 비공식적인 제도를 변화시키는 개혁을 수행하는 것은 무척이나 어려운 일이다. 반면에 공식적인 제도는 정상적인 절차를 밟아나간다면 한 세대 내에서 이를 변화시키는 것이 가능할 수도 있다. 또한 법과 같은 공식적인 제도를 변화시키기 위해 정형화된 입법절차와 가시적인 필요조건이 쉽게 제시될 수 있다. 따라서 실효성 있는 개혁을 위해서는 공식적인 제도로서 법·제도를 바꾸는 것이 가장 효과적이라고 할 수 있다. 결국 현실적으로 개혁이란 법치의 틀 속에서 이루어지는 법제도의 개혁을 의미하게 된다.

따라서 현실적으로 개혁의 시계는 법·제도를 새롭게 정비하는 데 10~100년, 국민의 생활이 이에 적응하는데 1~10년 등 초장기화될 수밖에 없다. 이러한 시각에서 보면 최근 우리나라에서 진행되는 개혁은 지나친 단기적 성과주의에 사로잡혀 있어 이른바 개혁피로를 초래할 수밖에 없는 것으로 보인다. 지금까지의 논의를 통해 보면 개혁은 장기적인 관점을 갖고 시작해야 하며 단기적인 성과주의를 목표로 해서는 안 된다.

한편 법·제도의 개혁은 〔그림 4-2〕가 시사하는 바와 같이 비공식적인 제도의 틀 속에서 만들어지게 된다. 그런 의미에서 단기 및 중기적으로 볼 때 모든 개혁은 사실상 비공식적 제도의 큰 틀 내에서 이루어질 수밖에 없다. 이와 같이 사회의 진화과정은 비공식적 제도가 공식적 제도를 제약하겠지만 장기적으로 보면 공식적 제도변화에 따라 국민의 행동변화가 이루어지고, 사회가 이에 적응해 감에 따라 국민의 사고방식, 가치관,

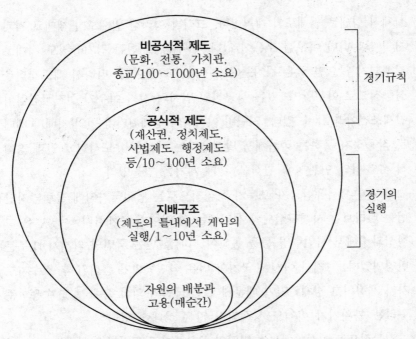

〔그림 4-2〕 제도적 장치의 작동메커니즘과 변화에 소요되는 기간

문화까지 영향을 받게 된다. 이런 의미에서 단기적인 법·제도의 개혁은 비공식적 제도의 영향을 받지만, 또한 장기적으로는 비공식적 제도에도 영향을 미치는 상호 피드백과정을 통해 사회가 변화해 가게 된다.

제3절 | 법치의 필요성과 요건

1. 왜 법치인가

공식적 제도의 가장 대표적인 형태가 법이다. 따라서 제도개혁의 가장

실체적 형태는 법제도의 개혁이다. 그러나 이러한 법제도가 제대로 지켜지지 않는다면 아무런 소용이 없다. 아무리 잘 만든 경기규칙도 제대로 집행되지 않으면 좋은 경기를 볼 수 없기 때문이다. 따라서 제도개혁을 성공적으로 이행할 수 있는 성공적인 법치의 정착 여부가 선진국진입의 전제조건이라 할 수 있다. 지난번 아시아의 경제위기가 법의 지배가 제대로 작동하지 못하는 국가에서 발생했다는 사실은 제도적인 요인과 경제적 효율성의 연관성에 관심을 갖는 계기를 만들었다.

아시아나 서유럽국가 모두가 형식적으로는 법치국가임에 틀림없지만 법을 바라보는 사회구성원의 시각에는 큰 차이가 존재한다. 서양법은 그 형성과정에서 시민혁명 등을 통하여 지배를 받는 국민의 의지가 대부분 반영되었다. 그러나 아시아 국가의 법은 식민통치가 종식된 후 소수지도자가 제정하고 강제하였기 때문에 일반 국민의 의식 속에 법을 수용·준수하는 분위기가 아직도 성숙되지 않은 상태에 있다.

전통적으로 아시아에서는 법치의 중요성이 강조되지 않았다는 것도 법치가 자리잡지 못한 원인이 되고 있다. 아시아지역에서는 법·제도에 의한 지배보다는 사람을 통한 지배를 선호해 왔다. 그러나 사람을 통한 지배, 즉 인치(人治)는 여러 가지 한계점을 가지고 있다. 첫째, 사람이 관리할 수 있는 능력이 제한되어 있다는 점이다. 사회와 경제가 발달함에 따라 지역적으로나 분야면에서 그 연계성이 증가하여 사회와 경제는 이제 인치가 가능한 영역을 벗어나고 있다. 둘째, 인치는 지배의 투명성과 일관성·공정성을 보장할 수 없다는 것이다. 지배하는 사람에 따라 결과가 달라질 수 있으며, 때와 장소와 지배대상에 따라 지배내용이 달라질 수 있기 때문이다. 이러한 제약으로 인해 인치는 복잡한 현대적 시장경제를 규율하는 장치로서 적합하지 못하며, 법치에 비해 더 높은 거래비용을 초래하고, 나라경제의 경쟁력을 저해하는 결과를 낳고 있다. 특히 경제활동을 규정하는 법적인 경제제도가 특정인과 집단에 편향적용되거나 상황에 따라 재량적으로 해석되면 이러한 법규를 제대로 지키고 따를 구성원은 많지 않을 것이다.

2. 동서양문화의 차이와 법치의 역할

중세 이후 유럽은 교황과 신성로마제국의 황제가 양립하면서 종교와 정치가 분리되는 이른바 세속화과정(secularization process)을 거쳐 왔다. 이러한 세속화과정을 통하여 국가의 역할은 철저히 이해관계와 질서관계를 규정짓는 것으로 인식하게 되었고, 민간의 종교생활은 정치로부터 분리되어 윤리적 규범과 종교적 구원의 메시지를 제시하였다. 서유럽 시민사회의 성립은 종교적 리더인 교회와 정치적 리더인 왕권 또는 지방제후의 오랫동안 보이지 않는 양립과 대립의 결과라고 볼 수 있다. 또한 각각은 상대분야의 중앙집권적 모습을 분권화된 모습으로 바꾸는 데 결정적인 역할을 한다. 즉, 유럽의 종교생활의 분권화는 종교개혁을 통하여 이루어졌는데, 영국의 경우에는 왕이, 유럽대륙의 경우 지방제후가 종교개혁의 후원자로서 영향력을 행사하였다. 마찬가지로 왕권과 지방제후의 세력이 약화되고 시민사회가 등장하는 정치적인 분권화와 민주화과정의 배경에는 종교개혁을 통하여 성숙하여진 시민집단의 역할을 빼놓을 수 없다.

서양에서는 정치가 국민을 지도하는 규범이라기보다는 전략적이며 술책이라고 인식하고 있다. 마키아벨리식의 철저한 실용적·전략적 사고방식이 정치이고 국가를 운영하는 기본방침이다. 따라서 시민사회가 성숙되기까지는 개인의 권익을 보호하기 위해 왕권을 제한하고 동시에 공동이해를 위해 스스로의 권익을 제한하는 것이 헌법의 중요한 내용이 되었다. 이는 국가의 역할을 실용적으로 구성하게 하는 근본적인 원인이 되었는데, 특히 법률내용이 상호간의 권리를 규정하는 내용이었기 때문에 구체적으로 실현가능한 내용을 중심으로 이루어질 수밖에 없었다.

반면에 동양문화는 종교적·주술적인 행사의 전문인을 제외하고는 사실상 왕이나 황제가 종교적인 권위를 갖고 정치활동도 같이 담당하였다고 볼 수 있다. 이는 특히 황제가 부모와 같은 존재로서 백성을 돌본다는 동양적 왕권사상에도 뿌리깊이 박혀 있다. 역사의 진전에 따라 동양에서도 서양과 같이 어느 정도 시민사회가 자생적으로 형성되어 가는 모습의 일면도 보여 주고는 있지만, 왕권은 서양에 비하여 상대적으로 매우 컸다고 할 수 있다. 이 같은 왕권의 특징에 따라 동양사회에서는 국가의 역할에 다분히 실용적인 면모보다는 규범적(normative)인 색채가 짙게 깔려 있다. 동양에서는 '政治는 正治'라고 하였을 정도로 정치적 활동에 대한 윤리적 기대감이 컸으며, 규범적인 모범을 국가의 운영이 보여 주어야 하였다. 동양사회의 높은 규범적 기준은 실제로 이를 준수하기 어려웠고, 사실상 사후적으로 왕조의 덕치를 정당화하고 포장하는 데 활용되기도 하였다(동양적 규범의 비실용적인 모습은 여러 사람에게 이중적·위선적인 모습으로도 비치고 있다).

이러한 동서양문화의 차이는 법치주의의 토양에서 현격한 차이를 보이고 있다. 서양에서는 지킬 수 있는 실용적인 내용을 규정한 것이 법이다. 즉, 서양의 법은 지킬 수 있는 실용적인 내용을 규정한 것이 법이다. 즉, 서양의 법은 지킬 수 있는 한계를 명확히 하고 책임과 의무를 규정하고 있다. 그러나 동양의 법은 서양식의 법률과는 달리 상당부분 이상적·희망적인 방향과 목표를 규정하는 경우가 많다고 할 수 있다. 서양에서는 실제적인 가이드라인으로서의 법이 시민생활에 도움을 주는 반면, 동양에서는 법을 실제로 준수하기 위한 기준으로 제시하는 것이 아니라 바람직한 윤리적 규준으로 제시하는 경우가 많다고 할 수 있다. 따라서 동양의 법률이 높은 기준을 보이는 반면 실제로 이의 준수와 사후적인 소송의 처리에서 정부의 재량과 자의성이 많이 나타나고, 그 결과 인치와 만연된 부패의 부작용이 나타나기도 하였다. 이러한 동서양의 차이는 법치주의가 일찍 서양적 문화에서 보다 잘 싹틀 수 있었던 배경이 된다. 동양에서는 서양의 실용주의적인 기술문명이 19세기에 몰려들었어도 중체서용, 동도세기(中體西用, 東道西器) 등의 사고방식으로 문화적 구별성을 강조하여 실제로 서양식의 실용주의적·실증적인 가치관은 아직까지도 동양적 문화의 벽을 제대로 넘지 못하고 있다.

우리나라도 이러한 동양문화의 전통적 관습이 뿌리깊게 박혀 있다고 볼 수 있다. 우리 법률에서는 규범적 기준이 지나치게 높게 설정되어 있어 사실상 이를 준수하기가 어려울 정도이다. 이는 결국 법의 현실성을 크게 떨어뜨려 법준수를 매우 어렵게 만드는 요인이 되고 있으며 법해석이 다분히 재량적으로 이루어진다. 한편, 정부나 사회는 높은 윤리적 수준을 국민과 기업에게 강조하고 있으며, 자연적인 경제인이 시장에서 건강하게 경제활동을 하고 부를 축적하는 것에도 상당히 윤리적·명분론적 가치판단을 내리는 등 건전한 자본주의 시장경제의 정착에 제약요인이 되고 있다.

제4절 | 법치경제의 장애요인

1. 법치경제 가로막는 헌법과 법률

가. 시장경제질서와 중앙관리질서

정부가 시장경제질서를 존중하느냐 아니면 경제를 중앙에서 관리하고 적절히 통제하여야 하느냐 하는 것은 법치경제개혁의 관점에서 중요한 논의의 출발이 된다.

시장경제질서는 시장에서 수요와 공급법칙에 따라 자원이 배분되는 것을 원칙으로 하는 경제질서이다. 여기서 정부는 공정한 룰의 운영자역할을 담당한다. 따라서 세부적인 경제운용과 방향에 정부는 시장에서 결정된 바에 따른다는 것이다. 이는 정부가 아무런 역할을 하지 않는 무정부주의를 의미하는 것은 아니다. 정부는 시장이 원활하게 작동하도록 법에 따른 시장규율 메커니즘을 중립적으로 관리하면 된다. 예를들어 정부는 상품시장에서 경쟁원리가 제대로 작동하기 위하여 독과점을 규제하고 사업자간 담합이나 불공정거래행위가 나타나지 않도록 규제한다. 또한 증권시장이 원활하게 작동되도록 증권거래법 및 의무관계 등을 잘 정리하고 감시하는 역할도 담당한다. 한편, 금융시장에서는 은행이 고객의 예금을 잘 관리하고 적절한 위험관리와 신용평가를 통하여 채무자를 잘 관리하도록 규제하기도 한다. 시장경제질서에서는 정부가 인위적으로 경제를 설계하거나 관리하고자 하는 움직임을 배격함으로써 코치나 선수가 아닌 심판역할을 제대로 맡도록 정부의 역할을 제한한다.

그러나 중앙관리질서는 상당부분 정부의 계획과 설계에 의하여 그 경제의 밑그림이 그려지고 실제로 경제의 운용과정을 정부가 주도하는 경제질서를 말한다. 이 경우 자원배분은 정부가 정하는 정책의 우선순위,

장단기적인 경제계획상의 중요도 그리고 외적 변수에 대한 정부의 대응방안에 크게 영향을 받게 된다. 특정산업의 정부육성, 보호, 또는 지원방안도 경제운용에 큰 영향을 주게 된다. 따라서 정부가 단순한 룰의 제정과 관리자일 뿐만 아니라 적극적으로 선수와 코치의 역할을 맡아 시장에 참여하고 있다. 따라서 경제에서 정부나 공공부문 및 공기업이 차지하는 비중이 자연스럽게 커지는 성향이 나타난다. 사회주의 경제체제뿐만 아니라 국가가 적극적으로 경제개발을 추진하였던 여러 국가, 그리고 전후에 주요산업을 국영화하고 정부주도로 진행시켰던 유럽 여러 나라의 경제는 중앙관리질서의 면모를 갖고 있었다고 할 수 있다.

시장경제질서는 관리경제질서보다 그 효율성면에서 우수하다. 우선, 관리경제질서는 인위적으로 경제를 움직이려는 방식이기 때문에 시장경제를 마치 기업이 운영되는 방식과 동일하게 이해하고 있다. 그러나 관리주의에 입각한 경제운용은 가격기구에 의존하는 것보다 한 사회의 지식과 정보를 활용함에서 비교할 수 없을 정도로 열등하다. 또한 관리경제질서는 정책적으로 특정산업, 업종, 또는 기업을 지원하는 경향이 커서 시장경쟁을 배제하는 치명적인 결함을 지니고 있어 경쟁이 가져다 주는 경쟁력의 향상을 제대로 누릴 수 없다는 약점을 갖고 있다

나. 시장경제질서와 법치경제의 상생관계

정부가 중앙관리자로서의 역할을 맡게 되면 경제가 법에 의해 운영되는 것이 아니라 법이라는 형식은 밟지만 사실상 정부에 의하여 운영된다는 것을 그 동안 세계사의 경험은 말해 주고 있다. 구소련과 동유럽의 사회주의 국가와 독일, 일본, 이탈리아, 스페인 등 파시즘적 성격을 갖추었던 국가에서는 다소 극단적인 형태의 중앙정부관리체계가 동원되었다. 이를 동원하였던 국가에서는 법보다는 정부의 재량적 의지가 더 강력한

집행력을 발휘했다고 할 수 있다. 사실상 우리나라의 정부도 경제개발기에 경제질서의 중심적 관리자로서의 역할을 맡아 왔으며, 우리나라 헌법을 비롯하여 각종 경제관련법규의 중심적 틀을 만들어 내었다. 이 경우 특히 중앙정부를 운영하는 인물의 인간적인 능력과 인맥에 의하여 경제운영이 크게 좌우된다. 따라서 개인적인 판단이나 정부의 자의적 정책결정이 법치경제운용보다 우선시되며 인위적인 정부의 설계주의가 자리를 잡게 된다.

그러나 시장경제질서는 몇몇 엘리트의 영웅주의적 지도력이나 재량적 판단에 의존하기보다는 가격신호와 인센티브로 움직이는 시장시스템에 의하여 자원이 배분된다. 따라서 수요가 폭증하고 공급이 달리는 시장위기의 순간에도 인위적인 정책보다는 가격상승에 따라 수급조절이 이루어져 합리적인 자원배분을 유도한다. 따라서 가능한 법과 원칙에 의하여 경제가 운영되는 시스템 즉 법치경제가 주도하는 시장경제질서이다.

물론 이 세상에는 순수한 시장경제질서와 순수한 관리경제질서란 존재하지 않는다. 아무리 엄격한 관리경제질서에서도 시장원리는 은밀하게 숨어들어 작용하기 마련이다. 또한 아무리 시장이 주도하는 경제에서도 인위적 정책과 설계주의적 계획의 자취를 없앤다는 것은 쉬운 일이 아니다. 사실 현실에서 볼 수 있는 경제는 이 두 극단적 사이의 법치보다는 인치와 관치가 발휘될 가능성이 더 많아지며, 반대로 시장경제질서에 가까워질수록 룰에 의한 법치의 원칙이 존중받을 가능성이 높아진다고 할 수 있다. 사실상 시장경제질서와 법치경제는 서로 뗄 수 없는 동전의 양면과 같다고 할 수 있다.

2. 재산권 보호의 미흡이 법치경제의 장애

우리나라의 가장 큰 문제점 중의 하나는 사회 전반에 걸쳐 만연해 있는 평등주의의 함정이다. 우리 사회에는 국민 간의 위화감을 최소화시킨다는 명목으로 공평한 소득재분배와 빈부격차의 해소를 지나치게 강조하는 경향이 만연되어 있다. 교육문제에서도 교육의 평준화를 강조하고, 복지, 노동 등 모든 분야에서 평등주의적 사고방식이 능력과 경쟁력에 따른 성과원칙을 압도하고 있다. 대기업과 그 소유주에 대한 일반 국민의 인식 또한 매우 부정적이다.

이러한 평등주의 함정은 본질적으로 재산권 보호를 미흡하게 하는 특성이 있다. 즉 소득이나 자산이 많은 사람에게 고율의 세금이나 부과금을 징수하고 이에 따른 혜택은 중저소득층에게 폭넓게 부여하는 정책이 사회 전반적으로 확산됨에 따라 사회구성원은 노력에 비하여 자신이 실질적으로 처분할 수 있는 수익과 편익이 줄어들게 되는 것이다. 이에 따라 경제주체의 창의적인 투자 및 경제활동이 제대로 보상받지 못하게 된다. 이와 같이 우리 사회에 만연된 평등주의 함정은 개인재산권 보호에 장애 요인으로 작용하고 있다.

각종 경제정책에서도 평등주의적 사고방식이 반영되어 있다. 우리나라 헌법이 보장되는 기본권은 생활의 평준화나 일원화가 아닌 생활형태의 다양성을 전제로 하고 있다. 그러므로 충분히 자기책임 하에 일상생활에서 오는 생활의 위험을 감당할 수 있는 고소득층 내지 재력이 있는 계층을 저소득층 내지 영세민과 구별하지 않고 일률적인 국민보험의 규제 대상으로 하는 사회보장제도는 헌법이 강조하는 복지국가 실현의 이념적 한계를 벗어난 것이다. 그런 점에서 모든 국민을 하나의 '연대집단'으로 묶은 채 현재 시행중인 의료보험, 연금보험, 고용보험 등의 사회보험은 오히려 생활수준의 하향식 조정을 의미하는 것으로서 생활수준의 상향식 조정을 지표로 하는 현대산업국가의 헌법질서에 부합하지 않는다. 고교평준화제도를 비롯한 현교육정책은 공교육을 황폐화시켜 여러 사회문제를 일으키고 있으며, 국가경쟁력의 약화를 초래하고 있는데, 이는 역사발전의 보편성에도 반하는 위헌적인 제도라고 할 수 있다. 교육부의 임의적 '대학입학전형 기본계획'이라는 가이드라인에 따라서 국가의 지나친 간섭을 가능하게 하는 각종 교육관계 법령 역시 교육의 자주성과 대학의 자율성을 보장한 헌법정신에 위배된다.

시장에서 경쟁을 북돋우어야 할 경제정책도 이 같은 평등주의 함정에서 자유롭지 못하다. 공정거래법상의 경제력집중 억제정책은 사실상 시장에서 강자로 떠오른 대기업을 역차별적으로 징계하는 성격을 갖고 있다. 한편 우리나라의 높은 소득세 누진율도 외국기업의 국내진출을 어렵게 하고 있으며 실제로 우리나라에서 사업활동은 하지만 홍콩 등에 적을 두고 있는 외국인 기업의 경영진이 많은 것도 사실이다.

3. 법치경제에 역행하는 경제제도 개혁

개발도상국에서 나타나는 큰 특징 중의 하나는 선진국의 성공적인 제도를 그대로 이식하려는 현상이다. 즉, 선진국에서 잘 운영되고 자리잡은 제도가 개발도상국에서도 그대로 적용되리라는 기대하에 이를 원형에 가깝게 이식하는 경우가 많다. 물론 이 경우 성공적으로 선진국의 제도가 정착되는 경우도 있지만 실패하는 경우도 많이 나타남을 볼 수 있다. 대부분의 경우 선진산업국가에서 잘 작동하는 제도가 개발도상국에서는 잘 작동하지 않는다. 이러한 문제가 나타나는 몇 가지 요인을 들면 다음과 같다. 첫째, 선진사회에는 개발도상국과는 달리 투명성을 촉진하면서 법

집행을 원활하게 해 주는 보완적인 제도가 잘 발달되어 있다. 예를들어 각종 회계기준이나 자본시장의 공시제도, 회사법체계 그리고 사법적인 법처리절차는, 마치 고속도로가 있어야 자동차가 잘 다닐 수 있듯이, 선진사회의 법·제도가 잘 작동되는 데에 중요한 역할을 하는 것이다. 이러한 전체적·보완적인 제도적 인프라(스트럭처)의 도움없이 특정한 법·제도만은 도입하려고 하는 경우 많은 어려움이 따르게 된다. 둘째, 선진사회보다 심한 개발도상국 사회의 부패문제 때문에 도입한 제도가 제대로 작동하지 않을 수 있다. 셋째, 새롭게 제도를 구축하고 이를 유지하는 데 소요되는 비용이 개발도상국에서는 1인당 소득에 비추어 볼 때 너무 커서 그 사회에 큰 부담이 될 수 있다. 넷째, 제도를 원활히 작동하게 하는 인적 자원과 행정기관의 역량에 선·후진국 간 큰 차이가 날 수 있다. 다섯째, 기술수준의 차이로 선진사회에서는 쉽게 적용될 수 있었던 제도도 개발도상국에 적응·도입하는 데 어려움이 따를 수 있다.

이러한 논의에서 알 수 있는 것은 한 사회의 역사적·문화적 환경과 가치관, 관습 등이 중요한 차이를 불러들인다는 것이다. 따라서 어떤 제도를 구축함에서 정형화된 틀을 이식하는 것은 매우 위험할 수 있고 그 사회의 기존제도와 경험을 반드시 검토하여야 한다는 것이다. 즉, 제도구축은 '경로의존성(path-dependence)'[1]이 매우 크게 나타난다는 사실이다. 일례로 투입물시장, 산출물시장 그리고 금융시장의 제도가 충분히

---

1) 다음의 일화는 경로의존성의 중요성을 비유적으로 잘 설명한다. 아이젠하위가 제2차 세계대전 이후 미국 콜롬비아대학의 총장으로 재임할 때의 일이다. 콜롬비아대학 캠퍼스 내에서 잔디밭을 깔고 보행인 도로를 내는 공사를 시행하여야 하는데, 아이젠하위는 무슨 이유에서인지 공사가 끝난 잔디밭에 보행인 도로의 포장공사는 시행하지 말라고 명령하였다. 몇 달이 지난 후에 잔디밭에 사람이 다녀서 누가 보더라도 보행인이 자주 다니는 도로가 자연히 드러나게 되었을 때에 아이젠하위는 그 위에 포장공사를 허락하였다.

발전되지 않았으며, 농산물 수요의 크기도 제한되어 있는 상황에서 토지소유권 구축의 효과는 반드시 성공적으로 나타난 것은 아니었다. 또 법체계가 잘 정리되어 있지 않고 정보유통이 제한된 사회에서는 기업지배구조를 무조건 서유럽식으로 확립하는 것 자체가 쉽지 않았다. 오히려 집중된 소유구조가 분산된 소유구조보다 기업활동을 감시하는 데 더 효과적일 수 있었다는 것이다.

제5절 | 경제와 기업개혁의 기본틀

경제개혁도 마찬가지이다. 경제개혁이란 궁극적으로 민간경제주체가 각종 경제행태를 바꾸고자 하는 것이다. 민간경제주체이라고 하면, 개인은 물론 금융 및 비금융기업 등 경제의 부가가치를 창출하고 소비하는 주체를 말한다.

그러나 경제개혁의 핵심은 바로 부가가치 창출의 주역인 기업행태를 바꾸는 일과 직결된다.

1. 한국기업은 한국적 경영환경의 산물

현존하는 우리나라의 대기업은 이른바 성공했다는 기업이며, 따라서 우리나라 경영환경에 가장 적합한 형태로 적응해 온 기업이다. 그런데 이른바 성공했다는 대기업이 문제가 있고, 이 문제가 어느 한두 기업의 문제가 아니라 일반적으로 관찰된다고 하면 이는 개별기업의 문제가 아니라, 우리나라 기업경영환경의 문제라고 보아야 한다. 기업은 각종 요소 및 제품시장과 정부정책, 정치, 문화 등 경영환경에 둘러싸여 있다. 따라서 우리나라 재벌이 독특한 경영행태를 보이고 있다면, 이는 바로 우리나라 문화, 관행, 가치관, 정치계의 행태, 정부의 규제정책과 산업정책 등 각종 경제정책과 소비자, 은행 등 채권자, 주주의 감시정도, 노사관계 등 기업을 둘러싸고 있는 각종 시장제약 등으로 구성되는 기업경영환경의 특성을 반영하는 것이라고 보아야 한다.

2. 경영여건 개선없이 기업행태 개혁 어려워

[그림 4-3]에 의하면 기업은 가장 멀리는 한 사회의 문화, 사회적 가치, 관습 및 관행 등에 의하여 영향을 받으면서 가깝게는 정부 3부에 의해 만들어지는 법과 제도에 의하여 영향을 받는다. 또한 보다 직접적으로는 정부가 내리는 각종 명령이나 경제정책의 영향하에 있으며 가장 가깝게는 제품시장과 요소시장의 조건에 따라 결정적인 영향을 받게 된다. 문화와 전통은 정치제도 및 정치권의 행태로부터 정부정책 그리고 각종 시장조건과 기업행태에 이르기까지 모든 주변요소에 영향을 미치는 전반적인 외생조건으로 작용한다. 입법부를 포함하는 정치제도는 또한 법, 제도와 같이 사회를 운용하는 게임의 법칙을 정함으로써 사회를 구성하는 모든 주체에게 영향을 미친다. 또한 정부의 경제정책은 각종 시장조건과 기업부문에 직접적으로 영향을 미치게 되며 제품시장은 기업의 생산물시장에서의 행태를, 마지막으로 금융제도를 포함하는 요소시장은 기업의 특정한 유형의 자금조달 및 인력활용방법 등 요소조달행태에 영향을 미치게 된다.

따라서 경제 및 기업개혁도 정부 3부에 의해 만들어지는 기업활동의 관련 법·제도를 개선하고, 기업활동을 규율해 온 일반적인 문화, 관행은 물론 정부와 기업 간의 공식·비공식적인 관계개혁까지 이루어져야만 기

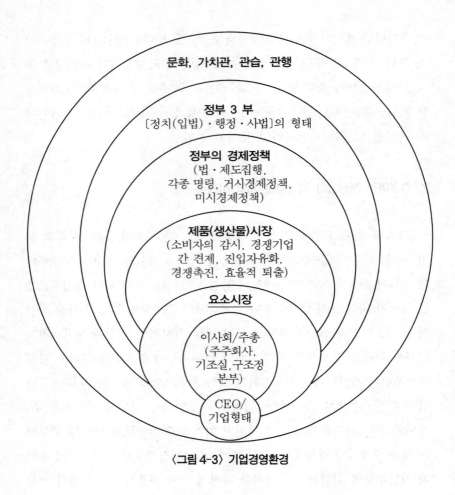

문화, 가치관, 관습, 관행

정부 3 부
〔정치(입법)・행정・사법〕의 형태

정부의 경제정책
(법・제도집행,
각종 명령, 거시경제정책,
미시경제정책)

제품(생산물)시장
(소비자의 감시, 경쟁기업
간 견제, 진입자유화,
경쟁촉진, 효율적 퇴출)

<u>요소시장</u>

이사회/주총
(주주회사,
기조실,구조정
본부)

CEO/
기업형태

〈그림 4-3〉 기업경영환경

업이 자연스럽게 경영행태를 바꾸어 가게 되는 것이다. 여기에 더하여
기업의 경쟁력을 높이기 위해서는 소비자, 채권자, 주주의 감시기능을
강화하고, 경쟁기업에 의한 경쟁압력을 강화하는 것이 불가피한 것이다.
이런 시각에서 보면 시장에는 기업을 감시하는 각종의 신(神)이 산재하
고 있는 것이며, 이 신의 기업감시 역할을 강화하는 것이 궁극적으로 기

업의 경쟁력을 제고하는 길이 된다.

아울러, 기존의 대기업과는 다르리라는 기대를 안고 이 정부가 적극적으로 육성해 온 벤처업계가 최근 각종 게이트에 연루되었다는 비판과 의혹에 시달리고 있음을 따지고 보면 우리나라 기업경영환경이 아직도 크게 개선되지 못하고 있음을 반증하는 것이라고 볼 수 있다. 따라서 비리 벤처기업이나 기업인에 대한 처벌도 필요하겠지만, 이러한 행태를 유도하고 있는 우리나라 기업경영환경을 체계적으로 점검·개선하는 노력을 경주하지 않으면 안 될 것이다.

이러한 논의는 여기에 국한되지 않는다. 금융기관의 행태, 공무원, 교육인, 법조인 나아가 노조의 행태도 모두가 이러한 정치인이나 기업인과 마찬가지로 주어진 생활환경의 산물임을 인식하는 것이 중요하다. 따라서 모든 개혁과제는 우리의 행동 그 자체를 규제하기보다는 전체 사회시스템의 구성인자 중에서 우리 행동을 규율하는 제도적 환경을 개선함으로써 순리에 따라 문제행동이 개선될 수 있도록 하는 데 있다 할 것이다. 이래야만 이른바 개혁피로를 초래하지 않으면서도 보다 효율적으로 개혁을 이루어 낼 수 있는 것이다.

제6절 | 개혁은 세대를 넘는 대장정

모든 개혁은 하루아침에 이루어지는 것이 아니다. 물론 혁명이나 전쟁, 경제위기 또는 천재지변 등에 따라 개혁의 계기가 마련된다면 변화속도는 빠를 수 있지만, 이미 지적한 바와 같이 최근의 '신제도학파 경제학'은 그 동안의 역사적 경험에 비추어 볼 때 법·제도 등의 공식적인 규칙의 개혁은 10~100년 단위로 이루어진다는 것을 강조하고 있다. 더구나 법 · 제도의 개혁에 따라 일반 국민의 사회, 경제, 정치 등 관련생활을 바꾸어 나가는 데만도 10년 단위의 기간이 걸릴 수 있음을 강조하고 있다.

그런데 의식, 가치관, 관행 등을 포괄하는 의미의 문화의 경우는 공식적인 법 · 제도가 장기간에 걸쳐 생활관습화되면서 문화의 일부로 자리잡게 된다. 따라서 문화를 바꾸는 일도 결국은 구체적인 공식적 규칙을 개혁하는 일에서부터 시작할 수밖에 없지만, 문화의 개혁은 더 어려운 일일 수밖에 없다. 이미 지적한 바와 같이 문화적인 변화나 개혁은 100~1000년 단위로 이루어진다는 점을 상기할 필요가 있다.

이와 같이 개혁은 생활환경을 바꾸는 일일 뿐만 아니라 국민이 바뀐 환경에 적응하는 기간까지 감안하면 세대와 세기를 넘는 과정일 수 있음을 명심해야 한다. 지금 당장 우리 세대가 할 수 있는 일이 있다면 바른 방향으로 공식적인 법 · 제도를 만들고 이를 엄격하게 집행하는 일이다. 조급증을 낸다 해서 하루아침 아니면 몇 년 사이에 상전벽해의 새 나라를 만들어 낼 수는 없다. 새로운 환경을 만들어 내고 국민주체가 새 환경에 맞춰 행동양식을 바꾸어 나가는 과정을 인내심을 가지고 지켜볼 줄 알아야 개혁에 따른 비용을 줄이고 나아가 개혁피로증에서도 벗어날 수 있다. 조급증을 내서 국민에게 압력을 넣고 우선 당장 외양이라도 그럴 듯하게 보이게 하려는 노력은 국민의 조정비용을 높일 뿐 아니라 십중팔구 개혁피로를 야기할 뿐이다. 또한 개혁조급증은 필경 규제의 칼을 들이대게 만들며, 궁극적으로 행정력을 법 위에 놓는 결과를 초래함으로써 법치경제의 개혁을 어렵게 만들 수밖에 없는 것이다. 개혁조급증은 법치경제의 걸림돌임을 명심해야 한다.

개혁을 주도하는 사람이 조급해하지 않으면서도 변화의 긴 과정에 항상 개혁과정에 있음을 잊지 않고 법치경제의 개혁을 지켜 내는 것은 지난(至難)한 일임에 틀림없다. 그러나 그렇기 때문에 개혁이 또한 실패를 거듭해 왔다는 사실도 명심해야 한다.

　B.C. 433년 펠로폰네스 전쟁이 일어나기 직전, 섬나라 코르시라(Corcyra)와 그리스의 도시국가인 코린트(Corinth) 사이에 전쟁이 벌어질 찰나였다. 양측이 아테네에 대사를 보내 자국을 도와 줄 것을 호소하기에 이르렀는데 아테네의 후원을 받는 나라가 승리하는 것은 명약관화했다. 콜시라의 대사가 먼저 아테네에 도착하여 말하기를 자신의 섬나라는 그리스를 한 번도 도와 준 일이 없었고 실제로 아테네의 적국과 동맹을 맺었다는 사실을 인정하였다. 실제 코르시라와 아테네 사이에 우호관계도 없었고 서로 호의를 베푼 일도 없다. 그러나 코르시라의 대사는 두려운 마음으로 자국의 안전을 염려하여 아테네에 왔다고 고백하였다. 그가 단지 아테네를 위해 제공할 수 있는 것은 상호이익이 되는 동맹으로 아테네보다 수적으로 우수한 해군을 가지고 있다고 말하였다. 두 나라가 동맹을 맺으면 강력한 군대로 적국인 스파르타를 위협할 수 있다고 주장하였다.

　코린트의 대사는 코르시라의 대사가 연설한 무미건조한 접근방법 대신에 정열적인 연설을 했는데 이미 과거 아테네를 위해 한 일을 하나하나씩 이야기하였다. 아테네에게 충직한 현재의 친구나라를 팽개치고 적국과 동맹을 맺었던 나라를 도와 준다면 그 동안 아테네에 충직했던 동맹국가가 충직의 가치가 제값을 갖지 못한다고 판단하여, 동맹을 파기할 것이라고 주장하면서 자국을 도와 줄 것을 호소하였다. 그는 헬레네법에 호소하여 코린트가 한 선한 행동을 갚아 줄 것을 간청하였다.

　양측의 연설이 끝난 후 아테네 사람은 의회에서 논쟁에 들어갔는데 표결결과 코르시라를 후원하기로 하였다. 코린트의 대사의 연설은 오히려 아테네 시민을 화나게 만들었는데 코린트가 아테네에게 베푼 과거의 호의를 언급하여 죄의식을 느끼고 의무감을 갖도록 하였기 때문이다. 아테네 시민은 과거의 호의에 개의하지 않고 우정의 감각도 없었다. 또한 아테네 시민은 코린트를 포기함으로써 동맹국이 배은망덕하다고 생각하더라도 그리스의 최강자인 아테네 도시국가와의 동맹을 깨뜨리지 않을 것으로 내다보았다. 아테네는 힘으로 제국을 다스렸고 반역하는 국가가 과거의 둥지로 돌아오도록 만들 수 있다는 사실을 잘 알고 있었다(Robert Greene, *48 Laws of Power*, 1998).

제V부

자유의 대가를 지불하는 책임부담의 문화

자유와 우리 자신의 양심에 따라 자신의 생활을 관리할 책임을 가질 때, 그것은 도의심이 성장하는 태도이며, ……. 상관의 책임이 아니라, 사람의 양심에 따라 책임을 지고, 강요되지 않는 의무를 의식하고, …… 가치 있다고 생각하는 여러 가지 중에서, …… 어느 것을 희생해야 한다고 스스로 결정하고, 또 자신이 결정한 결과를 감수할 필요성, 이런 것이야말로 그 이름에 걸맞는 도덕의 핵심요소이다.

하이에크, 『노예로의 길』

자유가 중요하다는 사실에 우리 모두 찬동하지만 양호한 건강이나 풍부한 공기처럼 이것을 빼앗기기 이전까지는 잘 염두에 두지 않는다.

자유는 그 자체만으로도 가치가 있겠지만, 자유와 번영이 함께 동반하여 나아가지 않는다는 사실을 인식하는 일도 중요하다. 자유는 경제적 번영에 필요불가결한 요소이다. 경제적 진보 없이 자유를 가질 수 있겠지만, 자유없이 진정한 의미의 경제적 진보를 가지기는 불가능하다. 자유가 번영을 보장하는 까닭은 사유재산권이 존재하기 때문이다. 사유재산이 보호받고, 시장을 통해 계약이 집행되면, 개인은 다른 사람을 배려하면서 자신의 자유를 행사하게 된다. 효과적인 사유재산권이 없다면 개인은 자신의 자유를 책임 있게 사용할 수도 없을 것이고, 개인의 자유에 사회적 관용도 사라질 것이다. 사유재산의 역할을 최소화하고자 하는 경제체제에 비해 사유재산과 교환을 바탕으로 하는 경제체제가 우리의 자유를 보다 안전하게 보장할 수 있다고 장황하게 설명한 이유가 바로 여기에 있다.

제Ⅴ부에서 사유재산을 바탕으로 자유를 행사하는 개인은 그 대가로 책임을 부담할 수밖에 없는 경제문화를 소개하고자 한다. 권한(자유)만 누리려고 하고 책임(의무)은 부담하지 않으려는 우리의 경제풍토를 다시 한번 생각하게 하는 글이다.

제25장에서 하이에크(Friedrich Hayek)는『노예로의 길』을 통해 제2차 세계대전 직전 독일이 전체주의로 빠져들어 가는 위험을 경고하고 사회주의가 '궁핍으로부터 해방하는 길'이 아닌 '노예로 가는 길'이라고 주장하였다.

제26장에서 드와이트 리(Dwight Lee)는 개인의 책임과 자유 사이의

관계를 설명하고 있다. 개인의 자유는 자유시장의 경쟁이 자유에 책임을 부과하듯이, 개인의 이기심이 공공이익을 촉진하도록 추구되는 경우에만 인정받을 수 있다. 시장에서 책임을 부담하지 않고서는 개인의 자유도 불가능하다.

경제적 실패와 번영 사이를 연결시켜 주는 제27장 리의 글은 시장경제에서 실패하는 자에게 정부가 도움을 주어야만 한다는 낭만주의적 견해를 반박한다. 그는 오히려 실패가 있어야만 이어서 번영이 온다고 주장한다. 실패를 벽안시하는 우리나라의 풍토에서 귀담아 들을 만한 가치 있는 글이다.

제28장에서 프리드먼(Milton Friedman)은 기업가가 보다 많은 사회적 책임을 가져야 한다는 기존의 사회통념을 반박한다. 그는 기업경영자가 사회적 책임을 지기 이전에 이윤극대화를 통해 주주에게 책임을 지고, 주주들이 사회적 책임을 지는 사회이기를 주장한다.

제25장
노예로의 길

프리드리히 아우구스트 하이에크

> 그렇게 존중되지도 않고 또 실천되지도 않은 미덕(독립심과 자기신뢰, 위험을 감수
> 하려는 의지, 다수에 반대하여 자기자신의 신념을 유지하려고 하는 각오, 자신의
> 이웃과 자발적으로 협력하려고 하는 의사)은 사실 개인주의사회가 작동하기 위해
> 그 사회가 의존해야 할 본질적인 미덕이다. 집단주의에는 이런 덕망을 대신할 아무
> 것도 없다.
>
> 하이에크, 『노예로의 길』

하이에크(Friedrich August Hayek)는 오스트리아 빈대학에서 미제스
(Mises)와 함께 일찍이 경기안정을 위한 정부에 의한 계획경제가 가져올
사태를 우려하여 주로 케인즈경제학을 비판하면서 명성을 얻었는데, 전
체주의 히틀러 치하에서 『노예로의 길(*The Road to Serfdom*)』(1944)을 발
표하여 시장경제의 주창자로서의 명성을 얻기 시작하였다. 오스트리아
태생의 하이에크는 1938년 히틀러가 오스트리아를 합병하자 영국으로
귀화했는데 제2차 세계대전 중에 오스트리아 출신이라는 '회피할 수 없는
의무감'을 느껴 이 책을 집필하였다.

하이에크는 수많은 저서와 논문을 남겼는데 이 글은 그의 『노예의 길』
(김영청 옮김, 동국대학교 출판부, 1993)에서 발췌한 내용이다.

제1절 | 위대한 유토피아

이런 논쟁이 그럴 듯하게 들리도록 하기 위해 자유라는 말이 겪게 되는
의미상의 미묘한 변화를 이해하는 일이 중요하다. 정치적 자유를 주장하
는 위대한 주창자에게 '자유'는 강압으로부터의 자유, 타인의 전제권력으
로부터의 자유, 그리고 사람을 예속하고 있는 상급자(superior)의 명령
에 복종하는 것 이외에는 다른 선택의 여지가 남아 있지 않는 그런 속박
으로부터의 해방을 의미하는 것이다. 그러나 약속된 이른바 새로운 자유
란 궁핍으로부터의 자유(freedom from necessity), 즉 우리 모두에게 선
택의 범위를 불가피하게 제한하는 환경이 주는 강제로부터의 해방을 말
한다. 이 해방은 불특정한 다른 사람보다도 몇몇 사람을 속박하는 커다란
강제로부터 해방하자는 주장이었다. 다시 말해 비록 불특정의 다른 사람
보다도 훨씬 더 몇몇 사람을 위한 것이기는 하지만, 인간이 진실로 자유
로울 수 있게 되려면 '물질적 궁핍의 폭정(despotism of physical want)'
이 분쇄되어야 하고 '경제체제의 억압'이 풀려야 함을 의미한다. 이런 의
미에서의 자유는 단지 권력 또는 부의 또 다른 이름에 지나지 않는다.

비록 사회주의 사회에서 이 새로운 자유약속이 막대한 물질적 부의 증
가를 가져올 것이라는 무책임한 약속과 흔히 결부되었다 하더라도, 경제
적 자유가 기대하는 바는 인색한 자연을 완전히 정복하는 데서 나오는
것은 아니다. 실제로 사람 사이에 존재하는 커다란 불평등을 사라지게
하겠다는 약속이 실현될 수 있는 것은 아니다. 이리하여 새로운 자유에

대한 요구는 부의 평등한 분배를 요구하는 다른 이름에 지나지 않는다. 그러나 이 이름은 사회주의자와 자유주의자에게 공통으로 '새로운 자유'라는 용어를 주었고, 사회주의자는 이 용어를 최대한 이용하였다. 그리고 이 용어가 두 집단에 의해 각기 다른 의미로 사용되었으나 사람은 그 차이를 거의 알지 못했다. 심지어 이 두 가지 종류의 약속된 자유가 실제로 결합될 수 있을지의 여부를 스스로에게 물어 보는 사람은 지금까지 거의 없었다.

보다 큰 자유의 약속이 사회주의를 선전하는 가장 효과적인 무기 중의 하나가 되었으며, 사회주의가 자유를 제공할 것이라는 믿음이 진정이고 성실한 것이라는 데는 의심의 여지가 없었다. 그러나 자유로 가는 길(road to freedom)로서 우리에게 약속된 그것이 사실은 노예로 가는 확실한 길(high road to servitude)로 밝혀질 경우에는 그것은 커다란 비극을 낳을 따름이다. 의심할 것도 없이, 많은 자유주의자가 더 많은 자유의 약속에 매료되어 사회주의 노선을 지지하였고, 사회주의와 자유주의의 기본원리 사이에 존재하는 대립을 보지 못하도록 만들었다. 그리고 자유의 약속은 사회주의자가 구자유정당의 명칭을 그대로 도용하여 사용할 수 있게 만든 바로 그 장본인이었다. 이리하여 사회주의는 자유주의의 전통을 이어받을 상속인이던 수많은 지식계급(intelligentsia)에 의해 환영을 받았다. 그러므로 그 사상이 자유와는 정반대로 그들을 끌고 갈 사회주의라고는 그들조자 상상하지 못한 것에 놀라울 것은 없다.

제2절 | 개인주의와 집단주의

이러한 종류의 계획에 반대하는 태도와 독단적인 자유방임주의적 태도를 혼동하지 않는 것이 중요하다. 자유주의자는 인간의 노력을 조정하는 수단으로서 경쟁의 힘을 가능한 한 최대로 활용하자고 주장하며, 사태를 있는 그대로 내버려 두자고 주장하지는 않는다. 그렇게 주장하는 까닭은, 경쟁은 다른 어떤 부문보다 개인의 노력을 지도하는 데 보다 나은 방법이기 때문이다. 경쟁이 유리하게 작용하기 위해서는 심사숙고하게 입안된 법체계가 필요하며, 현재 또는 과거의 법규정에 중대한 결함이 있을 수 있다는 것을 결코 부정하지 않으며, 심지어는 이러한 사실을 강조하기도 한다. 그리고 경쟁을 유효하게 만드는 데 필요한 조건을 조성하는 것이 불가능한 경우에는 경제활동을 지도하는 다른 방법에 의존해야 한다는 주장 역시 부인하지 않는다.

그러나 경제적 자유주의는 경쟁 대신에 인간의 노력을 조정하는 보다 열등한 방법으로 경쟁을 대체하는 일에는 반대한다. 그리고 경제적 자유주의는 경쟁을 보다 우수한 것으로 간주하는데, 그 이유는 대부분의 환경에서 경쟁은 지금까지 알려져 있는 가장 효과적인 방법일 뿐만 아니라, 더욱이 경쟁은 당국이 강제적·자의적으로 개입하지 않고서도 우리의 활동이 상호간에 조정될 수 있도록 하는 유일한 방법이기 때문이다. 실제로 경쟁을 지지하는 주된 주장의 하나는 경쟁이 '의식적인 사회통제(conscious social control)'의 필요성을 제거하고 또한 특정사업의 위험을 보상받기에 충분한가의 여부를 결정할 수 있는 기회를 개인에게 부여한다는 점이다.

개인이 자본을 어떠한 방법으로 사용해야 하는가를 지시하려고 드는 정치가는 자신에게 가장 불필요한 주의를 기울이도록 하는 부담을 지게 할 뿐만 아니라, 동시에 추밀원이나 의회, 그 어디에서인가에 안심하고 맡길 수 있는 권력을 가지려고 시도한다. 그러나 자신이 그것을 행사하는 데 적합하다고 망상에 젖어 있을 만큼 어리석음과 억측을 가지고 있는 사람의 수중에 그러한 권력이 있을 때만큼 더 위험한 권력은 없다. (스미스)

제3절 │ 계획화와 법의 지배

이 논의는 두 가지이다. 첫째는 경제적인 것이며, 여기서 간략하게 설명될 수 있다. 국가는 일반적 형태의 여러 사정에 적용되는 법령을 제정하는 일로 그쳐야 하고, 시간과 공간의 사정 여하에 달려 있는 모든 일에 개인에게 자유를 허용해야 한다. 각 경우에 당사자인 개인만이 그러한 사정을 충분히 알고, 그들의 행동을 그 사정에 적응시킬 수 있을 것이기 때문이다. 만약 개인이 계획을 수립하는 데 자신의 지식을 효과적으로 사용할 수 있도록 하려면 자신의 계획에 영향을 미칠 국가행동을 예측할 수 없어야만 한다. 국가의 행동은 사전에 고려할 수도 없는 구체적인 사정과는 관계없이, 법령에 의해 확정되어 있어야 한다. 그러면 그러한 국가행동의 특수한 효과는 예측할 수 없을 것이다. 한편, 국가가 특정목적을 달성하기 위해 개인의 행위를 지시하려고 든다면 그 조치는 예측될 수 없는 것이어야 할 것이다. 그러므로 국가가 더 많이 계획할수록 개인의 계획이 더 어려워진다는 점은 잘 알려진 사실이다.

두 번째의 도의적·정치적 논의는 문제가 되고 있는 요점과 더 직접 관련된다. 국가가 만약 그 행동의 영향을 정확하게 예측할 수 있다면, 그것은 영향을 받는 사람에게 아무런 선택의 여지를 남겨둘 수 없음을 의미한다. 선택적인 여러 행동과정이 특정인에게 미치는 효과를 국가가 정확하게 예측할 수 있는 경우에는, 어느 경우라도 각기 상이한 목적 중에서 선택하는 것은 역시 국가라고 할 수 있다. 만약 우리가 모든 사람에게 개방되는 새로운 기회를 창출하자면, 즉 국민이 하고 싶은 대로 이용할 수 있는 그런 기회를 제공하고자 한다면, 그 정확한 결과는 예측될 수 없는 것이어야만 한다. 그러므로 특수한 명령과 구분되는 것으로서 일반적인 법령, 즉, 진정한 법은 상세하게 예측될 수 없는 사정에 적용되도록 의도되어야 하고, 그 때문에 그 법이 특정목적과 특정인에게 미치는 효과를 사전에 알 수가 없어야 한다. 입법가가 공평무사한 것이 전적으로 가능한 것은 오직 이런 의미에서뿐이다. 공평무사함은 어떤 질문(우리가 결정해야 한다면 동전을 던져 결정하는 그런 질문)에 대답을 하지 않는 것을 의미한다.

모든 일이 정확하게 예측되는 세계에서는 국가는 아무것도 할 수 없고 그래서 공평무사하게 될 수도 없다. 그러나 정부정책이 국민에게 미치는 영향이 정확히 알려져 있는 상황에서는 정부가 어떤 특정효과를 직접 의도하고 있다면 그 효과를 알게 될 수밖에 없고, 그러한 까닭으로 정부는 공평무사할 수 없게 된다. 이런 경우 정부는 당연히 한편에 기울어져 국민에게 가치판단을 강요할 것이 틀림없고 국민 자신이 목적을 수행할 때 그들을 도와 주는 대신, 국민을 위해 목적을 선택하지 않으면 안 된다. 법이 제정될 그 시점에서 특정효과가 예측되는 순간 그 법은 국민이 사용할 단순한 수단이 아니며, 그 대신 입법가가 국민에 대하여, 그리고 입법가의 목적을 위해 사용될 수단이 된다. 이 때 국가는 국민의 개성이 최고도로 발전되도록 도와 줄 의도를 가지는 그런 종류의 공리적인 기관이 아니고, 하나의 '도덕적' 기관이 된다. 여기서 '도덕적'이라는 말은 비도덕적이라는 말과 대조적으로 사용된 것이 아니고, 국가구성원에게 모든 도덕적 문제에 국가의 견해(그 견해가 도덕적이든 또는 고도로 비도덕적이든)를 강요하는 하나의 기관을 뜻하는 것이다. 이런 의미에서 나치(Nazi)나 다른 집단주의 국가는 '도덕적'이며, 자유주의 국가는 그렇지 않다. (중략)

특정효과의 예측이 불가능하다는 사실은 그것이 이 체제의 본질에 또 다른 혼란을 제거하는 데 도움을 주기 때문에 역시 중요하다. 즉 그 혼란이란 국가가 행동하지 않는 것이 자유주의 체제의 특징적인 태도라는 신념이다. 국가가 행동해야 하고 '간섭'해야 하느냐, 또는 그렇게 해서는 안 되느냐 하고 질문한다면 그것은 전부 잘못된 선택을 요구하는 것이다. 또 '자유방임(Laissez-faire)'이라는 용어도 자유주의 정책이 의거하고 있는 그 원칙을 대단히 모호하고 그릇되게 표현한 것이다. 물론 어느 국가나 행동해야 하고, 그 행동은 어느 것이든 이런저런 것을 간섭하게 된다. 그러나 요점은 이것이 아니다. 중요한 질문은 다음과 같은 것이다. 즉, 개인이 국가의 행동을 예측할 수 있느냐, 그리고 그러한 지식을 최대한 자신의 계획을 세우는 자료로 사용할 수 있느냐 하는 문제이며, 그 결과로서 개인이 국가조직을 그런 계획에 사용하는 것을 국가가 통제할 수 없고, 개인이 타인의 간섭으로부터 어느 정도까지 보호를 받을 것인가 또는 국가가 개인의 노력을 좌절시킬 수 있는 그런 입장인가의 여부를 개인이 정확하게 알고 있느냐 하는 그런 문제인 것이다.

제4절 | 경제통제와 전체주의

중앙집권적 계획화의 채택이 한동안 잠시 계속된 자유경제 다음에 대부분의 시대를 통해 경제활동을 지배하여 온 그 속박과 규제로 단순히 되돌아가는 것을 의미한다든지, 이 때문에 개인적 자유의 침해는 자유방임시대 이전보다 더 클 필요가 없다든지, 하는 따위의 생각을 가지고 이로부터 마음의 위로를 구하고 있다면, 그것은 우리 자신을 심하게 속이고 있는 것이다. 그런 생각은 위험한 환상이다. 경제생활의 통제가 가장 심했던 유럽역사의 그 시절에도 일반적·반영구적인 법령체계를 만들어 그 체계 내에서 개인은 광범위한 자유의 영역을 가지고 있었으며, 경제생활의 통제도 이런 정도 이상으로 실시되지 않았다. 당시에 사용된 통제수단도 매우 일반적인 지시 이상을 부과하기에는 적합하지 않은 것이었다. 그리고 통제가 가장 철저했던 곳에서도 통제는 개인이 사회적 분업에 참가하는 그런 활동으로만 확대되었을 따름이었다. 개인은 당시에도 아주 광범위한 영역에서 역시 그 자신의 생산물에 의존하며 살았으며, 그가 선택하는 대로 행동할 자유가 있었다.

지금의 사정은 완전히 다르다. 자유주의시대에 점차 발전한 분업은 우리 활동의 거의 하나하나가 사회적 과정의 한 부분이 되는 그런 상황을 만들어 냈다. 이것은 우리가 되돌릴 수 없는 발전이다. 우리가 현재의 수준과 같은 어떤 수준으로 엄청나게 불어난 인구를 먹여 살릴 수 있는 것은 오직 이런 발전 때문이므로, 그것은 되돌릴 수 없는 발전이다. 이 때문에 경쟁을 중앙집권적 계획으로 대체하게 되면 그 이전 어느 때 시도된 것보다 우리 생활의 훨씬 더 많은 부분을 중앙에서 통제하지 않으면 안 될 것이다. 계획은 우리가 경제활동으로 간주하는 정도에서 그치지 않는다. 우리는 지금 우리 생활의 거의 모든 분야에서 다른 사람의 경제활동에 의존하고 있기 때문이다.

제5절 | 보장과 자유

정부가 묵인하거나 지원하는 제한조치에 의해 경제적 보장을 얻으려고 하는 일반적인 노력은 시간이 경과하는 과정에서 사회의 점진적인 변형 (많은 다른 방법으로도 그랬던 것처럼 독일이 주도하여 왔고 다른 나라가 추종해 온 그런 변형)을 초래하였다. 이러한 사태진전은 사회주의자가 가르친 또 다른 영향으로 더욱 촉진되었는데, 그 가르침이란 경제적 위험을 수반하는 모든 활동을 의도적으로 비방하고, 위험을 무릅쓸 만한 가치가 있으나 단지 소수인만이 얻을 수 있는 이익을 도의적인 치욕이라고 몰아세우는 그런 가르침이었다. 우리의 청년은 어릴 적부터 안전하고 급료받는 자리가 보다 훌륭하고 덜 이기적이며 사욕이 없는 직업이라는 것을 들어 왔으므로, 기업의 위험보다는 안전하고 급료받는 자리를 보다 더 선호하였다고 하여 비난할 수는 없다.

오늘날의 젊은 세대가 자라 온 세계는 학교에서나 신문에서나 상업적 기업정신을 창피한 것으로 표현하고, 이윤을 얻는 것을 비도덕적인 것으로 표현하는 그런 세계였으며, 또한 100명을 고용하는 것은 착취이지만, 같은 수의 사람을 명령하는 것은 명예스러운 것으로 표현하는 그런 세계였다. 좀 연로한 사람은 이것을 현사태를 과장한 것으로 여길지 모르지만, 반자본의적 선전결과, 이 나라에서 이미 일어났던 제도의 변화에 휠씬 앞서, 가치체계가 이미 바뀌었다는 점은 대학교수의 일상경험에서 거의 의심할 여지가 없다. 문제는 새로운 요구를 충족시키기 위해 우리의 제도를 바꿈으로써, 우리가 여전히 높이 평가하고 있는 가치를 부지불식간에 파괴하지는 않을까 하는 점이다. (중략)

극심한 궁핍에 적절히 보장하고 잘못 기울인 노력과 그에 따른 실망과 같은 피할 수 있는 원인을 줄이는 것이 정책의 주된 목표의 하나라야 함은 의문의 여지가 없다. 그러나 이런 노력이 성공적이고 또한 개인의 자유를 파괴하지 않으려면, '시장' 밖에서 보장이 마련되어야 하고, 경쟁은 방해받지 않고 제기능을 하도록 내버려 두어야 한다. 자유가 유지되면 다소의 보장은 필수적이다. 단지 위험이 그렇게 크지 않은 한, 자유가 불가피하게 수반하는 위험을 대부분의 사람이 기꺼이 참으려고 할 것이기 때문이다.

그러나 이것이 우리가 결코 놓쳐서는 안 될 진리임에도 불구하고, 지도층의 지식인이 자유를 대가로 보장을 격찬하는 현재의 유행보다 더 치명적인 것은 없다. 자유는 오직 어떤 대가를 치르고 얻을 수 있다는 것, 그리고 개개인은 자유를 유지하기 위해 물질적 희생을 단단히 할 각오를 하고 있어야 한다는 사실을 직시하여 솔직하게 다시 배우는 일이 반드시 필요하다. 우리가 이런 생각을 가지려고 하면, 앵글로색슨(Anglo-Saxon)국가에서 자유원칙의 토대가 된 그 확신, 그리고 플랭클린(Benjamin Franklin)이 개인으로서나 국가로서나 우리 생활에 적용될 수 있는, "사소하고 일시적인 안전을 사기 위해 본질적 자유를 포기하려고 하는 사람은 자유도 안전도 다같이 얻을 자격이 없다"라고 표현한 그 확신을 우리가 되찾지 않으면 안 된다.

제6절 | 왜 가장 나쁜 사람이 정상에 오르는가

세 번째로, 아마도 가장 중요한 부정적인 구성분자가 들어오는 것은 대단히 응집력이 있고 동질적인 지지자 집단을 한데 묶어두기 위해 능숙한 정치선동을 교묘하게 하는 노력과 관련되어 있다. 사람이 어떤 긍정적인 과업에 동의하는 일보다 부정적인 강령이나 적에 대한 증오 또는 부자에 대한 시기심과 같은 것에 동의하기가 더 쉽다는 것은 대체로 인간성의 법칙인 것 같다. 어떤 신조에서 '우리'와 '그들' 간의 대립, 당해 집단 외부에 있는 사람에 대한 공동투쟁은 그 집단에게 공동으로 행동하도록 단단히 묶어 둘 수 있는 필수적인 요소인 것 같다. 따라서 이런 것은 단순히 어떤 정책의 지지뿐만 아니라, 거대한 대중의 조건 없는 충성을 얻으려는 사람이 항상 써먹던 것이다. 그들의 관점에서 보면 이것은 거의 어떤 다른 긍정적인 강령보다는 그들에게 더 큰 행동의 자유를 남겨 두는 이점이 있다. 적이 '유대인'이나 '쿨라크(kulak: 제정러시아의 부농)'와 같이 내부의 적이건 외부의 적이건 간에 그 적은 전체주의 지도자의 무기 중 필요불가결한 조건인 것 같다.

독일에서 유대인이 적이 되고, 다음에는 적의 자리를 '부호계급(pluto-cracies)'에게 내어 준 것이나, 러시아에서는 쿨라크를 적으로 삼은 것도 모두 반자본주의적 분노에 모든 운동의 기초를 두고 있던 결과였다. 독일이나 오스트리아에서 유대인은 자본주의의 대표격으로 간주되어 왔는데, 이유는 인구 중에서 상업에 종사하는 큰 계급을 전통적으로 혐오하다보니, 보다 더 존경받는 직업으로부터 사실상 제외되는 집단이 보다 용이하게 이런 상업업무에 접근할 수 있게 되었기 때문이다. 외국인종은 존경을 덜 받는 직업에만 받아들이고 다음에는 여전히 그런 일을 하고 있다고 미움을 받는다는 옛이야기가 있다. 독일의 반유대인 기질과 반자본주의의 감정이 같은 뿌리에서 나왔다는 사실은 그 곳에서 어떤 일이 일어났는가를 이해하는 데 대단히 중요하나, 외국의 관찰자 중 이 사실을 파악한 사람은 드물었다.

제8절 | 우리 속의 전체주의자

독점이 불가피한 여러 경우에도 독점을 통제하는 최선의 방법으로 이를 국가의 수중에 두는 것이 어떠냐 하는 것도 의문의 여지가 있다. 단지 하나의 산업만이 문제가 될 때는 그렇게 하는 것이 좋을지도 모른다. 그러나 우리가 많은 다른 독점적 산업을 취급해야 한다면, 이들을 단일의 국가통제하에다 결속시키는 것보다는 이들을 각기 다른 개인의 수중에 남겨 두자는 말을 많이 하게 될 것이다. 철도, 도로, 항공운송, 또는 가스나 전력공급 등은 모두 불가피한 독점이라 하더라도, 이것이 중앙통제에 의해 '통합될' 때보다 개별적인 별개의 독점체로 남아 있는 동안에 소비자는 오히려 더 강력한 지위에 놓이게 된다는 사실에는 의문의 여지가 없다. 민간독점은 지금까지 그렇게 완벽하지도 않았고, 더욱이 장기간 지속되는 일도 드물었으며, 잠재적인 경쟁을 무시할 수도 없었다.

그러나 국가독점은 항상 국가가 보호하는 독점이며, 잠재적인 경쟁과 효과적인 비판으로부터 보호받는 그런 독점이다. 이것은 대부분의 경우에 일시적인 독점이 항구적인 지위를 확보할 힘을 얻게 된다는 것을 뜻한다. 그 힘은 거의 틀림없이 행사될 일이다. 독점을 견제하고 통제해야 할 권력이 이를 감싸고 보호하는 일에 관심을 가지게 되는 곳에서, 독점권의 남용을 정부가 치유한다는 것은 곧 그 남용의 책임을 인정하는 꼴이 되어 버리고 만다. 그리고 독점의 비판이 곧 정부에 대한 비판이 되는 곳에서 독점이 사회의 봉사자가 될 희망이란 거의 없다. 독점기업의 경영이 사방으로 얽혀 있는 국가는 그것이 개인을 짓뭉개는 힘을 가지고는 있어도, 정책형성의 자유란 약체국가일 것이다. 독점기구는 국가기구와 동일한 것이 될 것이고, 국가 그 자체는 일반국민의 이익보다는 경영자의 이익과 점점 더 밀착하게 된다.

제8절 | 물질적인 조건과 이상적인 목표

물질적 환경이 우리에게 어떤 선택을 부과하는 그런 영역에서 행동의 자유와 자신의 양심에 따라 자신의 생활을 관리할 책임을 가질 때, 그것은 도의심이 성장하는 태도이며, 개인의 자유로운 결정으로 도덕적 가치를 날로 재창조하는 태도이다. 상관의 책임이 아니라 사람의 양심에 따라 책임을 지고, 강요되지 않는 의무를 의식하고, 사람이 가치 있다고 생각하는 여러 가지 중에서 다른 사람을 위해 어느 것을 희생해야 한다고 스스로 결정하고, 또 자신이 결정한 결과를 감수할 필요성, 이런 것이야말로 그 이름에 걸맞는 도덕의 핵심요소이다.

집단주의(collectivism)의 결과는 개인의 행동영역에서 거의 전적으로 파괴적인 것이었다는 사실은 필연적이고 동시에 부인하기 어려운 사실이다. 그 주된 약속이 책임으로부터의 해방이었던 이 운동은, 그 출현에 이바지한 이상이 아무리 고상한 것이라 하더라도, 그 결과에서는 반도덕적인 것이 되지 않을 수 없다. 우리 개인의 능력이 허용하는 데에도 불공평을 시정할 개인적인 의무감이 강화되었다기보다는 오히려 약화되었다고 하는 데 의문이 있을 수 없다. 기꺼이 책임을 지려는 생각이나 어떻게 선택할 것인가를 아는 것이 우리 자신의 개인적인 의무라는 자각도 눈에 띌 정도로 손상되었다는 점에서도 의문이 있을 수 없지 않은가? 당국이 바람직한 상황을 만들어야 한다고 주장하거나 모든 사람이 같이하기만 한다면 자진하여 복종하려는 것과 자신의 욕구를 희생하고 적대적인 여론에 맞서 자신이 옳다고 생각하는 바를 실천하려는 의사와는 크게 다르다. 우리가 특정권리의 남용에서는 사실 점점 더 관대해지고 있는 경우를 많이 제시할 수 있다. 우리는 국가가 모든 것을 정당하게 처리해 줄 다른 그런 체제에 우리의 눈을 고정시켜 왔기 때문이다. 우리의 집단주의적 조치에 대한 정열로, 개인으로서는 조금이라도 자제하기를 배워 온 그 이기심에 아무런 양심의 가책도 없이, 우리는 지금 집단적으로 빠져들고 있다.

그렇게 존중되지도 않고 또 실천되지도 않았던 미덕(독립심과 자기신뢰,

위험을 감수하려는 의지, 다수에 반대하여 자기자신의 신념을 유지하려는 각오, 자신의 이웃과 자발적으로 협력하려는 의사)은 사실 개인주의 사회가 작동하기 위해 그 사회가 의존해야 할 본질적인 미덕이다. 집단주의에는 이런 덕망을 대신할 아무것도 없다. 그리고 집단주의가 이런 미덕을 파괴한 이상, 그 미덕이 들어갔던 공간은 오직 복종을 강요하고 선이라고 집단적으로 결정하는 것을 개인이 하도록 강제하는 것 이외는 아무 것도 채울 것이 없다. 개인의 도덕적 선택은 점점 더 축소되어 정기적인 대표자 선거로 바뀌어 가는 경향이 있는데, 이런 선거를 하더라도 그것은 개인의 도덕적 가치를 시험하는 기회도 아니며, 개인이 높게 평가하는 가치를 위해 낮게 평가하는 가치를 희생함으로써 개인의 양식을 입증해 볼 기회도 아니다.(중략)

집단주의의 등장이 초래한 도덕가치의 변화에 한 가지 측면을 오늘날 특별히 반성자료로 삼을 것이 있다. 그것도 정확히 영국인이 특히 자랑스럽게 여겼고, 또 그들이 그 분야에서 일반적으로 탁월하다고 인정받던 미덕이 지금은 점점 더 존중받지도 못하게 되어, 결국 점차 눈에 띄지도 않게 되었다는 점이다. 스위스나 네덜란드와 같은 소국을 제외하고는 대부분의 다른 국민보다도 영국인이 더 많이 가지고 있었던 그 미덕은 독립성과 자립정신, 개인적 창의성, 지역적 책임감, 자발적인 활동의 성공적인 의존, 이웃에 대한 불간섭, 자기와 다른 사람이나 특이한 사람의 관용정신, 관습과 전통존중, 권력과 당국의 건전한 의구심 등이다. 영국의 힘·특성·업적은 대부분 자발적인 정신을 배양한 결과였다. 그러나 영국의 국민성과 영국의 도덕적 풍토를 조성하였던 거의 모든 전통과 제도는 집단주의의 발전과 그것에 고유한 중앙집권적 경향으로 인해 점차 파괴되었다.

제26장
자유와 개인의 책임

드와이트 리

자유의 행사가 개인의 윤리적 책임으로 뒷받침되지 못할 때 자유가 사라질 것임은 피할 수 없는 사실이다.

드와이트 리

이 글은 리(Dwight R. Lee)의 "Liberty and Individual Responsi-bility"(*The Freeman*, 1987)에서 발췌한 내용이다.

제1절 | 서 론

자유는 유익한 정치경제체제가 만들어 낸 매우 가치 있는 성과물인 동시에 정치경제체제를 위해 필요로 하는 필수적인 요소이다. 그런 측면에서 자유의 역할을 투입과 산출로 고려해 보는 것은 지극히 간단명료한 일이다. 사유재산과 자발적 교환을 토대로 하는 경제적 질서를 유지하는데 필요한 법적 환경을 제공하는 '작은 정부'는 개인의 자유를 위한 풍요한 터전을 제공해 준다. 작은 정부, 사유재산, 자발적 교환이 특징인 정치경제체제의 혈액은 개개인이 경제적·정치적 자유를 완전히 가질 때에만 제공될 수 있는 정보의 흐름이다.

그러나 고전적 자유의 개념에 토대를 두고 있는 정치경제체제가 어떻게 개인의 자유를 육성시키고, 또한 개인의 자유에 의해 육성되는가를 주의깊게 살펴보면, 자유가 필요로 하는 사회제도와 자유의 행사 사이에 복잡한 상호작용이 있음을 보여 준다. 자유의 행사가, 개별주체의 윤리적 신념 이외에, 어떠한 외부의 힘도 제압할 수 없는 책임감에 의해 제어되지 않고서는 자유자신이 의지하고 있는 사회제도를 점차 침식하고 말 것이다(즉 개인이 자신의 신념에 바탕을 둔 책임감만이 자유를 제어할 수 있다). 자유의 정치경제학 연구는 자유가 의존하고 있는 자신의 기반이 얼마나 무너지기 쉬운가 하는 경고에 귀를 기울이며 이루어져야 한다.

제2절 | 희소성, 법 그리고 자유

경제학, 정치학 그리고 자유, 이 세 개의 연관성을 이해하기 위해서는 가장 근본적인 경제문제를 먼저 다루는 것이 유용하겠다. 그 문제가 바로 희소성이다. 희소성이 존재하지 않는 사회에서는 개개인은 타인에게 철저하게 독립적이다. 개인은 방대한 범위에 걸친 자유를 행사할 수 있고, 그 행위는 다른 사람에게 영향을 끼치지도 않는다. 그러나 우리는 희소성이 존재하는 사회에 살고 있으며, 개인은 타인과 상호작용하여야 하며 이러한 행위는 사회적 행동에 제한을 가하는 법에 의해 제약을 받는다. 그러한 법은 개인행동에 제한을 가하고 또한 자유와 방종을 엄밀히 구별짓는다. 그러한 법의 제한이 없다면 희소성 그 자체가 우리를 더 강하게 구속할지도 모른다.

　비록 희소성이 바람직한 협력을 이끌어 낸다 해도 희소성은 경쟁을 불가피하게 이끌어 낸다는 사실을 먼저 고려해 보아야 한다. 우리 각자는 현재 소유하는 것 이상의 것을 바라는데, 더 소유하기 위해서는 한정된 자원 아래서 더 소유하기 위한 타인과의 경쟁을 거쳐야 한다. 경쟁은 일반적으로 사회를 개선시키는 데 필수적이라고 권고되고 있는 협력으로 대치되면서, 사회적 병폐의 근원으로 보이기도 한다. 그러나 우리가 잘못 이해하고 있는 것은 바로 경쟁이 사회적 병폐인 희소성의 원인이 아니고 바로 그 결과라는 사실이다. 희소성을 제거시킬 방도가 없으면, 우리의 관심사는 경쟁을 어떻게 회피할 것인가가 아니라, 생산적·협력적인 결과를 도출할 수 있는 경쟁의 행위를 어떻게 법으로 동기를 부여할 수 있는가 하는 것이 되어야 한다. 타인과의 거래에 허용가능한 제한을 두는 법이 어떠한가에 따라 경쟁은 생산적이거나 파괴적이기 될 수도 있기 때문이다.

　법이 없다고 가정해 보라. 보다 정확하게 힘(강제력)이 없다고 가정해 보라. 타인에게 자신의 의지를 강요할 수 있는 힘을 가지고 있으면 모든 사람은 자신이 원하는 모든 것을 자유롭게 사용할 수 있을 것이다. 이 경우 사람은 억제되지 않은 야만적 힘을 행사하는 방법으로 경쟁하도록 유도될 수밖에 없을 것이고, 그러한 사회에서는 타인의 임의적인 의지로부터 독립된 의미로서의 자유란 존재하지 않을 것이다.

　아무 보상 없이 타인에게 자신의 이익을 강요할 수 있는 물리적 힘을 가진 사람은 다른 사람을 자신의 노예로 삼을 것이다. 하지만 그처럼 군림하던 사람도 다음 날 다른 사람의 노예로 되어 있을지도 모를 일이다. 어떠한 강제력도 생산적·협력적인 결과를 이끌어 낼 수 없을 것 같다. 타인에 의한 강제적 박탈에 보호가 없다면, 부의 생산에 헌신하고자 하는 개인의 동기는 거의 존재하지 않을 것이다. 경쟁에 성공하는 길은 부를 생산하기보다는 약탈하거나 약탈로부터 방어하는 데 필요로 하는 기술을 개발하는 데에 보다 의존하게 될 것이다. 비록 이러한 환경 속에서 생존이 가능하더라도 개인삶의 수준은 낮다. 타인을 약탈하거나 타인의 약탈적 행위로부터 보호하는 데 자원의 대부분이 소진되는 사회에서는 생산이 거의 이루어지지 않을 것이고, 그에 따라 빈곤은 그 사회의 전반적인 현상이 되어 버린다. 홉스적(경쟁이 끓는) 정글과 같은 생활은 고독하고 가난하고 불결하며 야만적이고 오래 가지도 않을 것이다.

법이 없는 사회는 생존가능성이 없다. 법이 없는 사회에서는 번영도 없고 순수한 의미의 자유도 존재하지 않는다.

제3절 | 자유를 희생시킨 대가로서의 사회적 질서

시민이 사회적 질서가 갖는 이점을 깨달으려면, 개인의 만인에 대한 투쟁을 설명하는 홉스적 정글로부터 뛰쳐나올 필요가 있다. 유익한 사회적 질서의 기초가 되는 것은 바로 개인의 행동에 한계를 부여하는 법이다. 모든 법은 행위의 자유에 제한을 가한다. 그러나 법이 시행되면, 예상 가능한 수단으로 개인행동에 제한을 가함으로써 모든 이의 자유를 확대시킬 수 있다.

반면에 법이 너무 많아지고 구체화되어 버리면, 법이 없는 사회와 마찬가지로 법이 자유를 파괴하게 된다. 그리고 이러한 경우 너무 많은 법이 나타나는 방향으로 나아간다. 전통적으로 사회 내의 강박관념은 무질서라는 공포를 낳았다. 약탈, 폭동, 강간, 상해, 살인이 다반사로 이루어지는 사회에서는 자유의 상실을, 무질서를 모면하기 위해서 치러야만 하는 불가피한 비용으로 간주한다. 역사적으로 인간은 사회적 질서, 종교적 행위, 여행, 개인의 직장과 같은 모든 형태를 구체화한 법으로, 엄격하면서도 야만적으로, 강요하는 조건 속에서 살아 왔다. 그 사회의 지배적인 문제는 질서유지였고, 이러한 목적에 적합한 길은 극히 제한된 수의 자유만을 허용하는 방법이었다.

행동의 모든 측면을 규제하는 구체적인 법을 근간으로 하는 엄격한 사회질서가 법의 부재상태에서 이루어지는 혼돈보다 선호될 만하지만, 그러한 종류의 사회질서가 갖는 단점도 명백하게 드러난다. 그 사회의 우선되는 문제는 전반적으로 사회를 통제할 수 있는 권력을 가진 군주를 찾는 길이다. 그러한 권력은 거대하게 남용되기 쉽다. 권력을 가진 자는 신민의 세금으로 자신의 이익을 늘리고, 또 그렇게 하려는 유혹을 좀처럼 뿌리칠 수 없다. 무정부상태에 비해 강력한 정부가 갖는 유일한 장점으로는 공권력의 행사가 눈에 띄게 나타난다는 데 있다. 법이 부재하는 무정부상태에서 벗어나 리바이어던(Leviathan: 강력한) 정부의 구체적인 통제사회로 들어가는 것은 곧 다수의 밤도둑들을 한 명의 낮도둑으로 대체시키는 것과 같다.

희생된 자유로 측정한 비용은 무정부에서 희생되든 무제한의 권력을 가진 정부에서 희생되든 간에 같다. 이익을 위해 타인과의 투쟁에 강요당하고 있는 사람은 자신의 군주가 '정글' 속에서 나오는 육체적으로 지배적인 야수인지, 무제한의 정부에서 나오는 정치적으로 지배적인 야수인지에 별로 신경 쓰지 않을 것 같다.

따라서 전통적으로 사회적 선택은 바람직하지 못한 두 국가형태(구체적인 법의 통제, 사회적 질서의 부재)를 결합하여 이루어진 듯하다. 사회란 다른 사람이 보다 많이 갖는 대가로 한 사람은 적게 가지는 성질이 있다. 희소성이 존재하는 사회를 함께 살아가는 개인이 더 많은 자유와 더 질서

정연한 사회를 동시에 가질 희망은 현실적으로 실현될 가능성이 없다. 17세기와 18세기에 철학자들은 이러한 사회적 딜레마를 극복할 수 있는 법의 구조를 심각하게 고민하였다.

제4절 | 사유재산의 지배

오늘날 개인의 자유와 사회질서 간의 조화사상을 등장시킨 사람은 바로 로크(John Locke), 스미스(Adam Smith), 맨드빌(Bernard Mande-ville), 그리고 그 밖의 17~18세기 철학자들이었다. 이 사상에서 중요한 것은 법기능의 근본적인 개념상의 변화였다. 전통적으로 사회법은 생산적인 사회질서를 유지시키는 데에 필요로 하는 특정결과를 강제로 유도하기 위해 필요한 것이라고 간주하여 왔다. 논밭은 경작되어야 했고, 직물은 직조되어야 했고, 가축은 관리되어야 했으며, 특정서비스는 제공되어져야만 했다. 이 모든 일이 되도록 하는 법통치하의 중앙집중적 권한은 생산적인 결과를 보증하는 것처럼 생각되었다. 앞에서 언급한 철학자들의 근본적인 인식변화는 사회활동에 전반적인 법칙을 확립함으로써, 어떤 특정결과를 무시하더라도, 개인이 자유를 행사하는 것으로부터 바람직한 결과들을 이끌어 낼 수 있는 환경을 조성할 수 있다는 것이었다.

사회질서를 자유스럽게 바라보는 이들의 식견에 중요한 원칙은, 개인이 자신의 행동을 계획하여 수행할 수 있고, 그 결과 얻어지는 대가가 타인에 의해 몰수되지 않을 것을 보장받는 방법을 통해 개인의 권리를 명확히 정의해 주는 원칙이다. 이러한 보장이 결여되면 사람의 생산성에 대한 유인은 거의 없게 될 것이고, 시민적 유대 속에서 상호작용할 수 있는 기반도 사라질 것이다.

사유재산의 원칙은 개인의 자유와는 무관하게 이제 양립가능한 생산적인 사회질서를 추구하는 데 중요한 개념이 되었다. 사유재산의 원칙은 개인의 부에 대한 권리를 정확히 설정하여야 하고, 당사자 사이에 상호합의가 이루어지면 그 권리가 이전될 것을 요구한다. 자유가 사유재산의 원칙만으로 폭넓게 제한받을 때, 교류와 협력의 사회체계가 확립되고, 그 속에서 개인의 자유는 다른 모든 사람의 자유와 양립한다. 사유재산의 원칙하에서 한 사람이 행사하는 자유는 다른 모든 사람이 행사할 수 있는 자유를 확대시킨다.

사유재산의 원칙에 의해 촉진되는 사회협력은 경제학을 공부하는 학생들에게 잘 알려져 있지만, 상당히 자유와 관련을 가진다. 재산이 개별적으로 소유되고 또 자발적으로 교환될 때에 시장가격은 형성된다. 시장가격은 모든 시장참여자와 개별 참가자 간의 한계단위당 재화에 부여한 가치에 의사를 소통할 수 있는 수단이 된다. (중략)

제5절 | 정부의 필요성

사유재산의 원칙을 준수함으로써 얻게 되는 이점은 아주 광범위하다. 사유재산의 원칙은 특별한 결과를 위해 또는 특별한 개인이 타인의 비용으로 이익을 얻도록 하기 위해 만들어진 것이 아니다. 자유는 우리 모두에게 유익하도록 균형을 맞추고자 하는 목적을 성취하기 위해 필수적이다. 어느 누구도 예상할 수 없고, 앞서서 계획할 수도 없다. 그러나 우리 각자가 다른 사람의 재산권을 침해하면, 자유에 대한 사회적 관용과 부의 생산을 촉진하는 경제과정에서 실현되는 전반적 이익은 모든 사람에게서 줄어들 것이다.

불행하게도 재산권이 침해를 당할 때, 사회 전반적으로 나빠지지만, 개개인은 타인의 재산권을 침해함으로써 자신의 상황을 개선시킬 수 있다. 건강한 유기체에 존재하는 기생충만이 부러운 지위에 있다. 한 유기체에 무임승차하려는 기생충이 다수라면, 어떤 기생충도 이득을 볼 수 없다. 기생충의 무리와 마찬가지로 유기체 또한 쇠약해질 것이다. 이러한 기본적인 사실이 개인에게 기생충이 되는 것을 그만두고, 생산적인 활동을 하도록 동기를 부여하지는 않는다. 재산권을 존중하지 않는 풍토가 되면, 개인이 약탈로 당장의 이익을 얻더라도 오래 가지 못할 것이고, 자발적 교환과 사유재산으로부터 얻는 이익을 지키는 일이 아무런 도움이 될 수 없다는 사실을 사람이 잘 알게 될 것이다. 모든 사람이 약탈에만 치중하는 세상에서, 개인이 생산적인 활동을 위해 노력하는 것을 제한하는 행위는 다시없는 어리석은 짓이다.

다시 말해, 사유재산과 자발적 교환에 근거하고 자유로우면서도 생산적인 사회질서는 공공재이다. 공공재란 개인에게 사용가능하면서도 모든 사람에게도 사용가능한 것을 말한다. 어떤 공공재의 경우에도 그러하듯, 다른 사람의 공헌에 무임승차할 가능성이 있다. 개인은 무료로 이익을 볼 수 있음을 알고 있기 때문에 그들이 스스로를 자제하든 그렇지 않든 전적으로 개인의 선택문제로 남겨질 때 우리는 사유재산권을 거의 존중하지 않게 될 것이다.

사회질서 유지와 관련한 문제에 직면해서, 다른 사람도 같이 억제하도록 되어 있으면, 그렇게 하기로 합의함으로써, 개인은 대개 억제하려 할 것이다. 사유재산권을 모두가 존중함으로써 모든 사람은 더 잘 살게 될 가능성은 높다. 시행될 전망이 높으면 사유재산권을 존중하는 일에 모두가 동의할 것이다. 여기서 사회적 게임의 법칙을 시행하는 것은 필수적이고, 정부에게 부여한 강제적 독점의 이론적 근거가 된다.

게임의 법칙을 알고 있는 공정한 조정자로서 게임의 권위를 행사하고 위법한 사람에게 벌금을 부과하고, 참가자를 관찰하는 것이 정부의 역할이다. 공정한 심판자로서 좋은 정부는 어떤 특별한 결과를 위해 노력하는 것이 아니라, 합의된 법에 의해 확립된 한계 내에서 행동하는 한, 목적을 추구하는 데 자유로운 개인이 상호작용하는 일에 관심을 갖는 정부이다.

사유재산의 원칙을 시행함으로써 정부는 심판자로서 행동하고, 또 자유로우면서도 생산적인 사회질서로부터 이익을 얻는 사람이 사회질서를 유지하는 데 자신의 역할에 충실할 것을 요구한다. 정부가 그러한 역할을 수행하면, 사람이 타인의 재산권을 침해한 자유는 스스로를 감금하는 방식을 통해 억제될 것이다. 이것은 사유재산권에 대해 존중하도록 만들어진 공유재를 가격을 배제하는 공공재로 전환하는 효과를 갖는다. 즉 대가를 지급하지 않는 자는 이득을 누릴 자격이 없다는 뜻이다.

지금까지는 정부가 법을 강제화하거나 보호하는 역할을 살펴보았다. 정부는 자유와 사회질서 유지를 위해 전반적인 법을 시행해야 한다. 정부의 입장에서는 대안의 비용편익을 평가하기 위한 선택의 여지가 없다. 정부는 법이 준수될 것인지 아닌지를 결정하고, 준수되지 않을 것이라면, 취할 조치도 미리 결정해 두어야 한다. 그러나 이러한 부분에 대한 논의는 정부의 더 많은 기능에 접근을 필요로 한다. 공공재는 사회질서와는 달리 존재하고, 정부는 전반적으로 얼마나 많은 자금이 충당되어야 하는지, 그리고 어떤 공공재에 공적으로 재정을 투자해야 하는지를 결정하는 공동체 구성원의 기관이다. 이러한 입장에서 정부는 진지한 경제적 선택을 요구받고, 직접 생산활동에 참여한다. (중략)

제6절 | 헌법상의 제한과 헌법의 한계

정부를 통제할 수 있는 희망이란 정부행위를 헌법상으로 제한하고, 그러한 범위 내에서 활동하도록 헌법에 토대를 둔 절차상에 제한을 가함으로써 달성할 수 있다는 점이다. 일반적인 정치과정에서 정부를 이익단체의 압력에 굴하지 않고 면역시킬 수 있을 가능성은 (앞에서 말한) 헌법상의 절차와 한계수준을 (엄격하게) 상향조정함으로써 가능하다.

그러나 헌법을 통해서만 정부가 행사할 수 있는 권력을 제한할 수 있고, 자유를 위해 부정적인 힘에서 긍정적인 힘을 행사하도록 제한을 가할 수 있는 반면, 책임지는 정부를 헌법이 결코 만들 수는 없다. 효과적인 헌법은 단순히 종이에 말을 적어놓음으로 만들어지는 것이 아니다. 역사상 가장 효과적이면서도 지속되고 있는 미국헌법은 전세계에서 수많은 정치제도의 표본이 되어 왔다. 그러나 복제된 헌법은 특별히 지속적·효과적일 수 없다. 성공적인 헌법은 문화, 신념, 윤리적 이해에서 비롯되어 형성되어야 하고, 이러한 것은 사회질서 이전에 근거하고 있는 요소이다. 헌법은 정부가 공권력을 남용한다고 널리 인식되는 행위만을 효과적으로 감시하는 데에 기여할 수 있다. 만약 정부의 특별행정이 공공의 힘에 의해 난타당할 때, 그러한 정부행위를 하지 못하도록 하는 헌법상의 제한은 곧 무시되고 말 것이다. 헨리 사이먼이 관찰한 바에 의하면, "헌법조항은 조항이 명시하고 있는 도덕적 합의보다 강하지 못하다. 기껏해야 헌법은 도덕적 압력이 동원될 때까지 권력의 남용을 감지할 수 있을 뿐이다. 그리고 헌법이 자주 활용되면, 헌법에 의한 감지는 효과가 없게 된다"라고 지적하리 만치 무기력하다.

예를들면 미국헌법이 성공한 까닭은 강하면서도 팽배하던 자유의 관심에서 비롯되었음은 의심의 여지가 없다. 1787년 여름 필라델피아에 모인 제헌의회 대표자 55명은 완전하고 깨끗한 질서에서 시작할 수는 없었다. 적어도 20년간 자유를 보호하여야 한다는 관심이 고양되어 미국인 사이에서 강박관념으로까지 진전하였다. 1768년 한 식민지 이주자는 "오늘날 미국인보다 더 빨리 본성과 권리의 신장, 그리고 특권을 연구해 온 사람은 결코 없다"라는 글을 썼다.

버크(Edmond Burke)는 1775년 영국하원이 생기기 이전에 이루어진 법과 정치에 대한 폭넓은 연구가 사람에게 자신의 자유에 호기심을 갖도록 만들고, 또한 민감하게 만들었다는 사실에 주목하였다. 당시 문명의 정치적 주장에서부터 지적 선구자가 정치철학에 기여하기 위해 쓴 정치적 주장에 이르기까지의 형식을 취하는 글이 분출한 것은 미국헌법에 일반인이 관심을 적극적으로 표명하고 있었다는 사실을 의미한다. 자유보장은 최대의 관심사이고, 정부권력을 필요악으로 보고, 정부의 재량권을 틀림없는 악으로 이해한다.

정부의 권력남용에 대항하여 개인의 자유를 보호하기 위한 책임을 헌법에게 돌릴 방법은 없다. 정부에 강력한 헌법적 제한이 없다면 자유는 오래 지속될 수 없다. 동시에 정부헌법의 제한은 그러한 제한을 공공이 승인하지 않고서는 그 효과가 오래 지속될 수 없을 것이다.

제7절 | 개인의 책임과 정치적 제한

자유를 보장할 수 있게 하는 헌법상의 제한을 공공이 승인한다는 의미는 자유를 보장해 줌으로써 발생되는 결과에 대해 개인이 책임을 져야한다는 것을 뜻한다. 개인의 자유가 없을 때에 책임은 의미가 없다. 그러나 개인의 책임이 없을 때에도 자유의 미래는 없을 것이다. 하이에크는

"구성원이 각자 자신의 행위결과를 받아들이지 않으면, 자유로운 사회는 그 자체로 존속될 수 없고 기능을 할 수도 없을 것이다"라고 주장하였다.

개인의 책임은 쉽게 지속되지 않는다. 하이에크는 또한 "자유는 개인에게 단지 기회만을 제공해 줄 수 있다. 자신의 노력에 따른 결과는 무수한 사건에 의존할 것이다."라고 지적했다. 개인이 좌절을 경험할 때 개인은 그 자신을 책임으로부터 면제할 수 있는 그럴싸한 이유를 발견할 수 있을 것이다. 그러한 유혹은 그 밖의 모든 사람에게 적용되는 게임의 결과로부터 면제되고자 하는 정부에게 더욱 강하게 작용한다. 개인은 만약 (책임에서) 면제되는 행위가 일반화되면 모든 사람의 상황이 더욱 나빠질 것이란 사실을 알고 있으나, 여전히 자신에게 부닥친 특별한 경우에 한하여 다른 대우를 받기를 합리화한다.

정치가들이 소수자를 위한 특별보조를 제공하게 됨에 따라 헌법상의 권한을 침범할 때, 그들은 다수자를 위한 특별보조를 제공하는 일도 피할 수 없다는 사실을 알게 된다. 정부권력의 남용에 대항하는 유일하고도 효과적인 보루인 개인의 책임감은 그러한 남용에 부닥치면 쉽사리 무너진다. 대부분의 사람은, 정치적 영향력을 행사하여 자신의 책임을 회피하려는 사람에게 둘러싸여 있을 때, 스스로의 행동에 강한 책임감을 가지지 못한다. 여기서 파괴적인 힘이 연쇄적으로 발생하게 될 것이 분명해진다. 정부가 확대될수록 개인의 책임감은 약화되고, 그 결과 정부에 대한 더 많은 수요와 더 넓은 정부확대를 초래한다. 타인의 비용으로 이익을 얻을 수 있는 기회를 늘림으로써 확대되는 정부는 사유재산체제를 약화시키고 개인의 자유를 존속시키는 책임감의 토대까지 위협하게 된다.

서유럽 민주주의에서 정부의 규모는 전세계에 걸쳐 민주주의를 희망의 등대로 만들어 온 자유의 오랜 전통에 위협을 가해 오고 있다고 우려를 나타낸다. 이러한 우려의 배경에는 국민이 정부를 보는 시각에 근본적인 변화가 일어났다는 염려가 깔려 있다. 즉 정부권력을 위협으로 간주하여 철저히 제한할 때에야 사회적으로 이익이 생긴다는 인식이 아니라, 어떤 특별한 결과를 추구하는 데 정부의 재량적 권력이 사회진보에서 중요한 원천으로 간주된다는 인식의 변화이다.

개인책임에서 국가책임으로의 인식변화의 표면적 결과는 명확하다. 예산증대와 만성적인 결함의 확장은 오늘날 복지국가가 갖는 특징이 되었고. 경제적 역경의 가능성 있는 재정적 무책임을 낳는 우려를 증대시켜 왔다. 만성적 예산문제에서 가장 문제시되는 것은 경제적 역경의 결과가 아니라, 정치적 제한을 행사함에 무능력하다는 사실을 보여 준다는 점이다. 재정적 책임의 결핍이 미래세대에게 재정상의 부담을 전가시킬 수 있다는 것에 논의가 많이 이루어진다. 그러나 재정적 책임의 결핍은 우리의 채무에 우리 스스로 지불하기를 강요하기보다 후세에게 더 많은 부담의 징조를 보이는 정치적 제한이 결여된 데서 초래된다. 그 부담은 우리의 조상이 행사한 정치적 제한 때문에 우리가 오늘 현재 즐기는 자유의 상실이다. 그러나 이러한 정치적 제한도 우리의 인내심을 견뎌 내지 못할 것이다.

제8절 | 결 론

자유는 사회질서 유지에 필요한 구체적인 제한 및 지시사항 등 일반적인 통치행위를 준수할 때에만 보장될 수 있다. 자유는 결코 (무엇이든지 마음대로 할 수 있는) 면허가 아니다. 자유를 무한하게 사용하면 이것이 토대를 삼고 있는 일반법칙이 바로 확실하게 효력 없는 것으로 되어 버릴 것이기 때문이다. 이상적인 자유란 개인이 윤리적 책임을 받아들일 뿐만 아니라 사회의 일반법칙을 자발적으로 준수하도록 동기를 부여하는 제한까지도 받아들이는 데 있다. 그러나 이러한 이상이 완전히 실현될 수 없는 까닭에, 외부적 제한이 없다고 하여 자신의 자유를 남용하여 타인의 자유를 위협하려는 사람에게 정부가 권력을 행사한다. 정부권력은 자유가 스스로를 좀먹는 것을 방지하기 위해 필요한 것이다.

정부권력은 자유를 보장하기 위해 필요한 것이지만, 그것만으로는 충분하지 않다. 일반법칙을 공평하게 시행해야 하는 정부의 능력은 개인의 책임감 결여로 무기력해질 수 있고, 무엇보다 먼저 정부를 필요하게 만들었던 제한의 결여로 무기력해질 수 있다. 그리고 책임과 제한의 결여가, 정부가 사회 내의 지배적인 가르침의 원천이 되는 지경에까지 이르면, 일반법칙을 공평하게 시행하는 정부의 능력은 무기력해질 것이다. 자유가 토대를 삼고 있는 일반법칙을 유지하는 데에 정부를 보다 많이 필요로 할수록 그런 과업을 달성하기에 충분하지 못할 것은 확실하다.

자유의 행사가 개인의 윤리적 책임으로 뒷받침되지 못할 때 자유가 사라질 것임은 피할 수 없는 사실이다. 이러한 사실이 우리에게 강조하는 것은 자유가 지탱하고 있는 토대가 무너지기 쉽다는 점을 이해하고, 자유를 소중히 여기는 우리의 윤리적 책임감이 중요하다는 점을 자각하여야만 한다는 데 있다.

제27장
자유와 실패

드와이트 리

> 자유시장경제에서는 각자는 자신에게 돌아오는 성공은 물론 실패도 받아들임으로
> 써 전반적인 경제번영에 이바지하여야 한다.
> 드와이트 리

이 글은 리(Dwight Lee)의 "Freedom and Failure"(*The Freeman*, 1986)에서 발췌한 내용이다.

제1절 | 창조적 파괴

경제가 좋은 시기이건 나쁜 시기이건 간에, 항상 실패한 기업, 직장을 잃은 실직자, 땅을 잃어버린 농부, 계속 시들어 가는 산업이 나타나는 것이 경제의 모습이다. 이러한 실패와 그로 인해 겪는 고통을 그 지경으로 만든 경제체제의 결함으로 바라보는 것이 자연적 경향이다. 심지어 자유시장경제를 지지하는 사람까지도 족쇄가 풀린 자본주의의 엄한 실패

에 대항하여 정부가 사회를 위해 무언가를 해 주어야만 한다고 요구한다.

그 자체만을 따로 분리하여 보면 실제 경제실패의 결과는 너무나 엄하고 고통스럽고 부당한 것처럼 보인다. 그렇게 된 사태를 그들이 거의 통제할 수 없기 때문에 열심히 일하고 법을 쫓던 사람은 자유시장경제체제에서 경제적 어려움을 겪는다. 경제실패의 희생자가 된 사람이 특정한 시기에 역경에 처하게 된 것을 당연시 여길 사람은 아무도 없다. 그러나 따로 분리해서 보면 부당하다고 보이는 경제적 결과가 전체적으로 장기에 가서 정당한 결과를 창출하기 위해 필요로 하는 또 하나의 결과일 수 있다. 헤즐리트(Henry Hazlitt, 뉴욕타임스의 경제담당 편집장이며, 미제스의 미국망명시절의 후원자였음)가 『*Economics in One Lesson*』(1979)에서 지적한 바가 있듯이 경제를 이해하는 데에 부닥치는 주요한 잘못은 '특수한 집단에 미치는 단기적 영향에 집중하고 사회 전체에 미치는 영향을 무시하는' 경향에서 나온다.

경제실패를 바라보고 자유시장을 기반으로 하는 자본주의의 정당성을 이해하는 데에서 헤즐리트의 지적은 아무리 들어도 지나치지 않는다. 개별 시장실패는 희소한 세상에서 모든 사람에게 성공을 위한 최대기회를 제공하려는 폭넓은 상호작용과 결과로 연결된 거미줄로부터 분리될 수 없는 한 부분이기도 하다. 희소성은 삶이 부닥치는 엄연한 하나의 불행한 사실이어서 희소성 그 자체를 부당하다고 치부하기는 쉽다. 그러나 불행한 상황을 최대로 이용하는 것을 부당하다고 할 수조차 없다고 하면 시장 자본주의에서 부당하지 않은 것이 없다. 실패하는 사건은 자유시장과정의 일반적 성공을 위해 필요로 하는 동반자이기 때문에 자유시장활동으로부터 일어나는 실패를 부당하다고 규정하는 논리를 뒤집어 보아야 한다.

우리가 번영하기 위해서는 경제적 실패는 불가피하다. 실패와 성공 사이를 연결시켜 설명한 사람이 슘페터(Joseph Schumpeter)인데, 그는 자본주의를 창조적 파괴의 과정이라고 설명하였다. 향상된 제품의 발견, 기존생산물의 보다 나은 생산방법은 결국 이미 생산되고 있는 제품이나 이용되고 있는 기술이 가치가 없어지게 된다는 것을 의미한다. 이제 쓸모 없는 제품이나 기술에다 자신의 자원을 투입하였던 사람은 투자에 대한 쓴 맛만을 보고 기술은 고용되지도 않게 되면서 부가 줄어들 것이다. 그리하여 그들은 경제적 실패를 겪는다. 이러한 부의 파괴 또는 경제적 실패는 부의 창출과 경제적 성공을 그려 주는 커다란 그림의 일부분에 지나지 않는다. 어떤 사람이 부를 상실하였다는 사실은, ① 보다 나은 가치에 자원을 투입하는 사람에게 자원을 이전시키는 것이 되고, ② 노력의 방향을 보다 생산적인 고용에 돌려야 한다는 인센티브를 재촉하는 메시지이기도 하다.

제2절 | 기업가적 자유와 실패

경제적 실패와 성공 사이에 주요한 연결고리가 또 하나 있다. 모든 사람에게 기회를 넓혀 주는 경제적 진보가 공평성을 확보해 준다는 것은 분명하다. 광범위한 부문을 바탕으로 하는 경제진보는 기업가정신에 의존한다. 무엇이 되고자 하는 비전을 가지고, 이 비전에 헌신하여 추구해 보겠다고 하는 사람이 없었다면, 지금 현재 축적되어 있는 부의 기반을 제공한 기술과 생산은 이용되지도 않았을 것이다. 경제발전이 가능하였던 까닭은 개별기업가가 우리에게 보다 사리 있을 것으로 판단되었던 무언가를 시도할 자유를 가졌기 때문이다. 자유로부터 얻는 이득은 이를 행사한 사람에게만 국한되는 것이 아니다. 하이에크는 『자유헌정론』(1960)에서 "자유로부터 획득하는 이득은 다른 사람이 행사한 자유의 결과로 얻어진 것이 대부분이고, 내가 결코 이용할 수 없었을 자유를 사용하여 얻어진 것이다. 따라서 나에게 가장 중요한 것은 내가 행사할 수 있는 자유일 필요가 없다는 점이다"라고 주장하였다.

그렇다고 대부분의 벤처사업가들이 우리의 경제후생을 위해 헌신한다는 의미는 아니다. 기업가가 시도하는 사업의 비교적 적은 부분만이 그들이 쏟은 시간, 재능 그리고 자원보다 많은 부를 우리에게 보태어 줄 따름이다. 대부분의 벤처사업가는 우리 대부분이 그럴 것이라고 이미 예상하였듯이 비현실적인 공상가이다. 그러나 이런 사람이 시도하는 사업 중에서 어느 것이 경제적 성공을 거둘 것인지를 미리 알 수는 없다. 그러므로 경제적 성공을 발견하는 최선의 방법이란 그들에게 자유를 주어, 그들이 기존의 지혜를 냄새 맡아 그들의 불가능한 꿈을 추구하도록 내버려 두는 일이다.

험악한 세상에서 성공을 시도해 보는 자유는 실패하는 자유를 동시에 수반한다. 실패한 자유는 무시할 수 없을 정도로 고통스런 과정이다. 소비자로부터 거부당한 사업을 시도한 기업가는 실수를 저지르고 있는 사람이 소비자라고 확신하고 있을지도 모른다(비현실적인 공상가이기 때문에). 그러나 기업가가 소비자의 선호에 굴복하지 않으면 기업가가 저지른 수많은 실수로부터 생기는 손실이 지속되고 심지어 몇몇 적은 수의 기업가적 성공에 얻어지는 이득을 능가할 수 있다. 소비자에게 책임이 있는 것이 아니라는 학습을 얻지 못하면 그러한 벤처 기업가는 경제를 파괴하고 기업가적 자유마저 견디어 낼 수 없을 것이다. 실패를 관대하게 바라보지 않는 경제체계는 자유마저 시도해 보지 못할 것이다.

제3절 | 의사소통과 정직 그리고 관심

책임을 부담시키는 자유를 허용하여, 실패를 힘으로 전환시키는 유일한 경제체제가 유일하게 하나 존재하는데, 그것이 자유시장 자본주의경제이다. 이 체제는 자유를 허용하여 사람에게 동기를 부여하고 성공할 때나 실패할 때나 각자 모두 정직하고 공평하게 대우한다.

경제적 책임과 공평성이란 측면에서 인간의 상호작용이 이상적으로 이루어질 수 있는 체제가 어떤 체제인지를 한번 생각해 보자. 첫째, 그 체제에서는 각자가 다른 사람과 항상 의사소통을 할 수 있어야 한다. 자원을 사용하는 데 다른 사람의 선호에 책임을 질 희망이라도 있으려면 각자는 다른 사람의 선호에 관한 정보를 알 필요가 있다. 둘째, 의사소통이 정직하게 이루어져야만 한다. 자원으로부터 얻는 가치에 부정확한 정보를 전달하면 자원을 가장 가치 있는 부문으로 돌릴 수 없게 된다. 셋째, 각자는 다른 사람의 선호에도 자신이 자신에게 부여하는 동일한 비중을 두어야 한다. 어떤 사람이 제아무리 특정경제적 결과를 바란다고 하더라도, 다른 사람이 그에게 자신은 다른 경제적 결과를 보다 더 갈망한다고 의사소통할 수 있으면, 그 사람은 다른 사람의 선호를 받아들여야만 한다.

이러한 이상적 체제에 근접하는 세상을 달성할 수 있는데, 그것이 바로 자유시장 자본주의경제이다. 그렇게 근접한 체제를 이해하는 데 중요한 열쇠는 시장형성의 기반이 되는 개인소유권에 의해 만들어지는 인센티브를 이해하는 데 있다.

개인소유권제도하에서 자원은 자발적인 교환을 통해 한 사람으로부터 다른 사람에게 이전된다. 이러한 교환에서 생기는 가격은 시장참여자가 자신의 선호를 다른 사람에게 알려 주는 수단이 된다. 사람은 가격을 통해 정직하게 의사소통하려는 강한 인센티브를 갖는다. 서로 다른 자원으로부터 실현되는 가치를 주의깊게 평가하고, 특정자원이 현재 시장가격보다 더 높은 가치를 정직하게 제공하면 이를 보다 많이 갈망한다는 의사를 전달할 수 있는 것이 시장참여자에게 이익이 된다. 공급자가 자신이 부여하는 가치보다 더 높은 가격으로 과장하여 의사전달하려고 해도 이는 시장경쟁을 통해 억제된다.

끝으로 시장참여자는 각자가 자신의 선호에 관심을 가지는 것처럼 다른 사람이 자신의 선호에도 동일한 관심을 가지고 행동할 동기를 가지게 된다. 어떤 개인이 가격이 높다고 하여 제품사용을 줄인다고 하면, 이는 "그 제품이 나보다 다른 사람에게 더 가치가 있다"라고 나에게 말하는 것과 동일하다. 마찬가지로 파산과 실직같은 경제적 실패는 사람이 "내가 가진 자원이 다른 활동을 하는 데에 더 가치가 있고, 그래서 그 부문에 부응하겠다"라고 말하는 것과 동일하다. 이러한 실패는 사람에게 자유롭고, 공평하고, 정직하게 서로 협력하게 함으로써 자유시장 자본주의의 성공을 반증한다.

제4절 | 실패의 집중

불행하게도 헤즐리트의 경고에 주의를 기울이는 사람은 거의 없고, 경제적 성공의 숲을 보면서 따로 떨어져 있는 경제적 실패의 나무를 본다. 실패에 관심을 두는 까닭은 사람이 특정결과에만 쉽게 얽매이고, 그것이 한 부분을 차지하는 전체적인 패턴에 관심을 두지 않기 때문이다. 그러나 이 설명은 완전한 설명은 되지 못한다. 조직화된 이해집단의 일원으로서는 자유시장 자본주의 경제의 전반적인 성공을 생각하기보다는 따로 떨어져 있는 실패에 집중하는 것이 자신에게 더 이익이 될 수 있기 때문이다(무언가를 배우는 것이 있기 때문에).

개인이 자유시장 자본주의경제의 작동으로부터 손실을 입어 고통을 겪을 때에는 사실 다른 모든 사람의 장기적인 이익을 위해 경제체제가 작동하도록 기여하고 있는 셈이다. 그러나 각자의 입장에서 본다면 가장 최선의 가능한 상황이란, 다른 사람의 실패로 경제적 진보가 이루어져 혜택을 누리면서, 개인적인 경제적 실패는 보호받는 상황이다. 자유시장의 기본적인 공평성이란 다른 사람에게 기여한 혜택에 그가 무임승차하도록 내버려 두지 않는다는 데 있다. 자유시장경제에서는 각자는 자신에게 돌아오는 성공은 물론 실패도 받아들임으로써 전반적인 경제번영에 이바지하여야 한다.

자유시장의 공평하고 정직한 협력이 의존하는 개인소유권을 (법적으로) 시행하는 일이야말로 정부의 합당한 기능이다. 소유권이 시행되면, 다른 사람의 경제적 실패로 협력의 필요성에 따라 조정하여 이득을 누리는 한편, 자신의 경제적 실패로 인해 필요로 하는 협력을 조정하지 않을 사람이 없을 것이다.

불행하게도 정부의 권력은, 비록 개인소유권을 보호하는 수단으로 정당화되기는 하지만, 동시에 이를 파괴할 수도 있다. 정부가 권력을 남용하는 일은 지난 수십 년간 보아왔듯이, 정부를 필요악으로 보는 데 머물지 않고, 대신 사회진보를 위한 기본원천으로 보는 때에 일어난다. 정부의 자의적 권력사용을 특정경제문제를 해결하기 위한 수단으로 받아들일 수 있다고 폭넓게 믿는 순간, 정치적으로 조직화된 사람은 자신의 경제적 실패를, 정치적으로 조직화되지 않은 사람을 희생하여, 불공평하게 이득을 볼 수 있는 방향으로 합리화시키는 도구로 이용하게 될 것이다.

경제적 실패가 부정적인 영향을 낳을 것은 명약관화한 일이다. 사람들이란 항상 비교적 (실패한) 소수에게만 집중하는 경향이 있기 때문이다.

경제적 실패가 긍정적인 효과를 낳은 일은 보이지 않는다. 그것이 간접적이고 또한 모든 사람에게 분산되어 영향을 미치기 때문이다. 경제적 실패를 겪은 소수가 조직화할 때 그들은 정부로부터 도움을 받으려고 로비하는 것이 자신들에게 유리하다는 사실을 안다. 정치인이 전체 국민에게 분산된 비용을 부담시켜 대신 소수자에게 도움을 주어 그들로부터 감사의 뜻(선거 때의 표)을 받는다. 이는 시장협력의 공평성 대신에 불공평한 정부권력을 선호하는 방향으로 정치적 왜곡현상이 일어난다는 것을 의미한다. 비록 이러한 왜곡이 조직화된 특수한 이해관계자의 정치적 수완에 의해 생성되지만 궁극적으로 공평한 가치로 자리잡게 된다.

경제적 실패의 결과에 대처하고자 특정집단을 보호하는 행위가 정부권력의 부당한 사용이라고 인식되면 정치가도 그러한 보호의 제공을 꺼려할 것이다. 경제적 실패에 대해 도움을 받으려고 정부에 로비하는 특수집단이 일반국민보다 조직상의 우위에만 전적으로 의존할 수는 없다. 성공이란 특수집단의 실패를 (학습으로) 보상해 준다는 인식에 의존한다. 경제적 실패가 불공평하기 때문에 정치적으로 영향을 미치려고 하는 사람은 무언가 배울 것이 있다. 정부가 성장하자 경제적 실패가 불공평하다고 인식하는 사람도 늘었고, 이에 대한 관심도 증가하였다는 사실에 놀랄 것은 없다. 한 경제체제가 불공평하게 대우받은 사람에게 부를 이전시킬 준비가 되어 있는 정부 아래서는 (복지국가에서처럼) 실패가 만들어 낸 협력, 부나 자유의 공평성을 축하하기보다 실패의 불공평성에 슬퍼할 사람이 많아질 것이다.

제5절 | 결 론

문제는 정부가 실패를 줄일 수 없다는 사실에 있다. 실패한 사람을 보호할 수는 있지만 그것도 실패의 전반적인 수준을 끌어올려 다른 사람에게 비용을 부담시키면서이다. 하이에크는 『노예로의 길(*The Road to Serfdom*(1944)』에서 "시장체계에 개입하여 보다 완전한 안정성을 확보하고자 애쓸수록 점점 더 불안정해진다. 설상가상으로 그렇게 할수록 특권층에게는 보다 많은 안정성이 확보되지만, 그렇지 못한 사람에게는 불안정성이 더 증대된다"라고 경고하였다. 정부가 제공하는 특혜는 불공평할 뿐만 아니라 경제적 실패에 안정성을 제공하려고 정부가 시도하는 무모한 짓에 합리성을 부여하는 것이 된다.

정부가 시장활동에서 일어난 실패를 보완하는 길을 밟게 되면 되돌아가기 어려워진다. 일단 그 길을 계속 밟으면 결국에 가서는 공평성과 번영이 부족한 정치위주의 경제에 도달하게 된다. 경제적 성공과 정직한 협력에 필수적으로 필요로 하는 책임감을 제공할 수 없을 뿐만 아니라 자유를 견뎌낼 수도 없기 때문이다. 기껏 시장과정을 유지하는 유일한 희망이란, 이렇게 하면 전반적인 번영의 길로 나아갈 수 있다고, 국민을 상대로 이해를 구하는 길밖에 없다. 경제를 이해하는 길이야말로 정치적 혜택을 받으려는 조직화된 특수이해집단이 수사적으로 즐겨 사용하는 공평성의 가면을 꿰뚫을 수 있다. 일단 그 가면을 벗겨내면 정치적인 기회주의자들은, 비록 관심과 정의를 내걸더라도, 모든 사람의 자유와 번영을 침해하기가 어려워질 것이다.

제28장
기업과 노동의 사회적 책임

밀턴 프리드먼

기업간부에게 사회적 책임성을 주장하는 인식은 근본적으로 사회전체를 전복시키는 학설이다.   프리드먼

이 글은 프리드먼(Milton Friedman)의 "Social Responsibility of Business and Labor"(*Capitalism and Freedom*, 1962)에서 발췌한 내용이다.

제1절 | 기업의 사회적 책임 (주주이익)

사회는 기업의 간부와 노동시장의 지도자가 기업의 주주 자신의 이익을 초월한 사회적 책임성(social responsibility)을 가져야만 한다는 견해를 폭넓게 받아들이고 있다. 이러한 견해는 자유경제의 특성과 본질을 근본적으로 잘못 인식하고 있다는 점을 보여주고 있는 셈이다. 그러한

경제 내에서 기업은 상대를 기만하거나 속이지 않고 개방되고 자유롭게 경쟁한다는 이른바 게임의 법칙 내에 머무르고 있는 한, 오직 영업에 대한 사회적 책임, 다시 말해 이윤을 증대시키려는 활동에 자원을 사용한다는 책임뿐이다. 마찬가지로 노동시장 지도자의 사회적 책임성은 그들의 노동조합에 속한 회원의 이익을 대변해 주는 것이다. 개인은 자신의 이익을 추구하는 데 자신이 당초 의도하지 않았던 목적을 스미스의 '보이지 않는 손'에 의해 촉진하는 법적 체계를 설정하는 일이야말로 나머지 사람이 맡은 사회적 책임이다.

스미스는 공공의 이익을 내세우는 사람을 신뢰하지 않았다. 그는 『국부론』에서 다음과 같이 주장하였다.

> 자신이 의도한 목적이 아니라고 해도 사회를 악화시키는 것은 아니다. 자기자신의 이익을 추구함으로써, 오히려 왕왕 사회의 이익을 촉진시키려고 의도할 때보다도 사회이익을 더욱 효과적으로 도모한다. 나는 공공의 선을 위한 교역에 영향을 미쳤던 사람이 행한 일치고 좋은 결과를 얻은 것을 아직까지 보지 못했다.

기업이 가능한 한, 주주를 위해 많은 돈을 벌어야 한다는 인식 이외에 다른 인식, 예를들어 기업간부가 사회적 책임성을 다해야 한다는 인식은 우리 자유사회의 기초를 완전히 해치는 추세가 되지는 않을 것이다. 기업간부에게 사회적 책임성을 주장하는 인식은 근본적으로 사회전체를 전복시키는 학설이다. 만약 기업가가 주주의 이익을 극대화하기보다 사회의 책임성을 강조하면, 그들이 사회적 책임이 무엇인지를 어떻게 알 수 있을 것인가? 자기중심으로 선택하는 개인이 사회적 이익이 무엇인지를 결정할 수 있을 것인가? 그들이 사회이익에 기여하기 위해 그들 자신이나 주주가 얼마만큼 부담하여야 할 것인지를 결정할 수 있을까? 조세, 세출, 통제를 행사하는 사람이 우연히 민간집단에 의해 선발된 특정기업을 책임맡고 있는 사람이라는 사실을 일반인이 과연 받아들일 수 있겠는가? 만약 사업자가 주주에게 고용된 종업원이 아니고 공무원으로 구성된다면, 민주주의 사회에서 그들은 조만간 선거와 임명 등의 방법으로 국민이 선택할 것이다.

이런 일이 벌어지기에 앞서 그들의 의사결정력은 박탈당하게 될 것이다. 그러한 예는 1962년 4월 미국 유에스 스틸(U.S. Steel)이 철강가격을 인상하려던 당초계획을 철회하는 사건으로 끝나고 말았는데, 당시 케네디 대통령이 분노를 표시하면서 이들이 반트러스트(anti-trust)법을 저촉하였다는 이유를 내세워 공권력을 동원하여 소송을 제기하겠다는 협박에서부터 철강기업의 집행부에 세무조사를 실시하겠다는 위협에 이르기까지 보복하겠다는 압박을 가하는 바람에 당초의 가격인상은 철회되었다. 이는 워싱턴정부에게 집중되어 있던 공권력을 행사함으로써 일어날 수 있었던 하나의 에피소드였다. 이 사건은 경찰국가에서 얼마나 권력을 동원할 수 있는가를 알도록 일깨우는 계기가 되었다. 이는 또한 현재 다루는 주제까지도 잘 설명한다. 즉 만약 철강가격이, 사회적 책임의 학설이 주장하듯이, 정부의 의사에 결정된다면 가격은 개인적으로는 허용되지 않는다.

제2절 | 가격통제의 부정적 결과

이러한 예가 설명하듯이, 또한 최근에 두드러지게 제기되는 학설은 물가인플레이션을 회피하기 위해 물가를 일정하게 유지시키고, 임금률을 낮추게 하는 것이 기업과 노동에 대한 공언된 사회적 책임이라고 주장한다. 한때 물가가 천정부지로 상승할 압박이 있었을 당시(궁극적으로 통화량이 증가했기 때문이었지만) 모든 기업가와 노동시장의 지도자는 이러한 사회적 책임을 받아들여 물가상승을 억제시키는 데 성공하였고, 그리하여 우리에게는 인플레이션 없이 자발적으로 물가와 임금이 억제되는 일이 가능할 것처럼 보였다. 그러나 그 결과는 어떠하였던가? 분명히 상품부족, 노동력부족, 암시장이 나타났다. 만약 가격이 재화나 노동자를 배분할 수 있도록 움직일 수 있게 허용되지 않으면, 그렇게 하기 위해 다른 수단이 있어야만 할 것이다. 그렇다면 대안적인 배분체계는 개인적으로 될 수 있겠는가? 아마도 소규모이고 별로 중요하지 않는 지역에서는 배분체계가 한동안 가능할 것으로 보인다. 하지만 만약 관련된 재화가 많고 또한 중요하다면, 정부가 상품분배를 할당하고, 임금정책을 수립하고, 노동력을 분배하여 할당하라는 압력을 시민들로부터 반드시 받거나 아니면 피할 수 없는 압력을 받게 될 것이다.

물가통제가 강제적이든 자발적이든 간에, 효과적으로 시행되면, 결국에는 자유기업시스템을 파괴하고 대신 중앙통제 시스템으로 대체될 것이다. 그렇게 한다고 하여 인플레이션을 효과적으로 막지도 못할 것이다. 물가와 임금을 결정하는 것은 한 경제 내에 유통되는 현금의 크기이지, 기업가나 노동자의 탐욕에 의해 결정되는 것이 아니라는 사실을 우리는 역사의 많은 예에서 찾아볼 수 있다. 기업가와 노동자가 자신의 일을 스스로 관리할 수 없고 남에게 책임을 전가하려는 자연적 경향을 주체하지 못해, 할 수 없이 정부가 나서서 이들에게 스스로 억제(통화량에 대한 통제를 포함하여) 하도록 요구한다.

제3절 | 사회기부금은 기업국가로 향하는 길

사회적 책임에 관해 내가 의무감에서 취급하고 싶은 주제가, 나의 개인적 이익에도 영향을 미치는 까닭에, 기업가가 자선사업을 지원하고 특히 대학에 기부하여야 한다는 주장이다. 기업이 기부하는 행동은 자유기업 사회에서 기업자금을 부적절하게 사용하는 것과 다름없다.

기업은 이를 소유하고 있는 주주의 도구이다. 기업이 기부금을 사회에 내면, 이는 개별 주식보유자에게 그 자신이 소유하는 자금을 자신의 의사대로 처분하지 못하도록 막는 것이나 다름없다. 법인세 대신에 또는 기부금으로 공제된 세금 대신에, 주주는 해당 기업이 자신을 위해 증여해 주기를 바란다. 그렇게 하면 자신이 더 많은 기부금을 낼 수 있기 때문이다. 최선의 해결책은 법인세를 철폐하는 길이다. 하지만 법인세가 있는 한, 자선단체와 교육단체에 제공한 기부금에 세금공제를 허락하지 않아야 한다. 그러한 기부금은 우리 사회에서 재산의 궁극적인 소유자가 되는 개인(주주)에 의해 이루어져야 한다.

자유기업이라는 이름하에서 이러한 종류의 기부금에 세금공제를 확대하자고 주장하는 사람은 근본적으로 그들 자신의 이익에 반하는 행동을 하는 사람이다(기업이 기부금을 내지 않고 주주가 기부금을 내는 것이 그들의 이익이 된다). 현대의 기업에 소유와 경영이 분리되어 있다고 종종 불평한다. 즉 기업은 주주의 이익에 기여하지 않는 무책임한 경영자가 경영하는 사회기구가 되어 버렸다고 불평한다. 이러한 비난이 진실은 아니다. 그러나 기업이 자선 목적으로 기부금을 내는 것을 허용하고, 소득세(법인세)를 공제할 수 있도록 허용하는 방향으로 정책이 진행되는 것이야말로 소유와 경영의 진실된 분리를 창출하는 방향으로 나아가도록 유도하고, 우리 사회에 만연되어 있는 기본적인 본성과 특징을 약화시키는 방향으로 나아가는 첫걸음이 된다. 그것은 개인주의적 사회로부터 떠나 기업국가로 이행하는 단계가 될 것이다.

중국 송(宋)나라 인종(仁宗) 2년에 절강(浙江)지방에 큰 기근이 들었다. 그 때 범중엄(范仲淹)이 절서(浙西)지역의 관리로 일했는데, 그는 관청에 보관된 곡식을 대대적으로 방출하여 백성을 구휼하였다. 그가 백성에게 구휼미를 배급하는 것이 아주 공평하여 백성들이 매우 흡족해했다.

원래 절강지역 사람은 경조(競漕)시합을 좋아했다. 범중엄은 백성을 불러 매일 아침마다 서호(西湖)에서 연회를 베풀며 경조대회를 개최했다. 기근이 계속되었지만 범중엄은 봄부터 여름까지 경조대회를 지속시켰고, 주민도 서호에 가득 모여 경조를 즐겼다.

그는 또 사원의 주지를 소집하여, 기근이 들었을 때 인부의 품삯이 가장 싸니 이 때 사원을 수리하고 불사를 흥성시키라고 하였다. 그리고 범중엄은 관청의 새 창고와 관리의 숙소 건축공사를 벌였다. 그래서 매일 마을사람 가운데 1,000여 명이 각종 공사에 동원되었다.

감사(監司)의 관리가 범중엄을 탄핵했다. 백성이 기근에 시달리고 있는데 이들을 구휼할 생각을 하지 않고 매일 경조시합을 열고 큰 공사를 벌여 백성의 재산을 탕진하고 있다는 것이었다. 급기야 범중엄이 조정에 해명의 상소를 올리게 되었다.

"기근에 시달리는 지금 신이 경조시합을 열고 큰 공사를 벌이는 데는 다 이유가 있습니다. 지역의 남는 재화를 활용하여 빈민을 구제하기 위해서 입니다. 백성에게 할 일이 있어야 합니다. 관청이나 사원 같은 곳에서 공사를 벌여야 백성이 거기에 의존해서 살아갈 수 있습니다. 일이 없으면 백성은 굶어 죽어 도랑에 뒹굴게 될 것입니다."

과연 1년 만에 범중엄이 관장하던 지역만이 기근의 피해에서 벗어났다. 기근이 들었을 때 공사를 일으켜 실업자를 살게 한 방법은 다른 사람은 할 수 없고 오직 범중엄만이 할 수 있는 일이었다.

경조시합도 실업자를 구제하기 위한 것이었다. 사람이 오락을 즐길 수 있으려면 여건이 되어야 가능한 것이다. 한 사람이 오락을 즐기면 그 사람에 의존해서 살 수 있는 사람은 수십 명이 될 것이다. 범중엄이 경조대회를 계속 개최한 까닭은 여유 있는 사람이 경조대회를 즐기며 놀면 가난한 사람이 그들 덕에 돈을 벌 수 있기 때문이었다.

명(明)나라 신종(信宗) 때, 소주(蘇州)지방에 재해가 발생하자, 지방관은 재해를 이유로 부자의 뱃놀이를 금지시켰다. 그러자 부잣집 자제들은 절에 모여 연회를 벌이며 놀았다. 하지만 부자의 뱃놀이에 의존해서 살던 수백 명의 서민은 모두 일자리를 잃고 유랑민이 되었다. 시무(時務)를 모르는 자가 하는 짓은 대체로 이 모양이다(馮夢龍, 『智經』).

제VI부

연대모럴에 얽매이지 않는 자립정신의 문화

문제가 생기면 정부가 알아서 해결해 줄 것이라는 생각을 가진 사람이 너무 많은 시대를 거쳐 왔다고 나는 생각합니다. …… 이 사람은 자기문제를 사회에 떠넘기고 있습니다. 그런데 솔직히 사회라는 것은 존재하지 않습니다. 개인이 있고 가족이 있을 뿐입니다.

마거릿 대처

민간자유기업제도를 비난하는 가장 끈질긴 비판은 그것이 소득분배를 불공평하게 만든다는 데 있다. 많은 사람은 시장경쟁이 인구의 상당부분을 가난하게 만들었고, 따라서 정부가 소득분배를 가난한 자에게 유리하도록 변경시킬 의무가 있다고 믿는다.

시장경쟁이 소득을 불공평하게 분배한다는 데에는 이의가 없다. 그러나 두 가지 사항은 고려해 볼 만한 가치가 있다. 첫째, 소득의 불공평한 분배는 부를 창출하기 위한 효과적인 동기를 부여하는 체제의 불가피한 산물이라고 이해할 필요가 있다. 순수한 민간자유기업에서 각자의 경제적 복지는 다른 사람의 복지를 개선시키기 위해 자신의 재능과 자원을 얼마나 잘 사용하느냐에 달려 있다. 만약 정부가 소득을 재분배하여 개인의 경제적 조건에 상관하지 않고 소득을 보상하면 사람의 경제적 기여는 줄어들 것이고, 그 결과 전체가 향유할 수 있는 부도 줄어들 것이다.

정부의 소득이전프로그램이 가난한 자에게 거의 도움을 주지 않았다는 증거는 많다. 이것이 우리에게 두 번째로 고려하게 하는 요소이다. 국민총생산고의 상당부분이 정부의 소득이전프로그램에 따라 매년 이전되는데 그 대부분이 가난한 자라고는 찾아볼 수 없는 조직화된 이해집단에게 이전된다.

그런 까닭으로 전체적으로 보아 정부의 소득이전프로그램은 경제적 생산성을 떨어뜨렸을 뿐만 아니라 그 과정에서 가난한 자의 복지도 떨어뜨렸다고 지적된다. 증거가 보여 주듯이 만약 정부의 소득이전프로그램이 가난한 자에게 경제적 파이의 상당부분을 제공하지 못하고, 오히려 경제적 파이를 축소시켰다면 결과적으로 정부의 소득이전프로그램은 가난한 사람을 절대적으로 빈곤하게 만든 것이 된다.

제VI부에서는 소득이전문제를 다루고 있다. 미국의 경우 시장경제에서 소득이 어떻게 이전되고 정부가 계획한 소득이전프로그램이 왜 실패로 돌아가는지를 들어 보고자 한다.

소득분배에 최초로 이의를 제기한 사람은 맬서스(Thomas Malthus)이다. 제29장에서 영국의 구빈법(救貧法)이 실패로 돌아간다는 사실을 『인구론』을 통해 지적한 맬서스의 주장을 들어보고자 한다.

제30장에서는 털록(Gordon Tullock)의 글을 실었다. 그는 공공선택이론을 개척한 학자로 정치적 과정을 경제이론으로 분석한다. 그는 민주적 의사결정과정이 소득을 가난한 자로부터 가난한 자에게 이전시키지 못할 뿐만 아니라 동시에 효율적으로 이전시키지도 못한다고 설명한다. 그는 왜 사람이 개인적으로 자선을 베풀기보다 공공적 박애주의를 통한 자선행위를 선호하는지를 설명한다.

제31장에서 시장경쟁과 정치경쟁이 서로 평행선을 달리는 현상을 지적한 드와이트 리(Dwight Lee)의 글을 알아보고자 한다. 여기서 서로 평행으로 달린다는 사실과 또한 많은 증거가 소득분배에 정치적 통제가 늘어날수록 소득불평등을 해소시키는 데 하등 기여하지 못한다는 사실을 지적한다. 가난한 자를 구제하려는 정부의 프로그램이 실패로 돌아가는 그 사실 자체 때문에 구빈프로그램은 정치적으로 묶여 항상 따라 다닌다.

제32장에서 밀턴 프리드먼과 그의 부인 로저는 *Free to Choose*(1980)란 공동저서를 통해 기회에서나 결과에서의 완전한 평등을 실현한다는 것은 어떤 경제체제를 선택하더라도 불가능하다고 주장한다. 이들은 시

장의 자유를 침해하면서 정부가 강압으로 평등을 실현하려고 기도하면 오히려 덜 평등해지고 덜 자유로워진다고 주장한다.

  끝으로 제33장에서 단국대학교 박동운 교수의 영국병을 치유한 대처리즘을 실었다.

제29장
구빈법의 한계

맬서스

> 일반사람이 가끔 빠지는 곤궁을 구제하기 위하여 잉글랜드의 구빈법은 제정되었지
> 만, 그것은 개인의 불행강도를 조금 완화시켰을지 모르지만, 더 넓은 지역에 전반적
> 으로 해악을 전파시켰다는 사실을 우려하여야 한다.　　　　　　　　　맬서스

이 글은 맬서스(Thomas Malthus)의 『인구론』(김석환·김일곤 역, 世界
思想大全集, 대양서적, 1972)에서 발췌한 글이다.

제1절 | **영국구빈법의 한계**(제5장)

일반사람이 가끔 빠지는 곤궁을 구제하기 위하여 잉글랜드의 구빈법은
제정되었지만, 그것은 개인의 불행강도를 조금 완화시켰을지 모르지만,
더 넓은 지역에 전반적으로 해악을 전파시켰다는 사실을 우려하여야 한
다. 잉글랜드에서 매년 빈민을 위하여 징수되는 막대한 금액에도 불구하

고 아직도 그들은 곤궁에서 벗어나지 못했다는 것이 일반대화에서 종종 화제가 되고 있으며, 항상 매우 놀랄 만한 문제로 거론되는 주제이다. 어떤 사람은 그 돈이 사사로이 쓰이고 있음에 틀림없다고 생각하고 있다. 또 어떤 사람은 교구관리인 및 감독자가 그 대부분을 만찬에 소비하고 있다고 생각하고 있다. 그것이 아무래도 매우 나쁘게 관리되고 있는 것이 틀림없다고 모든 사람의 의견이 일치하고 있다. 요컨대 매년 빈민을 위하여 300만 파운드에 가까운 돈이 징수되고 있으나, 그들은 곤궁에서 헤어나지 못한다는 사실이 항상 놀라움의 대상이 되고 있다. (중략)

다행하게도 독립정신이 아직도 잉글랜드의 농민층에 남아 있다. 구빈법은 이 정신을 근절시키는 경향이 있다. 그것은 부분적으로는 성공했지만, 예상한 것처럼 완전히 성공을 했더라면, 그 유해한 경향은 이처럼 오랫동안 숨어 있지는 않았을 것이다.

개인의 경우에는 가혹하게 생각될지도 모르지만, 다른 사람에 의지하는 빈곤은 불명예라고 생각되어야 한다. 이러한 자극은 인류 대다수의 행복을 촉진하기 위하여 절대로 필요한 것같이 생각된다. 이 자극을 약하게 만드는 모든 일반적인 시도는, 비록 그 의도가 아무리 자선적인 것일지라도, 항상 스스로의 목적을 방해할 것이다. 만약 노동자가 독립하여 가족을 부양할 자신이 전혀 없거나 거의 없고 교구의 식량을 기대하고 결혼할 생각이 들었다면, 그들은 단지 부당하게 자기자신 및 자녀에게 불행과 타인의존(他人依存)을 키울 뿐만 아니라, 자신도 모르는 사이에 자기와 같은 계급의 모든 사람에게 해를 끼치는 유혹에 빠지고 있는 것이다. 가족을 부양하지 못하면서 결혼하는 노동자는 어떤 점에서 그와 같은 계급의 모든 사람들에게 적이라고 생각하여도 좋을 것이다.

잉글랜드의 여러 교구법(敎區法)이 식량가격을 등귀시키며, 노동의 실제가격을 낮추는 데 기여하였다는 것은 의심할 여지가 없다고 나는 생각한다. 그렇기 때문에 그것은 노동밖에는 가진 것이 없는 사람을 빈곤화시키는 데 기여하였다. 또한 소상인 및 소농업자에게서 종종 현저하게 볼 수 있는 기질과는 극히 대조적으로 빈민에게서 볼 수 있는 부주의와 절약에 대한 무관심이 곤궁에 기여하지 않았다고 생각하기는 어렵다. 저속한 표현을 쓰면, 가난한 노동자는 항상 그날그날 하루살이로 생활하고 있는 것처럼 생각된다. 현재 그들의 곤궁이 그들 주위의 전부를 차지하고 있으며, 그들은 거의 미래를 생각하지 않는다. 그들은 저축할 기회가 있을 경우에 거의 저축하지 않고, 현재 필요한 것 이외의 모든 것을, 일반적으로 말해 술집에 주어 버린다. 그러므로 잉글랜드의 구빈법은 일반민중의 저축력과 의지를 감퇴시키며, 따라서 절제와 근로 그리고 행복의 가장 강한 유인 중 하나를 약하게 만든다고 해도 좋을 것이다. (중략)

만약 부조가 일정계급의 사람에게 배분되기로 되어 있다면, 올바른 목적을 식별하고 필요한 제도의 업무를 관리하는 권력이 어딘가에 주어지지 않으면 안 된다. 그러나 다른 사람의 일에 크게 간여하는 것은 그것이 어떤 것일지라도 일종의 압제이다. 그리고 일반적인 사태의 추이에 따르면 이 권력행사는 부조를 불가피하게 받아야만 하는 사람에게는 불쾌한 일이 되리라는 것이 예상될 것이다. 일반적으로 빈민 사이에서는 치안판사, 교구간부 및 감독관의 전제적 행위가 불만의 대상이지만, 아마도 권력을 쥐기 전에는 다른 사람보다도 나쁜 인간은 아니었을 이 사람에게는 그다지 과오가 없으며, 과오가 있다면 이러한 제도의 모든 성격 속에 들어 있는 것이다.

해악은 아마도 시정할 수 없을 만큼 너무나 진행되어 있지만, 만약 여러 가지 구빈법이 예전에 존재하지 않았다면, 매우 심한 곤궁의 사례가 좀더 많았을는지도 모르겠으나, 일반사람 사이에 행복의 총량은 현재보다도 훨씬 컸을 것이라고 나는 마음속으로 믿고 있다.

고드윈(Godwin)은 평등제도에 따르는 이익항목에서 "억압(抑壓)의 정신, 예종(隸從)의 정신 그리고 사기(詐欺)의 정신. 이런 것은 기존 재산제도의 직접적인 산물이다. 이런 것은 모두 지적(知的) 진보에 유해하다. 질투, 악의 및 복수라는 다른 악덕은 그것과 떨어질 수 없는 한패이다. 사람이 풍요 속에서 생활하고, 모든 것이 똑같이 자연의 은혜를 나누어 가지는 사회상태에서는 이런 감정은 불가피하게 소멸할 것이다. 이기심이라는 좁은 원리는 없어질 것이다. 아마도 자신의 얼마 안 되는 저축을 다른 사람들에게 빼앗기지 않으려고 방위할 필요도, 또한 불필요와 고통을 느끼면서 끊임없는 결핍에 대비할 필요도 없으므로 각자는 개인적 존재를 잊고 전반적인 행복을 생각하게 될 것이다. 아무도 이웃의 적이 되지 않을 것이다. 그들에게는 싸움의 주제가 없으며, 따라서 박애는 이성이 지시하는 영역(의 지배권)을 되찾을 것이다. 정신은 육체의 부양에 부단한 불안으로부터 해방되고, 그것에 적합한 사색 분야를 마음대로 거닐 수 있을 것이다. 각자는 모든 사람의 연구를 원조할 것이다."라고 말한다.

이것은 참으로 행복한 상태처럼 생각된다. 그러나 독자 여러분은 그것이 진리에 가까운 양상이 거의 없는 단순한 상상도임을 이미 충분히 확신하고 있다고 나는 생각한다.

인간은 풍요 속에서 생활할 수는 없다. 모든 것이 똑같이 자연의 은혜를 나누어 가질 수도 없다. 기존의 재산제도가 없다면 모든 인간은 자신의 소액의 저축을 힘으로 방위할 수밖에 없을 것이다. 이기심은 승리할 것이다. 싸움의 주제는 영원히 존속할 것이다. 모든 개인의 정신은 육체의 부양에 관한 끊임없는 불안 속에 존재할 것이며, 사색분야를 마음대로 거닐 수 있는 지식인은 한 사람도 없을 것이다.

아이들은 식량부족으로 병에 자주 걸린다. 장밋빛의 건강한 빛은 불행한 창백한 뺨과 움푹 들어간 눈으로 바뀐다. 아직도 몇몇 사람의 가슴에서 떠나지 못하고 있는 자애심은 가냘프게 죽어 없어지는 고투(苦鬪)를 겪지만, 마침내는 이기심이 그것이 살고 있던 왕국을 되찾고 승리를 거두어 세계에 군림한다.

제3절 | 사회노동의 평등배분은 불가능 (제15장)

고드윈이 말하는 엄격하고 공정한 정의(正義)가 이끄는 자애정신이 만약 활발하게 작용한다면, 전인류를 결핍과 불행으로 빠뜨릴 것이다. 만약 재산소유자가 자기 몫으로 조금밖에 남겨놓지 않고 나머지를, 일을 시킨다는 교환조건 없이, 빈민에게 주어 버린다면 결과가 어떻게 되는가를 검토하여 보자. 만약 이러한 절차가 일반화되면, 현재의 사회상태에서 생겨나는 태만과 악덕 및 사치품(생산)의 노동뿐만이 아니라 토지의 생산물까지도 감소시키는 커다란 위험은 말하지 않더라도, 또 하나의 반대론이 남는다. (중략)

지금까지 말한 것은 조금도 자애의 원리를 과소평가한 것은 아니다. 그것은 아마도 이기심에서부터 천천히 조금씩 생겨난 인간 마음의 가장 고귀한 신(神)을 닮은 자질의 하나이다. 그리고 나중에 일반법칙으로 작용하게 된 것이지만, 그것에 가장 어울리는 직무는 이기심의 부분적인 잘못을 바로잡고, 매정스러운 곳을 시정하고, 주름을 펴는 것이 되지 않으면 안 된다. 그리고 자연계의 모든 것에 이와 비슷한 케이스가 있다고 생각된다. 적어도 우리에게는 부분적인 해악을 낳을 것같이 생각되지 않는 자연의 일반법칙은 하나도 없다. 동시에 우리는 종종 다른 일반법칙으로 작용하면서도 전자의 불평등을 시정하는 어떤 종류의 은정이 많은 규정을 보아 왔다. 자애의 올바른 직무는 이기심에서 생기는 부분적 해악을 걱정하는 것이지만, 절대로 이기심을 대신할 수는 없다.

제30장
자선할 수 없는 계층의 자선

고든 털록

> 개인적인 자선은 나쁜 것이지만, 모든 재분배가 공공으로 이루어져야만 한다는
> 윤리적 원칙은 자명해진다. 실제 자신은 희생하지 않고 대신 정부에게 재분배하라
> 고 촉구하는 윤리적 행동을 합리화시킨다.　　　　　　　　　　　　　　털록

　털록(Gordon Tullock)은 1922년 미국 일리노이주 록퍼드(Rockford)
서 태어나 시카고대학에서 법학을 수학하였다. 이후 법률화사와 국무부
에서 근무하다가 버지니아대학에서 교편을 잡았고 현재는 조지 메이슨
(George Mason)대학에서 법경제학 교수로 재직중이다.
　이 글은 털록의 "The Charity of the Uncharitable"(*The Western
Economic Journal*, 1971, 겨울호)에서 발췌한 내용이다.

　재분배의 실증적인 사실을 당분간 논외로 하고, 민주주의 사회에서의
공식적인 재분배이론을 설정하는 데 무엇이 이루어졌는가를 알아보고자

한다. 먼저 다룰 주제는 민주주의가 항상 부유한 자로부터 가난한 자로 소득을 재분배한다는 다운스(Anthony Downs)의 주장을 살펴보고자 한다. 그는 이것을 민주주의를 정당화시키는 요소로 보았다. 이 주장을 민주주의에서 소득재분배의 결과는 근본적으로 확정지어 말할 수 없다는 워드(Benjamin Ward)의 주장과 비교해 보고자 한다. 끝으로 *The Calculus of Consent*에서 뷰캐넌과 틸록(James Buchanan & Gordon Tullock)이 주장한 바와 같이, 누가 수혜자가 될 것인지는 알 수 없지만, 민주주의에서의 투표과정이 부자로부터 자원을 이전시킬 것이라는 견해가 있다. 부캐넌과 틸록의 견해를 다시 한번 언급하는 것은 놀랄 일이 아니다. 그러나 정치적 과정의 실제결과는 사전에 결정될 수 없다는 워드의 견해를 보충설명하는데 이용하고자 한다.

다운스모델과 워드모델의 근본적인 차이는 다운스는 암묵적으로 사람이 가난한 자로부터 부유한 자 일렬로 나란히 세워진 일차원의 연속선상에서 재분배가 이루어지는 것으로 가정하였다. 인구의 상위 51%가 다수결의 힘을 행사하여 가난한 자로부터 돈을 받기보다 인구의 아래 51%가 다수결의 힘을 행사하여 부자로부터 돈을 받지 않는지 이유를 알 수 없다. 그러한 선택문제에 있어서는 적어도 인구의 중간에 있는 2%의 사람이 선택권을 가지고 따라서 양쪽 모두로부터 돈을 받을 수 있을 것으로 보인다.

물론 실제로 부자가 보다 더 많은 돈을 가지고 있으므로 높은 세금을 부담한다. 따라서 부유한 사람을 제휴(다른 집단인 49%의 돈은 받으려고 제안하여 이루어지는)에 참여시키도록 하는 비용은 가난한 자를 제휴에 참여시키는 비용보다 높다.

만약 가능성이 높은 이른바 하위 51%의 인구가 제휴한다고 하여 전리품을 어떻게 분배할 것인가란 문제까지 결정한 것은 아니다. 게다가 그러한 제휴는 일상적인 의미의 빈자가 아닌 사람을 포함하고 있다. 우리가 인구 하위 10%를 가난한 자로 인정하면 이들은 제휴한 하위 51% 인구의 20%밖에 되지 않는다. 비록 관대하게 하위 20%를 가난한 자로 인정하더라도 제휴한 집단의 40%밖에 되지 않는다. 이러한 소수자(10% 또는 20%의 가난한 자)가 제휴를 지배하지는 못한다. 이들이 제휴하는 다른 사람보다 1인당 표를 많이 받더라도 그것은 하위중류층의 관대한 행동 때문이다.

거래에 대한 공식적인 이론으로 돌아가면 하위 51%의 인구 중에서 상위를 차지하고 있는 사람이 다른 나머지 사람에 비해 보다 많은 돈을 받아야만 한다. 그렇게 하지 않으면 상위 49%가 중간층 2%를 표로 충분히 매수할 수 있기 때문이다(부유한 계층은 자기 소득의 일부분만을 내놓아도 가난한 계층이 제공하는 돈보다는 많을 것이고, 부유한 계층은 전혀 돈을 받지 않고 받은 돈을 모두 2%에게만 준다). 그러한 제휴는 부자로부터가 아니고 가난한 자로부터 소득을 이전시키는 것이 된다. 지금까지의 이야기는 하위 51%의 상위 2%가 다른 가난한 나머지 사람보다 더 많은 돈을 받는다는 것을 의미한다. 부유한 자로부터 중간층 2%에게 소득을 이전시키지 못하도록 하는 데 제한을 두는 경우란 부자가 가난한 자와 제휴하려고 시도하는 경우이다.

실제 세상사를 보면 그러한 제휴를 시도한 흔적이 보인다. 모든 소득이전이 엄격한 조건에 부합하는 아주 극심한 가난한 자로 국한시켜야 한다고 주장하는 사람 중에는 부자가 대부분이다. 이것은 이기적 관점에서도 현명한 짓이다. 부자는 하위 51%의 상위를 차지하는 중간층이 제휴하여 받는 돈을 지급받지 않는 대가로, 가난한 자가 현재 벌어들이는 소득보다 더 많은 돈을 가난한 자에게 줄 수 있다. 이러한 제휴는 가난한 자가 계산을 잘못하는 경우에 일어날 수 있다. 가난한 사람은 부자의 이해가 자신의 것과 다르다는 점을 안다. 그러나 그들은 20%에서 51%에 자리잡고 있는 가난한 사람의 이해가 자신의 것과 다르다는 점을 알지 못한다. 그러므로 부자는 하위 20%보다 하위 20~51% 사람과 제휴하려고 한다. (중략)

지금까지 소득이전이 비현실적으로 서로 다른 소득계층 사이에서 이루어지는 것으로 가정하였다. 현실을 보면 거액의 돈이 소득을 기준으로 구분된 사람에게 이전되는 것이 아니다. 농부, 대학생, 유전소유자, 항공기회사 소유주, 그들의 소득과 관련 없는 노인, 그리고 지적인 계층이 이전소득의 수혜자가 될 가능성이 높다. 그런데 이들의 대부분은 가난한 사람이 아니다.

현실적으로 조직화된 집단에게 이전소득이 주어지고, 이들이 주로 정치적 힘을 이용하여 이전소득을 수령한다면(이 이야기가 현실세계의 정확한 모습을 설명하는 말이다), 가난한 계층이 이러한 일(집단화)을 잘 하지 못하는 이유를 알 수 없다. 첫째, 그들이 조직화되기가 어렵다. 따라서 현실세계에서 목격할 수 있는 거대한 소득이전은 뷰캐넌과 털록의 투표거래(logrolling)가 보여 주는 바와 같이 우연히 인구의 하위계층 10~15%에게 이득이 되도록 소득을 이전한다. 앞에서 말한 이유 때문에 이러한 소득이전으로 인해 소득상위계층은 손해를 보고, 사실이 그러하다. 램프먼(Lampman)이 조사한 바에 의하면 소득상위계층(51%)으로부터 소득을 이전하는 규모가 그 소득의 13%라고 한다. 그런데 이러한 이전소득의 수혜자는 우리가 기대하는 가난한 계층에 집중되어야만 하는데, 이들이 정치력을 행사할 수 있는 능력이 부족하여 일을 제대로 하지 못할 것이라고 예상할 수 있다. 그것이 바로 현실적으로 관찰되는 현상이다.

민주주의에서 부자로부터 이전되는 소득의 실제규모는 그들이 이민가기 쉬운 정도와 반비례의 관계가 있다. 가령 스위스, 스웨덴, 룩셈부르크처럼 소국인 경우, 부자로부터 거두어들이는 세금이 나머지 사람으로부터 거두어들이는 세금보다 심지어 많을 것이지만, 부자로부터 세금을 거두어들이려고 애쓰지 않는다. 영국, 독일, 프랑스, 이탈리와 같이 중간규모의 국가에서는 부자에게 세금을 높게 부과하기에 나은 처지에 있다. 미국의 경우 부자에게 더 누진적으로 높은 세금을 거두어들일 수 있는 위치에 있다. 내가 아는 한, 세율표의 누진세율만큼 높은 수준의 세금을 누진하여 징수하는 경우는 아직 없었다. 그러나 대국에서는 누진적으로 세금을 징수하는 것이 가능하다.

이제 지출로 눈을 돌리면 이야기는 사뭇 달라진다. 지출한 돈을 획득하는 데 한 사람의 표는 다른 사람의 한 표와 동일한 가치를 가진다. 적정한 규모의 선거운동비용을 감당할 수 있는 부유하고 정보를 가진 사람이, 이러한 이득을 가지지 못한 사람에 비해, 전체세금의 상당부분을 수혜받을 수 있다.

만약 수령액(이전소득)에서 세금을 공제하면 부유한 사람은 오히려 '마이너스'의 금액이 되고 나머지 계층은, 확실하지는 않지만, 아마 '+'의 금액이 될 것이다. 후자의 계층이 왜 항상 '플러스'의 금액이 되지 않는가 하는 이유는 이전하는 과정에서 비효율이 발생하기 때문이다. 그래서 순이득보다 비용(관료주의에 의한 낭비)이 높은 지출행위가 이루어질 것이 기대된다. 이러한 경우 부자는 손해를 보았지만 나머지 사람은 아주 작은 이득이나 심지어 손해를 볼 가능성이 있다.

따라서 반복하면 민주주의 사회에서 부자로부터 소득을 취하여 가난한 사람에게 이전시킬 것으로 기대하지만 소득이 가난한 사람에게 반드시 이전된다는 보장은 없다. 현실세계를 보면 이러한 형태가 지배적이다. 그러나 이러한 형태의 배분을, 현대국가에서와 같이, 소득재분배의 지엽적인 문제로 취급한다. 경제학자는 현대국가에서 부자의 소득을 모두 몰수하더라도 현재 정부지출의 극소한 부분밖에 충당하지 못할 것이라고 종종 지적한다. 한편 대규모의 소득재분배는 정치적 과정을 통해 일어난 다. 그러나 이러한 재분배는 부유한 자로부터 가난한 자에게 이전되는 것이 아니라 중산층 사이에서 서로 이전된다. 이전소득의 대부분이 소득 계층 20~90%에 있는 사람으로부터 조달되어 마찬가지로 동일한 계층에 속하는 사람에게 지출된다. 물론 이들이 세금을 부담할 능력이 있는 계층 이며 민주주의에서 정치적 힘을 발휘할 수 있는 능력을 가진 계층이다.

이러한 이전은 평등주의의 기준을 충족시키는 것은 아니다. 기본적으로 이러한 이전은 정치적으로 힘이 없는 계층이 정치적으로 힘을 가진 계층에게 하는 이전에 지나지 않는다. 민주주의 사회의 어느 곳을 보더라도 농부는 이러한 일을 항상 잘 하고 있다. 실제로 미국은 다른 유럽에 비해 농촌지원에 자원을 거의 낭비하지 않을 것이다. 이전소득면에서 자신과 비슷한 소득을 누리는 농부에게 자신의 소득을 이전한다는 소리를 들으면 미국인은 놀랄 것이다. 그러나 유럽시장의 경우를 사례로 들면 미국의 경우가 그래도 다행스런 사실임을 (놀란 미국인에게) 납득시킬 수 있다.

농촌 프로그램만이 예가 아니다. 사회보장국(Social Security Administration)은 소득규모에 관계없이 젊은층으로부터 노년층에게 소득을 이전시킨다. 이러한 특별한 경우, 가장 가난한 사람이 가장 커다란 피해를 입는다. 사회보장을 위해 지불하는 세금이 징수되는 방법 때문에 가난한 사람이 자신의 얼마 되지 않는 봉급의 상당부분을 사회보장국에 지불한다. 그러나 만약 그들이 가난하면, 즉 나이가 들었을 때 공적 지원을 필요로 하면, 지방정부가 사회보장국이 지불하는 연금을 공제한 나머지를 지원한다. 그런 측면에서 이들은 세금은 내지만 이득은 보지 못하는 계층이 되어 버린다. 이것은 가난한 사람으로부터 소득을 이전시키는 것과 같다.

도시재개발사업은 우리가 관찰한 또 하나의 말썽 많고 명백한 재분배의 전형적인 사례이고, 또 하나의 사례는 공교육지원이다. 공교지원은 잘 나가는 대학에 유리하도록 지원하는 사업이다. 일반적으로 대학에 들어가, 특히 장학금을 받는 사람은 천부적인 재능을 타고난 사람이어서 평생 평균적인 사람보다 높은 소득을 구가할 수 있는 사람이다. 납세자의 부담으로 보다 높은 평생소득이 주어진다. 비록 수준이 낮은 학교를 돌아보더라도 동일한 문제에 부닥친다. 우선 이는 자녀가 없는 사람이 자녀를 가진 사람에게 소득을 이전하는 것이 된다.

　둘째, 교육에 대한 혜택은 타고난 재능이나 가정환경 등으로 다양하다. 따라서 교육에 대한 실질적인 혜택은 재능이 낮고 배경이 좋지 않은 사람에게보다 타고난 재능이 높고 평생 높고 소득을 구가할 수 있는 배경을 가진 사람에게 더 많이 돌아간다. 우리가 평등주의 원칙에 관심을 가진다면 각 계층의 여건에 맞도록 직접 소득을 지원하여야 할 것이다. 잘 살아갈 수 있는 사람에게 최대의 이득을 주고, 살아갈 가능성이 낮은 사람에게 최소의 이득을 주는 제도로서는 중산층을 부유하게 그리고 가난한 계층을 가난하게 만들 것이다.

　이러한 사례는 정부지원사업의 예에 지나지 않는다. 대부분의 민주주의사회에서 가난한 사람은 사회로부터 작은 부분의 소득이전만을 받는다. 정부활동을 통해 다액의 자금이 재분배되지만 대부분의 돈이 중산층 사이에서만 재배분된다. 이러한 이전이 이루어지는 까닭은 자명하다. 이러한 이전소득을 획득하는 것은 자원의 합리적인 투자이고 사람은 이를 위해 자원을 투여한다. 이러한 일이 일어나는 과정에서 놀라운 점은 이러한 일이 벌어지고 있다는 사실을 사람이 잘 알지 못한다는 점이다. 재분배에 이루어지고 있는 거의 모든 논의는 부유한 계층으로부터 가난한 계층으로의 소득이전이 당연히 일어나는 것으로 전제한다. 물론 어떤 이전은 그렇게 되지만 중산층 사이에 일어나는 이전에 비하면 극히 지엽적인 문제이다. 지금까지 부유한 계층으로부터 가난한 계층으로의 소득이전에 관한 작은 재분배에서 출발하였지만, 정치조직을 통한 중산층 사이의 커다란 재분배를 모르고 있었다는 사실은 괄목할 만한 발견이다.

작은 분배문제에 관심을 집중하고, 대신 커다란 분배문제를 무시한 데에는 설명을 필요로 한다. 불행하게도 내가 할 수 있는 설명이란 기본적으로 심리적인 것이다. 다음에 설명하겠지만 개인의 심리에 간략한 설명이 필요하다.

우리는 이미 잘 알려진 인지부조화(cognitive dissonance)현상을 이야기하기 시작하여야 하겠다. 이는 세상에 대한 개인의 인식이 어느 정도 자신의 내적 부조화를 감축시키려는 잠재적 욕망에 의해 영향을 받는다고 알려져 있다. 따라서 개인은 거짓말과 거짓 행동을 하지 않고, A라는 동기에 부합하는 행동이, 비록 객관적으로 서로의 동기가 전혀 다르더라도, B라는 동기에도 부합하는 것으로 믿는다. 이런 일이 일어나는 것은 B라는 동기를 무시한다는 사실을 스스로가 받아들이기를 꺼려 하기 때문이다. 물론 A라는 동기가 B라는 동기와는 다른 방향으로 행동이 이루어지고, A라는 동기를 B라는 동기보다 중요하게 생각하는 상황에서 이러한 일이 벌어진다.

대부분의 사람은 이러한 성격을 가지도록 단련되었다. 어렸을 때부터 자선하고, 가난한 사람을 돕고, 다른 여러 가지 선행을 의무라고 교육받았다. 한편 사람은 강한 이기심을 가지고 있다. 어떤 사람이 당신의 옷을 빼앗으면 나머지 몫을 내주어야만 한다는 권고는 일반사람의 보통행동을 설명하지 못한다. 그러나 그렇게 말하는 데에는 익숙하다. 대학동료를 관찰하면 그들의 의견은 윤리적으로 이웃을 사랑하라고 하거나 가난한 자에게 가진 것을 모두 주라는 투의 견해이다. 그러나 실제행동을 관찰하면 가난한 사람을 위해 거의 희생하지 않는다.

그러므로 가난한 자를 돕는 욕구와 자신을 위해 자신의 소득을 지출하려는 욕구는 갈등을 일으키고, 그 결과 내적 갈등이 내부에서 일어난다. 나는 학생에게 만약 당신이 가난한 사람을 도우려는 욕망이 있으면 직업을 두 개 가지고, 가능한 한 열심히 일하여, 최소생계비를 넘는 소득을 모두 가난한 이웃사람에게 주라고 이야기하고는 한다. 그러나 학생은 그렇게 행동하기를 싫어하는데, 동시에 싫어하는 이유가 자선의 필요성을 느끼지 못하기 때문이라는 사실을 받아들이기 꺼려 한다.

내가 학생과 동료에게 개인적으로 가난한 사람에게 얼마만큼 자선하였느냐고 물으면 아주 적은 금액이라고 대답하거나 전혀 내지 않았다고 대답한다. 대신 정부가 자선활동을 벌이기를 선호한다는 태도를 보여 준다. 그들은 그런 활동이 이루어질 수 있도록 정부채널을 가동하지 않는 이유도 설명하지 못한다.

가령 내가 가난한 자에게 100달러를 준다고 제안한다. 그리고 두 가지 방식으로 제안한다. 하나는 내 호주머니에서 100달러를 꺼내 자선하는 제안이고, 다른 하나는 이런 자선을 위한 자금을 마련하기 위해 누가 세금으로 내자는 제안이다. 내가 직접 지불함에 따라 발생하는 비용은 100달러이다. 그리고 세금으로 냄에 따라 발생하는 비용은 투표에 미칠 내 영향력에 좌우할 것이다. 만약 투표자가 10만 명이라면 그러한 세금으로 내가 부담할 금액은 극소의 금액에 지나지 않는다. 따라서 내가 자선의 감정을 느낀다면 내가 직접 100달러를 내지 않고 세금을 거두기 위한 투표를 선호할 것이다. 물론 다른 사람도 동일한 감정과 이해득실을 따져서 투표에 참여할 것임을 안다. 그래서 내가 표를 던짐에 따라 부담하는 비용은 극히 적다. 달리 말해 투표행위에 참여하더라도 내가 부담하는 비용은 아주 적다는 의미이다. 그러므로 사람은 자선행위를 위해 투표에 참여하지만 자신이 직접 자선행위를 하지는 않는다.

　여기에 인지상의 갈등을 감축시키려는 현상이 들어선다. 내가 내 자신의 돈을 나를 위해 사용하겠다는 이기적 욕망과 내가 자선적이어야 한다는 감정을 모두 가지고 있다면 자선을 위해 투표는 하지만 행동은 이기적으로 한다. 동시에 내가 하는 투표는 실제 정당화될 수 있는 것보다 더 높은 가중치를 부여하고, 투표가 하등의 차이를 만들어 내지 못한다고 내게 이야기하는 사람에 대해 분개할 것이다. 이제야 개인적인 자선은 나쁜 것이지만 모든 재분배가 공공으로 이루어져야만 한다는 윤리적 원칙은 자명해진다. 실제로 자신은 희생하지 않고 대신 정부에게 재분배하라고 촉구하는 윤리적 행동을 합리화시킨다. 그리하여 양 세계(이기심과 자선)를 가장 잘 이용하게 된다.

　이러한 현상으로부터 다른 의미를 얻을 수 있다. 투표에 참여하는 사람 수가 많아질수록 내게 돌아오는 부담은 적어질 것이다. 내가 혼자 100달러를 자선하는 것과 지방정부가 100달러를 자선하는 사업에 투표하는 것과 주정부 그리고 국가 전체가 투표에 참여하는 것은 효과가 전혀 다르다. 내가 부담하는 비용은 투표에 참여하는 범위가 넓어질수록 줄어든다. 그러므로 나보다 지방정부가, 지방정부보다 주정부가 그리고 주정부보다 국가 전체가 세금으로 거두어들이는 투표에 참여하려고 한다. 이런 현상은 자선활동으로 소득을 이전시키려는 사업이 지방정부로부터 국가 전체로 이전될 것을 설명한다. 투표자의 입장에서는 지방선거보다 국가 전체의 선거를 통해 아주 적은 비용으로 자선행위를 하였다는 만족감을 얻게 될 것이다.

제31장
빈곤의 정치와 정치의 빈곤

드와이트 리

> 정부지출에 제한을 가하려는 까닭은 빈곤층에 대한 열정이 부족하여서가 아니라
> 그들을 걱정하기 때문이다.　　　　　　　　　　드와이트 리

이 글은 리(Dwight Lee)의 "The Politics of Poverty and the Poverty of Politics"(*The Cator Journal*, 1986년 봄/가을판)에서 발췌한 내용이다.

제1절 | 서 론

가난한 사람을 도와 주기 위해 정부에 의존하여야 한다는 관념은 겉으로 표출되는 진리이기도 하다. 부를 창출하는 데 시장경제가 타의 추종을 불허할 정도로 성공을 거둔다고 인정하는 사람조차, 이 부를 시장을 통해 분배하는 것에 적의를 나타내지는 않지만, 거북스럽게 느낀다. 시장경쟁

에서 뒤쳐지는 사람이 있다는 사실을 부인하지는 않는다. 시장이 부를 쌓는 데 거둔 성공 그 자체는 사람에게 끊임없이 빈곤을 협박한다는 사실 에서부터 나온다. 소비자가 거부반응을 보이면 그 위협은 무자비하게 이루어진다.

비록 시장이 대부분의 사람이 만족할 만한 소득분배를 창출하지는 못하더라도, 그것을 이유로 내세워, 사람이 수용할 수 있는 수준의 소득분배를 촉진시키기 위한 정부의 프로그램에 정당성을 부여하여야 하겠는가? 대답은 정부의 프로그램이 사태를 호전시킬 것이라고 믿을 만한 충분한 이유가 있느냐 없느냐에 전적으로 달려 있다. 가령 정부의 복지프로그램이 경제생산성에 무거운 짐을 부과하고, 아직 소득분배를 수용할 수 있는 방향으로 변경시키지 못하면, 소득분배에 실패한 시장은 정부가 시장과정에 간여하는 데에 정당성을 부여할 수 없을 것이다.

시장과정이 낳는 소득분배의 결과와 정치적 과정이 낳는 소득분배의 결과를 현실적으로 비교하는 것이 보다 의미가 중요하다. 그러나 이러한 비교는 사실 거의 이루어지지 않았다. 시장과정은 자신의 의사결정이 전반적인 소득분배에 미치는 영향을 고려하지 않고 이기심만을 추구하는 개인 사이의 경쟁이 촉발하는 현상으로 비쳐진다. 소득불평등은 시장과정에 유해하다고 알려져 있다. 한편 정치적 과정은 폭넓은 사회적 목표에 관심이 촉발하는 현상으로 비쳐진다. 정부가 수행하는 소득이전정책의 근본동기는 가난한 사람을 도와 소득불평등을 줄이려는 데 있다. 이 프로그램이 당초 달성하여야 할 목표를 달성하지 못하더라도 이 프로그램을 만든 정치적 과정에 뿌리내린 무언가에 의해 문제가 생긴 것으로 보지는 않는다.

정부의 소득이전프로그램이 실패로 돌아간 증거는 충분하다. 미국 통계청(Bureau of Census)이 1984년 8월 3,540만 명, 즉 전체 인구의

15.2%가 빈곤한 생활을 하고 있다고 발표하였다. 정부가 사회복지프로 그램에 상당한 금액을 지출하는 데에도 이러한 높은 수치를 보여 주는 것은 놀라울 따름이다. 비록 전체 복지예산을 파악하여 정확하게 기록하기는 어렵지만 1982년에 4,030억 달러에 이른다고 추정한다. 이 수치는 공식적으로 가난한 계층이라고 분류된 사람 1인당 1만 1,730달러에 해당하고, 4인 가족으로 치면 한 가구당 4만 6,920달러에 해당한다.

그러나 이처럼 뻔한 실패를 비난하는 소리가 문제의 정곡을 찌르지는 못하였다. 즉 정치적 과정에 대한 현실적인 평가가 이루어지지 않았다. 당차원에서는 레이건 대통령의 예산삭감을 비판대상으로 삼으면서 프로그램을 집행하는 예산부족을 이유로 들고 있다. 비록 레이건 정부 초기에 빈곤층의 예산지원이 줄어들었지만 1980년대에는 빈곤층의 전체예산은 꾸준히 증가하였다. 1973년 이래로 통계국에서는 빈곤층이 증가하였다고 발표하였다. 현재와 같은 수준의 빈곤층은 빈곤을 제거하려는 예산금액이 주어졌다고 할 때, 레이건 행정부가 너무 둔감하다고 비판하기에 앞서, 보다 세련된 설명을 요구한다. 그러한 비판은 시장과정에 대해 책임을 묻기를 꺼려하는 것과 동일하게 소득이전프로그램의 배경에 있는 정치적 과정에 책임을 묻기를 꺼려하는 데서 나온다.

심지어 정부의 복지프로그램을 심하게 비판하는 사람도 이 문제가 정치적 과정과 불가피하게 연계되어 있다고 생각하지는 않는다. 흔히 비판하는 단골메뉴는 기존의 프로그램을 보다 타이트하게 통제하면 뿌리가 뽑힐 수 있는 사기나 부패라고 내세우고 있다. 다른 사람은 기존의 프로그램을 현물과 연계시켜 지원하는 대신에 현금으로 지원하는 방식으로 개혁하여야만 문제가 해결된다고 주장한다. 이러한 개혁요구는 수십 년간 계속되어 온 개혁안인데 정치적으로 이를 받아들이지 않았다. 그리고 복지예산에 사기가 차지하는 비율은 전체의 극히 일부분에 지나지 않는다. 빈곤문제를 연구한 학자의 결과가 쏟아져 나왔지만 빈곤프로그램의 실패를, 바람직한 형태의 자문을 받아, 되돌리기는 어렵다.

이 논문은 복지프로그램의 개혁방안을 쓴 글이 아니다. 오히려 왜 빈곤이, 이를 제거하려는 정책적 조처에 면역된 채, 계속되고 또 계속될 수밖에 없는지를 설명하려고 한다. 그렇게 하기 위해 경제학자들이 시장과정에 항상 적용하였던 것처럼 정치적 과정도 조사하여 책임소재를 밝히려고 한다. 그러기 위해 기본적인 경제분석에 도입하는 가정과 동일한 동기를 바탕으로 하는 가정을 정책분석에 도입하려고 한다. 즉 개인은 전적으로는 아니지만 이기심을 고려하는 동기를 가진다고 가정한다. 이러한 이기심의 가정을 도입하여 정치적 활동도 시장활동의 결과로 나타나는 소득불평등을 많이 변경시킬 수 있을 것으로는 보이지 않는다는 결론을 도출하려고 한다. 게다가 이러한 결론에 도달하게 하는 이론은 실증적 자료를 통해 검증하려고 한다.

제2절 | 소득분배

존재하는 증거를 토대로 하면 소득이전프로그램의 거대한 성장이 미치는 영향은 미미하였다. 미국의 소득과 부의 분배를 연구한 내용에 따르면 민간의 근로소득과 자본소득에 정부프로그램의 순편익을 합치더라도 1950~1970년에 소득분배에 커다란 변화가 없었다고 한다(Reynolds and Smolensky, 1978). 예를들어 이 연구에 의하면 1950년에는 하위소득계층 20%가 전체국민소득의 6.4%를 받았는데, 1970년에는 6.7%였다. 그리고 상위소득계층 20%가 벌어들인 소득은 1950년의 39.9%에서 1970년의 39.1%로 약간 줄어들었을 뿐이다.

이 기간 중에 이루어진 이전지출의 증가를 고려하면 그 결과는 너무 놀라울 정도이다. 그러나 그 결과는 정부지출프로그램을 창출하고 동시에 이에 의해 창출되는 정치적 인센티브의 분석을 일관성 있게 설명한 것임을 보여 준다. 이전지출이 무기력한 이유를 레이놀즈와 스몰렌스키(Reynolds and Smolensky)는 다음과 같이 설명한다.

오늘날 정부지출의 규모가 순소득 재분배능력의 부가력을 경감시키고 있다. …… 비록 민주적 정부가 당초 확인되지 않은 집단에게 효율적으로 편익과 비용이 가도록 이끌었지만 효율성을 유지하기가 어렵다는 사실을 알게 되었다. 많은 돈을 보고는 많은 경기자가 편익의 지분은 보다 많이 차지하고, 세금은 적게 부담하는 경쟁을 할 가치가 있다는 사실을 발견하였다.

소득분배의 최근연구도 레이놀즈와 스몰렌스키가 내린 결론과 동일했다. 예를 들어 미국의 소득이전프로그램이 미치는 영향을 광범위하게 조사한 결과 1965~1978년에 소득불평등은 비교적 일정하게 유지되었다는 사실을 발견하였다.

다른 연구에 의하면 정부의 소득이전프로그램이 소득분배를 다르게 변경시키지 않고 동일하게 만들었다고 한다. 그 연구의 일반적인 접근방법은 이전지출 후의 소득분배와 정부의 이전지출이 없었다고 하면 얻는 소득분배를 비교하는 방법이었다. 정부의 이전지출이 없었다고 하면 얼마의 소득을 얻을 것인지를 추정하는 것은 어려운 일이지만, 정부의 이전지출을 제거하고 난 이후의 소득과 이를 감안하고 난 이후의 소득을 비교하는 것이었다. 그 결과 정부의 이전지출이 미치는 영향을 과대평가하게 된다.

앞에서 언급한 바와 같이 공공의 이전지출이 늘면 개인부문의 자선이 줄어들고 빈곤계층은 근로소득 대신에 이전소득을 늘리는 대체효과를 발생시킨다. 사람이 수년간 소득이전프로그램에 적응한 행동을 조정하고 난 이후의 소득이전프로그램의 영향을 제거하면 빈곤층의 소득은 정부의 이전지출이 전혀 없고 대신 민간인의 자선이나 근로소득으로 벌어들이는 소득 추정치보다 낮다(가령 이전지출이 없으면 100원의 근로소득과 10원의 민간인 자선으로 110원의 소득을 얻는데 정부의 이전소득 프로그램으로 20원이 추가되면 바로 소득이 130원으로 늘어나는 것이 아니고, 빈곤층이 정부지원에 의존하여 근로소득을 15원 줄이고 자선소득이 5원으로 줄어들면 근로소득 85원＋자선소득 5원＋이전소득 20원으로 합계 110원이 된다. 여기서 만약 정부가 이전지출을 없애면 이미 적응되어 있기 때문에 소득은 95(=85+10)원이 된다. 그리하여 이전소득이 없을 경우의 110원에 비해 있을 경우의 95원을 비교하면 소득이전프로그램으로 소득이 오히려 줄어든다. 편집자 주). 레이놀즈와 스몰렌스키의 연구와 같은 분석은 이전소득이 1달러 늘면 바로 소득이 1달러 늘어나는 것처럼 분석하는 방식과는 달리, 정부가 상당한 금액의 소득이전프로그램을 도입하여도 장기간에 걸쳐 소득분배가 변하지 않았다는 사실로 보아 그 프로그램이 얼마나 효과가 있는지에 질문을 던진다.

소득분배를 논의함에 우리는 정부의 이전소득프로그램이 빈곤 층의 절대적 소득에 미치는 영향보다 상대적 소득에 미치는 영향을 말하고자 한다. 증거자료가 보여 주는 바와 같이 상당한 금액의 이전지출이 빈곤층의 상대적 소득을 증가시키지 않았다면 결국 이전지출이 이들의 절대적 소득을 줄인 것이 된다. 이전지출에 충당하기 위해 조달한 세금은 근로, 저축과 투자에 민간부문의 지출을 줄이고 일반적으로 부를 생산하는 활동을 감소시킨다. 따라서 이러한 세금은 부를 감소시키는 방향으로 경제를 왜곡시킨다. 마찬가지로 이전지출은 전형적으로 수혜자에게 생산적인 활동에 종사하려는 인센티브를 줄인다. 세금과 이전지출이 미치는 부정적인 효과가 얼마나 될 것인가 하는 연구는 많이 이루어졌다. 그 추정치에 편차가 많은 것은 놀라운 일이 아니다. 어떤 연구는 부정적인 효과가 크다고 지적하고 또 어떤 연구는 그 효과가 미미하다고 지적한다. 그러나 세금과 이전지출이 경제생산성에 중립적이거나 긍정적인 영향을 미칠 것인지 하는 연구는 거의 이루어지지 않았다. 최근 수십 년간 방대하게 늘어난 이전지출과 이를 조달하기 위해 많이 늘어난 세금이 국민소득에 단지 약간의 부정적인 영향을 끼쳤다고 하더라도 소득이전프로그램은 소득분배가 변하지 않았다는 측면에서, 빈곤층을 절대적으로 더 가난하게 만들어 왔다. 많은 사람이 믿듯이 세금과 이전지출이 미치는 부정적인 영향이 크면, 정부의 이전지출로 소득이 증가하였던 데에도 불구하고, 빈곤층은 절대적으로 더 가난해질 것이다.

이러한 사실은 이전지출이 빈곤층을 포함한 특정집단에게 단기적으로 이득을 줄 수 있다는 점을 부정하는 것은 아니다. 그러나 이러한 단기적인 이득은 부자와 빈자에게 피해를 주는 경제전반에 걸친 경제복지의 장기적인 감소라는 희생으로 이루어지는 것이다. 그러나 단견의 정치적 고려는 항상 단기적인 효과에만 집착하지, 장기적인 효과는 고려하지 않는다. 게다가 정부이전지출프로그램의 효과감쇄가 프로그램을 지지하지 않도록 정치인을 실망시키지 못할 뿐만 아니라 프로그램의 수혜집단으로부터 정치적 지지를 증대시키는 왜곡된 효과를 낳는다.

제3절 | 경제적 실패의 정치적 성공

이전지출의 경우 경제적 실패가 정치적 성공을 낳는 현상을 이해하기 위해서는 이 프로그램이 가난한 계층을 돕는 데 성공할 수 있다고 믿는 사람이 흔히 사용하는 주장을 살펴보는 것이 유용할 것이다. 그 주장은 통계수치를 통해 나오는데, 만약 빈곤퇴치프로그램을 없애면 공식적으로 빈곤층이라는 사람이 전체 인구에서 차지하는 비율이 급격하게 증가할 것이라고 한다. 예를들어 1982년에 국회조사국(CRS)이 발표한 바에 의하면 정부의 지원프로그램이 없으면 빈곤층의 비율이 8.8%에서 24%로 늘어날 것이라고 지적한다. 또한 국회조사국의 계산에 의하면 정부프로그램을 없애면 노인층의 55~60%를 차지하는 140만~160만 명의 노인이 빈곤층으로 떨어질 것이라고 지적한다. 이러한 지적은 정부의 이전지출 프로그램이 성공적인 사업으로 비쳐지도록 하기 위한 선전이라는 사실을 잠깐만 생각해도 알 수 있다. 만약 이 프로그램이 처음부터 전혀 존재하지 않았다면 전체 인구의 1/4과 노인층의 절반이 넘는 사람이 과연 빈곤계층으로 계속 살고 있을 것이라고는 생각되지 않는다.

사회복지 프로그램의 증대가 소득분배에 그다지 영향을 미치지 않는다고 지적하는 증거자료를 통해, 정부소득이전프로그램이 전혀 없었던 세상의 상대적 빈곤층비율은 지금처럼 프로그램에 의해 실제 관찰되는 비율과 그다지 차이가 없을 것이라는 사실을 알 수 있다. 소득이전프로그램을 없애면 빈곤층의 비율이 증가할 것이라는 주장은 오히려 이 프로그램이 성공이 아닌 실패였다는 사실을 노출시키는 것이다. 이 프로그램은 빈곤층의 비율을 줄이는 데 거의 역할을 하지 못하였다. 대신 독립심을 빼앗아가고 의타심만을 조장하였다. 독립심의 상실과 의타심의 육성이 이 프로그램이 성공하였다고 증언하지는 못한다. 그러나 독립심의 상실과 의타심의 양성은 소득이전프로그램을 정치적으로 활발하게 만들었다.

이전소득의 수혜자가 소득이전프로그램이 없을 경우에도 잘 살 수 있었을 것인데 이 프로그램에 적응된 이후에는 이 프로그램이 축소되거나 사라지면 단기적으로 당장 고통을 겪게 될 것이다. 복지수혜자는 수혜를 대치시키는 데 필요로 하는 기술과 벌이를 바로 개발시킬 수는 없다. 생산적 기술을 개발하지 못하거나, 양육할 자녀가 있거나, 주변환경에 의존하는 생각을 가진 사람의 입장에서는 단기가 얼마든지 길어질 수 있다. 물론 여기서 기간이란 정치적 과정의 지평선을 훨씬 넘는 시간을 의미한다. 빈곤층을 겨냥하건 다른 계층을 겨냥하건 소득이전프로그램을 제거하려고 시도하는 정치적 압력이 그러한 제거로부터 나타날 장기적 이득을 애매모호하게 만든다. 정치적 과정이 일단 이전지출의 길을 밟으면, 비록 그 길이 잘못된 길이라고 결정되더라도, 되돌아오기가 쉬운 일이 아니다.

정치적 과정은 방향을 되돌리거나 이전프로그램을 축소시키기보다 오히려 그 반대방향으로 돌진하는 경향이 있다. 소득이전프로그램의 실패가 이 프로그램의 정치에 고유하게 상존할 것으로는 보이지 않는다. 대신 계속되는 빈곤이야말로 이미 존재하는 소득이전프로그램을 확장시키거나 별도의 소득이전프로그램을 추가시킬 것을 정당화시킬 것으로 보인다. 이러한 견해는 정치적 단견에 의해 촉진된다. 측정된 빈곤은 다른 정부이전지출을 투입하여 일시적으로 줄일 수가 있고, 그 결과 빈곤을 축소시키는 데서 신용을 획득한 정치인은 단기의 정치적 이득을 이용할 수 있다. 물론 장기적으로는 소득이전프로그램의 확대가 상대적 빈곤을 줄이는 데에 실패하고, 절대적 빈곤만을 증가시킬 것이다. 그러나 정치적 행동이 낳을 미래의 결과에는 아주 많이 할인하기 때문에 이러한 실패는 주로 무시될 것이다.

정치적 과정이 소득이전프로그램을 점점 늘리는 길로 빠져들수록 그 길에서 되돌아가기는 점점 어려워진다. 보다 많은 사람이 이전프로그램에 의존하는 방식으로 프로그램의 확장에 대응할수록 이 프로그램을 제거하는 데서 오는 정치적 단기비용은 보다 늘어날 것이다. 사회복지 프로그램의 실패가 더 커질수록(이는 프로그램이 낳는 의존심의 정도로 측정한다) 그 프로그램이 성공할 가능성은 높아진다(이는 정치적 생존으로 측정한다).

제4절 │ 결 론

늘어나는 빈곤층이 복지의존함정에 빠져 있을 뿐만 아니라, 사회 전체도 이 함정에 빠져들게 된다. 의존문화를 창조한 마당에 갑자기 사람을 자를 수는 없고 잘라서도 안 된다. 그렇게 하는 것은 정치적으로 기만이고 잔인한 짓이다.

그러나 우리는 최소한 정부 복지프로그램의 효과를 평가하는 데에 현실적이어야 한다. 이 프로그램이 사실은 실패작인데 계속 성공작인 양 계속하고 지낼 수는 없다. 기존의 프로그램이 실패한 것을 극복하기 위해 이 프로그램을 확대하려는 어리석은 시도를 최소한 알고는 있어야만 한다.

평상시처럼 정치를 계속 신뢰하면 소득이전프로그램은 계속 성장하고 번성할 것이 거의 확실하다. '올바른' 정치가를 뽑고, '지각 있는' 개혁을 촉구하고, 또는 공공의 태도에 눈을 돌려 (캠페인으로) 프로그램의 성장을 일시적으로 느리게 할 수는 있다. 그러나 항상 존재하는 정치적 인센티브는 프로그램을 확대하는 방향으로 나아가게 할 것이다. 그 확대를 막는 자연적 장애물은 경제침체나 경제퇴보뿐이다.

계속 늘어가는 소득이전프로그램을 막을 수 있는 최선의 그리고 유일한 희망은 작은 이익을 위해 정치적으로 조직화된 집단에게 정부가 이득을 마음대로 제공할 수 있을 때, 부자이건 빈자이건 모두 똑같이 그로 인해 고통을 받는다는 사실을 집단적으로 깨닫게 하는 방법을 통해서이다. 평범한 정치의 단견적 압력을 극복하고 국민소득 가운데에 정부가 지출할 수 있는 비율을 헌법으로 규정하는 것이 이를 실현시키는 데 이로운 결과는 낳을 것이다. 이러한 종류에 헌법을 개정하려는 논의가 진행되어 왔고, 현재 진행되고 있다는 사실은 고무적인 사건이다.

물론 많은 사람이 정부에 임의로 제한을 가하는 것은 빈곤층을 다치게 할 것이라고 주장할 것이다. 그러나 사실이 아니다. 정부지출에 제한을 가하려는 까닭은 빈곤층에 대한 열정이 부족하여서가 아니라 그들을 걱정하기 때문이다. 정치적 과정이 이상적으로 어떻게 작동되기를 바라기보다는 실제로 어떻게 작동하는가를 확인하게 되면, 열정과 상식은 정부의 크기와 범위를 제한하는 것으로부터 오히려 대우를 받게 될 것이다.

제32장
만들어진 평등

밀턴 프리드먼과 로즈 프리드먼

> 자유보다 평등(결과의 평등이라는 견지에서의 평등)을 우선하는 사회는 결국 평등
> 도 자유도 얻지 못한다.
> 프리드먼 부부

이 글은 밀턴 프리드먼과 로즈 프리드먼(Milton Friedman & Rose Friedman)의 공동저서인 *Free To Choose*(1980)에서 발췌한 글이다.

제1절 | 기회의 균등

문자상의 기회균등(어떤 의미에서 '동일성')은 불가능하다. 어떤 아이는 장님으로 태어나고, 다른 아이는 시력이 좋다. 어떤 아이의 부모는 문화와 지식의 배경을 제공하는 복리에 깊은 관심을 가지며, 다른 아이의 부모는 방종하고 준비성이 없다. 어떤 아이는 미국에서 태어나고, 다른 아이는 인도나 중국 또는 러시아에서 태어난다. 그들은 확실히 출생과 동시

에 동일한 기회를 부여받지 않는다. 그리고 기회를 동일하게 만들 수 있는 방법은 없다.

인간평등과 같은 기회균등은 문자상으로 설명할 수 없다. 그것의 진정한 의미는 아마도 프랑스혁명 때 기록된 "직업은 재능을 발견하게 한다"라는 프랑스어에 잘 표현되어 있다. 임의의 방해물도 그들의 재능에 적합하고, 그들의 가치기준이 요구하는 지위를 얻는 것을 방해하지 못한다. 출생, 국적, 피부색, 종교, 성별뿐만 아니라 어떤 다른 관련성 없는 특징 또한 인간에게 주어진 기회(그 사람의 능력)를 결정할 수는 없다.

제2절 | 결과의 평등

다른 개념인, 결과의 평등은 그가 살아가는 동안에 획득된다. 결과의 평등은 맨 처음 영국과 유럽본토의 정부정책에 영향을 끼쳤다. 지난 반세기에 걸쳐 그것은 미국의 정부정책에 상당히 계속 증가하도록 영향을 끼쳤다. 결과의 평등에 대한 소망을 가진 어떤 지식인집단은 종교적 신념의 조항 −모든 사람은 경주를 동시에 끝내야 한다− 을 만들려 한다. 도도(Dodo)가 『이상한 나라의 엘리스』에서 말하였듯이 "누구나 다 승리하였고, 모두가 상을 받아야 한다."

이 개념을 다른 두 개념과 비교할 때, '평등'은 '동일한'과 같은 문자로 설명할 수 없다. 누구도 나이, 성별 또는 다른 신체적 특성에 관계없이 모두에게 음식, 의복, 기타 등의 각각 분리된 항목을 동일하게 할당하자고 실제로 주장하지는 않는다. 그 목적은 실제로 그것을 정확히 규정짓기 어려운 다소 모호한 개념인 '공평한'이다. '모두에게 공평한 분배'는 마르크스(Karl Marx)의 '각각 그들의 욕망을 위해서, 각각 그들의 능력으로부터'를 대체하는 현대의 문구이다.

이 평등개념은 다른 두 개념과는 근본적으로 다르다. 정부는 자유를 향상시키는 인간평등 또는 기회균등을 장려하도록 조정한다. 정부는 자유를 축소하는 '모두에게 공평한 분배'를 성취하도록 조정한다. 만약 사람이 획득하는 것이 '공평함'에 의해 결정된다면, 누가 무엇이 '공평한'가를 결정하겠는가? 도도가 말한 의견의 후렴구에 따르면 "그러나 누가 상을 주는가?" '공평함'은 이전에 동일함으로부터 도출된 객관적으로 결정된 개념이 아니다. '욕구'와 같은 '공평함'은 보는 이의 시각에 달려 있다. 만약 모두가 '공평한 분배'가 이루어지면, 어떤 사람 또는 어떤 그룹은 어떤 분배가 공평한가를 결정해야 한다. 그리고 그들의 '공평한' 분배보다 좀더 많이 가진 자로부터 받아서 적게 가진 자에게 주도록 다른 자에게 그들의 결정을 강요할 수 있어야 한다. 누가 그들의 결정에 그것과 동일한 결정을 내리고 강요하는가? 우리는 오웰(George Orwell)의 『동물농장』에서, "모든 동물은 평등하다. 그러나 어떤 동물은 다른 동물보다 더 평등하다"가 아닌가?

게다가 사람이 얻는 것이 무엇이든지 '공평함'에 의해 결정되고, 그들이 생산한 것이 무엇인가에 의해서가 아니라면, 그 '보상'은 어디서부터 나오는가? 무슨 동기로 그들을 일하게 하고 생산하게 하는가? 누가 의사가 될 것이며, 누가 변호사, 환경미화원이 될 것인가를 어떻게 결정하는가? 무엇이 그들에게 배당된 역할을 받아들이게 하고 그들의 능력과 일치하는 역할을 수행하도록 그들을 납득시킬 것인가? 확실히, 오직 힘 또는 힘에 의한 위협에 의해 가능하게 될 것이다.

결과의 평등으로 몰고가려는 많은 도덕적 열정은 간단히 말해 어떤 아이는 다른 아이에 비해 더 큰 이익을 가지는 것이 그들의 부모가 부자이기 때문에 그것은 공평하지 않다는 전반적인 믿음으로부터 도출된다. 물론 그것은 공평하지 않다. 그러나 불공평함은 많은 형태로 나타난다. 그것은 노예, 주식, 집, 공장 등의 재산상속형태로 나타나며, 또한 음악적 재능, 힘, 수학천재 등의 재능을 물려받는 형태로도 나타난다. 재산상속은 재능의 상속보다 좀더 즉각적으로 중재된다. 그러나 윤리적 측면에서 보면, 이 두 가지 사이에 차이점이 있는가? 그러나 많은 사람이 재산상속에 대해 불쾌감을 표현하지만, 재능상속에 대해서는 그렇지 않다.

삶은 공평하지 않다. 그것은 정부가 자연적으로 산출된 무엇인가를 조정할 수 있다는 믿음을 부추긴다. 그러나 또한 우리가 유감스럽게 여기는 매우 불공평함에서부터 얼마나 많은 이익이 우리에게 주어지는지를 인식하는 것이 중요하다.

모하메드 알리(Muhammad Ali)가 한번 시합에 수백만 달러를 벌 수 있다면 그것은 확실히 공평하지 않다. 그러나 추상적인 평등의 이상을 추가한답시고 모하메드 알리가 하룻밤 사이에 그만큼 많은 돈을 벌도록 허용되지 않는다면, 하층민이 부두에서 비숙련기술의 작업으로 하루에 얻을 수 있는 공평함보다, 그의 경기를 관람하여 즐기려는 사람이 기회를 갖지 못해 더 불공평하게 되지 않겠는가? 그렇게 하는 것이 가능할지도 모르지만, 그 결과는 모하메드 알리를 지켜보려는 사람의 기회를 부정하는 것이나 마찬가지이다. 만약 그의 급료가 비숙련기술의 부두노동자 급료로 제한한다면, 단련의 힘든 훈련을 받거나 그가 했던 경기종류에 그 자신이 주체가 되어 자발적으로 하였을 것인가에 의심이 간다.

사람이 자기 스스로 선택하고, 그들이 결정한 결과의 대부분을 떠맡는 체제는 우리 역사의 대부분에 보급된 체제이다. 그것은 지난 2세기에 걸쳐 포드가(Henry Fords), 에디슨가(Thomas Alva Edisons), 이스트만가(George Eastman), 록펠러가(John D. Rockfellers), 페니가(James Cash Penny)에게 우리 사회를 변형시키도록 동기를 부여한 체제이다.

이것은 야망 있는 발명가와 산업책임의 감독자가 기획한 위험한 투자에 원금을 과감하게 내어놓는 동기를 지닌 사람들에게 주어진 체제이다. 물론 그 속에는 많은 실패자가 있었다. 아마 성공한 자보다 실패한 자가 더 많았을 것이다. 우리는 그들의 이름을 기억하지 않는다. 그러나 그들은 그 대부분을 위해서 개방적인 시각으로 뛰어들었다. 그들은 그들이 기회를 잡았다고 알았다. 그리고 이기건지건 간에 사회 전체는 기회를 잡은 그들의 의지로부터 이익을 얻었다.

이 체제로부터 산출된 행운은 발명된 새로운 생산물, 서비스 또는 널리 그것들이 확산되는 것으로부터 나온다. 그 결과 지역사회 전체의 부를 늘리고 대중의 복리를 증진시키는데 그 금액은 혁신자가 벌어들인 부의 몇 갑절이나 된다. 포드는 거대한 행운을 잡았다. 그 결과 국가는 값싸고 신뢰할 수 있는 운송수단과 대량생산의 기술을 얻었다. 더욱이 대부분의 경우에 개인의 행운은 사회이익에 결과적으로 크게 헌신하게 된다. 록펠러, 포드, 카네기재단은 최근에야 비로소 이해된 용어인 '기회균등'과 '자유'가 조화를 이루는 체제가 작용한 결과, 거대한 개인이 베푼 선행 가운데에서 가장 주목할 만한 기부자이다.

제3절 | 평등정책의 결과

우리의 고유한 정책형성은 공통의 지적·문화적 배경과 여러 가치로부터 도출된 것으로부터 공유된 서부나라의 경험으로부터 배울 수 있다. 아마도 가장 조직적인 예는 19세기에 기회의 균등을 이행하고, 20세기에 결과의 평등을 이행한 영국이다.

제2차 세계대전종료 이래로, 영국의 국내정책은 보다 큰 평등을 결과에서 추구하는 것이 지배적이었다. 부자로부터 거두어서 가난한 자에게 주는 것을 목적으로 하는 조치를 채택하였다. 세금은 그들 재산수입의 98%라는 높은 비율에 도달하고, 수입의 83%에 도달할 때까지 올려졌고, 상속시에 더 무거운 세금을 부과했다. 실업자와 노인에게 수당을 지급함에 따라 주에서 제공된 의료, 주거 및 다른 복지서비스는 크게 확대되었다. 불행히도 그 결과는 수세기 동안 영국을 지배해 온 계층구조에 의해 적절하게 지켜 온 사람의 의도와는 매우 달랐다. 부의 거대한 재분배가 있었지만, 그 결과는 평등한 분배가 아니었다.

그 대신 특권을 가진 새로운 계층이 낡은 계층을 대체하였다. 즉 안전한 직업을 가지고, 재직 중에나 은퇴하였을 때나 인플레이션으로부터 보호받는 관료들, 가장 억압된 노동자를 대변한다고 외치면서 가장 높은 보수를 받는 노동자로 구성된 노동조합(노동자를 움직이는 귀족이며, 새로운 백만장자), 의회로부터 정해진 법률, 규칙, 규정의 주변에서 교묘한 방법을 찾는 가장 유능한 사람, 그리고 자신의 수입에 세금을 납부하는 것을 회피하는 방법을 찾거나 세금수금원의 감시를 벗어나 해외에서 자신의 부를 축적하는 사람이 득세하였다. 수입과 부의 거대한 자리바꿈은 이루어졌으나, 보다 큰 평등은 이루어지지 않았다.

영국에서 평등을 지향하는 이상은 실패하였다. 잘못된 방법이 채택되어서가 아니고(비록 어떤 것은 잘못되었지만) 그들이 서투르게 관리하여서도 아니며(비록 어떤 것은 그러했지만), 잘못한 사람이 관리하여서도 아니다(비록 어떤 것은 그러했지만). 평등을 위한 운영은 좀더 본질적인 이유에서 실패하였다. 그것은 모든 인간에게 존재하는 가장 기초적인 본능에 대항했기 때문이다. 스미스는 "형식적이고 영원하고 방해받지 않는 노력은 그의 환경을 더 나아지게 한다. 그리고 하나 덧붙여 그의 아이도 그 아이의 아이도 그러하다." 물론 스미스는 비록 확실히 그것이 하나의 구성요소이지만, 단지 물질적으로 잘 사는 것이 '환경'을 의미하는 것은 아니라고 하였다. 그는 마음속에 보다 폭넓은 개념을 가지고 있었다. 거기에는 인간이 자신의 성공(19세기에 박애주의 활동을 분출시킨 특히 사회적 가치와 같은 종류)을 판단하는 가치까지 포함하고 있었다.

법의 간섭으로 사람이 자신의 가치를 추구하는 일이 방해받을 때 그들은 주위에서 방법을 찾으려고 노력할 것이다. 그들은 법을 피할 것이며, 그들은 법을 어기며, 또는 그 나라를 떠날 것이다. 우리 몇몇 중에서 그들이 승인할 수 없는 목적을 위해, 그들이 알지 못하는 사람에게 지급하고자, 그들이 산출한 생산물의 많은 부분을 포기하도록 강요하는 것이 정당하다고 주장하는 도덕적 규약을 믿을 사람은 거의 없다. 법이 대부분의 사람이 도덕적이고 적절하다고 여기는 것과 모순될 때 그들은 법을 위반할 것이다. 그 법이 비록 평등과 같은 고귀한 이상의 이름으로 규정되었거나 다른 그룹을 희생시키고 어떤 집단의 이해를 위해 만들어졌거나를 떠나, 그 법을 위반할 것이다. 오직 처벌에 대한 공포만이 (정의와 도덕적 감정이 아닌) 사람을 법에 복종하도록 이끌 것이다.

제4절 | 자본주의와 평등

세계 어디에서나 수입과 부의 심한 불공평이 있다. 그러한 불공평이 우리의 감정을 상하게 한다. 어떤 사람이 누리는 사치와 다른 사람이 가난으로 고통을 겪는 것 사이의 차이에 의해 마음이 동요되지 않을 사람은 거의 없을 것이다.

지난 세기에 자본주의 자유시장(우리가 용어로 기회균등으로 정의한 시장)이 그러한 불평등을 증대시켰다는 신화가 성장하였다. 즉 자본주의 자유시장은 부자가 가난한 사람을 착취하는 체제라는 말이다.

진실에서 멀어질 수 있는 것은 아무것도 없다. 어디서나 자유시장이 운영되도록 허용되어 왔고, 어디든지 기회균등의 어떠한 접근도 존재해 왔고, 평범한 사람은 이전에 결코 꿈꾸지 못했던 삶의 수준을 얻을 수 있었다. 오늘날 부자와 가난한 자의 차가 벌어지는 곳은 없다. 자유시장의 운영을 허용하지 않는 사회보다, 부익부빈익빈현상이 더 확대되는 곳도 없다. 상속된 상태가 지위를 결정하는 현대 남미 다수국가와 독립 이전의 인도, 중세유럽과 같은 봉건사회에서도 마찬가지였다(즉 평등하였다). 그것은 정부에 접근하는 것이 지위를 결정하는 독립 이후의 러시아, 중국, 인도와 같은 중앙계획사회에서도 마찬가지이다. 이 3국처럼 평등이란 이름하에 중앙계획을 도입한 국가에서도 마찬가지이다.

러시아는 계급이 두 개인 나라이다. 관료주의자, 공산당원, 기술자 등의 특권을 가진 상류계층과 고조부보다 좀더 나은 삶을 사는 대다수의 사람이다. 상류계층은 특별한 가게, 학교, 모든 종류의 사치스러운 것에 접근할 수 있고, 대다수는 기본필수품보다 좀더 나은 삶을 즐기는 것에 만족하도록 경멸당하고 있다. 우리는 모스크바에서 관광가이드에게 큰 자동차의 가격을 물어 본 것을 기억한다. "오, 그것은 판매하지 않아요. 그것은 단지 전시용이에요." 최근 미국의 몇몇 저널리스트가 쓴 책은 상류계층의 특권 있는 삶과 다수의 가난한 계층 사이의 대조를 매우 상세하게 기술하고 있다. 심지어 좀더 단순한 계층에서도 공장감독의 평균월급이 러시아 공장노동자 평균월급의 몇 배나 되는데, 이는 미국에서는 감독의 월급이 공장노동자의 수배가 되지 않는다(얼마나 사회주의기 불평등이 더 심한가). 결국 미국의 공장장은 단지 해고될 것을 걱정하고, 러시아의 공장장은 또한 총에 맞을 것을 걱정한다.

제5절 | 결 론

자유보다 평등(결과의 평등이라는 견지에서의 평등)을 우선하는 사회는 결국 평등도 자유도 얻지 못한다. 평등을 성취하기 위해 힘을 사용하다 보면 자유를 파괴할 것이고, 비록 좋은 의도로 도입한 힘일지라도 그 힘은 결국 자신의 이해를 촉진시키는 데에만 관심을 두는 사람의 손에 쥐어질 것이다.

반면에 자유를 우선으로 두는 사회는 더 나은 자유와 평등을 가져올 것이다. 비록 자유의 부산물로 성취되는 것이기는 하지만, 더 큰 평등은 우연히 이루어지는 것은 아니다. 자유사회는 그 자신의 목적을 추구하도록 사람에게 에너지와 능력을 부여한다. 독단적으로 다른 사람을 억압하는 사람을 그렇게 하지 못하도록 금한다. 자본주의 사회에서는 자유가 유지되는 한, 사람이 특권을 추구하는 행위를 막지는 않는다. 다만 제도화된 특권적 지위를 차지하는 것을 막는다. 다른 능력 있고 야망 있는 사람으로부터 그 지위가 공격받을 수 있기 때문이다. 자유는 다양성인 동시에 가변성을 의미한다. 그것은 오늘의 불이익이 내일의 특권으로 변할 수 있도록 사람에게 기회를 계속 제공해 주고 그러한 과정에서 상위부터 밑바닥까지 거의 모든 계층의 사람에게 보다 풍요롭고 부유한 삶을 즐기도록 해 준다.

제33장
대처리즘

박동운

사회주의가 '결과의 평등'을 실현하는 과정에서 근로의욕을 저하시켜 경제의 효율성을 살리지 못한 나머지 역사 속으로 사라지고 말았다는 점을 감안할 때 '시장왜곡'을 가져오지 않는 대처의 분배정책은 시장경제에 어울리는 분배정책이다.

박동운

이 글은 단국대학교 박동운 교수의 『대처리즘(*Thatcherism*) : 자유시장경제의 위대한 승리(2004) FKI미디어』에서 발췌한 내용이다.

대처총리의 개혁에는 경제문제와 직접적으로 관련되지는 않지만 그냥 지나쳐 버리기에는 소중하다고 생각되는 이슈가 많다. 예를들면 대처는 평등주의에 너무나도 분명한 입장을 취했다. 대처는 "정부가 법 앞의 평등 외에 다른 종류의 평등까지 목표로 삼으면 그 정부는 자유를 위협하는 존재가 되고……불평등은 자유의 불가피한 대가"라고 썼다. 여기에서는 대처 개혁사상의 몇 가지 이슈를 모았다.

다룰 내용은 다음과 같다.

① 사회란 존재하지 않는다.

② 대처의 분배정책: 시장을 왜곡해서는 안 된다.

③ 평등을 실현하려는 정부는 자유를 위협한다.

④ 노동자의 의식을 바꾼다.

⑤ 복지제도 개혁: 개인의 책임을 강조한다.

제1절 | "사회란 존재하지 않는다"

대처는 몇 해 전 『여성자신』이라는 잡지와의 인터뷰에서 다음과 같이 말했다.

> "문제가 생기면 정부가 알아서 해결해 줄 것이라는 생각을 가진 사람이 너무 많은 시대를 거쳐 왔다고 나는 생각합니다. 사람은 '문제가 생겼다. 가서 보조금을 얻어와야지'라든가, '노숙자가 되었어. 정부가 반드시 내 거처를 마련해 줘야 해'라고 생각하는 겁니다. 이 사람은 자기문제를 사회에 떠넘기고 있습니다. 그런데 솔직히 사회란 존재하지 않습니다. 개인이 있고 가족이 있을 뿐입니다 …… 사람은 반드시 우선 자기자신을 보살펴야 합니다. 자신을 보살피고 난 후에 이웃 또한 보살피는 것이 우리의 의무입니다. 사람은 의무도 수행하지 않고 뭔가 자기가 마땅히 얻어야 할 것을 얻어 내겠다는 생각을 너무 많이 하고 있습니다. 사람이 먼저 의무를 수행하지 않으면, 마땅히 얻어야 할 것 따위는 존재하지 않습니다(Thatcher, 2002, Woman's Own, 1987. 10. 31일자).

인터뷰는 마치 벌집을 건드린 것처럼 커다란 논란을 불러일으켰다. "사회란 존재하지 않는다"라는 말은 지금도 좌파정치인, 기자 그리고 때로는 성직자가 인용한다고 하였다. 이를 놓고 대처는 "정치인 생활을 하면서 내가 했던 발언 중에는 다르게 말했더라면 좋았을 것이라고 생각되는 것이 많이 있습니다. 그러나 이 발언은 그 중에 속하지 않습니다"라고 쓰고 있다.

'사회'란 무엇이냐? 『브리태니커 백과사전』은, 사회란 '공동생활을 하는 인간의 집단'이라고 정의하고 있다. '사회'에는 잘 사는 사람이 있는가 하면 못사는 사람도 있다. 공동생활이 잘 이루어지려면 '사회'는 문제가 있는 사람을 돌 봐야 할 것이다. 그런데 '사회'란 현대적인 시각에서 보면 '국가'이다. 그러면 문제가 있는 사람을 전적으로 돌봐야 하는 국가란 어떤 국가인가? 그것은 역사 속으로 사라져 버린, '사회'만을 강조한 '사회주의' 국가이다. 이러한 국가에서는 사람이 게으르게 마련이다. "사회란 존재하지 않는다"라는 말을 통해 대처가 강조하려 했던 것은 '사회'를 강조하는 국가의 운명은 멸망하고, 자신의 문제는 자신이 해결해야 한다는 자조(自助)정신을 강조하였다.

"사회란 존재하지 않는다"라는 말은 틀림없이 대처를 매정하기 짝이 없는 사람으로 연상시킬 것이다. 과연 그럴까? 대처의 성장과정을 눈여겨보자.

"(대처의 어머니) 베아트리스는 주 1회 목요일과 일요일 빵 굽는 날에 여분으로 구운 빵을 가난한 사람에게 가져다 주었으나 그녀는 그러한 자선활동을 결코 남에게 알리지 않고 남몰래 행하였다……마거릿은 엄마로부터 가난한 사람을 배려하는 것이 어떤 것인가를 배웠다. 몸이 닳도록 일하면서 절약하고 그것을 사회봉사로 바치는 엄마의 삶을 딸들은 배웠다(Gardiner,

1975, 정연전 역, 1979)."

대처의 어머니는 "너는 자선을 베풀 오른손이 무엇을 하는지를 네 왼손이 모르게 해야 한다"라는 성경말씀을 실천할 만큼 믿음이 두터웠다고 한다. 그러한 믿음의 환경에서 자라난 대처가 매정한 사람일 리는 없다. 대처의 분배정책을 살펴보자.

제2절 │ 대처의 분배정책: "시장을 왜곡해서는 안 된다"

"사회란 존재하지 않는다"라는 말과 관련하여 대처의 분배정책을 살펴보자. 대처는 『국가경영』에서 다음과 같이 쓰고 있다.

> "특정집단의 사람이 감수하고 있는 사회적 불평등을 해소하기 위해 국가는……가정의 지불능력을 따지지 않고 훌륭한 기초교육과 적절한 의료서비스를 제공해 주는 것이 옳다. 나는 또한 어느 정도 자본을 축적해서 재산을 획득하도록 사람을 독려하는 정책에도 찬성한다……그러나 정책을 구상할 때에는 시장을 왜곡하거나 의욕을 꺾어 버리지 않도록 해야 한다.
> 가능하면, 정부는 개인의 선택권을 최대화하는 방식으로 사회복지정책을 시행해야 한다. 예를들면, 중앙정부의 계획에 의해 필요한 것을 제공해 주기보다는 교육비할인이나 신용대출 등을 이용하는 방법, 일제히 보조금을 지급하기보다는 세금을 감면해 주는 방법 등이 있는 것이다(Thatcher, 2002)."

분배정책은 크게 '기회의 평등'과 '결과의 평등'으로 나뉜다. 기회의 평등정책은 경쟁을 바탕으로 하는 시장경제의 분배정책이다. 시장경제에서 경쟁에 참여하는 사람은 건강, 교육, 자산 등에서 큰 차이를 나타내게 마련이다. 예를들면, 부모로부터 엄청난 자산을 물려받은 사람과 그렇지 못한 사람의 돈벌이게임은 처음부터 게임이 될 수 없다. 이런 경우 기회의 평등을 지향하는 국가는 어떤 정책을 실시해야 할까? 일반적으로 세 가지 정책이 실시된다. 첫째, 국가는 도움을 필요로 하는 특정집단에게 기초생활을 보조하고, 의료서비스, 교육서비스, 주택서비스 등을 제공한다. 둘째, 국가는 자산소유가 편중되고 세습되지 않도록 높은 세율의 상속세를 부과한다. 셋째, 국가는 한정된 자원사용이 소수집단에 의해 편중되지 않도록 독과점규제법을 실시한다.

한편 결과의 평등정책은 극단적인 경우 모든 생산요소를 국가가 소유하는 사회주의의 분배정책이다. 사회주의는 결과의 평등을 실현하기 위해 어떤 정책을 실시해야 할까? 일반적으로 세 가지 정책이 실시된다. 첫째, 국가는 의·식·주 등 기초생활을 보조하고, 의료서비스, 교육서비스, 주택서비스 등을 무료로 제공한다. 둘째, 국가는 평등을 목적으로 임금을 모든 직종에 걸쳐 똑같게 결정한다. 셋째, 일한 시간 수에 따라 임금을 지급한다.

다시 대처의 분배정책으로 돌아가자. 인용된 대처의 글에 따르면, 국가는 첫째 경제여건에 관계없이 누구에게나 훌륭한 기초교육과 적절한 의료서비스를 제공하고, 둘째 특정집단에게 자본축적을 통한 재산획득의 기회를 마련해 주고, 셋째 특정집단에게 복지정책 내용에 대한 선택권을 높여 주며, 넷째 분배정책이 시장왜곡이나 근로의욕의 저하를 가져오지 않게 해야 한다는 것이다.

대처의 분배정책은 대처 스스로도 말했듯이 '기회의 평등'을 실현하려는 시장경제의 분배정책이다. 사회주의가 '결과의 평등'을 실현하는 과정에서 근로의욕을 저하시켜 경제의 효율성을 살리지 못한 나머지 역사 속으로 사라지고 말았다는 점을 감안할 때 '시장왜곡'을 가져오지 않는 대처의 분배정책은 시장경제에 어울리는 분배정책이다.

제3절 | "평등을 실현하려는 정부는 자유를 위협한다"

대처는 '결과의 평등'을 내세워 평등을 실현하려는 정부는 자유를 위협한다고 경고하면서 시장경제를 옹호하는 사람이 해야 할 일이 무엇인가를 제시했다. 다음은 『국가경영』에 실린 글을 축소한 것이다.

"사실 우리는 항상 목적을 분명히 해야 합니다. 사회적으로 불리한 입장에 서 있는 사람의 운명을 향상시키고 노력하는 것에 많은 이야기를 할 수 있습니다. 그러나 지상에 천국을 만들려고 노력하는 사람에 대해서는 전혀 할 말이 없습니다. 따라서 정부는 사회적 정책을 이른바 '사회적 정의'와 연결시키는 것에 크게 경계해야 합니다. 자유로운 사회가 불안정 속으로 점점 더 깊이 끌려들어 갈 수 있습니다. 불평등은 자유의 불가피한 대가입니다. 사람에게 스스로 결정을 내릴 수 있는 자유를 부여해 주면, 다른 사람보다 더 신중하고 창조적인 반응을 보이는 사람이 생겨날 것입니다. 게다가 다른 사람이 가지지 못한 행운을 누리는 사람도 있을 것입니다. 어쨌든 물질적 부를 비롯한 여러 가지 혜택이 반드시 자격 있는 사람에게 돌아가도록 해 주는 만장일치의 기준 같은 것은 존재하지 않습니다. 설사 그런 기준이 있다 해도 정부나 다른 기구가 판단을 내리는 데 필요한 모든 정보를 확보할 가능성이 없습니다. 또한 정부를 움직이는 것 역시 인간이고, 정치인은 이런 면에서 특히 인간적이므로 영향력을 이용해 이익을 취하고 교활하게 거래를 추진하고 구식 부정부패를 자행하는 형태가 십중팔구 머지않아 나타날 것입니다.

이런 모든 결함이 공산주의 치하에서 나타났습니다. 이 주제에 관한 책을 모으면 아마 영국국립도서관의 별관 건물 한 동을 완전히 채울 수 있을 것입니다. 그러나 사회주의적 성격의 강약과 상관없이 모든 사회주의 체제에 이런 결함이 다양한 수준으로 존재한다는 사실을 사람들이 잊어버리고 있는 것 같습니다. 정부가 법 앞의 평등 외에 다른 종류의 평등까지 성취하겠다는 것을 목표로 삼으면 그 정부는 자유를 위협하는 존재가 됩니다.

자유로운 기업활동이 보장되는 자본주의가 도덕적으로도 강력한 힘을 갖고 있다고 생각하는 사람은 단순히 실용적인 견지에서가 아니라 도덕적인 견지에서 그런 주장을 펼쳐야 합니다. 우리가 주장해야 할 것은 다음과 같습니다.

- 돈은 도덕적으로 중립적이다. 중요한 것은 사람이 돈을 가지고 하는 행동이다.
- 법 앞의 평등(이것은 자유의 일부이다)을 추구하는 것과 대개 자유의 축소가 포함되는 다른 종류의 행동을 추구하는 것을 분명히 구분한다.
- 혜택받지 못한 계층을 돕기 위한 정책을 마련하되, 그 정책이 시장을 왜곡하거나 의욕을 꺾어 버리지 않고, 대신 선택권과 소유권을 확대시키도록 한다.
- 진정한 정의를 파괴하는 '사회적' 정의라는 개념을 원칙적으로 거부한다.
- 자본주의가 좋거나 나빠지는 것은 그 안에 참여하고 있는 사람에게 달린 일임을 명심한다."(Thatcher, 2002)

여기에서 우리는 밀턴 프리드먼이 한 말을 반드시 되새겨 볼 필요가 있다.

"평등을 자유보다도 앞세우는 사회는 결국 평등도 자유도 달성하지 못하게 될 것이고, 자유를 첫째로 내세우는 사회는 보다 큰 자유와 보다 큰 평등을 달성할 것이다."(Friedman, 『Free to Choose』 1980)

제4절 | 노동자의 의식을 바꾼다

대처는 구조개혁을 통해 사회주의 사상에 물든 영국노동자의 의식을 크게 바꿨다. 영국의 민영방송 1TV와 선데이 타임스가 1988년 6월에 공동으로 실시한 설문조사 결과가 이를 말해준다. 이 설문조사는 사회주의 가치관과 대처주의 가치관을 비교한 것이다(〈표 6-1〉 참조).

이 표는 사회주의 가치관과 대처주의 가치관을 다섯 가지 기준을 바탕으로 비교한 것이다. 이 조사결과 '강력한 대처주의자'는 국민 전체의 18%에 불과했지만 이 밖에 41%가 '대처정책 지지자' 또는 '동조자'로 밝혀져 모두 합하면 약 60%의 국민이 대처정권에 만족하고 있었던 것으로 나타났다.

응답결과는 영국국민이 가진 의견의 특징을 다음과 같이 보여 주었다.

〈표 6-1〉 대처의 여론조사

(1988. 6. 12. 영국 1TV와 선데이 타임스)

구분	사회주의 가치관과 대처주의 가치관의 비교	
	사회주의	대처주의
1	공공이익 우선, 계획경제	개인의 이익과 자유경쟁 우선
2	사회적 · 집단적 복지	개인의 자립, 자조
3	생산성보다 완전고용	생산성 · 능률 · 대외경쟁력 중시
4	수입과 소득의 국가관리에 의한 평등	일한 만큼 보답받는다
5	타인에의 봉사를 높이 평가	부의 생산을 높이 평가

① 사회주의적인 평등이나 평등한 수입보다는 일한 만큼 보답을 받아야 하고, 재산소유의 자유를 원한다.

② 인위적인 완전고용보다는 생산성과 능률을 중시해야 한다.

③ 빈부격차가 확대되는 것을 우려하지만 '지나친 복지가 자립의지, 노동의욕을 상실시킨다'는 것도 우려한다.

여기에다 대처정권의 경제정책에 만족하고 있다는 비율은 다음과 같다.

① 비숙련 노동자의 76%, ② 중류 전문직의 88%, ③ 노동당 지지자의 3분의 2, ④ 실업자의 3분의 1.

설문응답 결과는 대처혁명 10년을 경험한 영국국민의 대부분이 영국사회에 만연된 사회주의의 병폐를 싫어하고 반대로 대처정권의 구조개혁의 성과를 인정한다는 것을 보여 준다. 한 마디로 사회주의에 물들어 왔던 노동자의 의식이 변한 것이다.

이와 같은 노동자의 의식변화는 대처리즘이 가져온 결과이다. 예를 하나 들자. EC는 1988년 완성을 목표로 개최된 한 수뇌회의에서 가입 12개국 공통으로 '노동자 권리보호조항' 제정을 제안했다. 이 자리에서 대처는 다음과 같은 이유로 이를 반대했다.

"노동자를 특정한 인종이나 계층과 같이 여기는 것은 잘못입니다. 그 얼마나 따분한 마르크스주의적 교리입니까? 우리의 책임은 국가가 노동자에게 직업을 던져 주는 의무가 아니고, 모든 EC 국민에게 재능을 스스로 발휘해서 성공할 기회를 평등하게 보장받게 하는 일이 아니겠습니까? '노동자'는 우리와 다른 특별한 존재가 아닙니다. 나도 여러분도 모두 노동자이며 오너(주택, 자본, 기업 등의 소유자)입니다. '노동자'를 특별 취급하는 따위의 시대착오적인 교리는 이제 더 이상 통하지 않습니다(Gardiner, 1975, 정연권 역,

1979)."

제5절 | 사회복지 개혁: 개인의 책임을 강조한다

저는 이 책을 쓰기 전까지 대처는 사회복지 개혁에서 '철의 여인'의 능력을 보여 준 것으로 생각했다. 그러나 이 책을 쓰는 과정에서 대처가 구조개혁에서 가장 느린 걸음을 걸은 분야가 사회복지개혁이 아닌가 하는 결론을 내렸다.

여기에서는 복지제도와 연금제도 개혁을 간략하게 살펴보자. 대처의 복지제도 개혁은 비교적 늦게 시작되었다. 대처의 복지개혁은 1985년 파울러(Norman Fowler)의 이름으로 제출된 녹색교서(*Green Paper*)』를 바탕으로 실시되지 않았나 생각된다. 『파울러보고서』는 1941년의 『베버리지 보고서』에 기반을 두고 있기는 하지만, 1970년대의 상황을 재해석하면서 새로운 대안을 제시한 것으로 평가된다.

『파울러 보고서』의 근본적인 입장은 사회보장제도는 개인과 국가의 책임에 근거해야 한다는 점이다.

이러한 시각에서 대처는 복지제도를 개혁했다. 이와 같은 개혁은 영국병을 치유하는 데 기여했다. 교육 및 직업훈련의 경우를 살펴보자.

대처는 교육 및 직업훈련의 목표를 기존노동력의 기능향상에서 실업정책으로 전환하고, 특히 청년실업자 및 장기실업자의 교육직업훈련을 강화했다. 이를 위해 1989년 '훈련 및 기획위원회(Training and Enterprise Council)'를 설치하여 근로자 직업훈련의 세부비용에 지역 및 기업의 수요가 반영될 수 있도록 종래 정부가 담당하던 교육훈련을 민간주도의 자율적인 훈련제도로 개편했다. 또 실직자의 직업훈련참여를 촉진하기 위해 구직수당의 혜택을 직업훈련참가로 제한하는 등 양자 간의 연계를 강화했다. 이 제도는 현 총리 토니 블레어까지 이어져 블레어정부는 1998년 '근로자를 위한 복지(welfare-to-work)'라는 슬로건 아래 복지관련급여와 조세상의 구직유인을 강화하고, 기업에게도 고용창출비용에 보조금을 지급함으로써 실업자와 빈곤계층의 노동시장참여를 유도했다.

공자(孔子)의 제자인 자로(子路)가 한 번은 물에 빠진 사람을 구하였는데, 부모들은 매우 감격하면서 자로에게 소 한 마리를 주었다. 자로는 기꺼이 받고서 공자에게 이 일을 말하였다. 공자가 그에게 말하였다.

"자로야, 잘했다. 앞으로 노나라 사람은 누구나 위급한 사람을 보면 구해 주고자 할 것이다." -사람을 구하면 대가가 있지 않은가!

공자의 다른 제자인 자공(子貢)은 돈이 매우 많았으며 노비를 두고 있었다. 노비의 친족이 자공에게 몸값을 지불하고 사람을 찾아가려고 하였다. 노나라의 법률에 따르면 노비의 주인으로부터 사람을 찾아가려면 몸값을 지불하여야 한다. 그러나 자공은 사람은 내놓았지만 몸값은 받지 않았다. 공자가 이에 말하였다.

"자공이 옳지 않다. 네가 몸값을 받지 않으면 앞으로 누가 감히 또 사람을 찾아가려고 하겠는가?"

어찌 하여 공자는 이렇듯 전혀 다른 두 가지 태도를 취하였는가?

자로가 좋은 일을 하고 예물을 받은 것은 여러 사람에게 좋은 일을 하도록 격려함으로써 사회의 좋은 기풍을 권하는 것이라고 인정하였기 때문이다. 그러나 자공은 자기에게 돈이 있다고 해서 다른 사람에게서 몸값을 받지 않았으니 겸양하고 대범한 듯하지만, 다른 노비의 주인은 이로 인해서 누구나 감히 노예를 내놓으려 하지 않았다.(이익을 얻을 수 없지 않은가). 그 결과는 선(善)을 하는 길을 막아 버린 것이다.

공자의 제자 자로가 소(邵)라는 지방에 가서 행정장관을 하게 되었다. 당시 노나라의 정권은 계씨(季氏)의 수중에 장악되었으며, 계씨는 5개월 내에 운하를 개통하려고 하였는데, 이것은 백성에게 너무나 각박하고 힘든 일이었다. 운하는 마침 자로가 관할하는 행정구역을 지나게 되었다. 자로는 백성을 격려하기 위해서 자신의 사재를 털었는데, 집에 있는 식량을 내어 밥을 짓고 백성에게 먹이는 등 공정(工程)비용의 부족함을 메웠다.

공자는 이 소식을 듣자, 금방 자공을 보내 자로가 지은 밥을 쏟아 버리게 하고 부뚜막과 밥그릇을 모두 망가뜨리게 하였다. 자로는 크게 성을 내면서 공자를 찾아가 따졌다.

"당신은 날마다 우리에게 좋은 사람이 되어 좋은 일을 하라고 가르쳤고, 우리에게 인의를 하라고 가르치지 않았습니까? 지금 그렇게 하는데도 어찌하여 자공을 불러 소란을 피우게 합니까? 이것은 우리를 시기하는 것이 아닙니까?"

공자가 말하였다.

"자로야, 너는 정말 어리석구나! 우리나라의 문화와 윤리가 무엇인지 네가 알고 있는가? 이른바 황제가 천하의 백성을 사랑한다고 하는 말은 천하를 자기 것으로 간주하는 것이며, 제후들이 자기 경내의 백성을 사랑한다고 하는 말은 자기가 관할하는 영지를 자기 것으로 간주하는 것이며, 대부로 있는 자는 단지 자기 직책 범위 안의 일만 관리하고 있으며, 일반백성은 단지 자기 아내와 자식을 사랑할 뿐이다. 만일 각자의 범위를 벗어나서 다른 사람의 일을 간섭하면 아무리 좋은 마음을 가졌다 해도 좋은 대가를 받지 못하는 법이니, 그것은 네가 다른 사람의 권력을 침범하였기 때문이다." (趙蕤, 『反經』)

시장모럴을 받아들이는 개방자세의 문화

모든 도시와 국가가 그 항구를 모든 국민에게 개방하는 정도에 비례해서, 중상주의의 원칙
이 우리에게 예측하도록 가르친 바와 같이 자유무역 때문에 괴멸되기는커녕, 도리어 자유
무역으로 말미암아 부유하게 된 것이다.   스미스

비교우위의 법칙은 리카르도(David Ricardo, 1772~1823)가 발견하였는데 어떤 특정상품을 생산하는 데 비록 절대적 우위를 차지하는 나라일지라도, 생산의 기회비용에서 차이만 나면, 이를 생산하기보다 수입하여 이득을 획득할 수 있다는 내용이다. 교역하는 당사자 사이에는 생산비용에서의 상대적 차이는 반드시 존재하게 마련이기 때문에 리카르도는 교역하는 과정에 모든 참가자가 이득을 얻을 수 있다고 개략적으로 설명할 수 있었다. 이러한 견해는 중상주의자의 견해, 즉 교역하면 승자와 패자가 있게 마련이어서 한 당사자가 다른 당사자를 불가피하게 활용한다는 관념과 대립하는 사상이었다.

한 나라의 무역이 해로운 무역으로부터 보호될 필요가 있다는 견해를 제시한 중상주의자와는 달리 리카르도, 스미스, 흄 등과 같은 자유주의자는 자유무역이 모든 사람에게 이득을 주는 것이라고 느꼈다. 더 나아가 무역이 자연적으로 선한 것이고, 따라서 장려되어야 한다는 리카르도의 견해에 부수하여 관세나 수량할당 그리고 다른 규제와 같이 자유무역을 방해하는 요소는 제거되어야 한다는 논리가 성립한다.

자유무역이 가져다 주는 이점은 한 나라에서 이루어지는 교역만 보더라도 알 수 있다. 최초의 연방헌법에 비해 이후 제정된 미국헌법이 성공한 배경에는 두 주 사이의 교역을 간섭하는 주정부의 무역장벽을 철폐한 자유무역의 원칙을 고수한 데 있다. 그러나 한 나라 내에서 교역하는 당사자가 하는 자유무역은 법에 의해 보호를 받을지라도 양국 간의 무역에서 자유무역은 좀처럼 이루어지지 않는다.

리카르도로부터 현재까지 연구된 결과, 국가 간의 자유무역으로부터 상당한 이득을 얻는다는 경제분석이 많은 데에도 불구하고, 국가 내의 무역정책과 국가 간의 무역정책 사이에 정책상의 차이가 있는 까닭에 사람을 어지럽게 한다. 주류경제학과 정치적 정책 차이를 제Ⅶ부에서 살펴보고자 한다.

주식중개상으로 거금을 모은 리카르도(유대계이기도 하지만)는 사업을 그만 둔 30세부터 정치경제를 연구하였다. 스미스로부터 지적 유산을 받은 그는 경제사상사에 크게 기여하였다. 그 중에서도 가장 괄목할 만한 업적은 그의 비교우위론이다. 이 비교우위론으로 인해 자유무역이 들어설 입지가 마련되었고, 오늘날에까지 이르고 있다. 게다가 비교우위론은 시장체계에 대한 우수성을 뒷받침하는 도구이기도 하다. 리카르도 (David Ricardo)의 비교우위론을 제34장에 실었다.

제35장에서 스미스(Adam Smith)는 자유방임주의 독단적인 논리와는 달리, 폭넓은 마음으로 어떤 경우에는 무역을 제한하는 것이 바람직한 경우를 든다.

자유무역옹호론자는 자유무역에 장벽을 쌓는 까닭은 특수이해집단이 경쟁시장의 압력을 피하려고 취하는 또 하나의 시도라고 주장한다. 법에 의해 무역장벽을 세워 교역에 참여하는 사람을 줄임으로써 그러한 특수이해집단이 지역사회 전체를 희생시키는 대가로 이득을 본다. 그러나 이득은 몇몇 소수자에게만 집중되고 커다란 비용은 많은 대중 사이에 분산되기 때문에 소수의 정치적 집단의 목소리가 커져 보인다. 제36장에서는 프랑스의 자유무역론자인 바스티아(Frédéric Bastiat)의 글을 실었다. 그는 보호주의자가 다른 사람의 희생으로 이득을 보려 한다고 주장한다.

제37장에서 프리드먼 부부(Milton & Rose Friedman)는 독자가 이해하기 쉽도록 자유무역을 지지하는 경제적·정치적 분석을 보여 준다.

문화가 자리잡는 데에는 100~1000년의 긴 여정을 필요로 한다. 한 나라가 가지고 있는 경제문화는 마치 생물의 유전자처럼 과거로부터 승계되어 이어져 내려가는 문화유전자이다. 제38장에 여러 나라의 경제문화(일부분에 불과하지만)를 상호비교한 호프슈테드(Geert Hofstede)의 *Cultures and Organization*(1995)의 분석을 실었다. 우리나라의 시장경제문화가 차지하는 위치를 찾아보고자 한다.

제34장
외국무역

리카르도

> 포르투갈에서는 모직물과의 교환으로 포도주를 수출하는 것이 유리할 것이다. 이
> 교환은 포르투갈이 수입하는 상품이 포르투갈에서는 영국에서보다 적은 노동으로
> 생산될 수 있는 경우에도 역시 이루어질 것이다. …… 왜냐하면 포르투갈로서는
> 그 자본의 일부분을 포도의 재배로부터 모직물의 제조로 전환시켜 생산할 수 있는
> 것보다는 한층 많은 모직물을 영국으로부터 교환해 올 수 있는 포도주의 생산에
> 그 자본을 투입하는 것이 훨씬 유리하기 때문이다. 리카르도

리카르도(David Ricardo, 1772~1823)는 런던에서 태어난 유대계 상인의 셋째 아들이었다. 그는 아버지의 사업을 돕느라 정식 고등교육을 받지 못하였고 스미스나 맬서스처럼 대학강단에 서지도 않았다. 어려서부터 부친으로부터 금융업(주식거래)을 배워 사업에 성공하였다. 그는 맬서스와 밀 등의 경제학자와 그의 저택에서 주말이면 토론을 하였다. 그는 하원의원에 진출하여 통화, 은행, 조세, 공채, 농업, 관세 등의 경제뿐만 아니라 의회개혁, 경비절감, 출판자유, 집회자유 등과 같은 사회정치문

제에 탁월한 자신의 식견을 발표하였다.

　이 글은 리카르도의 『경제학 및 과세원리(*The Principles of Political Economy and Taxation*)』(제7장 "On Foreign Trade" 1815, 김석환·김일곤 역, 『世界思想大全集』, 대양서적, 1972)에서 발췌한 내용이다.

　완전한 자유무역제도하에서는 각국은 모두 자연히 자신의 자본과 노동을 자기나라에 가장 유리한 용도에 이용한다. 이러한 개인적 이익추구는 전체를 위한 전반적 이익과 잘 결부되어 있다. 근면을 자극하고, 발명을 보상하고, 자연이 부여한 특수한 힘을 가장 효율적으로 사용함으로써 노동을 가장 효과적·경제적으로 배분한다. 동시에 생산량을 전반적으로 증가시킴으로써 일반적 복리를 확산시키고, 하나의 공통된 이해(利害)와 교류를 통해 전문명사회의 모든 나라를 하나의 보편적 사회로 결합시킨다. 포도주는 프랑스와 포르투갈에서 양조되어야 하며, 곡물은 미국과 폴란드에서 재배되어야 하고, 또 철물과 기타 상품은 영국에서 제조되어야 한다고 결정하는 것은 바로 이 원리이다.

　같은 한 나라 안에서는 이윤은 대체로 같은 수준에 있든가 또는 단지 자본의 안전과 불안전, 쾌(快)와 불쾌에 따라서만 차등이 생긴다. 그러나 상이한 여러 나라 사이에서는 그렇지 않다. 만약에 요크셔에서 사용되는 자본이윤이 런던에서 사용되는 자본이윤을 초과하면 자본은 급속히 런던으로부터 요크셔로 이동할 것이며, 그 결과 이윤의 균등이 실현될 것이다. 그러나 가령 자본과 인구증가로 인해 영국의 토지생산율이 감퇴한 결과로 노임이 등귀하고 이윤이 하락하더라도 자본과 인구는 반드시 영국으로부터 네덜란드, 스페인 또는 러시아와 같이 이윤이 더 높은 곳으로 이동하는 결과는 일어나지 않을 것이다.

만약 포르투갈이 다른 나라와 무역관계를 가지지 않았다면, 자본과 노동의 대부분을 포도주의 생산에 투하해 생산한 포도주를 판매하여 자기 나라가 사용할 타국의 모직물과 철물을 구입하는 대신에 그 자본의 일부분을 이 여러 상품의 제조에 충당하지 않을 수 없게 되어, 그 결과 포르투갈은 아마 질에서나 양에서나 열등한 것을 얻게 될 것이다. 포르투갈이 영국산 모직물과의 교환으로 주어야 할 포도주의 양은 두 재화를 영국과 포르투갈이 모두 제조하는 경우에서처럼, 각 상품의 생산에 투하된 각각의 노동량에 의해서 결정되는 것은 아니다.

　　영국은 모직물을 생산하는 데 연간 100명의 노동을 필요로 하고, 또 만약에 포도주를 양조하려고 시도한다면 같은 기간에 120명의 노동을 필요로 한다고 하자. 그러면 영국은 포도주를 수입하되, 모직물을 수출함으로써 그것을 구입하는 것이 이익임을 알게 될 것이다.

　　포르투갈에서 포도주를 생산하는 데는 연간 단지 80명의 노동이 소요되고 또 같은 나라에서 모직물을 생산하는 데는 같은 기간에 90명의 노동이 소요된다고 하자. 그렇다면 포르투갈에서는 모직물과의 교환으로 포도주를 수출하는 것이 유리할 것이다. 이 교환은 포르투갈이 수입하는 상품이 포르투갈에서는 영국에서보다 적은 노동으로 생산될 수 있는 경우에 역시 이루어질 것이다. 포르투갈은 모직물을 90명의 노동으로써 제조할 수 있지만 그래도 이 나라는 그것을 생산하는 데 100명의 노동력을 필요로 하는 나라로부터 수입할 것이다. 포르투갈로서는 그 자본의 일부분을 포도재배로부터 모직물제조로 전환시켜 생산할 수 있는 것보다는 한층 많은 모직물을 영국으로부터 교환해 올 수 있는 포도주의 생산에 그 자본을 투입하는 것이 훨씬 유리하기 때문이다.

　　이와 같이 해서 영국은 80명의(포르투갈) 노동생산물(포도주)에 100명(영국)의 노동생산물(모직물)을 주게 될 것이다. 이러한 교환은 같은 나라

내의 개인 간에는 이루어지지 않을 것이다. 영국인 100명의 노동은 영국인 80명의 노동에 주어질 수 없기 때문이다. 그러나 영국인 100명의 노동생산물은 포르투갈인 80명, 러시아인 60명 또는 동인도(東印度)인 120명의 노동생산물과 교환될 수 있다. 이 점에서 한 나라와 다수나라와의 차이는 자본이 한층 유리한 용도를 찾아서 한 나라로부터 다른 나라로 이동하기는 곤란하지만, 같은 나라 내에서는 항상 한 지방으로부터 타지방으로 활발하게 이동하는 것을 고찰해 보면, 쉽사리 설명된다.

그러면 기계와 숙련에서 상당한 우월성을 가지도 있어 여러 상품을 이웃나라보다 훨씬 적은 노동으로 제조할 수 있는 나라라고 할지라도 그러한 상품과 교환하여 소비를 위해 소요되는 곡물의 일부분을, 비록 자기나라의 토지가 그 곡물을 수입해 온 나라보다 비옥하고 곡물을 보다 적은 노동을 가지고 재배할 수 있는 경우에도, 수입할 수 있다는 것이 분명해질 것이다. 두 사람이 모두 구두와 모자를 잘 만드는 데 한 사람은 어느 직업에서나 다른 한 사람보다 뛰어나지만, 다만 모자제조에서는 자신의 경쟁자를 1/5, 즉 20% 능가할 수 있을 뿐이고, 구두제조에서는 경쟁자보다 1/3 즉 33% 뛰어나다고 하는 경우, 우월한 자가 구두제조를 전담하고 열등한 자가 모자를 제조하는 것이 쌍방에게 이익이 되지 않겠는가?

(포르투갈이 절대우위를 지니고 있으므로) 만약 포도주와 모직물이 모두 포르투갈에서 생산되는 경우에, 모직물제조에 사용되는 영국자본과 노동이 포르투갈로 이동하는 것이 영국자본가와 양국의 소비자에게 유리함은 의심할 여지가 없을 것처럼 보인다. 그러한 경우 이 상품의 상대가치는, 마치 하나는 요크셔산이고 다른 하나는 런던산인 것처럼, 동일한 원칙에 의해 결정될 것이다. 그리고 다른 경우 만약에 자본이 가장 유리하게 사용될 수 있는 나라로 자유롭게 이동할 수 있다면 이윤율에는 아무런

차이도 없을 것이며, 또 상품의 실질가격이나 노동가격은 상품을 그것이 판매되어야 할 갖가지 시장으로 운반하는 데 소요되는 추가노동량 이외에는 차이가 없을 것이다.

그러나 경험에 비추어 보면 자본이 그 소유자의 직접통제하에 있지 않는 상태에서 혹시 있으리라고 예상되는 불안정으로 말미암아, 그리고 사람이란 그가 출생한 나라, 친척, 친구가 있는 나라를 떠나지 않으려는 거의 고정된 습성으로 말미암아, 또한 다른 나라의 정부와 새로운 법률에 몸을 위탁한다는 것에 대한 혐오감으로 말미암아, 자본이동은 지장을 받는다. 이런 감정(나는 그것이 없어지지 않기를 원하지만)은 대부분의 유산자 (有産者)에게 그 재산을 위한 한층 유리한 용도를 외국에서 구하기보다는 오히려 자기나라 안에서 저율의 이윤으로 만족하도록 이끈다.

교환의 일반적 매개물로 선택된 금과 은은 상업상의 경쟁에 의해서 그러한 금속이 전혀 존재하지 않아 여러 국가 간의 무역이 순수한 물물교환이었던 경우에 이루어지는 자연적 거래에 적응하는 그러한 비율로, 세계 각국 간에 분배된다.

따라서 모직물이 포르투갈에 수입되기 위해서는 수출국이 자국에서 드는 비용보다 더 많은 금을 받지 않고서는 있을 수 없는 일이며, 또 포도주가 영국에 수입되는 것은 포르투갈에서 든 비용보다 많은 양의 금을 영국으로부터 받고 팔리는 것이 아니고서는 있을 수 없는 일이다. 만약에 무역이 순전한 실물교역이었다면 무역은 영국이 일정량의 노동을 가지고 모직물을 제조함으로써 포도재배 보다도 더 많은 포도주를 얻을 수 있을 만큼 모직물을 싸게 만들 수 있는 동안에 한해서, 또 마찬가지로 포르투갈의 산업에 반대결과가 수반되는 한에서만 계속될 수 있을 것이다. 지금 가령 영국이 포도주의 양조방법을 발견하고, 따라서 포도주를 수입하는 것보다 오히려 이를 생산하는 것이 이익이 된다면 영국은 당연히 그 자본의 일부분을 외국무역으로부터 국내교역으로 이전시킬 것이다. 또 수출을 위한 모직물의 제조를 중단하고 스스로 포도주를 만들 것이다. 이 여러 상품의 화폐가격은 이에 적응해서 정해질 것이다.

우리나라에서 모직물은 계속 종래의 가격대로 머무는 한편, 포도주는 하락하고 포르투갈에서는 어느 상품의 가격에도 아무런 변동이 일어나지 않을 것이다. 모직물은 얼마 동안은 영국에서 계속 수출될 것이다. 그 가격이 포르투갈에서는 계속 우리나라보다 비쌀 것이기 때문이다. 그러나 모직물에 포도주 대신에 화폐가 주어지면서 드디어 우리나라에 화폐가 축적되고, 외국에서는 화폐가 줄어들면 두 나라에서의 모직물의 상대가치에 작용하여 모직물의 수출이 유리하지 않게 되어서야 비로소 멎을 것이다. 만약에 포도주 양조상의 개량이 극히 중요한 것이었다면, 이 두 나라로서는 그 담당을 교환하여 그들이 소비하는 포도주 일체를 영국이 만들고, 모직물 일체를 포르투갈이 제조하는 것이 유리하게 될지도 모른다. 그러나 이것은 결국 모직물의 가격을 등귀시키고 포르투갈에서는 그것을 하락시키는 귀금속의 새로운 분배에 의해서 비로소 이루어질 수 있는 것이다. 포도주의 상대가격은 영국에서 그 제조상의 개량에서 오는 실질적 이득의 결과로 하락할 것이다. 즉 그 자연가격은 하락할 것이다. 또 모직물의 상대가격은 영국에서의 화폐축적 때문에 등귀할 것이다.

이리하여 영국에서 포도주 양조상에 개량이 이루어지기 이전에는 영국에서의 포도주 가격은 한 통에 50파운드, 일정량의 모직물 가격은 45파운드이고, 한편 포르투갈에서는 같은 양의 포도주 가격이 45파운드이고 같은 양의 모직물 가격은 50파운드라고 가정하면 포도주는 5파운드의 이윤으로써 포르투갈에서 수출되고 모직물도 동액의 이윤으로써 영국에서 수출될 것이다.

가령 개량이 이루어진 후에 포도주는 영국에서 45파운드로 하락하고 모직물은 계속해서 같은 가격으로 있다고 하자. 무역상의 거래는 어느 것이나 모두가 독립적인 거래이다. 상인이 영국에서 모직물을 45파운드로 사서 그것을 포르투갈에 팔아서 보통이윤을 얻을 수 있는 한, 그는 계속 그것을 영국에서 수출할 것이다. 그의 의무는 단순히 영국의 모직물을 사서 그가 포르투갈 화폐로 사들이는 환어음을 가지고 그 대가를 지불하는 데 지나지 않는다. 이 화폐가 어떻게 되는가 하는 것은 그가 고려할 대상이 아니다.

제35장
특별한 수입품의 제한

애덤 스미스

만약 우리 동포의 어느 계층에 가해진 손해를 보상하기 위해 고율관세나 수입금지를 철폐할 가능성이 없는 경우에는 우리 스스로 이런 계층뿐만 아니라 다른 모든 계층에게까지도 다른 손해를 우리 스스로가 입힌다는 것은 졸렬한 방법이라고 생각된다.　　　　　　　　　　　　　　　　　　　　　　　애덤 스미스

이 글은 스미스의 "Restraints on Particular Imports"(*The Inquiry into the Nature and Causes of the Wealth of Nations*, 1776, 김석환 · 김일곤 역, 『국부론』, 世界思想大全集, 대양서적, 1972)에서 발췌한 내용이다.

제1절 | 국내산업의 진흥을 위해 수입을 제한하는 것이 적당할 때가 두 가지 있다 (제4편 제2장)

1. 국방상 필요한 산업진흥

영구적인 법률에 의해서 외국산의 곡물 및 가축수입을 금지하는 것은 실제로 그 나라의 인구 및 산업활동이 어떠한 경우에서도 자국토지의 원생산물이 부양할 수 있는 한도를 초과해서는 안 된다고 규정하는 것과 마찬가지이다. 그러나 국내산업을 장려하기 위해 외국산업에 어떠한 부담을 부과하는 것이 일반적으로 유리한 경우가 두 가지 있다고 생각된다.

첫째, 국토방위상 어느 특정한 산업을 필요로 하는 경우이다. 예를들어 대영제국의 국방은 그 해원(海員) 및 선박수의 많고적음에 의존하는 바가 대단히 크다. 이에 따라 항해조례(the Act of Navigation)가 외국선박에 어느 경우에는 절대적 금지로써 또 다른 경우에는 무거운 부담을 과함으로써 대영제국의 선원과 선박을 이용하게 하여 영국의 무역독점을 노력하는 것은 당연한 일이다. (중략)

항해조례는 외국무역에서 또는 그 무역에서 생겨날 수 있는 부의 증진에서도 유리한 것은 아니다. 여러 외국과의 상업관계에서 한 국민의 이익은, 한 상인이 거래하는 상대에 대한 상업상 이익과 마찬가지로, 될 수 있는 대로 저렴하게 구입해서 고가로 판매하는 데 있다. 그러나 아마 가장 저렴하게 구입할 수 있는 길은 완전한 무역자유를 통해 모든 국민을 고무하여 자기나라에서 구입할 필요가 있는 재화를 자국으로 가져오도록 하는 경우이고, 동일한 이유로 가장 고가로 판매할 수 있는 것은 그 나라의 시장에 최대다수의 구매자가 몰려드는 경우이다.

항해조례는 영국산업의 생산물을 수출하기 위해 오는 외국선박에게는 아무런 부담도 부과하지 않는다. 모든 수입품은 물론 수출되는 모든 재화에도 언제나 과세하던 지난날의 외인세(外人稅)까지도 그 후의 몇 가지의 조례에 의해 수출재화의 대부분이 철폐되었다. 그러나 만약 외국인이 금지 또는 고율관세로 말미암아 판매하러 오는 것이 저지당한다면 구입할 수도 없게 되는 것이다. 빈 배로 오게 되면 그들은 그 나라에서 대영제국까지의 운임을 손해보지 않으면 안 되기 때문이다. 그러므로 판매자를 줄이면 필연적으로 구매자를 감소시키기 때문에 우리는 한층 완전한 자유무역이 이루어지는 경우보다도 외국품을 비싸게 구입하게 될 뿐만 아니라 우리나라 상품을 더욱 저렴하게 판매하게 될 것이다. 그러나 국방은 부유함보다도 훨씬 중요한 것이기 때문에 항해조례는 아마 영국의 모든 상업상 법규 중에서 가장 현명한 규칙일 것이다.

2. 국산품이 과세되는 경우에는 같은 종류의 외국품에도 과세한다. 그러나 국내 필수품에 대한 과세를 이유로 외국품 일반에 과세함은 근거가 없다

국내산업을 장려하기 위하여 외국산업에 어떤 부담을 부과하는 것이 일반적으로 유리한 두 번째의 경우는 국내산업의 생산물에 국내에서 약간의 세금을 부과하는 경우이다. 이 경우에는 외국산업의 비슷한 생산물에 동액의 세를 부과하는 것이 합리적이라고 생각된다. 이렇게 해도 국내산업에 국내시장의 독점을 허용하는 것도 아닐 것이고, 또 국가의 자본과 노동을 자유방임해 주는 경우에 비해 훨씬 대량으로 어떤 특정산업에 집중시켜 버리는 일도 없을 것이다.

그것은 다만 자연적으로 그 곳으로 향하는 것이 세금 때문에 더욱 부자연한 방향으로 진행하는 것을 저지할 따름이며, 내외산업 간의 경쟁을 과세 후에도 될 수 있는 대로 종과 같은 상태로 유지하는 격이 될 것이다.

대영제국에서는 국내산업의 생산물에 그러한 세금이 부과될 때에는 국내에서 외국인에게 염가로 판매될 것이라는 이 나라 상인과 제조업자의 자자한 불평을 억제하기 위해서 같은 종류의 모든 외국품의 수입에 한층 무거운 세금이 부과되는 것이 보통이다.

제2절 | 외국품의 수입제한을 실시할 경우 주의해야 할 문제가 두 가지 있다 (제4편 제2장)

1. 상대국의 보복

국내산업의 진흥을 위하여 외국산업에 약간의 부담을 부과하는 것이 일반적으로 유리하게 될 경우가 두 가지 있듯이, 동시에 때로는 신중하게 숙고할 필요가 있는 다른 두 가지의 경우가 있다. 즉 그 하나는 특정외국품의 자유수입을 얼마만큼 계속시키는 것이 적당한가 하는 경우이고, 다른 하나는 외국품의 수입의 자유가 일시 중단된 후에 그 수입을 어느 정도 또 어떤 방법으로 다시 여는 것이 적당한가 하는 경우이다.

어느 외국품의 자유수입을 언제까지 계속하는 것이 적당한 것인가를 신중히 고려할 필요 있는 경우는 어떤 외국이 고율관세나 금지조치에 의해서 우리나라의 제조품의 어느 부품의 수입을 제한하는 경우이다. 이 경우에는 당연히 복수심이 보복하도록 유도하고, 또 우리는 우리나라에 수입되는 해당 국가의 제조품의 일부 또는 전부에 대해 동일한 관세를 부과하거나 금지조치를 취하게 된다. 그래서 어떤 국민이든 이와 같은 방법으로 보복하게 된다.

특히 프랑스인은 자국의 제조품과 경쟁이 될 만한 외국품의 수입을 금지함으로써 자국의 제조공업을 우대하려고 했다. 콜베르(Corbert)정책의 대부분은 여기에 주안점을 두었던 것이고, 위대한 재능을 가진 그도이 경우에는 언제나 동포에게 독점을 요구하여 마지않는 상인이나 제조업자의 궤변에 완전히 속아넘어간 것같이 생각된다. 그의 이런 조치는프랑스에서 유리하지 않았다는 것이 오늘날 프랑스의 가장 총명한 사람의 견해이다.

이 장관은 1667년 관세법에 의하여 다수의 외국품에 고율과세를 부과하였다. 그가 네덜란드인에 대한 과세경감을 거부하자, 네덜란드인은1671년에 프랑스의 포도주, 브랜디, 그 밖의 제조품수입을 금지하였다.1672년의 전쟁은 부분적으로 이 상업분쟁으로 말미암아 일어난 것 같다.니메궨(Nimeguen)의 강화(講和)에서 프랑스는 네덜란드 사람을 위해 이러한 세금 가운데 약간을 경감하고, 그 결과 네덜란드 사람도 프랑스산상품의 수입금지령을 철회하여 1676년에 전쟁을 종결하였다.

프랑스인과 영국인이 서로 상대국의 산업에 비슷한 관세와 금지로써압박을 가하기 시작한 것도 이와 거의 같은 시기였지만 선례를 만든 것은프랑스인인 것 같다. 그 후 양국민 간에 계속 타올랐던 적개심은 오늘날까지 쌍방에게 관세나 수입금지를 완화하는 것을 방해하고 있다.

또 1692년에 영국인은 플랑드르(Flander)의 제품인 마(麻) 레이스의수입을 금지하였다. 당시 스페인의 지배하에 있던 그 나라의 정부는 보복적으로 영국산 모직물의 수입을 금지하였다. 1700년 플랑드르에로의 영국산 모직물의 수입을 종전과 같이 한다는 조건으로 영국에로의 마 레이스 수입금지는 해제되었다.

이런 종류의 보복은 이런 조치로 인해 불평의 근원이 되어 있는 고율관세 또는 수입금지령을 폐기시킬 가능성이 있는 경우에는 현명한 정책일지 모른다. 큰 외국시장을 회복한다는 것은 일반적으로 어떤 종류의 재화가 일시적으로 약간 비싸게 된다는 과도기적인 불편을 보상하고도 남음이 있을 것이다. 그러나 이러한 보복이 과연 그러한 결과를 가져오는가 어떤가를 판단하는 것은 아마 항상 동일불변의 일반적 원칙에 의해서 심의해야 할 입법자의 학문에 속한다기보다는 도리어 사태가 시시각각으로 변함에 따라 생각도 그때그때 변하는 속된 정치가나 정상배와 같은 교활하고 권모술수를 쓰는 음흉한 자의 수완에 속하는 것이다.

만약 우리 동포의 어느 계층에 가해진 손해를 보상하기 위해 고율관세나 수입금지를 철폐할 가능성이 없는 경우에는 우리 스스로 이런 계층뿐만 아니라 다른 모든 계층에게까지도 다른 손해를 우리 스스로가 입힌다는 것은 졸렬한 방법이라고 생각된다.

우리 이웃나라 사람이 우리나라의 어떤 제품수입을 금지할 때는 같은 종류의 그들의 제품수입을 금지할 뿐만 아니라, 그것만으로는 그들에게 심한 타격을 줄 수 없으므로, 그들의 어느 다른 제품의 수입마저도 금지한다. 그렇게 하면 우리의 기술자 중 어떤 특정계층이 장려되고 그들의 경쟁자 중의 일부를 배제함으로써 그들은 국내시장에서 가격을 인상할 수 있게 된다.

그러나 인접한 국민의 금지정책으로 손해를 입게 된 기술자는 우리나라의 금지령에 의하여 이득을 볼 수는 없을 것이다. 도리어 정반대로 그들과 우리 국민의 거의 모든 계층은 이로 인해 어느 특정재화에 종전보다 훨씬 비싼 값을 지불해야만 될 것이다. 그러므로 모든 이러한 법률은 인접국민의 금지정책에 의하여 손해를 입은 그 특정기술자 계층의 이익을 위해서가 아니라 어느 다른 계층의 이익을 위해 전국에 실질적인 과세를 하게 된다.

2. 수입금지를 해제하는 경우 자유무역은 서서히 회복되는 것이 혼란이 적다

　외국산의 자유수입이 잠시 중단된 후에 어느 정도까지 또는 어떻게 해서 그것을 재개하는 것이 옳으냐 하는 것을 신중히 고려할 때가 있는 것은 어느 특수한 제조업이 그것과 경합되는 모든 외국품에다 고율관세 또는 수입금지조치로 인해 크게 확장되어 매우 많은 노동자가 그 일에 종사하고 있는 경우이다. 이 경우에 인도상 필요한 것은 무역의 자유가 서서히 그리고 단계적으로 신중하게 재개되어야 한다는 것이다. 만약 이러한 고율관세나 수입금지가 제거되면 국산품보다도 더욱 값싼 같은 종류의 외국산이 국내시장에 쇄도하여 수천 명을 헤아리는 우리 동포에게서 종래의 생업과 생존수단을 순식간에 탈취해 버릴 것이다. 이로써 야기될 혼란은 명백한 중대한 일이다. 그러나 그런 혼란은 다음의 두 가지 이유로써 흔히 생각되고 있는 정도의 중요한 일은 아닐 것이다.

　첫째, 장려금을 별로 받지 않고 유럽 여러 나라에 보통 수출되고 있는 모든 제품은 외국산의 수입을 최대한으로 자유롭게 해도 거의 영향을 받지 않을 것이다. 이러한 제품은 해외에서는 같은 종류, 같은 품질의 외국산과 같은 가격으로 팔지 않으면 안 되기 때문에 국내에서만 꼭 그보다 더 비싸게 팔린다. 그러므로 이러한 제품은 외국산의 수입을 자유롭게 해도 계속 시장을 확보해 갈 수 있다. 유행을 좇는 허황된 사람은 때로는 그것이 단지 외국산이란 이유 때문에 국내에서 제조되는 같은 종류의 더욱 값싸고 질좋은 국산품을 사지 않고 외국산을 택하게 되는 수도 있겠지만, 그런 어리석은 짓은 사물의 성질상 그리 널리 퍼질 수 없으므로 사람의 직업 전반에 눈에 띌 만한 영향을 미칠 수는 없을 것이다.

　더욱이 우리나라의 모직물공업, 피혁업 및 금속공업의 모든 분야에서는 아무런 장려금 없이도 매년 유럽 여러 나라에 수출하고 있고, 더욱이 이러한 부문이야말로 최대다수의 노동자를 고용하고 있는 제조업이다. 아마 무역을 자유롭게 하면 가장 손해를 입는 것은 견직물일 것이고, 다음으로는 그 정도는 아니겠지만 마직물공업이 다소 손해를 입을 것이다.

둘째, 이렇게 해서 통상의 자유가 재개되면 많은 사람이 별안간 종래의 직업과 보통 때의 생활수단을 빼앗기게 된다고 해도, 그러나 이 때문에 직업 또는 생계를 완전히 빼앗기게 되지는 않을 것이다. 앞에서 전쟁이 끝났을 때 육해군의 감축으로 10만 명 이상의 사병과 해병이 일시에 직업을 상실한 적이 있었다. 10만 명이라면 최대규모의 여러 제조업에 종사하고 있는 인원에 해당하는 숫자이다. 물론 그들은 다소의 불편을 느꼈지만 이로 말미암아 그들이 일과 생계를 모두 빼앗기지는 않았다. 해병의 대부분은 기회를 보고서 점차로 상선의 승무원으로 종사하게 되고, 이러저러하는 사이에 해병이나 사병도 국민대중 속에 흡수되어 가지가지의 직업에 종사하게 되었다.

그러나 사병이 날마다 하는 일과 제조업자가 날마다 하는 일을 비교하면 습관상 사병이 새로운 직업으로 전환하는 것보다 제조업자가 새 직업으로 전환하는 쪽이 훨씬 쉽다는 것을 알 수 있다. 제조공은 언제나 그의 노동만으로 생계를 꾸려나가는 데 익숙해져 있지만 사병은 급료를 받아서 생계를 꾸리는 데 익숙하다. 전자는 항상 열성적이고 근면하나 후자는 나태하고 방탕하다. 근면의 방향을 어느 한 종류의 노동에서 다른 종류의 노동에로 돌리는 것은 나태와 방탕을 어느 한 노동에서 다른 어떤 노동에로 돌리는 것보다 확실히 쉬운 것임에 틀림없다. 뿐만 아니라 이야기한 바와 같이 제조업의 대부분이 그 성질상 극히 비슷한 다른 방계제조업을 가지고 있으므로 기술자는 그의 근로를 한 제조업에서 다른 제조업으로 쉽게 옮길 수 있다. 이러한 기술자의 대부분은 임시로 농업노동에도 종사할 수 있다.

지금까지 그들이 사용하고 있던 특정제조업의 자본은 여전히 국내에 머무르고 있어 종래와는 다른 방법으로 같은 수의 사람을 고용할 것이다. 한 나라의 자본양에는 변화가 없으므로 노동의 수요에도 변화가 없고, 있더라도 대단하지는 않을 것이고, 다만 노동이 종래와는 다른 장소에서 다른 직업을 위해 사용된다는 것뿐이다. 사병이나 해병은 군무에서 해제되면 대영제국이나 아일랜드의 어디로 가서 어떠한 직업에 종사하느냐는 자유이다. 폐하(陛下)의 모든 신민(臣民)에게 육·해군의 사병과 마찬가지로 그들이 좋아하는 어떠한 직업이든 자유롭게 종사할 수가 있다는 자연적 자유를 회복해야 할 것이다. 바꾸어 말하면 자연적 자유를 심히 침해하는 각종 동업조합의 배타적 특권을 타파하고 수습공〔徒弟〕조례를 폐지해야 한다. 또한 이에 부가해서 거주법도 폐지해야 한다. 그래서 가난한 기술공이 어느 직업이나 어느 장소에서 실직하여도 고발되거나 이전을 강요당할 근심도 없이 다른 직업이나 다른 장소에서 직업을 얻을 수 있도록 해야 할 것이다. 그러면 제조업의 어느 특정계층이 실직으로 겪는 어려움은 사병의 제대로 인해 겪는 고민과 비교해서 큰 차이는 없을 것이다.

물론 우리나라의 제조업자가 우리나라에 큰 공적이 있는 것은 사실이다. 그러나 그들은 스스로의 피로써 이 나라를 지키는 사람보다도 그 공이 큰 것도 아니기에 사병 이상으로 특별한 대우를 받을 만하다고 할 수는 없다.

3. 독점은 서서히 폐지되어야 하는 것, 새로운 독점은 만들지 말아야 한다

자유무역이 장차 대영제국에서 완전히 회복되기를 기대하는 것은 장래 이 나라에 오세아나(Oceana)나 유토피아(Utopia)가 건설되는 것을 기대하는 것과 마찬가지로 어리석은 일이다. 사회일반의 편견뿐만 아니라 실로 더 한층 극복하기 어려운 것은 많은 개인의 사적인 이해관계가 도저히 견딜 수 없을 정도로 강력히 반대하기 때문이다.

만약에 육군장교가 열의를 갖고 일치단결하여 사병을 삭감하는 데 반대한다면, 제조업자도 같은 열의와 일치단결로써 국내시장에서 경쟁자를 증가시킬 염려가 있는 모든 법률에 반대할 것이다. 이러한 법률 제안자를 폭력이나 불법행위를 동원하여 공격하려고 장교가 사병을 선동한다면 제조업자도 마찬가지로 자기의 기술공을 선동할 것이다. 따라서 군대감축을 꾀하는 것이 위험한 것과 마찬가지로 우리나라 제조업자의 독점권을 다소나마 삭제하려고 꾀하는 것도 위험한 일로 되어 있다. 이러한 독점은 제조업자 중의 특정계층을 크게 증가시켜 왔으므로, 그들은 지나치게 방대하게 된 상비군과 같이, 정부로서는 어찌할 수 없는 두려운 존재가 되어 입법부를 위협하는 일이 가끔 일어나게 되었다. 이 독점을 강화하기 위한 모든 제안을 지지하는 의회의 의원은 실업계를 이해한다는 명성을 얻을 뿐만 아니라 그 수와 부(富) 덕분으로 매우 큰 비중을 갖는 한 계층의 사람으로부터 대단한 인기와 신용을 얻기도 하는 것은 확실하다.

그러나 이와 반대로 만약 의원이 그들에게 반대하고 또 나아가 그들을 제압할 만한 권위를 갖기라도 하면 그들이 세상에 잘 알려진 성실한 인물이든 또 최고의 신분이든 사회에 최대의 공헌을 하고 있든 간에 불명예스럽기 짝이 없는 욕설과 비방 등 인신공격을 받게 되고, 또 때로는 노여움으로 실성해 버린 독점주의자의 무례한 횡포로 인해 신변의 위협을 받기도 한다.

대기업(제조업)의 경영자는 만약에 국내시장이 별안간 외국인의 경쟁에 휩쓸리게 되어 그 때문에 자신의 사업을 포기해야 하게 되면 말할 나

위도 없이 큰 손해를 입을 것이다. 그의 자본 중에서 종래 원료를 구입하고 노동자에게 지불하는 데 보통 사용되어 온 부분은 큰 어려움 없이 아마 다른 용도를 발견할 것이다. 그러나 작업장이나 전문적인 중요한 도구에 고정되어 있는 부분의 자본을 처분하게 되면 반드시 상당한 손해를 입을 것이다. 따라서 그의 이해관계를 공평하게 고려하면 이런 종류의 변경은 결코 급격히 진행할 것이 아니라 서서히 점진적으로 그리고 오래 전부터 예고를 한 뒤에 이루어져야 한다.

입법부가 국부적인 이해관계 때문에 강요에 의해 움직이는 것이 아니라 공익이란 넓은 관점에서 사물을 심사숙고할 수 있다면 앞에서 말한 바로 그 이유로써 아마 이런 종류의 새로운 독점이 수립되지 않도록, 또 이미 수립된 독점을 확장하지 않도록 특히 주의하게 될 것이다. 이러한 규정은 모두 국가의 기본제도에 크든작든 간에 실질적인 혼란을 가져오고, 후일 그 혼란을 교정하려면 반드시 또 다른 혼란을 일으키게 될 것이기 때문이다.

제3절 | 그 밖의 다른 원리에서 보아도 이런 특별한 제한은 불합리하다
　　　(제4편 제3장 제2절)

1. 가장 질좋은 상품을 가장 싼 값으로 자유롭게 구입하는 것이 국민대중의 이익이 된다

기술공이 주점과 거래해서 술을 사면 그것은 손해를 보는 거래이다. 그와 마찬가지로 제조업을 하는 나라와 포도주 생산국이 자연적으로 하는 무역도 이러한 성질의 거래라고 생각하고 있다. 나는 주점과의 거래가 꼭 손해만을 보는 거래라고는 생각하지 않는다. 아마 이 거래는, 그 성질상 다른 거래보다 좀 남용되기 쉽다는 점을 감안하면, 다른 모든 거래와 마찬가지로 이익을 낳는 거래이다. 양조업이라는 직업은 물론 술소매상이란 직업도 다른 모든 직업과 마찬가지로 사회적으로 필요한 분업상의 직업이다. 기술공에게는 자기자신이 술을 만드는 것보다도 필요한 만큼 양조업자로부터 사들이는 편이 일반적으로 더 유리할 것이고, 만약에 빈곤한 기술공이라면 양조장에서 대량으로 사는 것보다 소매상에서 조금씩 사들이는 편이 오히려 유리할 것이다. 더욱이 그가 대식가라면 정육점에서, 또 동료 사이에서 멋쟁이가 되려고 하면 양복점에서 과다하게 구입하듯이, 술의 경우에도 양조업자라든가 소매상 등에서 과다하게 구입하는 일이 있을 것이다. 그러므로 모든 이러한 직업이 자유롭다는 것은 근로대중에게 유리하게 작용한다. 다만 이 자유가 모든 직업에서 남용되기도 하고, 또 어떤 일부의 직업에서는 다른 직업에서보다 더 심하게 남용될 염려가 있다고 해도 말이다.

물론 개인적으로 때로는 술을 과음하여 재산을 탕진하는 수가 있지만 한나라의 국민 전체가 그런 짓을 할 염려는 전혀 없을 것으로 생각된다. 어떤 나라에나 자기분수 이상으로 술에 돈을 소비하는 사람이 적지 않지만, 자기 분수를 넘지 않는 범위 내에서 술을 마시는 사람이 항상 더 많다.

또 경험에 비추어 보면 포도주값이 싸다는 것이 과음의 원인이 아니라 도리어 절주(節酒)의 원인인 것처럼 생각된다는 점을 유의할 필요가 있다. 포도주 생산국의 주민은 일반적으로 유럽에서 가장 절주하고, 성실하게 일하는 사람이다. 이런 점은 스페인인, 이탈리아인, 프랑스 남부 여러 주의 주민을 보면 알 수 있다. 이곳에서는 항상 먹고 마시는 음식물을 과도하게 먹음으로써 잘못을 저지르는 일은 좀처럼 없다. 이 곳에서는 도수가 낮은 맥주와 같은 싼 술을 무턱대고 마시며 허세를 부리거나 친절을 과시하려는 사람도 없다. 도리어 기후가 매우 한랭하거나 무더워서 포도를 생산하지 못하기 때문에 포도주가 비싸고 진귀한 여러 나라에서, 즉 북방의 여러 국민 사이에서나 열대지방의 주민, 예를들어 기니아 해안의 혹인 사이에서 볼 수 있는 바와 같이, 술에 취해 곤드레가 되는 것은 어디에서나 볼 수 있는 악습이다.

그런데 내가 듣기로는 프랑스의 어느 부대가 포도주가 약간 비싼 북부 프랑스의 어떤 지방으로부터 포도주값이 매우 싼 남부지방에 와서 주둔하면 병사들은 처음에는 좋은 포도주가 값이 싸고 진기하기 때문에 폭음을 하지만 수개월 동안 머무르게 되면 병사의 대부분은 그 곳 주민과 마찬가지로 절주하게 되고 성실하게 된다고 한다. 외국산 포도주에 대한 과세와 맥아(麥芽), 맥주 및 에일주에 대한 소비세가 가령 일시에 철폐되면 앞의 프랑스 경우와 마찬가지로 대영제국에서도 중류 및 하층민 사이에 매우 일시적인 폭음(暴飮)현상을 일으키게 되겠지만 얼마 안 가서 영구적이고 또 거의 보편적인 절주현상이 널리 퍼질 것이다. 오늘날 상류층 사람이나 어떤 비싼 술이라도 쉽게 구입할 수 있는 사람이 만취하는 악습은 없다. 에일주를 마셔 만취가 된 신사란 우리나라에서는 거의 찾아볼 수 없다.

뿐만 아니라 대영제국에서 포도주무역의 제한은 말하자면 사람이 술집에 가는 것을 막자는 목적에서가 아니라, 그 의도하는 바가 도리어 그들이 가장 좋고 가장 값싼 술을 구입할 수 있는 장소에 가는 것을 막으려는 데 있는 것 같다. 그 증거로는 이러한 제한이 포르투갈의 포도주무역을 우대하고, 프랑스의 포도주무역을 방해하는 데서 찾을 수 있다. 포르투갈 사람은 프랑스 사람보다도 영국산 제품을 구입하는 좋은 고객이므로 우대되어야 한다고들 한다. 또 포르투갈인이 우리의 좋은 고객이 되어 주기 때문에 우리도 또한 그들의 고객이 되어야 한다고 주장하고 있다.

이처럼 비굴한 소상인이 써먹는 도둑근성과 같은 술책이 대제국의 국정에 관한 정치에서도 방침이 되어 있다고 보아야 할 것이다. 내가 여기서 소상인의 술책이라고 한 뜻은 가장 비굴한 소상인일수록 자신의 고객을 위해 일을 한다는 의미이다. 대상인은 이런 종류의 사소한 이해관계에는 별로 개의치 않고 언제나 가장 값이 싸고 품질이 좋은 곳에서 상품을 사들인다.

2. 상대방의 이득은 자기의 손실이라고 생각하는 무역차액설에 따라 외국무역을 제한함은 잘못이다

그러나 앞에서와 같은 (정치상의) 방침으로 인해 여러 국민에게 자기나라의 이익은 모든 이웃나라를 빈곤하게 만들어 버리는 것이라고 가르쳐 왔다. 각 국민은 자기나라와 무역하는 모든 상대국의 번영을 질투의 눈길로 바라보며 그들이 이득을 올리면 자기들이 손해를 볼 뿐이라고 생각하여 왔다. 상업은 국민 간에서도, 개인 간에서와 마찬가지로, 그 성질상 협동과 친선의 유대가 되어야 할 터인데, 상업이 불화와 반목의 최대근원으로 되어 있다.

금세기나 전세기에는 국왕이나 장관의 무책임한 야심도 적지 않았지만 그래도 상인이나 제조업자의 당치 않은 질투에 비하면 유럽의 평화에 치명적인 영향을 끼치지는 않을 것이다. 인류지배자의 폭력과 폭정은 옛날부터 내려 온 악폐로서 그 성질상 구제할 길이 없는 것이 아닌가 생각된다. 그러나 인류의 지배자도 아니고 피지배자가 될 수도 없는 상인이나 제조업자들의 비열한 탐욕과 독점근성을, 비록 교정할 수 없다고 하더라도, 다른 사람의 평온을 교란하지 못하도록 막는 것은 지극히 쉬운 일일 것이다.

도대체 이러한 무역차액설을 생각해 내고 보급시킨 것이 독점정신이었음은 의심할 여지가 없다. 그리고 이 학설을 처음으로 가르친 사람은 이 학설을 듣고 믿게 된 사람만큼 결코 어리석지가 않다. 어떠한 나라에서도 대다수의 국민에게는 그들이 필요로 하는 물품을 가장 싸게 파는 사람으로부터 사는 것이 항상 이익이 되고, 또한 실제로 그러하다. 이 명제는 아주 명확한 것이므로 이를 증명한다는 것은 어리석은 일이라 생각되며 만약 상인과 제조업자가 자기의 이익을 위해 궤변을 들고 나와 인류의 양식(良識)을 혼란하게 하지 않았던들 이 명제는 결코 문제가 되지 않았을 것이다.

이 점은 그들의 이해관계가 대다수 국민의 이해와 정면으로 대립된다. 자신의 전문직에서 조합원 이외의 다른 사람을 고용하지 못하도록 막는 것이 동업조합의 조합원에게 이익인 것과 마찬가지로, 각국의 상인과 제조업자에게도 그 국내시장을 독점하는 것이 그들의 이익이다.

이 때문에 대영제국과 기타 유럽 대부분의 나라에서는 외국상인이 수입하는 거의 모든 재화에 특별히 높은 관세를 부과하고 있다. 또 우리나라의 제품과 경합하는 모든 외국제품에 고율관세와 수입금지조치를 취하는 것도 바로 이 때문이다. 더욱이 무역수지가 불리하게 된다고 생각되는 여러 나라 즉 그 나라에 대한 국민적 반감이 가장 격렬하게 타오르고 있는 것과 같은 여러 나라로부터 오는 거의 모든 재화의 수입에 대한 특별한 제한도 바로 여기서 유래되고 있다.

3. 이웃나라가 부한 것이 무역에 유리하다

이웃나라가 부유하다는 것은 전쟁이나 정략상으로 두려운 일이겠지만, 무역상으로 확실히 유리하다. 그러한 부유함은 적대관계에 있을 때는 적국에게 우리나라보다도 우월한 육·해군을 유지할 수 있도록 할 것이지만, 평시에 통상을 하는 데는 그 부유함은 그들에게 우리와 더욱 많은 가치를 교환할 수 있도록 하고, 또한 우리나라 산업의 직업에서 생산된 상품을 사거나 이 상품대가로 틀림없이 상대방의 재화를 사 주거나 하여 더욱 좋은 시장을 제공해 줄 것이다.

부자는 가난한 사람보다 대체로 그 이웃에서 일하는 사람에게 더욱 좋은 고객이 되는 것과 같이 부유한 국민의 경우에도 마찬가지이다. (중략)

모든 도시와 국가가 그 항구를 모든 국민에게 개방하는 정도에 비례해서, 중상주의의 원칙이 우리들에게 예측하도록 가르친 바와 같이 자유무역 때문에 괴멸되기는커녕, 도리어 자유무역으로 말미암아 부유하게 된 것이다.

제36장
무역 제한

바스티아

법은 보호주의가자가 예상한 결과를 얻을 수 있었다. 그러나 법은 다른 결과도
얻게 되었다. 법은 보호주의자의 정의를 지켜 주기 위해 거짓되게 사유한 것이
아니고 불완전하게 사유했던 것이다. 　　　　　　클로드 프레데리크 바스티아

바스티아(Claude-Frédéric Bastiat, 1801~1850)는 프랑스의 경제평론
가로서 스미스의 자유무역을 옹호·전파하는 데 기여하였다. 1846년에
자유무역협회를 창설하여 『자유무역(Free Trade)』을 발간하기도 하였다.
이 글은 바스티아의 "Restraint of Trade"(Selected Essays on Political
Economy, 1964)에서 발췌한 내용이다.

보호주의자(protectionist)는 땅의 원광석을 철로 바꾸는 데 자신의 시
간과 자본을 제공한다. 자연이 벨기에에 풍부하게 베푼 까닭에, 벨기에인
은 보호주의자가 파는 가격보다 나은 가격으로 프랑스에 철을 판매하였

다. 이는 프랑스인이 일정품질의 철을 보다 적은 노동을 들여 플랑드르인으로부터 구입할 수 있다는 것을 의미한다. 따라서 못 제조공, 금속 제조공, 마차 제조공, 기능공, 대장장이, 쟁기 제조공은 자신의 이기심에 이끌려 상황을 충분히 활용하려고 자신이 직접 가거나 자신의 중매인을 벨기에에 보내 필요로 하는 철을 구입한다. 보호주의자는 이런 모습을 좋아하지 않는다.

보호주의가가 가장 먼저 생각하는 일이란 자신의 두 손으로 그런 짓을 하지 못하도록 개입하는 일이다. 이런 일은 자신만이 피해를 보기 때문에 가장 일어날 것 같지 않은 일이다. 스스로에게 말하기를, 카빈총을 가지고, 피스톨을 허리에 차고, 탄창을 채우고, 칼을 허리에 차고 싸움터에 나가자. 가장 먼저 만나는 금속 제조공, 못 제조공, 대장장이, 기술공, 또는 열쇠 제조공을 죽여 버리자. 이들은 나보다 자신만의 이익만을 추구하는 자이다. 그렇게 하여 한번 매운 맛을 보여 주어야 한다.

보호주의자가 떠나려고 하니까, 자신의 호전적인 열정을 사그라들게 하는 무엇인가의 상념이 머리에 스친다. 자신에게 이렇게 말한다. 무엇보다 철을 구입하는 고향사람은 친구이기도 하고 적이기도 한데, 이들이 죽기는커녕 나를 공격하여 죽일지도 모른다. 게다가 나의 모든 하인들이 진군하더라도 전 국경을 수비하지 못할 것이다. 그리하여 오히려 나에게 많은 비용만을 낳을 것이다.

보호주의자에게 번쩍하는 생각이 들면서 그는 슬퍼하며 스스로 물러나고서, 다른 사람과 똑같이 자유롭게 지낼 것이다. 그는 파리에 커다란 법제조공장이 있다는 것을 기억해 냈다.

법이란 무엇이냐고 자신에게 묻는다. 한번 만들어지기만 하면 그것이 좋건 나쁘건 모든 사람이 좇아야 할 조치이다. 법을 집행하기 위해 공공 경찰이 조직되어 있고 공권력을 행사하는 데 필요한 인원과 예산은 모두 국가로부터 나온다.

그러면 파리의 법제조공장에 가서 예쁘고 아담한 법, '벨기에산철강금지법'을 만들어 보도록 하자. 그러면 나는 이런 결과를 얻을 것이다. 내가 국경에 보내기로 원했던 하인 대신에 망나니처럼 날뛰는 못제조공, 대장장이, 기능공, 농기구제조공의 자제 수천 명이 국경에 가게 될 것이다. 그러면 2만 명의 관세공무원의 건전한 정신과 건강을 유지하기 위해 동일한 못 제조공, 대장간장이, 기능공, 농기구 제조공으로부터 2,500만 프랑을 징수하여 이 공무원들에게 분배하여야 할 것이다. 이렇게 조직하여 보호업무가 원활하게 수행될 것이고, 나에게는 하나의 비용도 들지 않는다. 또한 나는 중개상의 야만성에 노출될 염려도 없다. 그리고 철을 내가 원하는 가격으로 팔 수 있게 된다. 나는 위대한 시민이 부끄럽게 속은 것을 보면서 즐길 것이다. 이런 방법은 보호주의자에게 유럽의 진보를 촉진하는 선구자라고 주장하도록 가르칠 것이다. 이런 운동을 시도해 볼 만한 가치가 있지 않을까!

그렇게 하여 보호주의자는 법제조공장을 찾아갔다(다른 기회에 그가 은밀하게 그 곳에서 거래한 내막을 이야기할 것이지만, 여기서는 그가 공개적으로 일반인이 알 수 있는 조치를 취한 것만을 이야기하고자 한다). 그는 의회의장과 입법가에게 다음과 같이 탄원하였다.

벨기에산 철은 프랑스에서 10프랑에 팔리는데, 이는 내 광산의 철도 동일한 가격으로 팔도록 압박한다. 나는 철을 15프랑에 팔기를 원하는데, 벨기에산 철이 시장을 혼란시키는 바람에 그렇게 팔 수 없다. '벨기에산 철이 프랑스에 더 이상 들어올 수 없다'라고 법을 제조해 주시기 바랍니다. 그러면 당장 가격을 5프랑 인상하여 다음과 같은 결과를 얻을 수 있을 것이다. 제가 출하하는 철 100kg을 kg당 10프랑이 아닌 15프랑의 값을 받으면 보다 빨리 부자가 되고, 내 광산개발을 확대할 수 있다. 나는 보다 많은 사람을 고용할 수 있다. 나와 피고용자는 더 많이 소비할 수 있게 되어 수마일 근처의 공급자에게 이득을 줄 것이다. 이러한 공급자는 커다란 시장을 가지게 되어 산업에 보다 많이 주문할 것이고 그러한 활동이 나라 전체로 확산될 것이다. 당신이 내 금고 속에 던지는 동전은 호수에 던지는 돌멩이처럼, 동심원을 그리면서 여러 방면으로 멀리까지 퍼져 나갈 것이다.

이러한 논고에 매료당해, 입법을 통해 시민의 부를 쉽게 늘릴 수 있다는 사실을 배운 법제조가는 무역을 제한하는 데 찬성표를 던진다. "이렇게 하면 노동과 저축에는 어떤 일이 벌어질까?" 하고 법제조가가 물을 것이다. "법령이 일을 제대로 하는 마당에, 국부를 증대시키는 고통스런 수단이 얼마나 선한 일을 하는가?"

법은 보호주의가자가 예상한 결과를 얻을 수 있었다. 그러나 법은 다른 결과도 얻게 되었다. 법은 보호주의자의 정의를 지켜 주기 위해 거짓되게 사유한 것이 아니고, 불완전하게 사유했던 것이다. 특권을 요구하려고 보이는 효과만을 지적하였는데 보이지 않는 효과들을 알려 주지는 않았다. 그는 3사람이 있는 그림에서 2사람만을 보여 주었다. 여기서는 빠진 부분(비자발적이었건 미리 계산하였건)을 보충하려고 한다.

그렇다. 5프랑이 합법적으로 보호주의자의 금고 속으로 들어가, 그에게 이득을 주었고, 그 이득으로 직업을 구한 사람에게도 이득을 주었다. 만약 법령이 5프랑을 달로부터 떨어지도록 명령한 것이었다면 그에 따른 선한 효과는 악한 효과를 상쇄시키지 않고 얻어졌을 것이다. 불행하게도 수수께끼와 같은 수백 프랑이 달에서 떨어진 것이 아니고 못 제조공, 금속 제조공, 마차 제조공, 대장장이, 쟁기 제조공, 건축가 등 한 마디로 선한 동료(goodfellow)의 주머니로부터 나온 것이다. 이들은 10프랑을 지불하고 있을 때보다 1mg의 철도 더 많이 받지도 않으면서 지불한 것이다. 이렇게 되면 보호주의자의 이득이 선한 동료의 손실로 보충되는 까닭에 그 효과가 없는 것이 아니냐는 의문이 분명히 제기된다. 보호주의자가 국내산업을 촉진시키기 위해 5프랑으로 할 수 있는 모든 일이 효과를 얻지 못하는 일이다. 선한 동료도 (자신의 이익을 위해) 그렇게 할 수 있었을 것이다. 돌멩이가 호수의 한 지점에 던져졌을 따름인데, 법으로 다른 호수에는 돌멩이를 던질 수 없도록 하였기 때문이 아니냐.

따라서 보이지 않는 것이 보이는 것을 상쇄시킨다. 그 결과 전체적으로 부정의를 낳았을 따름이다. 통탄스런 일은 이것이 법에 의해 자행되었다는 데 있다.

그러나 이것만으로 끝나는 것이 아니다. 앞에서 내가 보이지 않는 제3번째 사람이 있다고 말하였는데 그를 나타나도록 하여 그가 5프랑으로 인해 입은 손실을 말하도록 하겠다. 그렇게 하여야 전체의 결과를 알 수 있게 된다.

선한 동료는 15프랑을 가지고 있었는데, 이는 그가 노동의 대가로 받은 것이다. (여전히 그가 자유로웠을 때의 상황으로 돌아가자) 이 15프랑으로 무엇을 하였을까? 10프랑으로 여성용 장식품을 구입하였다. 벨기에산 철강 100kg의 대가로 여성용 장식품을 지불한 것이다(벨기에산 철강판매자가 프랑스산 여성용 장식품을 구입한 것이 된다). 그러나 아직 5프랑이 수중에 남아 있다. 그는 이를 강물에다 버린 것도 아니다. 그러나 (이것이 보이지 않았던 것인데) 그는 다른 만족을 얻으려고 다른 제조업자에게 5프랑을 주었다. 예를들어 보세(Bossuet, 1627~1704; 루이 14세의 아들을 위해 역사책을 발간한 추기경이며 진보주의자로 보호무역의 타파를 주장하였음)가 발간한 *Discourse on Universal History*를 구입하려고 출판업자에게 주었을 것이다.

제37장
규제의 전제주의

프리드먼 부부

> 국제 간의 자유무역은, 마치 국내에서의 자유무역이 신념, 태도 및 이해관계에서
> 서로 다른 개인 사이에 조화로운 관계를 육성시키듯이, 문화와 제도면에서 서로
> 다른 국가 사이에도 조화로운 관계를 육성한다.　　　　　　　　　프리드먼

　이 글은 밀턴 프리드먼과 로저 프리드먼(Milton Friedman & Rose Friedman)의 "The Tyranny of Control"(*Free To Choose*, 1980)에서 발췌한 내용이다.

제1절 | 서 론

　국제무역에서 관세나 다른 제한을 논의함에 스미스가 『국부론』에서 다음과 같이 말한 사실을 상기시키고 싶다.

모든 개인이 가정생활을 꾸려가는 데 신중한 행동은 거대왕국에서도 어리석은 짓은 되지 않는다. 만약 외국이 우리가 만들 수 있는 것보다 더 싸게 상품을 공급할 수 있으면 우리가 어떤 우위가 있는 방법으로 가동한 산업에서 생산한 생산물의 일부분과 교환하여 이를 구입할 수 있다. ……. 모든 나라의 사람은 자신이 원하는 재화를 보다 싸게 팔 수 있는 사람으로부터 물건을 구입하여야만 하고, 그렇게 하는 것이 이익이 된다. 이 주장은 너무나 명백하여 이를 증명하려고 고통을 부담하는 것은 어리석은 짓이다. 이것은 이해관계가 있는 상인과 제조업자가 궤변을 내세워 인류의 일반상식을 좌절시키려하지 않았다면, 문제로 제기된 적이 없었을 것이기 때문이다. 이런 측면에서 이들의 이해는 대대다수의 국민과 바로 상반된다(스미스,『국부론』).

이 말은 당시와 마찬가지로 현재에도 맞는 말이다. 외국무역은 물론 국내교역에서도 가장 싼 원천으로부터 구입하여 가장 비싼 곳에다 파는 것이 대다수의 국민이 갖는 이해이다. 그러나 이해관계 있는 궤변가는 우리가 사고파는 물건을 규제하고, 누구로부터 사고, 누구에게 팔고, 어떤 조건으로 사고팔고, 누구를 고용하고, 누구를 위해 일하고, 어디에 살고, 무엇을 먹고 마셔야 하는지를 장황스럽게 전파하여 왔다.

스미스는 이를 두고 이해관계 있는 상인과 제조업자의 궤변이라고 지적하였다. 그들은 당시의 범죄자일 수 있다. 오늘날 이들에게는 동조자가 있다. 이런저런 분야에서 우리 중 누군가가 이해관계 있는 궤변가가 아닌 사람이 없다. 포고(Pogo)는 "우리의 적은 바로 우리이다"라는 불멸의 말을 남겼다. 우리는 자신이 '특수이해집단'이 아닌 한, 특수이해집단에게 비난을 퍼붓는다. 우리는 자신에게 좋은 것은 국가에도 좋다는 사실을 안다. 그러나 우리의 특수한 이해는 다르다. 결과는 제한과 규제의 혼란으로 이것이 제거되었을 때보다 우리 모두를 못살도록 만든다. 우리는 우리의 특수이해에 공헌하는 조처보다 다른 사람의 특수이해에 공헌하는 조처로 인해 많은 것을 상실한다.

그 분명한 사례가 국제무역이다. 관세부과나 다른 규제로 생산자가 얻는 이득은 다른 생산자와 특히 일반 소비자가 입는 손해에 비하면 훨씬 적다. 자유무역은 우리의 물질적 복지를 촉진시킬 뿐만 아니라 국가 사이에 평화와 조화를 가져오게 하고 국내경쟁을 촉진시킨다.

외국무역의 통제는 국내교역에까지 확대된다. 이것은 경제활동의 모든 측면과 맞물려 있다. 어떤 통제는, 특히 개발도상국에서 개발과 진보에 필수적이라고 하여, 지지를 받는다. 1867년 메이지유신 이후의 일본과 1947년 인도의 독립 이후의 경험을 비교하면 이런 견해를 검증할 수 있다. 다른 사례와 마찬가지로 국내와 국외에서의 자유무역은 가난한 나라가 시민의 복지를 촉진하는 가장 좋은 방법이라고 제안한다.

최근 수십 년간 미국에서 광범위하게 이루어진 경제규제는 우리의 경제자원을 자유롭게 사용하는 것을 막았을 뿐만 아니라 언론, 출판, 종교의 자유에도 영향을 미쳤다.

제2절 | 국제무역

나쁜 경제정책은 전문가 사이에 합의가 이루어지지 않았다는 것을 반영한다고 자주 말한다. 즉 모든 경제학자가 동일한 자문을 하면 경제정책은 좋을 것이다. 그러나 경제학자는 종종 의견을 달리하는데, 국제무역에서만은 그렇지 못하다. 스미스 이후로 경제학자 사이에 이구동성으로, 그들이 처한 이데올로기가 어떠하든지 간에, 실질적으로 의견일치를 본 것이 국제 간의 자유무역은 교역당사자와 세계의 가장 최선의 이해라는 점이다. 그러나 관세가 일반화되어 있다. 단지 유일한 예외는 1846년 곡물법(Corn Law)를 철폐하고 난 이후 100년 간 영국의 자유무역과 메이지유신 이후 30년 간의 일본의 자유무역, 그리고 현재 홍콩의 자유무역이다. 미국은 19세기를 통틀어 관세를 부과했는데 특히 1930년의 스무트-홀리(Smoot-Hawley)의 관세법은 학자가 이후에 공황을 야기한 장본인이라고 지적하기도 한다. 이후 국제 간의 계속된 협상을 통해 관세는 줄어들게 되었는데, 여전히 높은 수준을 유지하고 있고 비록 다량의 새로운 상품의 등장으로 정확하게 비교하기는 곤란하지만, 19세기보다 더 높은 수준이다.

　오늘날에도 관세를 지지하는 사람이 있는데 이들을, 나쁜 원인이지만 좋은 이름을 뜻하는 의미에서, 완곡하게 보호주의자라고 한다. 철강생산자와 철강노조는 일본으로부터의 철강수입에 제한을 가할 것을 촉구한다. TV생산자와 그 노동자들은 일본, 대만, 홍콩으로부터 들어오는 TV와 그 부품에 제한을 가하고자 자율협정을 벌일 것을 로비한다. 섬유, 신발, 소, 설탕 등의 생산자, 그리고 수많은 다른 사람이 외국과의 불공정한 경쟁에 불만을 터뜨리고 정부가 자신을 보호할 수 있는 조치를 취해 달라고 요구한다. 물론 어느 집단도 순수한 이기심을 바탕으로 그러한 주장을 하지는 않는다. 모든 집단이 일반인 전체의 이해, 일자리를 지킬 필요성, 또는 국가안보 등을 내세우며 말한다. 최근에 들어와 달러, 마르크 그리고 엔화의 가치를 강화시킬 필요성이 수입을 제한하는 전통을 합리화시키는 데 참여하였다.

제3절 | 자유무역을 지지하는 경제적 사례

지금까지 목소리를 내지 않은 층이 소비자이다. 이른바 소비자의 특수이해집단이 최근 확산되고 있다. 그러나 대중매체나 국회청문회의 기록에서 수입품의 관세나 다른 무역제한을 집중적으로 공격하였다는 기록을 발견하지는 못했다. 그러한 조처는 분명히 소비자를 희생시키는 것인데도 말이다. 소비자 옹호자는 다른 곳에 관심을 둔다.

개별소비자의 목소리는 이해관계 있는 상인, 제조업자 그리고 피고용자의 쩨지는 소리의 궤변에 쑥 가라앉고 만다. 그 결과는 문제를 심각하게 왜곡시킨다. 예를들어 관세옹호자는 고용된 사람이 무엇을 하든, 일자리를 만드는 것이 갈망하는 목표인 것은 자명하다고 주장한다. 그것은 잘못된 것이다. 만약 우리 모두가 일자리를 원하면 우리는 얼마든지 만들 수 있다. 가령 사람에게 구멍을 파게 하고 다시 이를 메우도록 하거나 쓸데없는 작업을 수행하게 하면 된다. 일에는 스스로 대가가 따른다. 대부분의 경우 우리가 바라는 물건을 취하였을 때 지불하는 것은 가격이다. 우리가 진정으로 바라는 것은 단지 일자리가 아니고 생산적인 일자리(보다 많은 재화와 서비스를 소비하도록 만드는 일자리)이다.

또 하나 반박되지 않고 있는 오류가 있는데, 그것은 수입은 나쁜 것이고 수출은 좋은 것이라는 점이다. 그러나 진실은 매우 다르다. 우리가 외국으로 보내는 재화는 먹을 수도, 입을 수도, 즐길 수도 없다. 우리는 중앙아메리카로부터 들어온 바나나를 먹고, 이탈리아로부터 들어온 구두를 신고, 독일산 자동차를 타고, 일제 TV를 통해 프로그램을 즐긴다. 외국과의 무역에서 얻는 것은 우리가 수입하는 것이다. 수출은 단지 즐기기 위한 수입품을 얻기 위해 지불하는 가격이다. 스미스가 분명히 보았듯이 국민은 수출품의 대가로 수입하는 상품수량을 가급적이면 많이 획득할수록, 또는 동일한 말이지만 수입품의 대가를 가급적이면 적게 수출하는 것을 통해 이득을 얻는다.

우리가 사용하는 잘못된 용어는 이러한 잘못된 생각을 반영한다. '보호주의'는 실제 소비자를 갈취하는 것이다. '양호한 무역수지(favorable balance of trade)'는 실제 수입하는 것보다 수출하는 것이 많은 것을 의미하고, 이는 외국으로부터 얻는 재화보다 더 많은 가치의 재화를 외국으로 내보내는 것이 된다. 여러분이 가계에서도 많은 물건을 적은 값을 치르고 조달하기를, 그 반대방향이 아니고, 바랄 것이다. 그것은 외국무역에서 '열악한 무역수지(unfavorable balance of trade)'를 의미한다.

관세를 옹호하는 사람은 일반대중의 감정에 크게 호소하는데 일본, 한국, 또는 홍콩근로자와의 불공정한 경쟁으로부터 미국근로자를 보호하여 높은 생활수준을 유지할 필요가 있다고 강조한다. 이러한 주장에 어떤 잘못이 있을까? 우리는 미국근로자의 높은 생활수준을 보호하기를 싫어한다는 말이냐?

이러한 논의에서의 오류는 '높은' 임금과 '낮은' 임금이란 용어를 느슨하게 사용하고 있기 때문에 일어난다. 과연 높은 임금과 낮은 임금은 무엇을 의미하는가? 미국근로자는 달러를 받는다. 일본근로자는 엔을 받는다. 달러와 엔을 어떻게 비교할 수 있겠는가? 1달러는 몇 엔인가? 환율을 결정하는 것은 무엇인가?

아주 극단적인 사례를 들어 보자. 먼저 1달러가 360엔이라고 하자. 이러한 환율에서 수년간 일본의 근로자가 미국에서 우리가 생산하는 것보다 더 적은 달러로 TV, 자동차, 철강, 콩, 밀, 밀크, 아이스크림 등 모든 것을 생산·판매할 수 있었다고 가정하자. 이는 관세를 옹호하는 사람이 가장 두려워하는 상황을 의미한다. 즉 관세가 부과되지 않으면 일본산 상품이 홍수처럼 밀려들어와 미국인은 하나도 팔 것이 없을 것이다.

일본사람에게 어떻게 지불할 것인가? 우리는 달러를 지불할 것이다. 이미 1달러 360엔은 일본에서 모든 것이 싸다는 것을 가정하였다. 그러므로 일본인이 미국시장에서 살 것은 아무것도 없다. 일본의 수출업자들이 달러를 태워 버리거나 땅에 묻으면 그것은 우리에게 즐거운 일이다. 우리는 마음대로 발행할 수 있는 초록색 달러로 모든 종류의 재화를 얻을 수 있고, 그것도 싸게 얻을 수 있다. 우리에게는 훌륭한 수출산업(달러발행산업)이 있다.

물론 일본인은 태우거나 파묻을 쓸데없는 종이쪽지(달러)를 얻으려고 우리에게 유용한 재화와 서비스를 판 것은 아니다. 우리와 마찬가지로 그 자신도 일한 대가로 무엇인가를 얻으려고 한다. 1달러 360엔으로는 모든 것이 미국에서보다 일본에서 싸면 일본의 수출업자는 (벌어들인) 달러를 없애려고 애쓸 것이다. 그들은 싼 일본산 상품을 구입하기 위해 1달러당 360엔을 받고 달러를 매각할 것이다. 그런데 과연 누가 달러를 사려고 할 것인가? 일본의 수출업자에게 해당하는 사항은 일본 내의 모든 사람에게도 해당한다. 1달러로 미국에서 구입할 수 있는 것보다 일본에서 모든 것을 360엔으로 더 많이 구입할 수 있으면, 아무도 360엔을 주고 달러를 구입하려고 하지 않을 것이다. 아무도 360엔을 주고 달러를 구입하지 않을 것이라는 사실을 발견한 수출업자는 이제는 1달러에 적은 양의 엔을 제시할 것이다. 엔으로 표시된 달러의 가치는 하락하여 300엔, 250엔, 또는 200엔으로 내려간다. 다시 말해 1엔당 보다 적은 양의 달러를 살 수 있게 된다. 일본상품은 엔으로 표시되기 때문에 달러로 표시한 상품가격은 올라간다. 반대로 미국상품은 달러로 표시되기 때문에 일본인은 엔화당 보다 많은 달러를 가지게 되고 엔으로 표시한 미국산 상품의 가격은 싸게 된다.

엔화로 표시한 달러의 가격은 계속 내려가, 평균적으로, 일본인이 미국으로부터 구입하는 재화의 달러가치가 미국인이 일본으로부터 구입하는 재화의 달러가치와 동일해진다. 그 가격에서 달러를 주고 엔화를 구입하려는 모든 사람은 달러를 받고 엔을 매각하려는 사람을 발견하게 된다.

물론 실제의 상황은 가상의 예보다 복잡하다. 미국과 일본뿐만 아니라 많은 나라가 무역에 참여하고 있고, 무역은 우회하는 방향을 이루어진다. 일본인은 그들이 벌어들인 달러를 브라질에서 소비할 수 있고, 브라질 사람은 대신 독일에서 달러를 소비하고, 독일인은 미국에서 달러를 소비할 수도 있어, 소비는 끊임없이 돌아간다. 어느 나라이건 달러를 퇴장시키는 것이 아니라 유용한 물건을 사는 데 소비하려고 한다.

또 하나 복잡한 문제는 달러와 엔이 다른 나라로부터 재화와 서비스를 구입하는 데 사용될 뿐만 아니라 투자·증여하는 데에도 쓰인다. 19세기를 통틀어 미국은 만성적인 무역적자를 겪었는데 열악한 무역수지는 모든 사람에게 좋았다. 외국인들은 (남은 달러를 가지고) 미국에 자본투자하기를 바랐다. 예를들어 영국이 재화를 생산하여 이를 달러가 아닌 종이쪼가리를 받고 미국에 보냈는데 이후에 이자를 포함한 원금을 상환한다고 약속한 채권이었다. 영국인은 채권을 좋은 투자로 간주하여 그들의 물건을 미국에 보냈다. 그들의 행위는 평균적으로 옳았다. 그들은 다른 방법으로 활용하기보다 (채권에 투자하여) 저축하여 높은 이득을 얻었다. 대신 우리는 외국인의 투자로, 국내저축에만 의존하여 경제를 발전시킬 수 있었던 것보다 더 빠르게 발전할 수 있게 되어, 이득을 보았다.

그러나 20세기 들어와 상황은 바뀌었다. 미국시민은 국내에 투자하는 것보다 외국에 투자하는 것이 높은 이득을 얻을 수 있다는 사실을 발견하였다. 그 결과 미국은 채권 등을 획득하기 위해 재화를 외국으로 보냈다. 제2차 세계대전 이후 미국정부는 마셜플랜과 외국지원의 일환으로 외국에 원조금을 보냈다. 우리는 보다 평화로운 세계에 공헌한다는 신념을 표시하고자 해외에 재화와 서비스를 보냈다. 정부의 원조는 자선단체, 교회의 선교사나 외국의 친척을 돕기 위한 송금 등의 개인증여를 보충하였다.

그러나 이러한 항목이 추가된다고 하여 가설적인 예의 결론이 달라지는 것은 아니다. 가설의 세계는 물론, 현실세계에서 엔, 마르크, 프랑으로 표시되는 달러의 가격이 자유시장에서 자발적인 교환을 통해 결정되는 한, 무역수지의 불균형은 일어나지 않는다. 미국의 고액임금자가 저임금의 외국근로자와의 불공정한 경쟁으로 위협을 받고 있다는 것은 진실이 아니다. 물론 외국에서 신상품이나 개선된 상품이 개발되어 외국생산자가 이를 보다 싸게 생산할 수 있게 되면, 미국의 특수한 작업자는 피해를 입을 수 있다. 그러나 이것은 미국 내에서 다른 기업이 새로운 제품을 개발하여 보다 싸게 생산하는 방법을 개발하여 미치는 피해나 다를 것이 없다. 이는 실로 미국근로자의 생활수준을 향상시키는 원천이 되는 시장경쟁이다. 우리가 활동적·역동적·창의적인 경제시스템으로부터 이득을 얻으려면 이동성이나 조정의 필요성을 받아들여야 한다. 이러한 조정을 순탄하게 하는 것이 바람직하고, 그렇게 하려고 우리는 실업보험과 같은 많은 조정장치를 채택하였다. 그러나 우리는 이러한 목적을 달성하는 데 경제시스템의 유연성을 파괴하여서는 안 된다. 그렇게 되면 황금알을 낳는 거위를 죽이는 것이 된다. 어떠한 경우라도 외국교역이나 국내교역에서 동일하게 다루어야 한다.

수출입하는 데 어떤 품목이 우리에게 지불수단이 될 것인가? 미국근로자는 일본근로자보다 현재 생산성이 높다. 그러나 얼마나 높을 것인지는 차이를 추정하기는 어렵다. 그러나 한 쪽이 다른 쪽보다 1.5배 높다고 하자. 그러면 평균적으로 미국근로자의 임금은 일본근로자의 임금이 구입할 수 있는 양보다 1.5배 더 많이 구입할 수 있다. 미국근로자가 일본측 상대보다 효율성면에서 1.5배 이상으로 낮은 상품을 모두 생산하는 것은 낭비이다. 150년 전에 이를 '비교우위의 원리'라고 하였다. 미국근로자가 일본근로자보다 모든 면에서 생산성이 높다고 하더라도 모든 것을 다 생산하는 것은 이득이 되지 않는다. 우리가 가장 잘 할 수 있는, 이른바 우위를 차지하는 영역에 집중하여야 한다.

대충 살펴봐도 변호사가 자신보다 2배 정도 타이핑 속도가 느린 타자수를 해고하고 대신 자기가 직접 타이핑하여야 할 것인가? 변호사가 타자수보다 2배 정도 타자에 능숙하고, 타자수보다 5배 정도 변호에 능숙하다고 하더라도 변호사는 변호업무에, 타자수는 타자업무에 종사하여 모두 이득을 볼 수 있다.

또 하나 불공정경쟁으로 지적되는 것으로 외국정부가 자국생산자에게 미국에서 원가 이하로 팔 수 있도록 보조하는 일을 거론한다. 가령 외국정부가 보조금을 제공한다고 하자. 실제 그렇게 하는 것은 의심의 여지가 없다. 누가 피해를 입고, 이득을 얻을까? 외국정부는 보조금을 지불하기 위해 시민에게서 세금을 징수하여야 한다. 이들이 보조금을 지불한다. 미국소비자는 이득을 본다. 미국시민은 TV, 자동차 또는 다른 보조받는 상품을 값싸게 얻는다. 우리가 역으로 이루어지고 있는 원조(외국이 미국소비자에게 원조)를 불평하여야 할까? 미국이 재화와 서비스를 다른 나라에 마셜플랜의 형태로 원조하는 것이 고상한 행동이 아닐까? 대신 외국이 원가 이하로 직접 재화와 서비스를 원조형태로 우리에게 보내는 것이 우리의 수치가 아닐까? 외국시민은 아마 불평할 것이다. 그들(외국시민)은 미국소비자의 이득과 보조받는 산업을 소유하거나 여기서 일하는 근로자의 이득을 위해 보다 낮은 생활수준으로 고통받아야만 한다. 그러한 보조가 갑자기 불규칙하게 도입되면 똑같은 물건을 생산하는 미국산업의 소유주와 이에 종사하는 근로자에게 나쁜 영향을 끼칠 수 있다. 그러나 그런 위험이란 일상의 사업하는 데서 흔히 일어나는 현상이다. 기업은 뜻밖의 이득을 낳는 예외적이고 갑작스런 사태에 불평하지 않는다. 자유기업제도는 이윤과 손실시스템이다. 이미 아는 바와 같이 갑작스런 변화에 쉽게 조정하려는 조치는 국내교역이나 외국무역에 동일하게 다루어져야만 한다.

어느 경우이든 교란이 일어나더라도 일시적이다. 어떤 이유로 인해 일본이 철강산업에 아주 많이 보조한다고 하자. 만약 추가관세나 쿼터가 할당되지 않으면 미국으로 수출되는 철강이 갑작스럽게 늘어날 것이다. 그 결과 미국의 철강가격을 떨어뜨려, 철강생산자가 생산량을 줄이고, 철강산업에 실업을 발생시킬 것이다. 한편 철강제품은 보다 값싸게 구입될 것이다. 이런 제품을 구입하는 사람은 다른 곳에 지출할 여분의 돈이 생긴 것이 된다. 다른 상품에 대한 수요가 늘면서 고용도 늘어난다. 물론 실직한 철강근로자를 흡수하는 데에는 시간이 걸린다. 그러나 효과를 따져 보면 실직한 사람이 다른 산업의 근로자로 일자리를 찾는다. 이제 철강을 생산할 필요가 없어진 근로자가 다른 곳에서 생산할 것이므로 순실업이 발생할 필요가 없다.

문제의 한 면만을 바라보는 오류는 고용을 추가하기 위해 관세를 부과하는 경우에도 일어난다. 관세가 가령 섬유에 부과되면 국내의 섬유산업에 고용과 생산량이 늘어난다. 그러나 미국에 더 이상 섬유를 수출할 수 없게 된 외국생산자는 적은 양의 달러만 획득한다. 그들은 미국에 더 이상 소비할 수 있는 돈이 없다. 이러한 미국으로부터의 수입감소로 미국의 수출이 줄어든다. 섬유산업에는 고용이 늘어나겠지만 다른 수출산업에서는 고용이 내려간다. 고용이 보다 덜 생산적인 부문에서 이루어지고 있기 때문에 전체 생산고가 줄어든다.

또 하나 방어목적상 국내의 철강산업을 육성시켜야만 필요로 한다는 국방안전에 관한 논의도 근거가 없는 소리이다. 미국에서 국토방위가 철강생산량 중에서 차지하는 비율은 극히 일부분에 지나지 않는다. 철강의 안전한 자유무역이 미국의 철강산업을 파괴할 것으로 보이지는 않는다. 공급원천과 연료 그리고 시장에 가깝게 자리 잡는 경우에만 국내철강산업의 규모를 보장할 것이다. 정부의 보호장벽에 은신하고 있는 것보다 외국과 경쟁에 직면하는 것이 지금보다 보다 강하고 효율적인 철강산업을 만들 수 있을 것이다.

가령 일어나지 않아야 할 사태가 발생하였다고 하자. 모든 철강을 외국으로부터 구입하는 것이 보다 값싸다고 하자. 국토방위를 위한 대안이 존재한다. 우리는 철강재고를 이용할 수 있다. 철강은 부패하지도 공간도 많이 차지하지 않기 때문에 쉽게 비축할 수 있다. 어떤 철강공장은 마치 해군함정처럼 퇴역한 상태로 두어, 필요한 경우에 즉각 가동시킬 수 있다. 다른 대안도 여전히 존재한다. 철강회사가 신규공장을 짓기로 결정하기 이전에 가장 효율적·경제적인 방법을 선택하기 위해 국방상의 목적에 부합하도록 다른 생산방법이나 장소를 모색하는 일이다. 국토방위를 근거로 보조를 호소하지만 철강산업은 국토방위를 제공하는 대안의 방법에 비용이 얼마인지를 제시한 적이 없다. 그들이 그렇게 할 때까지 국방상의 안전을 내세우는 것은 보조금을 받기 위한 근거를 제시하기보다 산업의 자기이익을 합리화시키기 위한 구실에 지나지 않는다.

철강산업의 임원과 노조원은 틀림없이 국방안전의 이야기를 거론할 때에 진지할 것이다. 진지한 행동은 상궤에 벗어난 덕이다. 우리는 우리에게 좋은 것은 국가에도 좋다고 자신을 설득시킬 수 있다. 우리는 철강생산자가 그렇게 말하는 것에 불평하지 않아야 한다. 그러나 그들의 손에 놓이게 되는 일에는 불평하여야 한다.

우리가 달러를 보호해야 한다는 이야기에, 그리고 다른 나라 예를들어

엔, 마르크나 스위스 프랑으로 표시된 달러가치가 떨어지는 것을 막아야한다는 이야기는 어떤가? 이것은 전혀 인위적인 문제이다. 만약 환율이자유시장에서 결정되면 시장의 수요공급을 균형 이루게 하는 수준에서결정될 것이다. 그 결과 가령 엔으로 표시된 달러가격은 일시적으로 떨어져 미국과 일본재화의 생산비용을 회수할 수 있는 수준보다 낮아질 수있다. 그렇게 되면 사람에게 달러를 구입할 인센티브를 제공하고 이후가격이 상승하였을 때에 이득을 볼 수 있는 기회로 삼으려고 할 것이다.일본에 수출하는 미국상품의 엔화표시가격을 낮춤으로써 미국의 수출은촉진될 것이다. 일본상품의 달러표시가격을 올림으로써 일본으로부터의수입을 떨어뜨리도록 할 것이다. 이러한 진전으로 달러의 수요를 늘리고당초의 낮은 가격을 교정하게 된다. 달러가격이 자유롭게 결정되도록 내버려 두면 다른 가격과 마찬가지의 기능을 발휘한다. 정보를 사람에게전달하고, 그 정보를 토대로 행동하도록 인센티브를 제공한다. 이것은시장에 참여하는 사람이 받는 소득에 영향을 끼치기 때문이다.

그럼 왜 달러약세를 들고 나오는가? 왜 외환위기가 계속되는가? 가장근접한 대답은 환율이 자유롭게 결정되고 있지 않기 때문이다. 정부의중앙은행은 자국화폐의 가격에 영향을 미치기 위해 대규모로 개입한다.그러한 과정에 시민이 많은 돈을 잃어버린다(미국의 경우 1973~1979에약 20조 달러이다). 보다 중요한 사실은 이들이 달러가격이 제대로 역할하지 못하도록 막아 왔다는 사실이다. 그들은 기본적인 경제력이 궁극적으로 환율에 미치는 영향을 막을 수 없었다. 그러나 그들은 인위적인 환율을 상당 기간 유지할 수 있었다. 그 결과 시장을 지배하는 경제력이 환율을 점진적으로 조정하는 기능을 막았다. 조그마한 교란이 커다란 것으로변하여 궁극적으로 커다란 외환위기를 맞게 되는 것이다.

왜 정부가 외환시장에 개입하는가? 이것은 환율이 국내정책을 반영하기 때문이다. 달러는 엔, 마르크, 스위스의 프랑에 비해, 미국이 다른 나라보다 높은 인플레이션을 경험하고 있었기 때문에 약세였다. 인플레이션이란 달러가 국내에서 예전보다 적은 양을 구입한다는 것을 의미한다. 외국에서도 보다 적게 구입하는 것에 놀라야만 할까? 또는 일본, 독일, 스위스 사람이 달러를 구입하기를 꺼려할까? 정부는, 우리 나머지 사람과 마찬가지로, 자신의 정책이 낳은 바람직하지 않은 결과를 상쇄시키거나 숨기려고 나섰다. 따라서 인플레이션을 유발하는 정부는 환율을 조작하려고 애쓴다. 그것이 실패하면 환율을 떨어뜨린 국내의 인플레이션을 비난한다. 사실은 원인과 결과가 반대방향으로 돌아가고 있는데도 말이다.

과거 수십 년간 자유무역과 보호주의에 관한 수많은 논문에서 관세를 부과하는 일이 정당화되는 이유로 세가지를 들었다.

첫째, 국방상의 안전은 이미 거론하였다. 이의 논의는 명백한 이유보다 특별한 관세를 부과하는 것을 합리화시키고 있지만, 때로는 생산성이 낮은 비경제적인 시설유지를 정당화시키려고 끄집어 내는 이야기라는 점을 부정할 수 없다. 그 주장이 가능한 이야기가 되려면 국방상의 안전을 위해 관세나 다른 무역제한조치가 정당화된다고 주장하기에 앞서, 구체적인 국방목표를 달성하기 위한 비용을 다른 대안의 경우를 실시할 때와 비교하여 관세가 가장 적은 비용으로 그 목적을 달성할 수 있다는 사실을 제시하여야 한다. 그러나 그러한 비용비교는 실제 이루어지지 않았다.

둘째, 예를들어 해밀턴(Alexander Hamilton)이 *Report on Manufacture*에서 주장한 '유치산업보호'의 목적이다. 설립된 유망산업이 일단 성장하는 고통의 시기에 지원을 받으면 세계시장에서 동등하게 경쟁할 수 있다는 주장이다. 유치(유아)단계에 있는 유망산업을 보호하고, 산업이 성장하도록 하여, 스스로 일어설 수 있도록 일시적인 관세를 부과하는 것을 정당화한다. 일단 설립된 산업이 성공적으로 경쟁할 수 있다고 하여, 처음부터 관세를 부과하는 것은 정당화되지 않는다. 소비자가 산업을 처음부터 보조하고 나서(이는 사실 관세를 부과하는 것과 동일하겠지만) 이후 가격이 내려가거나 사업을 가짐으로써 어떤 이득을 얻는 방법을 통해 보조한 금액을 회수할 수 있다면 값어치있는 일이다. 이러한 경우에도 과연 보조를 필요로 할까? 처음에 산업에 진출한 기업이 손실을 겪고, 이후 손실을 회수할 수 있으면 되지 않을까? 결국 모든 기업은 일단 설립되고 나면 최초에 손실을 겪는다. 신규산업에 진입하거나 기존산업에 들어가도 마찬가지이다. 최초에 진입한 기업이, 비록 최초의 투자가 지역사회 전체에 가치있는 것일지라도, 이후 손실을 회수하지 못하는 특별한 이유가 있을 수 있다. 그러나 그러한 추측은 다른 방향에서 이야기되어야 한다.

유치산업의 논의는 연막이다. 이른바 유치산업이 성장한 것이 없다. 관세가 일단 부과되면 철폐되지 않는다. 게다가 이 논의가 태어나 일시적으로 보호받으면 생존할, 아직 태어나지 않은 산업을 위해 거론되지는 않는다. 그들은 대변인이 없다. 정치적 압력을 동원할 수 있는 나이든 유치산업을 위해 관세부과를 정당화한다.

셋째, 빼놓지 말아야 할 것으로 관세부과를 정당화시키는 주장은 인근궁핍화(begger-thy-neighbor)전략이다. 한 제품의 주요생산자이거나, 또는 몇몇 생산자가 뭉쳐 전체 생산을 좌우하는 국가는 그 제품의 가격을 인상시키는 독점력을 행사하여 이득을 볼 수 있다(OPEC가 현재의 명백한 사례이다). 가격을 직접 인상하는 대신에 그 국가는 제품에 대해 수출세를 부과하여 간접적으로 이득을 볼 수 있다. 자신의 이득은 다른 사람의 비용보다 낮을 것이다. 그러나 국가의 입장에서는 이득이 된다. 마찬가지로 한 제품을 유일하게 구입하는 국가는(경제학 용어로 수요독점) 판매자와 유리하게 흥정하여 낮은 가격을 매기게 할 수 있다. 그렇게 하는 방법의 하나로 그 제품수입에 관세를 부과하는 방법이다. 판매자에게 돌아가는 몫은 가격에서 관세를 차감한 금액이다. 이에 따라 그 제품을 낮은 가격으로 구입하는 것과 동일한 효과를 낳는다. 사실 관세는 외국인이 부담한다. (실제의 예를 생각할 수 없지만) 이러한 국민주의적 접근방식은 상대국으로부터 보복을 불러 온다. 게다가 유치산업의 논의에서와 같이, 실제의 정치적 압력이 독점적 또는 수요독점적 지위를 이용하지 않는 방향으로 관세구조를 만드는 경향이 있다.

넷째, 거론되는 것은 현재까지도 반복되고 있는 해밀턴의 주장인데, 즉 모든 나라가 자유무역을 실시하면 자유무역은 좋은 것이지만, 다른 나라가 자유무역을 실시하지 않으면 미국도 자유무역을 할 이유가 없다는 주장이다. 그러나 이러한 주장은 원리상으로나 실무상으로 근거가 없는 소리이다. 국제무역에 제한을 가하는 다른 국가는 우리에게 피해를 준다. 그러나 그 자신도 피해를 입는다. 앞에서 말한 세 가지를 논외에서 제외하더라도 우리도 이에 대항하여 관세를 부과하면 그들에게는 물론 우리에게도 피해를 입힌다. 상대방을 학대하는 새디즘이나 매저키즘을 가지고 경쟁하는 것은 이성있는 국제경제정책을 위한 처방전이 될 수 없다. 다른 나라가 제한을 철폐하도록 유도하기는커녕 이러한 보복행동은 제한을 추가하는 방향으로 나아갈 것이다.

우리는 대국이고, 자유세계의 지도자이다. 미국소비자와 홍콩과 대만 노동자의 희생하에서 우리의 섬유산업을 보호하기 위해, 홍콩과 대만에게 섬유에 수출할당제를 도입하도록 요구하는 일을 필요로 할 것이다. 우리는 일본에게 그들의 철강과 TV수출을 제한하려고 정치적·경제적 힘을 사용하면서, 자유무역의 덕이 빛나기를 말한다. 우리는 일방적인 자유무역의 길을, 일순간이 아니고 장기간, 예를들어 사전에 선언한 5년 동안 걸어야 한다.

완전한 자유무역 이외에, 우리가 국내에서나 해외에서 자유의 원인(바탕)을 촉진할 수 있는 조치는 없다. 경제지원이라는 이름으로 외국을 원조하는 대신에(그렇게 되면 사회주의를 촉진시키게 될 것이므로) 동시에 그들이 생산한 제품에 제한을 가하는 대신에(그렇게 되면 자유기업을 방해할 것이므로) 우리는 일관되고 원칙에 입각한 자세를 견지하여야 한다. 우리는 세계를 향하여 말할 수 있다. 우리는 자유를 신봉하고 이를 실천에 옮기려는 의도를 가지고 있다. 우리는 여러분을 강제로 자유롭게 만들려고 하지는 않는다. 그러나 우리는 동등한 조건으로 모두와 협력할 의사가 있다. 우리의 시장은 관세나 다른 제한이 없이 열려 있다. 당신이 할 수 있고 바라는 것을 여기서 파시오. 당신이 할 수 있고 바라는 것을 여기서 사시오. 그렇게 하여야 개인 간의 협력이 세계로 뻗어 가고 자유로워질 수 있다.

제4절 | 자유무역을 지지하는 정치적 사례

현대세계에서 상호의존은 경제영역에서는 한 가격과 다른 가격 사이에, 한 산업과 다른 산업 사이에, 한 국가와 다른 국가 사이에 그리고 사회 전반에서는 경제활동, 문화, 사회 및 자선활동 사이에, 사회조직에서는 경제적 합의와 정치적 합의 사이에, 경제적 자유와 정치적 자유 사이에 굳게 침투한 성격이다.

국제영역에서도 마찬가지로 경제적 합의는 정치적 합의와 연계되어 있다. 국제 간의 자유무역은, 마치 국내에서의 자유무역이 신념과 태도 및 이해관계에서 서로 다른 개인 사이에 조화로운 관계를 육성시키듯이, 문화와 제도면에서 서로 다른 국가 사이에도 조화로운 관계를 육성한다.

한 국가 내의 자유경제와 마찬가지로 자유무역의 세계에서는 거래가 개인 당사자(개인, 기업, 자선기관) 사이에 이루어진다. 거래가 이루어지는 조건은 거래에 참여하는 사람에 의해 합의된다. 거래참여자는 자신에게 이득이 되지 않는다고 믿으면 거래는 성사되지 않을 것이다. 그 결과 여러 당사자의 이해가 조화를 이룬다. 갈등이 아닌 협력이 법칙으로 지배한다.

정부가 개입하면 그 상황은 달라진다. 한 국가 내에 기업은, 직접 또는 관세부과나 무역제한의 형식으로, 정부의 보조금을 구하려고 애쓴다. 그들은 자신의 이윤성이나 존재를 위협하는 경쟁자의 경제적 압력에서 벗어나려고 경쟁자에게 비용을 부과하는 정치적 압력에 호소한다. 지방기업은 외국정부가 다른 나라의 기업에게 취한 조치에 대응할 수 있도록 자신의 정부에 도움을 구하려고 애쓴다. 개인 간의 다툼이 정부 간의 분쟁으로 발전한다. 모든 무역협의가 정부일이 되어 버린다. 정부의 고위공무원이 세계의 무역회의에 참석하려고 분주하게 돌아다닌다. 갈등은 진전되고 많은 시민은 결과에 실망하여 부당하게 취급받은 기분을 느낀다. 협력이 아닌 갈등이 지배한다.

워털루전쟁 이후 제1차 세계대전까지 자유무역이 국가 간의 관계에 유익한 영향을 준 사례이다. 영국은 세계를 지도하는 나라로 세기 동안에 자유무역을 완성시켰다. 미국을 포함한 다른 나라, 특히 서유럽나라는 다소 희석된 형태이기는 하지만, 유사한 정책을 택했다. 사람은 같은 나라나 아닌 나라나 관계없이 어느 곳에 사는 누구와도 합의된 조건에 따라 자유롭게 사고팔 수 있었다. 오늘의 우리도 놀랄 정도로 사람은 여권없이, 반복되는 세관조사 없이, 유럽과 나머지 세계 어느 곳이라도 여행할 수 있었다. 그들은 이민을 자유롭게 갈 수 있었고, 많은 나라 특히 미국에 들어가 거주자나 시민이 될 수 있었다.

그 결과 워털루전쟁 이후 제1차 세계대전에 이르는 세기에는 서유럽 나라 사이에, 비록 크림전쟁이나 보불전쟁과 같은 국지적인 분쟁 그리고 미국의 남북전쟁과 같은 내전(이 전쟁도 경제적·정치적 자유에서 벗어난 노예제도 때문에 일어났다)이 있었지만, 역사상 가장 평화로운 시기를 맞이하였다.

현대에 들어와 관세와 이와 유사한 무역제한이 국가 간의 갈등의 원천이었다. 보다 골칫거리의 원천은 국가가 경제에 깊게 간섭하는 집단주의 사회, 즉 히틀러의 독일, 무솔리니의 이탈리아, 프랑코의 스페인 그리고 특히 러시아와 중국에 공산국가가 들어섰다. 관세와 이와 유사한 제한은 가격기구가 보내는 신호를 왜곡한다. 그러나 개인은 이러한 왜곡된 정보에 자유롭게 대응한다. 집단주의 국가는 고도의 명령요소를 경제에 도입하였다.

시장경제에 사는 시민은 집단주의 국가시민과의 사적 거래가 완전히 불가능하였다. 한쪽은 항상 국가가 대표하여 거래에 나섰다. 정치적 고려가 불가피하게 개입하였다. 그러나 시장경제의 정부는 자국의 시민이 집단주의 정부와 거래하도록 길을 터놓음으로써 갈등은 최소로 줄어들 수 있었다. 교역을 무기로 사용하려고 하거나 집단주의 국가와 교역을 증대시키기 위한 수단으로 정치적 조치를 사용하면 불가피하게도 정치적 마찰만을 더 악화시킬 따름이었다.

제5절 | 자유국제무역과 국제적 경쟁

국내에서의 경쟁 정도가 국제무역협정과 긴밀하게 관련되어 있다. 19세기 후반 '트러스트'나 '독점'에 대항하는 공공의 원성은 국내통상위원회

(Interstate Commerce Commission)를 설립하고, 셔먼반독점법(이후 경쟁을 촉진시키기 위해 다른 많은 입법활동이 보충되었다)을 채택하도록 만들었다. 이러한 조치는 교차하는 영향을 끼쳤다. 이것이 경쟁을 증대시키는 데 기여하였지만 동시에 나쁜 영향을 미쳤다.

법이 비록 입법가가 의도한 기대에 미치도록까지 살아 있더라도 국제무역의 장애물을 제거하는 만큼 효과적인 경쟁을 보장하지는 못하였다. 미국에서 생존한 3대 자동차 회사는(이 중 하나는 파산위기에 놓여 있다) 독점가격의 위협을 고양시킨다. 세계의 모든 자동차회사가 GM, 포드, 클라이슬러와 경쟁하도록 내버려 두자. 그러면 독점가격은 사라질 것이다.

독점은 정부가 관세나 다른 수단을 통해 지원하지 않는 한, 한 나라에서 형성되지 않는다. 세계적 규모로 그렇게 하기란 거의 불가능하다. 오직 드비어스(DE Beers) 다이아몬드회사만이 성공한 독점이라고 알고 있다. 정부의 지원없이 오랫동안 지속한 다른 독점은 보지 못했다. OPEC 카르텔과 과거의 고무카르텔 및 커피카르텔이 아마 가장 두드러진 실사례에 속한다. 대부분의 그러한 정부지원 카르텔은 오래 지속하지 못했다. 국제적 경쟁압력으로 깨지는 운명을 맞이하였다(OPEC도 그렇게 되기를 기다리자). 자유무역세계에서는 국제카르텔이 보다 빨리 사라진다. 무역제한이 있는 세계에서도 미국은 자유무역으로, 필요하면 일방적으로 실시하더라도, 국내독점의 위협을 제거하는 데 가까이 다가갈 수 있다.

제38장
한국의 경제문화

유동운

자본주의의 핵심은 창조적 파괴에 있고, 이러한 역할을 떠맡는 사람은 기업가이며, 기업가를 대체할 사회적 기구는 이 세상에 존재하지 않는다.　레스트 서로

이 글은 유동운의 『경제진화론』(2000)에서 발췌한 내용이다.

제1절 | 한국 경제의 DNA

국가나 기업은 과거경로에 의존하는 일상적 경제문화 내지 기업문화를 갖고 있는데, 이를 경제적 DNA라고 해도 무관하리라 생각된다. 그렇다면 우리나라의 경제적 DNA는 어떠한 모습을 가지고 있을까? 네덜란드의 호프슈테드(Geert Hofstede)교수는 *Cultures and Organization*(1995)에서 문화를 정신의 소프트웨어라고 한 바 있는데, 경제문화도 사회경제의 정신적 소프트웨어라고 할 수 있다. 한 사람의 문화가 자라 온 생활환경

에서 획득한 경험으로부터 다져진 신념체계를 의미하듯이, 한 국가의 경제문화도 집단이 경제생활을 꾸려가면서 획득한 경험을 통해 수용된 신념체계이다.

정신의 소프트웨어가 세련되어 나타난 구체적인 결과물, 예를들어 교육, 예술, 문학 등을 문명 또는 협의의 문화라고 한다. 문화경제학(economics of arts)이라는 경제학의 한 분과가 있으나, 이는 어디까지나 예술의 경제학이라고 하는 것이 올바른 의미라고 생각한다. 일반적으로 문화는 학습되는 것이지 유전되는 것은 아니다. 그러나 경로의존의 성질과 타성으로 인하여 유전되는 경향을 과소평가할 수 없다. 문화가 관찰될 수 있는 형태로 나타나는 것이 관행인데 여기에는 의식(제례의식, 사회적·종교적 의식)과 상징(언어, 동작, 그림, 숭배인물)을 담고 있다. 규범이란 한 집단 또는 한 범주의 사람이 지니고 있는 가치기준을 말하는데, 관찰되지 않는 문화에 규범이 존재한다.

국가 간의 문화차이를 ① 평등문화와 불평등문화, ② 집단주의 문화 대 개인주의 문화, ③ 여성적 문화 대 남성적 문화, ④ 위험회피문화 대 위험부담문화, ⑤ 장기지향문화 대 단기지향문화 등을 기준으로 구분한 연구에 의하면 한국은 불평등, 집단주의, 여성적, 위험회피, 장기지향의 문화를 가진 나라라고 평가한다([그림 7-1] 참조).

불평등문화권에 속하는 사람일수록 집단에 의존하는 경향이 높아 불평등과 집단주의는 높은 상관관계를 가진다. 유교의 전통을 이어받은 한국과 대만 및 일본 같은 집단주의 문화를 가진 나라는 구성원의 사회적 신분도 불평등한 사회로 진화하였는데, 농사위주의 경제문화로 말미암아 동일한 자연재해의 위험에 직면한 사람 사이에 일어나는 경쟁에서 생존을 높이기 위한 수단으로 위계질서를 형성하게 되었다고 한다. 대신 게르만족처럼 부족중심의 소규모공동체에서 형성된 문화를 승계받은 국가는 구성원의 사회적 신분이 평등한 경제문화를 갖게 되었다는 이른바 지리적 환경조건이 사회문화를 결정짓게 하였다.

일반적으로 경제가 수렵채취의 단계에서는 작은 무리를 지어 살아가는 환경 속에서 개인주의가 자리잡았고, 농경사회가 되면서 집단화로 집단주의가 태어나고, 다시 도시화가 이루어지면서 개인주의 문화가 들어섰다고 한다. 경제가 발전할수록 도시화가 진행되어 개인주의 문화가 들어설 것으로 예측된다. 성공하는 경제는 개인의 혁신활동을 조장하고, 산업이 창발적으로 진화하는 여건을 제공하고, 다양한 기업이 적응도를 높일 수 있는 터전이 제공된 사회이다.

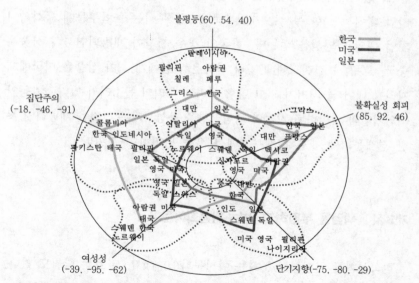

〔그림 7-1〕국가별 문화 지수(( )내는 한국, 일본, 미국의 각각의 지수수치임)

제2절 │ 불평등한 집단주의 문화

집단주의 문화는 단색의 사회를 표현형으로 가진다. 건설경기가 붐을 이루면 모두 부동산투자에 휩쓸리고, 주식투자가 붐을 이루면 증권시장에 휩쓸리고, 벤처열풍이 불면 인터넷과 코스닥시장에 휩쓸리고, 직업은 의사나 변호사, 학교는 서울대학만을 고집하는 단종문화(mono-culture)의 형질을 특색으로 한다. 독일의 나치, 일본의 군국주의, 구소련의 사회주의처럼 소수의 엘리트와 다수의 민중이 추종하는 획일화된 경제에서는 발전이 있을 수 없다는 역사적 경험을 체득하였다.

전문화의 경제는 분업을 통해 다양성을 낳는다. 한 국가는 농업에, 한 국가는 제조업에 특화하여 범세계적인 다양성을 낳는다. 한 국가 내에서도 한 기업은 금융부문에, 한 기업은 제조부문에, 한 기업은 연구개발부문에, 한 기업은 마케팅부문에 전문화하여 산업의 다양성을 낳는다. 한 기업 내에서도 한 부서는 개발부문에, 한 부서는 조립부문에 특화하여 기업 내의 다양성을 낳는다. 한국의 경우 시장이 개방되면 1차 상품은 중국, 호주, 뉴질랜드에게, 2차 상품은 일본에게, 3차 상품은 미국에게 자리를 내어 줄 처지가 되고 말 것이라는 우려의 목소리가 있다. 그 동안 해외기업과 차별화된 기업의 핵심역량을 육성시키는 터전을 제공하지 못한 경제문화에 대한 정책부재에서 오는 당연한 귀결이다.

제3절 │ 책임을 부담하지 않는 위험회피문화

한국사회를 지배하는 문화는 아전문화(衙前文化)로 보는 학자도 있다. 아전은 빙공영사(憑公營私)와 호가호위(狐假虎威)하는 성향을 압축시킨

개념이다. 아전은 주민을 다스리는 권한을 수령으로부터 위임받아 실권을 행사하지만 책임을 부담하지 않는다. 아랫사람한테는 윗분의 뜻이라고 속이고, 윗분한테는 아랫것들의 짓이라고 하여 책임을 떠넘기는 기회주의적으로 살아가는 성향의 사람이다. 이들은 윗분의 권한을 빌려 아랫사람을 착취하여 사사로운 개인적 이득을 챙긴다. 주인의식이 없으면서도 주인노릇을 하려고 하는 집단이 아전이다.

IMF경제위기를 맞이하여 정부가 64조 원의 예산을 들여 부실금융기관에 대한 구조조정사업을 벌였지만 또 다시 30조 원의 공적 자금을 필요로 하다는 의견이 대두하면서 부실화된 기관을 도와 주는 정부정책에 대한 의문이 제기되었다. 책임을 지게 하지 않는 정부의 가부장적 경제문화가 경제주체에게 학습하는 기회를 빼앗아 국민에게 도덕적 신념을 점점 타락시키고 있다.

정부와 농어민 사이에 정보의 비대칭이 존재하는 데에도 불구하고 영농활동을 게을리하도록 유도하거나 부채의 원리금상환을 태만히 하도록 유도하는 농어민의 부채경감조치나 영농법인을 빌려 일부 지방유지를 살찌우게 한 농업구조조정사업은 기회주의만을 육성시킨 정책으로 전락하고 말았다.

일본과 한국은 간접금융을 통한 금융시장이 주류를 이루지만, 영국과 미국에서는 직접금융방식의 증권시장이 주류를 이룬다. 간접금융은 예금자에게 일정한 이식을 보장하지만 직접금융은 주식투자가에게 일정이식을 보장하지 않는다. 위험을 회피하는 문화에 적합한 효율적인 금융제도를 육성시키지 못하고 무책임한 대리자의 금융관행이 공적 자금이라는 형태로 국민에게 부담만을 안겨다 주었다. 여기에 IMF의 권고라는 이름하에 위험을 부담하는 문화권의 산물인 부채 200%라는 다양하지 못한 획일적인 정책이 국내기업의 혁신활동을 저해시키고 있다.

제4절 | 혁신을 위한 기업가에 의한 기업경제

근래 들어 와 산업구조가 서비스산업, 특히 정보기술(IT)산업 위주로 편성되어 가면서 수확체증이 작용하여 경기순환에 종말을 고하였다고 주장하거나 일시적 거품현상에 지나지 않는다는 등의 논란이 벌어지고 있다. 현실적으로 혁신적인 수많은 중소업체의 성장을 바라보면 규모의 경제가 작용하여 신경제(New Economy)를 구축하고 있는 것으로 볼 수는 없다. 규모의 경제이건 규모의 비경제이건 관계없이 전문화의 경제는 보다 작업을 보다 분업화할수록 경제는 보다 많은 직업과 높은 소득을 보장한다. 전문화의 경제는 시공을 초월하는 개념이어서 선진국이든 후진국이든, 또는 중세시대이건 정보시대이건 동일하게 적용하는 개념이다. 전문화의 경제가 작용하더라도 차별없는 교환을 일구어 내지 못하는 경제는 규모의 비경제로 경기침체에 빠질 따름이다. 그러므로 수확체감이냐 수확체증이냐가 중요한 개념이 아니고, 전문화의 경제를 지탱시킬 수 있는 경제적 교환제도를 마련하는 일이 중요하다.

이러한 교환제도는 하룻밤 사이에 만들어지는 것이 아니고, 오랜 세월이 거치면서 경제주체가 학습하는 과정에서 쌓여진 경험의 산물이다. 정치적 여론에 민감하기보다는 경제주체가 학습하는 과정을 중시하는 정부의 인내심이 있는 원칙정책을 필요로 하는 시기이다.

팀생산조직에 참여하는 구성원은 무임편승하려는 기회주의적 행동을 피할 수 없다. 기업이 규모가 점점 커지면서 대주주의 법률적 지배권(주식지분)이 점점 약화되어 가고, 주인 아닌 대리자의 방만한 전문경영으로 기업가의 지위가 불안한 상황을 맞이하였다. 불평등의 위계조직에서 오너의 명령을 통해 다져진 기업문화를 전문경영인체제로 전환하는 데에는 오랜 시간이 소요될 것이다. 미국이나 유럽 그리고 일본이 전문경영인체제라고 한국이 전문경영인체제로 들어가야 할 이유가 있겠는가? 능력은 없으나 혁신적인 대주주가, 능력은 있으나 혁신성이 부족한 전문경영인보다, 기업의 전체 생존적응도를 높일 수 있다.

재벌위주의 선단식 경영이 개별경영보다 못하다는 증거도 없고, 그렇다고 낫다는 증거도 없다. 선단식 경영으로 망한 기업이 있는가 하면, 개별경영으로 망한 기업도 있다. 시장에 대한 적응도를 높이려면 개별경영체도 존재할 필요가 있고, 동시에 선단식 경영체도 존재할 필요가 있다. 선단식 경영과 개별경영이 다양하게 서로 공존하면서 시장에 대한 적응도를 높일 필요가 있다. 집단적이고 단색의 기업형태를 결정짓는 문화는 오히려 경제진화의 방해물이 될 뿐이다.

이런 측면에서 IMF를 맞이하면서 재벌을 해체하는 인위적 선택은 오히려 다양성을 상실시키고 혁신의 능력을 해체시키는 과정으로 이해될 수 있다. 위험이 따르더라도 막대한 투자를 모험할 수 있는 집단은 전문경영인이 아니고 대주주이다. 전문경영인은 보수주의적인 성향이 강한 집단이기 때문에 기업의 핵심역량을 집결시킬 수 없다. 더구나 한국의 기업문화가 정치권의 입김에 눈치보지 않을 수 없는 마당에 대주주 대신에 전문경영인으로 교체하는 정책은 국가의 혁신체계에 나쁜 영향을 가져다 줄 것이다. 기업의 지배구조와 진로를 기업내부의 자원(이사회와 주주총회)과 시장이 결정하여야지 정부가 나서는 일은 전통적인 불평등의 문화만을 지속시킬 따름이다.

대기업은 내적 혁신을 일으킬 수는 있으나, 슘페터의 기업가적 혁신을 일으킬 수는 없다. 그리고 기업가적 혁신이 반드시 대기업에서부터 나온다는 증거도 없다. 그러므로 대기업을 매도하기보다 혁신에 필요로 하는 직접금융 방식의 자금시장을 마련해 다양한 형태의 소기업이 탄생하도록 여건을 제공하는 분위기를 필요로 한다. 소규모 벤처기업가에 의한 기업가적 혁신과 대기업의 대주주에 의한 내적 혁신으로 한국의 경제적 성과를 기대할 수 있다.

MIT대학의 서로 교수는 *Building Wealth*(1999)에서 자본주의의 핵심은 창조적 파괴에 있고, 이러한 역할을 떠맡는 사람은 기업가이며, 기업가를 대체할 사회적 기구는 이 세상에 존재하지 않는다고 주장하였다. 창발적인 진화가 일어나지 못하도록 질서만을 강조하는 동양문화는 수많은 발명, 예를들어 화약, 나침반, 선박의 키, 십진법, 활자 등을 발명했으나 경제적 기회로 연결짓는 혁신에 성공을 거두지 못하는 바람에 국민에게 고통만을 안겨 주었다. 경제진화가 갖는 의미를 이해하여 21세기 들어서부터 의기소침한 기업가가 창조적인 혁신활동을 벌여 침체에 빠진 한국경제를 살리는 계기로 삼았으면 한다.

워싱턴(George Washington) 장군이 1777~1778년에 벌어진 전투에서 영국군, 영군의 독일인 용병, 혹독한 겨울추위와도 싸웠으나 역사책에서는 전혀 소개되지 않은 또 하나의 적과도 싸워야 하였는데, 그 적 때문에 1777년 겨울, 밸리 표지(Valley Forge) 계곡에서 참담한 패배를 맛보았다. 그 적이란 다름 아닌 펜실베이니아 연방주가 만든 법률 때문이었다.

1777년 워싱턴 장군의 주력부대가 펜실베이니아주에 있는 밸리포지 계곡에 주둔하게 되었는데 펜실베이니아주가 전투를 위해 군수품에 가격통제를 일시적으로나마 시행하는 법률을 제정하였다. 군수품가격을 규제하면 군비(軍費)가 그 만큼 줄어들어 주정부의 시민이 부담하는 전비(戰費)도 줄어들 것이라고 믿었기 때문이다. 군수품가격을 규제하자 시장에서는 군수품이 아닌 상품가격도 천정부지로 치솟았다. 때문에 미국농부는 공정한 가격이 아니라고 생각하여 농산물을 미독립군 진영에 공급하기를 거부하였다. 많은 부양가족을 거느린 농부는 수확한 농산물을 오히려 금화로 교환해 주는 영국군에게 팔아 넘겼다.

밸리 포지 계곡에서의 전투가 있은 추운 겨울에 워싱턴 장군의 병사는 전투가 아닌 굶주림 때문에 거의 모두 죽어 갔다. 비록 의도는 좋았으나 잘못된 법률로 인해 수많은 인명을 앗아간 뼈아픈 전장이었다. 참담한 경험을 겪은 후 가격통제는 철폐되었고, 1778 년 4월 연방의회에서 다음과 같은 권고결의를 하였다.

"상품에 대한 가격통제는 의도한 성과를 얻지 못하고, 오히려 나쁜 결과만을 낳아 공무상 중대한 결함을 초래하고, 더 나아가 개인에게도 불행만을 안겨 준다는 사실을 경험하였다. 그러므로 다른 여러 주에서도 어떤 물품이나 제품 또는 상품가격을 규제하는 주의 법률을 철폐할 것을 권고한다"(슈팅거와 이아몬, 『임금과 가격 통제의 4세기』).

| 참고문헌 |

정연권 역(1979), 『여수상 대처 −식료품상의 딸이 대영제국의 수상이 되기까지−』, 전예원.

韓非(2002), 『韓非子』 I, II, 이운구 옮김, 한길사.

趙蕤(2003), 『反經』, 장순용 옮김, 동아일보사.

王充(1996), 『論衡』, 이주행 역, 소나무.

呂坤(1990), 『呻吟語』, 유두영 역, 자유문고 .

Arthur, Brian(1989), "Competing Technologies, Increasing Returns, and Lock-in by Historical Events", *Economic Journal*, 116∼131.

Blinder, Alan(1974), *Toward an Economic Theory of Income Distribution*, MIT Press.

Buchanan, James(1975), "A Contractarian Paradigm for Applying Economic Theory", *American Economic Review*, 225∼230.

Coase, Ronald(1960), "The Problem of Social Cost", *Journal of Law and Economics*, 1∼44.

Colson, Elizabeth(1974), *Tradition and Contract: The Problem of Order*, Cambridge University Press.

David, Paul(1985), "Clio and the Economics of QWERTY", *American Economic Review*, 332∼337.

Dawkins, Richard(1976), *The Selfish Gene*, Oxford University Press, 이용철 역, 「이기적인 유전자」, 두산동아.

Demsetz, Harold(1967), "Toward a Theory of Property Rights", *American Economic Review*, 347∼359.

De Roover, F.(1945), "Early Example of Marine Insurance", *Journal of Economic History*, 172∼200.

Dot, James and Lee Dwight(1991), *The Market Economy: A Reader*, Roxbury Pub.

Duncan, Greg(1984), *Years of Poverty, Years of Plenty*, University of Michigan Press.

Frank, R. H., Gilovich, T. & Regan, D. T.(1993) "The Evolution of One-Shot Cooperation", *Ethology and Sociobiology* 14, 247-256.

Geertz, C., H. Geertz, and L. Rosen(1979), *Meaning and Order in Moroccan Society*, Cambridge University Press.

Greif(1989), "Reputation and Coalitions in Medieval Trade: Evidence on the Maghribi Traders", *Journal of Economic History*, 857~882.

Greif, Avner(1994), "Cultural Beliefs and the Organization of Society: A Historical and Theoretical Reflection on Collectivist and Individualist Societies", *Journal of Political Economy*, 912~950.

Heiner, Ronald(1983), "The Origin of Predictable Behavior", *American Economic Review*, 560~595.

Hirshleifer, Jack(1982), "Evolutionary Models in Economics and Law: Cooperative versus Conflict Strategies", *Research in Law and Economics*, vol. 4, JAI Press, 1~60.

Homans, George(1974), *Social Behavior; It's Elementary Forms*, International Thompson Pub.

Jones, E(1981)., *The European Miracle: Environments, Economies, and Geopolitics in the History of Europe and Asia*, Cambridge University Press.

Mathew, R.(1984), Darwinism and Economic Change, in D. Collard et. al. eds., *Economic Theory and Hicksian Theme*, Clarendon Press, 91~117.

Murray, Charles(1980), *Losing Ground: American Social Policy*, New York, Basic Books.

Nelson, R. & S. Winter(1982), *An Evolutionary Theory of Economic Change*, Harvard University Press.

Niehoff, Arthur(1996), *On Becoming Human*, 남경태 옮김, 「사람의 역사」

1, 2, 푸른 숲, 1999.

North, Douglas(1981), *Structure and Change in Economic History*, New York, Norton.

North, Douglas and Robert Thomas(1973), *The Rise of the Western World*, Cambridge University Press.

North, Douglas and Barry Weingast(1989), "The Evolution of Institutions Governing Public Choice in 17th England", *Journal of Economic History*, 172~200.

Posner, Richard(1977), *Economic Analysis of Law*, Little Brown.

Putnam, R.(1993), *Making Democracy Work: Civil Traditions in Modern Italy*, Princeton University Press.

Posner, Richard(1980), "A Theory of Primitive Society, with Special Reference to the Law", *Journal of Law and Economics*, 1~54.

Rand, Ayn(1961), *The Virtue of Selfishness*, Penguin Books.

Reynolds, M. and E. Smolensky, "Distribution of Income and Wealth: The Fading Effect of Government on Inequality," *Challenge*, 1978 7~8월.

Ridley, M.(1996), *The Origin of Virtue*, Penguin, 신좌섭 옮김, 「이타적 유전자」, 사이언스북스, 2001.

Rosenbergand Bridzell(1986), *How the West Grew Rich: The Economic Transformation of Industrial World*, New York, Basic Books.

Robinson, W. S.(1913), *A Short History of Rome, London*, Rovingstons.

Schumpeter, Joseph. A.(1942), *Capitalism, Socialism, and Democracy*, Harper, 이상구 역, 「자본주의 사회주의 민주주의」, 삼성출판사, 1977.

Smith, John Maynard(1982), *Evolution and Theory of the Games*, Cambridge University Press.

Stiglitz, Joseph(1989), "Markets, Market Failures, and Development", *American Economic Review*, 197~203.

Thurow, Lester(1999), *Building Wealth*,『지식의 지배』, 한기찬 옮김, 생각의 나무, 1999.

Thatcher, Margaret(2002), *Statecraft*, 김승욱 역,『국가경영』, 작가정신.

Trigg, Roger(1988), *Ideas of Human Nature*, Blachwell, 최용철 옮김, 「인간본성에 관한 10가지 철학적 성찰」, 자작나무, 1996 .

Trivers, R.(1971), "The Evolution of Reciprocal Altruism", *Quarterly Review of Biology*, 35~57.

Wallis, John and Douglas North(1986), "Measuring the Transaction Sector in the American Economy, 1870~1970", in Stanley Engerman and Robert Gallman eds., *Long-term Factor in American Economic Growth*, University of Chicago Press.

Watts, R. and J. Zimmerman(1983), "Agency Problems, Auditing, and the Theory of the Firm: Some Evidence", *Journal of Law and Economics*, 613~633.

Wickler, W. & U. Seibt(1981), *Das Prizip Eigennutz, Ursachen und Konsequenzen sizialen Verhalten*, München.

Williamson, Oliver(1975), *Markets and Hierarchies: Analysis and Antitrust Implications*, New York Free Press.

Williamson, Oliver(1985), *The Economic Institution of Capitalism*, New York Free Press.

저 자 약 력

유동운은 서울대학교 상과대학 경영학과를 졸업하고 미국 캘리포니아대학에서 경제학박사학위를 받았다. 현재 국립 부경대학교 경제학부에 재직중이며 제도주의경제학을 전공하고 있다. 주요저서로는 『현대경영』, 『신제도주의경제학』, 『경제진화론』, 『경제본능론』 등이 있다.

시장경제문화론

초판인쇄 2005년 3월 10일
초판발행 2005년 3월 15일

지 은 이 유동운
펴 낸 이 이찬규
펴 낸 곳 선학사
등록번호 제03-01157호
주   소 121-802 서울시 마포구 공덕동 173-51
전   화 (02) 704-7840
팩   스 (02) 704-7848
이 메 일 sunhaksa@korea.com
홈페이지 www.ibookorea.com

값 17,000원

ISBN 89-8072-172-2 03320